JN436871

19세기 러시아의 여인들

사랑과 욕망의 해바라기

국립중앙도서관 출판시도서목록(CIP)

사랑과 욕망의 해바라기 : 19세기 러시아의 여인들 / 베젤랸스키 지음 ; 이명자 옮김. -- 파주 : 범우사, 2007
p. ; cm

ISBN 978-89-08-04401-2 03920 : ₩12000

990.94-KDC4
920.72-DDC21 CIP2007000663

19세기 러시아의 여인들

사랑과 욕망의 해바라기

베젤랸스키 지음 | 이명자 옮김

범우사

차 례

* 일러두기

1) 각각의 여성들을 가리키는 소제목은 역자의 뜻에 따라 원서와는 다소 다른 것들이 있습니다.
2) 독자의 이해를 돕기 위하여 군데군데 옮긴이가 주를 달아놓았습니다. 이것이 독자들의 읽어나가는 흐름을 방해하지 않기를 바랍니다.
3) 가능한 여러 참고문헌들을 찾아 정확한 번역을 하려고 노력하였으나 원서에 모든 외국인들(프랑스 인, 독일인, 미국인 등)의 이름이 러시아 어로 표기되어 있어 그것을 옮김에 있어 다소 부정확한 것이 있을 수도 있음을 양해해 주시기 바랍니다.
4) 이 책에 나타난 여성들의 이름과 관련하여 덧붙이면, 동일 인물의 이름이 다양하게 나타나고 있습니다. 그것은 여성들이 결혼하기 전의 이름과 결혼을 한 후 남편의 성을 따른 이름이 다르고 또 어렸을 때는 주로 애칭형으로 부르기 때문에 다양하게 나타나게 된 것입니다.
5) 러시아 식 이름은 '이름-중간이름-성姓'으로 구성되어 있습니다. 중간이름은 아버지의 이름을 이어받아 '아무개의 아들(딸)'임을 나타내며, 또한 여성의 중간이름과 성에는 여성형 어미인 '-a'가 들어갑니다. 예를 들어 '표도르 미하일로비치 도스토예프스키'의 딸 류보비의 이름은 '류보비 표도로브나 도스토예프스카야'가 됩니다.
   또한 친한 사이에서는 다른 문화권들에서처럼 이름만을 부르지만, 상대방에 대해 존칭을 해야 할 때에는 이름과 중간이름을 함께 부릅니다. 예를 들어 '표도르 미하일로비치' 혹은 '류보비 표도로브나' 등의 식입니다.

이 책을 읽는 분에게

해바라기는 러시아의 국화입니다. 꽃말이 "마음을 다해 사랑합니다"와 "믿음"이지요. 이 책에는 바로 '마음을 다해 사랑하고, 마음을 다해 믿은' 해바라기들이 들어있습니다. 누구를 사랑하고 무엇을 사랑하였을까요? 누구를 믿고 무엇을 열망하였을까요? 이 책을 읽어나가는 과정이 바로 그 질문에 대한 답을 찾아가는 길입니다.

나는 기억하네, 경이로운 순간을
내 앞에 나타났지 그대가,
스쳐가는 환상처럼,
순수한 미의 화신처럼……

알렉산드르 푸슈킨의 연시戀詩입니다. ('국민 OO'가 많은 우리 대중문화 어휘로 칭하자면) 러시아의 '국민 작가'라 불릴 수 있을 만큼 대중의 사랑을 가장 많이 받고 있는 천재 시인 푸슈킨이 안나 케른이라는 미인에게 몸이 달아 위와 같은 아름다운 연시를 지어낸 것입니다.

푸슈킨에게 '미의 화신'인 안나 케른이 있었다면, 작가 이반 투르게네프에게는 '암비둘기'라는 애칭으로 불렸던 폴리나 비아르도가 있었습니다. 도대체 그녀의 어떤 매력이 투르게네프로 하여금 평생

토록 그녀 옆에서 떠나지 못하고 독신으로 살게 했을까요? 커다란 체구의 위대한 작가인 투르게네프가 몸집이 작은 비아르도의 표정 하나, 언행 하나에 쩔쩔매는 모습을 상상해 보시기 바랍니다.

"Dust in the wind……"라는 노래구절이 문득 떠오릅니다. 맥없이 바람에 날리는 먼지 같은 삶! 그러나 그 삶이 맥없이 날리지만은 않았습니다. 대문호인 도스토예프스키와 위대한 사상가인 로자노프를 손안에 넣고 흔들었으니 어찌 맥없다 하겠습니까? 단지 말년에 그녀에게 남은 것이 아무것도 없었기에 허무하다고나 할까요. 아폴리나리야 수슬로바 이야기입니다.

네덜란드 출신의 독일 여간첩 '마타하리'를 기억하시지요? 마타하리는 러시아에도 있었습니다. 카롤리나 소반스카야입니다. 19세기 격변기의 러시아에서 나올법한 팜므 파탈의 전형입니다.

우리는 역사 속에서 이름을 남긴 많은 남성들을 기억합니다. 러시아 정치, 예술, 사상, 문학 속에는 великий, 즉 '위대한'이라는 수식어가 붙는 많은 남성들이 있습니다. 이들이 러시아 사회와 문화를 밝힌 해님들이고 역사의 지도자였습니다. 그런데 재미있는 것은 바로 이들의 삶과 생각과 창조적 영감에 너무나도 깊은 영향을 준 여성들이 있다는 사실입니다. 그 여성들이 바로 이 책에 소개하고 있는 해바라기들입니다. 물론 이 책에는 위대한 남성들과 연관된 여성들만 있는 것은 아닙니다. 사랑과 믿음에 고개를 내민 해바라기들도 있지만 자아성취라는 자신의 희망과 열망으로 꿋꿋하게 고개 들고 있는 해바라기들도 있습니다. 학문적 성공을 거둔 소피야 코발렙스카야, 사이비 교주가 아닌 정신적 지도자로서 우뚝 선 옐레나 블라밧스카야, 무대의 꽃이 된 마리야 사비나와 베라 코미사르젭스카야, 남성 문학가들 틈에서 미모와 지성으로 무장하여 소비에트 체제를 당당하게 비판했던 지나이다 기피우스 같은 해바라기들 말입니다.

이 책의 저자인 베젤랸스키는 특히 여성의 삶에 관심이 많은 작가입니다. 이 책에 소개된 여성들에 관한 일화들을 수집하러 유럽 여행도 다녔습니다. 따라서 이 책에 들어있는 이야기들은 모두 본인이나 주변 사람들의 회고록, 일기, 편지, 그밖에 다른 역사적 문헌들을 통해 철저히 고증된 것이니 독자들은 그 진위 여부에는 신경 쓰실 필요 없습니다. 단지 상상만이 필요하지요. 러시아 민중사이에 "사내아이는 도움이 되려고 태어나고, 계집아이는 위안거리로 태어난다"는 말이 있을 만큼 전통적 가부장제인 러시아 사회에서 남성들을 조종한 여성들이 존재했다는 사실 자체가 흥미를 유발하는 것이 아닐까요? 이 책을 읽으시는 독자 한 분 한 분마다 19세기 제정 러시아 말기에서 혁명 후 소비에트로 넘어가는 과도기에 피어났던 사랑과 욕망의 해바라기들을 마음 속에 담아보시기 바랍니다.

맑은 고을 우암자락에서

옮긴이 이 명 자

1장 지나이다 볼콘스카야

알렉산드르 1세의 연인이자 북유럽의 코린나[1)]

만일 러시아의 이상적인 여인상을 들라면 바로 아름다움과 현명함을 고루 갖춘 지나이다 볼콘스카야(ЗинаидаВолконская)를 첫 번째로 꼽을 것입니다. 지나이다 볼콘스카야는 러시아의 여류 시인이자 산문 작가이며 작곡가이고 가수였지요. 키레옙스키가 표현했던 것처럼, 그녀는 스스로를 운명의 가장 행복하고 우아한 산물 중 하나로 여겼습니다. 우아했다고요? 그렇습니다. 그러나 행복했을까요? 그렇다면 이른바 '행복'이란 무엇일까요?

사교계를 위한 출생

지나이다의 어머니는 그녀를 낳다가 돌아가셨습니다. 그리하여 그

1) 코린나는 19세기 프랑스 낭만주의 문학의 선구자인 마담 드 스탈의 소설 〈코린나 이탈리아 이야기〉의 여주인공이다. 소설은 이탈리아의 풍토, 종교, 예술을 배경으로 펼쳐지는 오스왈드와 코린나의 사랑이야기지만 본질적으로 여성의 힘을 예찬하고 있다. 소설에 나오는 여주인공 코린나는 이탈리아에서 가장 유명한 여인으로 시인이며 작가인 로마 제일의 미녀다. 예술에서의 영광만이 유일하게 허락된 이탈리아 인들이 민감하게 찾아낸 천재이기도 하다.

녀는 어머니 없이 자랐죠. 대신 아버지의 사랑과 부유한 가정생활이 어머니의 부재를 메워주었습니다. 물론 그녀의 주위에는 하인들과 유모들, 가정교사들도 많았습니다. 그러나 그녀가 어머니의 사랑을 알지 못했음을 짚고 넘어갑시다.

지나이다 벨로셀스카야-벨로제르스카야[2)]는 1789년 12월 3일 독일의 드레스덴에서 태어났습니다(한 편에서는 그녀가 이탈리아의 토리노에서 태어났다고도 합니다). 그녀의 아버지인 알렉산드르 벨로셀스키-벨로제르스키 공작은 드레스덴에서 러시아의 외교사절로 근무했고, 그 다음에는 토리노에서 사르진스키 왕의 궁정에 있었습니다. 그는 외교관이었을 뿐 아니라 작가이고 도서수집광이었습니다. 세계문학에 대해 박식했으며 계몽사상가인 볼테르와 서신 왕래를 했지요. 공작은 자신의 딸에게 훌륭한 가정교육을 시켰습니다. 주요 유럽어들, 심오한 역사 지식, 철학, 문학, 예술 등. 아버지와 딸은 함께 라신[3)]과 이탈리아 시인들의 작품 낭독을 즐겼습니다.

자연은 지나이다에게 진귀한 것들을 유감없이 주었습니다. 지나이다는 미모와 더불어 지혜와 재능을 겸비했고, 일찍부터 문학과 음악에 재능을 나타냈습니다. 게다가 명문가 출신이었으니 그녀의 인생은 더할 나위 없었겠지요. 지나이다 알렉산드로브나의 모든 것은 실제로 매우 근사했고 찬란했습니다. 동시대인들이 기억하는 바에 의하면, 어린 지나이다는 유년시절부터 아름다운 세상 속에서, 고상한 양식 속에서, 그리고 자신의 마음 속에서 살았습니다. 세련된 사상과 취미를 자연스럽게 습득하였고 이상적인 추구를 했습니다. 여기서 '이상적인 추구'란 바로 그녀가 사람들 속에서 인간관계의 이상과

2) 처녀시절 이름.
3) 17세기 프랑스 고전극 작가.

조화를 찾았던 것을 말합니다.

그녀는 상류사회와 사교계 생활을 위한 무도회, 춤, 음악, 가정연극, 시, 문학적 대화 등을 익혔는데, 지나이다는 이런 모든 분야들을 위한 예술적 감각과 재능을 타고났습니다.

1790년대 중반에 벨로셀스키 가家는 러시아로 돌아와 상트 페테르부르크의 폰탄카와 넵스키 대로大路 사이의 아니츠코프 다리 근처의 궁전에서 새로운 생활을 시작했습니다. 궁전에는 이탈리아, 네덜란드, 프랑스 거장들의 훌륭한 그림들이 소장되어 있어 마치 박물관을 연상시켰습니다. 공작의 집은 개방되어 지나이다가 상류사회의 모든 관문을 성공적으로 통과할 수 있게 해주었습니다. 그 후에 지나이다는 벨로셀스키 가의 가까운 친척인 스트로가노프 가의 유명한 문학 살롱에 참가하게 되었습니다. 스트로가노프 가에서 지나이다는 멋진 사교적 교제 뿐 아니라 '스트로가노프 아카데미'의 기념집을 만들면서 자신을 드러냈습니다. 그녀는 상트 페테르부르크에서의 생활에서 나타나던 매우 다양한 사건들을 비평하면서 프랑스 어로 시를 썼습니다. 당시에 이 기념집에 참여하는 것은 소비에트 시대에 작가동맹[4]에 가입하는 것과 마찬가지였습니다.

장군이며 황제부관인 남편

지나이다 벨로셀스카야-벨로제르스카야의 아름다움과 현명함은 눈에 띄게 두드러졌습니다. 1807년에 그녀는 알렉산드르 1세(재위 1801~1825)의 어머니인 마리야 페도로브나 황태후의 궁정에서 여자 관리가 되었습니다. 젊은 황제는 그녀에게 특별히 주목하면서 친근함을 나타냈습니다. 그 당시 궁정에서 '사랑의 관계'는 흔히 있는 일

---

4) 1932년 소련 전역의 작가들을 통합한 문학단체.

이었기에 누구도 그런 것에 놀라거나 격앙되지 않았습니다. 그러나 젊은 황제와 지나이다 벨로셀스카야-벨로제르스카야와의 관계에 있어서는 경우가 달랐지요.

그렇습니다. 처음에 알렉산드르 1세는 젊은 공녀公女의 아름다움에 끌렸고, 그 다음에 그녀와 점점 더 가까워지면서 그녀의 현명함에 압도당했으며, 뒤이어 그녀의 우아함과 세련되고 고상한 미적 감정들의 포로가 되었습니다. 계몽 군주로서 그는 이러한 가치들을 놓칠 수 없었지요. 게다가 그들이 서로 떨어져있을 때에도 황제는 전처럼 그녀를 추앙했습니다. 한 예로 1813년 가을에 아름다운 지나이다에게 쓴 알렉산드르 1세의 편지가 그러한 사실을 확인시켜줍니다.

…… 당신의 사랑스런 편지로 돌아갑시다. 당신이 결혼하지 않았더라면 그 편지는 얼마나 황홀한 것이 되었을지. "당신은 정말 저를 잊지 않으셨나요?"라고 당신이 썼소. 이것에 대해 당신 입장에서만 생각한다는 것은 이미 나로서는 피하고 싶은 큰 불공정이오. 그러나 다른 점에 있어서 나는 당신에게 죄가 있을 수도 있다고 인정하는데, 여하튼 그렇게 여겨질 수도 있을 것이기 때문이오. 문제는 바로 다음과 같은 일이 일어난 것이오. 내가 내 편지들 가운데 하나를 당신의 남편에게 보냈을 때, 때마침 그는 이미 프라하로 떠나서 내 편지가 내게로 되돌아왔소. 그 일로 의기소침해져서 나는 당신에게 편지를 서둘러 보내지 않았소. 만일 당신이 나에게 질문한 것에 대한 답이 그 안에 담겨있지 않았더라면, 나는 그것을 찢어버렸을 거요. 이번 편지에 그 편지를 동봉하오.

가터 훈장[5]을 받는 것에 대해 친절하고 매력 있는 축하를 보내준 데 대한 나의 감사를 받아주시오. 나 자신이 전적으로 가치 있다고는 생각하지

5) 영국에서 기사에게 주는 최고 훈장.

않으며, 기사 신분에 대한 당신의 의견에 대해서도 생각을 같이하오. 만일 아름답고 사랑스러운 부인에게서 나오는 모든 것을 열정을 갖추고 받아들이는 의무가 훈장을 수여받은 기사들에게 제시된 요구들 중의 하나라면, 나는 기꺼이 그들 중 한 사람에 해당한다고 여길 것이오. 믿어주시오. 나는 나의 온 생애에 있어 마음으로 그리고 영혼으로 당신과 함께 할 것이오. 그리고 또한 말하는 바이오. 이것에 대해 어리석다고 생각하는 사람은 수치스럽다고.

알렉산드르 1세

알렉산드르

겸손한 기사의 편지는 정중했습니다. 그런데 여기서 편지 내용을 이해하기 위해 잠시 몇 년 전으로 돌아가 볼까요? 1809년에 지나이다의 아버지인 알렉산드르 벨로셀스키-벨로제르스키 공작이 죽었고 공녀인 지나이다가 왕의 총애를 받고 있다 하더라도 이 총애가 어떤 형태의 미래에 대한 전망은 아니었습니다. 그래서 1811년 2월 3일에 지나이다 벨로셀스카야-벨로제르스카야는 황제 궁전의 젊은 장교인 니키타 볼콘스키 공작과 결혼했습니다. 따라서 더 이상 지나이다 벨로셀스카야-벨로제르스카야가 아닌, 지나이다 볼콘스카야가 된 것이지요.

같은 해 11월 11일에 아들 알렉산드르가 태어났습니다. 아들의 이름은 황제를 기리기 위함이었는지도 모르지요. 그리고 러시아의 황제 스스로가 아기의 대부代父가 되었습니다. 상황은 충격적이었지만

이는 당시의 풍습으로 볼 때 전혀 낯선 것은 아니었습니다. 오히려 모두 만족해 했고 또한 모두 좋아했습니다.

그러나 곧바로 잡음 많은 3년(1813~1815)이 이어졌습니다. 나폴레옹 군대와의 싸움에서 승리한 후 드레스덴, 프라하, 비인, 파리, 런던 등으로의 해외 원정 기간동안 황제의 수행원 임무를 맡은 니키타 볼콘스키 공작은 부관이자 소장으로 임명되어 다이아몬드가 박힌 장검을 하사받았습니다. 공작부인은 어찌 되었을까요? 그녀도 남편 옆에, 즉 군대에 있었지요. 그녀는 자신의 노래와 연극적 재능으로 알렉산드르 1세의 수행원들, 그의 손님들, 비인 회의에서의 연회 참석자들을 즐겁게 했습니다. 누구에게나 자신의 일이 있다고 말들 하잖아요.

지나이다 볼콘스카야는 남편을 사랑했을까요? 그 같은 질문에는 단 하나의 대답밖에 없습니다. 그녀는 때때로 남편을 사랑하는 것 같았습니다. 부투를린의 증언에 따르면, 1812년의 전쟁 때에 남편을 너무 걱정하여 일시적인 정신착란에 빠져 자신의 윗입술을 깨물었기 때문에 일생동안 그 상처가 남아있었을 정도였습니다. 그러나 때때로, 아니 더 정확히 말하자면, 그녀는 매우 그리고 자주 남편에 대해 불만족스러워했습니다. 그는 우울하고 우유부단했으며 생기나 정열이라곤 없어서 그와 함께 있으면 지루했습니다. 한마디로 그와 함께 있으면 재미없었지요. 게다가 그녀를 흥분시켰던 예술에조차 그는 관심이 없었습니다.

오히려 니키타 볼콘스키 공작의 입장에서 보면 생활 관습과 가정생활에서 그를 항상 피곤하게 하는 '지나치게 아름답고 과도한 재능을 가진 아내'가 불만스러웠습니다. 게다가 그녀는 매우 명령조였습니다. 모든 것을 언제나 자기 식대로 바꾸려했고, 그 때문에 격노하거나 그렇지 않으면 히스테리를 일으켰습니다. 그녀와 함께 있으면 어떠한 안정이나 달콤함도 없었습니다. 불행이었지요. 간단히 말해 그들의 결혼은 점점 유명무실해졌습니다. 마치 가까운 사람들끼리 사실상 서로가 서로에게 낯선 사람들처럼 되면서 각자 자신의 독자적인 삶을 살아가는 것처럼 말이지요. 하지만 니키타 볼콘스키 공작은 자기 방식대로 자신의 '매혹적인 여자'를 사랑했고, 그녀와 — 사랑의 관계는 아니더라도 — 우정의 관계를 죽을 때까지 유지했다는 것에 주목할 필요가 있습니다.

덧붙이자면 해외 원정 기간 동안에 알렉산드르 1세는 자신의 부관, 즉 바로 그녀의 남편 니키타 볼콘스키 공작을 통해서 그녀에게 서신을 전달했습니다. 그 편지들은 볼콘스키 공작이 아내를 대하는 태도와는 사뭇 다른 감정들로 채워져 있었습니다. 그것들은 상냥하고 기사도가 넘치는 것이었습니다. 여러분 스스로 판단해보세요.

페테르스발다우, 1813년 5월 28일 :

…… 당신은 내가 당신을 알게 된 바로 그 순간부터 항상 당신으로부터 나오는 모든 것들을 얼마나 높이 평가하고 있는지를 알지 못할 거요. 그리고 이 모든 것은 내가 당신과 가까이 있을 때 나에게 더욱 더 가치 있게 되었소. 나는 당신에게서 단지 약간의 호의만을 기대했었소. 하지만 당신의 황홀한 편지는 나의 모든 열망을 채워주었소.

나는 내가 당신에게 고백했던 감정이 당신을 걱정시킬까봐 두려웠소. 비록 그 순수함에 담긴 단단한 확신이 나 자신을 안정시켰다 할지라도, 나는 당신이 평안하기를 진심으로 염원한다오. 당신의 편지는 나의 걱정을 덜어주었으며 또한 나에게 많은 기쁨을 주었소. 당신의 친절은 내가 당신에게 기대는 것을 정당하게 생각하도록 해주었소. 당신은 나의 편지가 당신의 심장으로 전해졌고, 당신의 심장이 그것들을 받아들였다고 말하고 있소.

나에게 그렇게 가치 있는 이 편지를 바로 그 주소로 부치도록 해주오.

그것은 당신에 대한 생생한 관심과 진실한 신념을 고백하면서 내 가슴으로 써진 것이오. 그 안에 나 자신을 질책할 만한 것은 전혀 없소. 게다가 나는 온 세상 앞에서 뿐만이 아니라 당신 남편 앞에서도 나 자신의 감정을 큰 소리로 고백할거요. 이 편지는 당신 남편이 당신에게 전해줄 것이고, 나는 그가 그것을 읽는다 하더라도 두렵지 않소. 나의 고의가 아닌 이 충동을 용서하시오. 나는 당신에게 내가 어떤 감정을 가지고 있는 지를 보여주어야 하오. 나는 이것이 당신에게 감추어야 할 가치가 없는 것이라고는 여기지 않소.

이 편지 속에는 얼마나 많은 간교함과 상류사회의 유희들이 들어있는지요!

쩨플리쯔, 1813년 8월 21일:
…… 당신과 함께 보낸 시간들이 진정한 기쁨을 가져다주오. ……

8년이 지나 군주의 감정이 식었을 때, 지나이다 볼콘스카야의 약간의 질책에 대한 답변으로 알렉산드르 1세는 1821년 2월 3일에 다음과 같이 썼습니다.

…… 내가 당신을 향한 진실되고 변함없는 애정과 똑같은 감정으로 답하고 있음을 믿어주시오. 당신이 품은 그러한 의심에 대하여 나는 동의할 수도 없고 또한 더더욱 불공정하다고 생각하오. 당신은 내가 이미 언젠가 밝혔던 당신에 대한 그 감정에 항상 의지할 수 있소. 그렇기 때문에 나는 커다란 인내심을 발휘하지 않고도 당신을 만날 수 있는 그 순간을 기다린다오. ……

그리고 다시 덧붙여집니다.

당신의 남편에 대한 당신의 청에 관한 한, 당신도 이해하듯이 그것이 현재의 관습에 모순되게 실행되는 일은 있을 수 없소. ……

청이 무엇이었냐고요? 이에 대해서는 알려진 바가 없습니다. 그러나 한 가지는 분명하지요. 볼콘스카야는 황제와 교제하고 서신왕래까지 하면서 그 어떤 사적인 문제들을 해결하려 했다는 것입니다. 얼마나 실리적인 여성인지요…….

아무튼 지나이다 볼콘스카야의 사생활에는 그녀의 남편인 니키타 볼콘스키 공작과 그녀의 '마음의 친구'인 황제 알렉산드르 1세가 있었습니다. 만일 남편의 계속적인 냉정함과 고독감이 없었더라면, 그리고 단지 친구인 황제와의 일화 같은 만남들, 편지들 속에서 발전했던 그들의 로맨스가 없었더라면, 그러한 결합은 이상적이었을지도 모르지요. 이렇게 표현합시다! '사랑의 서간체의 대용품'이라고. 결국 그들의 로맨스는 매우 정중한 찬미의 말 속에서 지나치게 영리하고 섬세하게 진행되었지만, 여성에게 이 정도로는 부족합니다. 감정들의 구체적인 느낌이 필요한 것이지요…….

모스크바, 오데사, 로마

유럽의 수도들을 돌아다니면서 지나이다 볼콘스카야는 끊임없이 성공했습니다. 모두들 그녀의 예술가로서의 그리고 가수로서의 재능에 주목했지요. 그러나 그녀는 단지 다른 이들의 살롱의 장식품이 되기를 원하지는 않았습니다. 그녀는 자신의 살롱을 갖고 유행을 창조하는 사람이 되고 싶어 했으며, 기원전 4,5세기 경의 고대 그리스의 여류시인과 같은 이름을 가진 마담 드 스탈의 소설에 나오는 여주인공과 같은 새로운 코린나가 되고 싶어 했습니다. 마담 드 스탈의 소설은 1809년과 1810년 사이에 모스크바에서 읽혀졌고, 또한 모스크바 사회는 — 샬리꼬프 공후公侯에 의해 — 지나이다 볼콘스카야를 '북유럽의 코린나'로 불렀습니다.

1817년 중엽에 볼콘스카야는 모스크바로 돌아왔으나 곧 오데사로 떠나야만 했습니다. 왜 떠나야만 했을까요? 이는 음모와 시기 등 궁정에서의 원한관계 때문이었지요. 그렇습니다. 모스크바의 많은 귀족들은 그녀의 제멋대로의 행동에 기분이 상해있었습니다. 간단히 말하자면, 그녀는 자신에게 지나치게 많은 것을 허용했습니다. 당시의 러시아 귀족들은 격식에 얽매여 있었고 자신의 감정 표현에 있어서도 부자유스러웠으며 보수적이었으나, 지나이다 볼콘스카야는 시종 프랑스 식의 자유사상으로 무장되어 있었으며 루소와 볼테르의 사상을 숨김없이 털어놓았던 것입니다. 이런 면에서 투르게네프가 동생에게 보낸 편지는 특이합니다.

> 제네이다 볼콘스카야 공작부인은 온 여름 동안 레벨에서 보베리와 살지만, 그녀의 남편은 여기에 있다. 이것에 대해 모두들 이야기하면서 그녀를 객관적으로 매우 비난하고 있단다.

지나이다가 아닌 '제네이다'로 부른 것에 주의를 기울여봅시다. 그것은 러시아 식이 아닌 외국식입니다. 볼콘스카야의 남편을 대신한 이 비밀스런 외국인은 누구였을까요? 그는 미켈란젤로 보베리라는 이탈리아 인이었습니다. 게다가 괜찮은 성악적 재능을 소유한 예술가였습니다. 공식적으로 그는 볼콘스키 가에서 아들의 가정교사였습니다. 그는 사교에 익숙한 사람이었고 따라서 볼콘스키 가의 모든 친척들은 물론이거니와, 무엇보다도 그녀의 남편과 매끄러운 관계를 유지해 자신의 애매한 위치를 피해갈 수 있었습니다. 부투를린의 말에 따르면, 보베리는 재능 있고 유쾌한 사람이었습니다. 바로 그가 공작부인의 모스크바 독립가옥의 홀을 지정하여 가정연극을 위한 무대장치를 만들었습니다. 그 외에도 지나이다 알렉산드로브나 볼콘스카야의 가족생활에 있어서의 재정적인 문제들에도 관여했습니다. 보베리는 1827년까지 그녀의 변치 않는 길동무였습니다.

1818년 3월에 지나이다 볼콘스카야는 자신의 여섯 살 된 아들과 아들의 가정교사 겸 비서인 보베리를 데리고 그녀의 꿈이 실현된 오데사로 떠났습니다. 오데사에서 그녀는 자신의 첫 살롱을 열었습니다. 편지들 중 하나에서 시인 콘스탄틴 바튜슈코프는 다음과 같이 썼습니다.

…… 곧 나는 셍-프리와 함께 지나이다 공작부인에게 간다. 그녀가 여기에 머물러있고, 모두들 그녀의 발밑에 있단다. 사람들은 그녀가 매혹적이고 매우 정중하게 노래한다고들 말한단다. ……

'그녀의 발밑에 있는 모두들'이란 현 의 장군인 란줴론 백작, 프랑스 영사 당마르크, 가톨릭 교회의 수도원장 부아벤과 니콜, 해양화가 오인, 그리고 다른 많은 사람들이었습니다. 그러나 이들은 볼콘스카야가 자신의 집에서 만나고 싶어 했던 그런 수준의 사람들도, 그런 유형의 사람들도 아니었습니다. 그녀가 오데사에서 아는 이들은 예술에 대한 사랑이 충분하지 않았던 것입니다. 그래서 곧 지나이다는 우울해졌습니다. 그녀의 울적함이 가시 돋친 시들에서 나타나고 있었지요. 바로 그것들은 다음과 같은 프랑스 어로 번역된 산문체 시들에서 울려 퍼지고 있습니다.

봄이 왔네. 이중창틀 내보이네.
지붕에서 눈이 떨어지네. 백작이 나가네,
자신의 집에서 거리로 마차 가까이로,
장화가 진흙에 빠지면서.
그는 격노하네.
마차가 구덩이에 빠져
꺼낼 수 없네.
백작은 여전히 격렬하게
자신의 분노를 표출하네,
그의 요리사 또한 진흙에 빠져
온 장화를 진흙으로 채우네.
백작의 마차는 나올 수 없었네
그 날 저녁까지,
그리고 나는 남몰래
이 장면을 주시하네……

볼콘스카야는 이 시는 물론 자신의 다른 시들에도 그림을 삽입했습니다. 그것들 중 12편은 지금까지 하버드 대학 도서관에 보관되어 있는데, 7편은 수채화로 그리고 5편은 펜으로 그려진 그림들이 들어 있습니다. 어떻게 그 그림들이 미국에 있게 되었을까요? 이는 그 상속자들이 1930년에 앨범 · 그림들과 같은 수집품들 중 일부를 로마의 골동품 수집가 렘머만에게 팔았고, 그것이 다시 미국의 수집가 킬거의 손으로 들어갔기 때문입니다.

상트 페테르부르크에서의 짧은 체류 후인 1820년 봄에 볼콘스카야는 로마로 갔습니다. 그녀의 로마 살롱은 오데사와는 비교도 할 수 없었습니다. 유럽의 저명인사들, 조각가 카노바와 토발첸, 화가 캄무치니, 오라스 베르네를 비롯하여 많은 사람들이 그곳을 방문했습니다. 이탈리아로 공부하러 온 러시아 예술 아카데미의 젊은 러시아 화가들도 볼콘스카야의 살롱에 무리지어 있었습니다. 실베스트르 쉐드린은 1821년 2월에 볼콘스카야의 이름을 딴 축연을 다음과 같이 묘사했습니다.

…… 모임은 집에서 있었다. 이탈리아 인들, 음악 애호가들, 그리고 그녀의 극장에서 연기하는 이들이 모였다. 공작부인의 집 방에 앉아서 모두들 다양한 놀이로 기분을 풀었다. …… 한 홀을 고대 로마 풍으로 장식하여 곳곳에 은식기, 꽃병들, 성상聖像 앞의 현수등絃首燈, 양탄자 등을 놓아두었는데 이 모두가 화채 모양으로 짜여져 있었고 웅장한 형태를 지니고 있었다. 고대 로마 풍의 복장을 한 모든 남성들이 이 방으로 공작부인을 인도하였다. …… 부인들은 탁자 주위의 침대식 소파에 기대어 고대 로마 식으로 저녁을 먹었는데, 고대 로마 풍의 옷을 입고 머리에는 월계관을 쓴 시종들이 시중들었다. …… 저녁 식사 후 많은 농담들을 하였으며 그녀를 기리는 시를 읊었는데, 한마디로 완전히 즐거웠다. …… 이 존경받는 부인은 종종 우리 거장들을 찾아와 어느 곳에서나 생동감 넘치는 참여를 했다. …… 공작부인의 집에서는 종종 오페라가 열리는데, 그녀 자신이 연기하고 훌륭하게 노래하며, 우리 동료들 또한 때때로 말없는 역할을 맡는다. ……

쉐드린의 편지들 중에는 페트로니우스의 〈사티리콘〉[6]이 생각나게 하는 장면들이 나타나지요. 그러나 타락을 암시하는 것은 조금도 없다는 것은 분명합니다. 볼콘스카야의 집의 모든 것은 단지 예술이었습니다. 이에 대해 현대의 연구가인 이리나 칸토로비치는 다음과 같

6) 시를 혼용한 풍자소설.

이 지적하고 있습니다.

1820년에서 1822년에 볼콘스카야의 '로마 살롱 3' 은 그곳의 젊은 예술가들을 위해 그들이 즐겁게 시간을 보낼 수 있었던 곳으로서, 이탈리아 문화의 대표자들과 유용한 정보를 주고받거나 교제할 수 있는 곳으로서, 강요받지 않고 우호적으로 이탈리아 어를 공부할 수 있는 곳으로서, 그리고 간혹 이쪽에 이익이 되는 주문을 받을 수 있는 곳으로서 자리 잡았다. 한편 공작부인에게도 러시아 예술가들과의 밀접한 소통이 의미 없이 지나간 것은 아니었다. 이 당시 그녀에게 있어서도 러시아 예술, 역사, 문학 등에 대한 깊은 관심이 일깨워졌다. ……

모스크바 살롱

로마에서는 모든 것이 훌륭했습니다만, 지나이다 볼콘스카야는 공작부인이 소유할 수 있는 것만으로는 결코 만족할 수 없었습니다. 장소를 옮기고 싶은 열정이 항상 그녀에게 있었습니다. 게다가 러시아와 유럽의 문화에 대한 개념이 가깝다는 생각, 말하자면 문화적 부합에 대한 생각이 그녀를 사로잡았고, 여기 더하여 그녀는 모스크바에서 최상의 방법으로 그것을 실현할 수 있었습니다.

1824년 11월에 35살의 지나이다 볼콘스카야는 러시아의 고대 수도에 모습을 나타냈습니다. 그녀는 훗날 '개혁의 시기' 에 옐리세예프 상점이 들어섰던 트베르스카야 거리와 코지쯔키 골목에 있는 자신의 계모의 저택에 정착했습니다. 트베르스카야 거리에 있던 독립가옥의 인테리어와 장식들은 그곳을 방문했던 모든 이들의 찬미의 대상이 되었습니다. 이에 관한 이리나 칸토로비치의 말을 빌면 다음과 같습니다.

집의 벽들은 다양한 시대의 양식을 반영한 벽화들로 장식되어 있었다. 독립가옥의 크고 화려한 홀은 방으로 된 극장으로 변형되었는데, 박공에는 라틴 어로 된 표제 'Ridendo dicere verum' (웃으면서 진실을 말하다)가 훌륭했고 그 양옆으로 몰리에르와 치마로사가 눈에 띄었다. 극작가와 작곡가의 이름은 지나이다 알렉산드로브나의 모스크바 살롱에서 신비로운 드라마 예술과 음악이 창조된 것을 기념하여 마치 두 중요한 신들을 상징화한 것 같았다. 지나이다 알렉산드로브나의 가장 성공적인 오페라 연출 중 하나인 〈탕크레디〉[7]에서의 기사복을 입은 여주인의 거대한 전신 초상은 지나이다 볼콘스카야와 그녀의 방문객들의 예술에 대한 수준 높고 생생한 참여를 보여주었다. 벨로셀스키 가의 귀중한 보물들 중에 성녀 올가가 그려진 고대 성상화聖像畵가 눈에 띄는 자리를 차지하고 있었다. ……

많은 유명 인사들이 볼콘스카야의 살롱을 방문했습니다. 이에 대해 부투를린은 다음과 같이 회고했습니다.

그녀를 열렬히 숭배하던 사람들 중에는 스트로가노바 남작부인과 결혼한 나이든 음악광인 알렉산드로비치 나르이슈킨도 있었다. 언제인가 벨로셀스카야 저택 계단에서 나와 마주쳤을 때, 그는 나에게 "당신도 우리의 코린나에게 절하러 가는구려. 나는 이미 하고 돌아가는 길이라오"라고 말했다. 실제로 그 당시 모스크바 사회에서 훌륭한 공작부인 지나이다가 불러일으킨 그 열광을 묘사하기란 참 어려운 일이다.

제네이다 공작부인 발밑의 시인들

운명은 모스크바에서의 볼콘스카야를 푸슈킨(그는 볼콘스카야보다

---

7) 로시니의 오페라.

푸슈킨

10살이 더 젊었습니다)과 마주치게 했습니다. 비켄찌 베레사예프가 자신의 작품 〈푸슈킨의 동반자들〉에서 이렇게 쓰고 있습니다.

…… 푸슈킨이 1826년 가을에 프스코프의 유형지로부터 모스크바로 돌아왔을 때, 그는 볼콘스카야 공작부인과 알게 되었다. 이에 대해 뱌젬스키는 다음과 같이 회고한다.

— 푸슈킨과 알게 된 첫 날, 공작부인은 푸슈킨 앞에서 그의 〈한낮의 천등 꺼지고〉라는 애가哀歌를 불렀습니다. 푸슈킨은 이 가늘고 높은 목소리의 예술적 교태의 유혹에 깊이 매혹당하여 여느 때처럼 얼굴이 붉어졌습니다. 강한 인상을 받았을 때 그에게 나타나는 이 어린애 같고 여자 같은 특징은 심리적 당황, 기쁨, 쑥스러움 등 모든 놀랄만한 감정들의 표현이었던 것입니다. —

푸슈킨이 잠시 자신의 영지로 떠났을 때, 볼콘스카야는 그에게 다음과 같은 편지를 썼다.

우리들에게로 돌아오세요. 모스크바의 공기가 숨쉬기 더 용이하지요. 위대한 러시아의 시인은 광야에서든 크렘린의 그늘 아래서든 시를 써야만 합니다. 그리고 〈보리스 고두노프〉의 저자는 황제의 도시에 속해있어야지요. 어떤 어머니가 모든 힘, 모든 우아함, 모든 자유로움의 천재를 잉태했을까요? 그는 야만인으로, 유럽인으로, 셰익스피어로, 바이런으로, 아리오스토와 아나크레온으로 나타나지만, 항상 러시아 적일뿐만 아니라, 서정시에서 드라마로, 부드럽고 사랑스럽고 단순하고 때로는 조야한 낭만적인 노래들에서 엄격한 역사의 중요하고 순박한 음조로 옮겨 다닌답니다.

모스크바로 돌아와서 푸슈킨은 종종 볼콘스카야의 집을 방문하곤 했다. 그녀의 파티에서는 젊은이들의 오락거리인 '글자 수수께끼 놀이'가 있었다. 한 번은 푸슈킨이 놀이를 생각해 냈다. 두 번째 부분에서 아라비아 사막을 건너는 유태인들의 이동을 표현해야만 했는데, 푸슈킨은 공작부인의 아름다운 숄을 가져와 자신이 '사막의 바위'를 묘사할 것이라고 말했다. 모두들 어떻게 할지 몰랐다. 활기 있고 영리한 푸슈킨은 갑자기 움직이지 않고 살아있지 않은 물체를 묘사하고 싶어졌다. 푸슈킨은 탁자에 올라가 숄을 덮었다. 모든 관객들이 착석하고 행동이 시작되었다. 약속대로 모세가 지팡이로 물이 나오게 하려고 바위를 건드렸을 때 푸슈킨은 갑자기 가느다란 병 모양을 한 숄로부터 빠져나와 물결소리를 내며 바닥으로 미끄러져 내려왔다. 친근한 웃음소리가 울려 퍼졌다. 푸슈킨은 재빨리 탁자에서 사라져 잠시 후에 공작부인 곁에 나타났다. 그러자 공작부인은 미소를 지으며, 그의 귀를 잡고 말했다.

"당신은 정말 장난꾸러기군요, 알렉산드르. 당신이 묘사한 바위는 참으로 기막혀요!"

볼콘스카야 공작부인의 집에서는 월요일마다 문학 모임이 있었다. 시인과 소설가들이 자신의 작품을 낭독했고 미쯔케비치는 영감을 받은 즉흥시를 읊었다. 한 번은 모인 사람들이 푸슈킨에게 그가 무엇이든지 낭송하도록 재촉했다. 푸슈킨은 큰 모임에서는 낭송하지 않았지만, 그러나 이번에는 거절할 수 없었다. 다음번에는 요청하지 말라고 진심으로 말한 뒤, 그는 내키지 않는 상태에서 〈평민〉을 낭송했다.

1827년에 푸슈킨은 볼콘스카야 공작부인에게 자신의 시 〈집시〉를 보내면서 그녀에게 다음과 같은 내용의 편지를 동봉했다.

산만한 모스크바에서
휘스트와 보스톤[8]의 풍문 앞에
무도회장의 수다스런 소문 앞에
그대는 아폴론의 경기를 사랑하도다
뮤즈 여신과 미의 여제女帝
상냥한 팔로 그대가 잡노니
영감에 찬 매혹적인 권력
생각에 잠긴 이마 위
이중으로 장식된 월계관 위에
감기고 빛나는 수호신
그대에게 매혹된 가수
온화한 공물을 거절 못하네
미소로 내 목소리에 귀 기울이시오
카탈로니아를 지나는
유랑의 집시에 귀 기울이듯

이 같은 베레사예프의 글에 무엇을 덧붙일 수 있을까요?

하지만 시간이 흐르면서 푸슈킨은 볼콘스카야에 대한 자신의 태도를 바꿨습니다. 그녀가 여는 파티들에서의 순수한 탐미耽美가 그를 불쾌하게 했고, 그래서 1829년 1월 25일에 뱌젬스키에게 보낸 편지에서 이 모임을 '지나이다의 저주받은 저녁식사'라고 칭했습니다. 그러나 그것은 변덕스러운 푸슈킨의 경우일 뿐, 많은 이들이 볼콘스카야의 살롱에 초대되는 것을 영광으로 여겼습니다. 그중에는 표트르 뱌젬스키, 아담 미쯔케비치, 예브게니 바라틴스키, 안똔 델비그, 이반

8) 카드놀이의 이름.

코즐로프, 젊은 표도르 튜체프, 드미트리 베네비티노프…… 등도 있었죠.

드미트리 베네비티노프는 음악세계의 요술 같은 궁전의 여주인에, 그녀의 매우 깊은 푸른 눈에, 그녀의 곱슬거리는 금발머리에 매혹 당했습니다. 그러나 베네비티노프는 볼콘스카야에 비해 너무 젊었고, 모두가 말하듯이 별로 재미있는 사람이 아니었습니다. 푸슈킨과 미쯔케비치는 달랐지요. 그러나 베네비티노프는 완전히 풋내기였습니다. 그래서 결과는 어찌 되었을까요? 대답 없는 사랑이 21살의 시인을 애태웠습니다. 그의 가슴 속에서 기쁨이 사라졌고, 그런 뒤에는 삶도 식어버렸습니다. 젊고 열렬한 숭배자를 잃어버린 뒤, 볼콘스카야는 자신의 시 〈예술가가 자신의 작품을 망쳐버렸네〉에서 그의 죽음을 애도했습니다.

볼콘스카야와 폴란드 인인 아담 미쯔케비치의 관계는 특별한 비극 없이 발전했습니다. 또 다른 폴란드 인인 프란티쉑 말렙스키는 자신의 친구에 대해 "마치 아담의 뮤즈 여신이 부르는 것처럼 그렇게 그는 기꺼이 볼콘스카야의 점심이나 저녁식사 초대에 응했고, 또한 초대에 대하여 그는 프랑스 어로 된 즉흥시들로 답례를 했다"라고 썼습니다. 만약 푸슈킨이 자신의 편지에서 지나이다 볼콘스카야를 진솔하게 찬미했다고 한다면, 미쯔케비치는 자신의 감정 표현에 좀 더 충실했다고 할 수 있습니다.

이 세상이 아닌 곳으로부터 죽음의 집으로 돌아오면서
무엇을 말할 수 있을까?
– 천국으로부터 도중에 있네,
반쪽의 슬픔, 반쪽의 기쁨이 내 가슴을 태웠네,
나는 속삭이듯이 천국의 음악을 들었네,

반쪽의 어둠을 가진 반쪽의 세상을 나는 천국에서 보았네,
성찬을 받았네, 아! 단지 반쪽의 구원으로!

한마디로 모든 것이 '반쪽'이었습니다. …… 지나이다 볼콘스카야와 아담 미쯔케비치는 로마에서 만났습니다. 그녀가 그에게 일정한 은신처를 제공하려했으나 그는 자신의 폴란드 인 친구 집에서 살기를 더 좋아했기 때문에 거절했습니다. 오만한 아담이었지요! 그러나 지나이다 공작부인 또한 오만했습니다. 그녀는 그를 꾸짖고 충고했습니다. "당신은 구름 없는 하늘에서 깊은 애정과 안정이 필요해요. 정치적 논쟁과 말다툼을 잃은 몽상가는 상류사회의 매춘부로 전락한 상냥한 마음씨를 가진 사람과 닮았지요."

안정과 구름 없는 하늘은 미쯔케비치를 위해 있어야할 것은 아니었습니다. 그는 이전의 만남을 상냥하게 회상했으면서도 그녀의 모든 충고는 거절했습니다. "친절하신 공작부인이시여! 당신 편지의 모든 것이 저에게 인상적이었을 뿐만 아니라, 저를 따스하게 해주면서 빛까지 발산했습니다. …… 저는 많이 읽고 씁니다. 저는 속히 당신을 만나길 바란답니다. 왜냐하면 그것은 저에게 있어 이 땅에서의 최상의 행복일 것이기 때문이지요."

볼콘스카야와 미쯔케비치의 서신왕래는 1832년에 갑자기 중단되었습니다. 하지만 미쯔케비치는 지나이다 볼콘스카야의 그늘에 남아있기 위해 완전한 자유 애호가가 되었습니다.

유명한 〈저녁 종소리〉의 작가인 눈먼 시인 이반 코즐로프는 다른 상황에 놓여있었습니다. 1825년 4월에 볼콘스카야는 괴로워하는 그 시인과 만났는데 그의 반응은 바로 다음과 같았습니다.

이 매력적인 지나이다가 가슴을 울리는 상냥함으로 나에게 말했다. 나

는 그녀에게 헌시獻詩를 바쳤다. 그녀는 나에게 〈파리스[9]의 아리아〉와 로망스 〈이졸리나 벨루티〉를 불러주어 나를 황홀하게 했다. 그녀는 근사하게 노래한다. 목소리, 젊음, 영혼, 그리고 그녀가 나를 위해 노래하다니……. 가슴이 기쁨으로 넘쳤다. 나는 그녀에게 〈베네치아의 밤〉을 암송해 주었다. 그녀는 나와 우아하게 대화를 나누었다. 이 선율적이고 낭만적인 수호신, 지나이다! 우리는 함께 차를 마셨다. …… 나는 그녀에게 매혹당한 마음을 안고 집으로 왔다. 그녀는 나에게 변치 않을 상냥한 우정을 약속했다.

그렇습니다. 실제로 공작부인으로서의 볼콘스카야는 — 뱌젬스키의 말에 따르면 — '친절과 동정심의 재능' 을 소유하고 있었습니다.

볼콘스카야의 살롱을 방문한 일련의 시인들 중에 예브게니 바라틴스끼를 기억하지 않을 수 없습니다. 그녀의 고문서들 속에는 날짜가 적히지 않은 바라틴스끼의 편지가 보관되어 있습니다.

저는 부인께서 모든 사람들에게 저의 단편소설에 관해 호의적으로 말씀하신다는 것을 알게 되었습니다. 부인께서 그만큼 관용이 있으시고 그만큼 권위가 있으시며 또한 지식이 많으신 비평가라는 사실을 제가 알지 못했더라면, 부인의 격려는 저에게 좀 더 칭찬이 되었겠지요. 단지 저 자신의 좋지 않은 감정이 저로 하여금 부인의 집에 있는 것을 방해하였고, 그렇기에 저는 만족스러운 내일을 잃을 것입니다. 마치 제가 나가고 싶어서 당신에 대한 존경의 표시를 증명하기 위해 서두른다는 부인의 의심은 없어져야만 합니다. 만일 이것이 그렇지 않았다면, 저는 저 자신의 관심과 동시에 의무에 거슬러 행동했을 것입니다. 부인, 제가 당신의 겸손하고 충

9) 그리스 신화에 나오는 트로이의 영웅.

실한 종으로 있을 수 있기를 바랍니다.

— 예브게니 바라틴스끼 —

시인이자 용사인 데니스 다비도프는 그 어떠한 외적 교제 없이 "그녀의 발밑에 엎드리고 싶다"라고 썼습니다.

시안의며 열정적인 음악가인 블라지미르 오도옙스키 공작은 지나이다 볼콘스카야의 집에서 열리는 파티 중 어느 하나도 놓치지 않았습니다. 간략히 말해, 북유럽의 코린나는 19세기 20, 30년대의 러시아 문화에 속했던 모든 훌륭한 이들을 자신의 살롱에 모을 수 있었으니 이야말로 참으로 완전한 성좌星座라 칭할 수 있지 않겠는지요!

볼콘스카야와 그녀의 '모스크바 살롱'의 공적들

여류시인으로서 그리고 산문작가로서 지나이다 볼콘스카야는 러시아 문학에 충분히 순수한 기여를 했습니다. 그녀의 중편 〈라우라〉와 〈올가에 관한 이야기〉는 비평가들의 특별한 주의를 끌지는 못했습니다. 그녀의 시 또한 오늘날 러시아 운문 사조집思潮集에서 거의 찾아보기 어려운데 그것은 시적 목소리가 적기 때문입니다. 한 예로 볼콘스카야의 시 〈나의 별〉(1831)을 들 수 있습니다.

나의 별이여! 예언된 날들의 빛,
너의 길과 나의 운명이 결합한다.
네 빛의 광선이 내 마음 속에서 퍼지고
네 속에서 마음은 비밀스런 것을 읽는다.
마음의 정열, 네 진실한 그림자는 여기에 있다,
타거라! 타거라! 그것은 끝까지 소실되지 않는구나!

번개와 먹구름도 손상 없이
흐른다, 네 빛을 따라 미끄러지며
너는 끝까지 …… 깨끗하고, 꺼지지 않고
내 마음을 위로하는구나!
그렇게 해서 혼례식 날에 두 눈길이 만나고
그렇게 해서 노래 속에서 두 화음이 화답한다.

충실함의 공허한 보상, 자비심 많은 관용,
흥분, 눈물, 미숙한 위안 없는
마음의 별,
희망의 별, 자유로운 충동의 별,
나에게 익숙해진 마음의 염려,
살아있는 선율의 나의 별이여!

나의 별이여! 성스러운 약속의 기도로 기도하노라!
가물가물해진 눈 속에서
퍼지는 광선은 이미 답을 찾지 못하고,
나의 정열을 네가 받아들이도록 기도한다,
내가 여기에서 사랑했던 사람들을 비추면서,
간직한 눈길을 자신의 것으로 바꾸었구나!

우리들은 잔인하게도 이 시가 명작이 아니라고 말할 수 있습니다.

그러나 지나이다 볼콘스카야의 공헌은 다른 데 있습니다. 그녀는 유럽 문화와 러시아 문화를 하나로 잇기 위한 시도를 했고, 유럽과 러시아의 문화적 근접성에 대한 생각을 삶 속에 실현하고자 애썼던 것입니다. 만일 표트르 1세(재위 1682~1725)가 유럽으로의 창을 뚫었다면, 지나이다 볼콘스카야는 자신의 힘이 미치는 범위에서 두 나라 사이에 가교를 놓았을 뿐만 아니라 이상과 가치 사이에서의 더 밀접한 통찰까지 가능하게 했습니다. 예를 들면 그녀는 모스크바에서 발행한 잡지들의 지면을 통해 러시아 인들이 이탈리아를 알게 했고, 자신의 가정 극장에서 이탈리아 음악을 소개했습니다. 한마디로 러시아에서 '이탈리아 전권대표'의 역할을 했던 셈이지요.

모스크바에서 지나이다 볼콘스카야는 '부인 잡지'를 위해 열심히 협력했고, 모스크바 대학에서 부설한 러시아 문학동호회의 회원이 되었으며, 이후에는 다른 학문 단체, 즉 역사와 고대 동호회 회원으로도 받아들여졌습니다. 볼콘스카야의 열렬한 숭배자인 표트르 쏼리코프 공작은 다음과 같이 썼습니다.

우리는 황홀한 시간을 살아왔네
행복한 조국에서 오랫동안
훌륭한 인물이 지금
우리에게 나타났네, 아름다운 들판에서!

볼콘스카야는 러시아의 명소를 서유럽에 알리고 각종 러시아 유적을 모으면서 러시아 역사, 고고학, 고대지리, 그리고 슬라브 족과 러시아에 종속된 다른 종족들의 인문학에 대한 가치 있는 창작물과 인쇄물을 지원할 목적을 갖는 '애국자의 대담'이라는 단체를 만들 것을 제안했습니다.

유감스럽게도 '애국자의 대담'이라는 단체는 만들어지지 못했습니다. 대신에 지나이다 볼콘스카야의 다른 생각은 충분히 실현되었는데, 이반 쯔베타예프 교수가 지적했듯이 우아한 예술 박물관 건설에 대한 최초의 생각이 바로 볼콘스카야 공작부인의 제안이었던 것입니다. 물론 모든 사람들이 그 당시의 새로운 현상인 '여류 학자'를 호의적으로 본 것은 아니었습니다. 그 이후에도 러시아에서는 수학자 소피야 코발렙스카야마저도 인정받지 못했습니다. 그러나 지혜와 미의 창작은 지나이다 볼콘스카야를 악의적인 비평가들로부터 구했습니다. 공작부인의 숭배자들 중 한 사람이 쓴 다음과 같은 시구절이 이를 증명합니다.

> 나는 파리스를 부러워하지 않는다오
> 그는 세 여신들을 바라볼 수 있었지요
> 한 제네이다를 나는 바라보았소 —
> 그리고 그녀의 사랑스러운 발이 가진 모든 올림포스를!

그러나 트베르스카야 거리에서 벌어지는 파티들에서의 축제 같은 몽환극은 오래 지속되지 못했습니다. 언제나처럼 삶은 혹독한 전환을 가져오지요. 뜻밖에 알렉산드르 1세가 별세했던 것입니다(황제의 죽음에 볼콘스카야는 〈당신은 어디 있나요? 오, 우리 시대의 기사는?〉을 썼습니다). 시신이 안치된 관이 크렘린의 아르한겔스키 사원에 놓일 때, 지나이다 볼콘스카야는 검은 옷과 검은 면사포를 쓰고 그곳에 나타났습니다. 그녀는 황제의 시신에 인사를 하고 물망초로 만든 꽃다발을 관 위에 놓았습니다.

황제의 죽음은 원로원 광장에서의 '데카브리스트들[10]의 반란'을

10) '12월 당원'이라고도 하며, 러시아 어로 12월을 '데카브리'라고 한 데서 유래한 명칭이다. 나폴레옹 전쟁 때 서유럽에 원정하여 자유주의 사상을 섭취한 일부 청년장교들이 모체가 되었다. 이들은 농노제의 폐지와 입헌정치의 실시를 목표로 내세워 1816년 구제동맹救濟同盟을, 이어 복지동맹福祉同盟을 조직했다. 1821년 이후 입헌군주제를 주장하는 북방결사, 공화제를 목표로 하는 남방결사, 그리고 전 슬라브 족의 연방제를 내세우는 통일 슬라브 결사 등으로 분열되었으나, 혁명기운은 점점 높아져만 갔다. 1825년 11월, 황제 알

불러 일으켰습니다. 그런데 주모자와 봉기를 일으킨 사람들 중 많은 이들이 그녀의 집에 자주 드나들던 손님들이었습니다. 사형과 탄압이 뒤따랐습니다. 물론 이 모든 것이 모임의 분위기를 바꿔놓았고, 이로써 볼콘스카야 살롱에서의 음악 · 문학 파티들의 태평한 분위기도 힘을 잃게 되었습니다. 게다가 볼콘스카야 공작부인은 새 황제 니콜라이 1세와 그 정권에 결코 익숙해질 수 없었고, 그 정부 또한 그녀에게 무신경하고 냉정한 것처럼 보였습니다.

상트 페테르부르크와 모스크바에서의 주모자들의 폭동 후 의심과 밀고의 분위기가 조성되었습니다. 볼콘스카야의 집도 예외는 아니었습니다. 1826년 8월에 제3연대장 벤켄도르프는 다음과 같은 보고를 받았습니다.

> 부인들 중에 정부를 조각 낼 준비를 하는 가장 타협하기 힘든 여성이 둘 있는데 한 명은 볼콘스카야 공작부인이며 다른 한 명은 여장군 코노브니쯔이나입니다. 그들의 사적인 동료들은 모든 불만분자들을 모아 정부에 대하여 더없이 악의에 찬 험담을 합니다.

그러나 그것은 단지 온건한 반정부 모임이었음을 지적해야 합니다. 열기가 그 이상은 아니었던 것이지요. 볼콘스카야 살롱에서의 정치적 담화들은 단지 가벼운 안주거리 정도였으며, 기본 메뉴는 이전처럼 문학, 음악, 예술 같은 것들이었지요. 그리고 어떤 카드놀이도

렉산드르 1세가 죽은 후 제위 계승문제로 정계가 혼란해진 틈을 타서 무장봉기를 꾀했다. 북방결사가 이끄는 수 개 연대는 12월 14일 상트 페테르부르크의 원로원 광장에서 거행된 새 황제 니콜라이 1세에 대한 선서식장에서 선서를 거부하고 반란을 일으켰으나 곧 진압되었다. 남방결사의 지도자는 사전에 체포되었고, 그 해 말 통일 슬라브 결사가 조직한 보다 혁명적인 반란도 실패했다. 이러한 혁명기운은 러시아 사회에 많은 영향을 끼쳤다.

없었습니다. 공작부인이 그것을 허락하지 않았던 것입니다.

"그곳에서는 항상 음악이 나타났다. 그녀의 집은 음악세상의 요술궁전 같았다. 문지방을 건너면 화음이 울리고, 아무 것에도 접촉하지 않으면 천 마디의 말이 조화롭게 응답한다. 그곳에서는 벽들이 노래했고, 그곳에서는 사상, 감정, 대화, 움직임, 모든 것이 노래였다"라고 표트르 뱌젬스키는 트베르스카야의 연주회에 대해 회상했습니다.

벨로셀스카야 저택에서 로시니의 〈탕크레디〉를 상연한 뒤 시인이며 작가인 니콜라이 파블로프는 자신의 감동을 다음과 같이 표현했습니다.

그곳에서 생생한 군중의 소리가 울려 퍼졌네,
나의 눈으로 목격했지,
어떻게 우리의 조용한 트베르스카야가
우렁찬 로마로 바뀌었는지를.

볼콘스카야 옆에서 미하일 글린카, 뛰어난 피아니스트 마리야 쉬마놉스카야, 그리고 이탈리아의 가수들과 이런저런 유명인사들이 트베르스카야에 있던 바로 그 '우렁찬 로마'를 만들어냈던 것입니다.

지나이다 볼콘스카야의 39살은 즐겁게 기념되었습니다. 뱌젬스키, 바라틴스키, 쉐브이레프, 파블로프와 키레옙스키가 다음과 같은 시구절을 지었습니다.

…… 신에게 주어지지 않은
그러한 권력이 그녀의 능력 속에 있도다
그녀는 월요일로부터
공휴일을 우리에게 만들어주었고

우리 주위를 비추며
기쁨은 평일을 축일로 바꾸었도다
이전에 그랬듯이 영원히 그렇게 될지어다
12월 3일[11], 기적의 날에!

지나이다 볼콘스카야의 생일 축하는 겨울 초에 있었습니다. 그리고 이미 1829년의 늦겨울에 볼콘스카야 공작부인은 여러 가지 사정으로인하여 17살 난 아들 알렉산드르와 그의 선생인 스테판 쉐브이레프(시인이며 인문학자인 쉐브이레프는 그녀의 아들에게 대학진학을 준비시키고 있었습니다)와 함께 이탈리아로 떠났습니다. 이탈리아에서 지나이다 볼콘스카야는 자신의 마지막 은신처를 찾았습니다. 그녀는 단지 두 번, 1836년과 1840년에 러시아로 돌아왔지만 오래 머물지는 않았습니다.

그렇게 해서 모스크바는 뒤에 남겨졌습니다. 니콜라이 파블로프는 다음과 같이 썼습니다.

우리는 당신을 만나고, 전송합니다,
모스크바의 가장 상냥한 소리로써,
마음을 해소할 수 있는 것보다 적은,
삶이 가진 것, 모든 것으로써,
세상 속에 넣어두었던 모든 것으로써
꿈꾸는 것과 노래하는 것, 노래하는 것과 사랑하는 것.

그러나 모스크바는 지나이다 볼콘스카야의 영혼에 지울 수 없는

11) 지나이다 볼콘스카야의 생일.

흔적을 남겼습니다. 그녀는 쉐브이레프에게 "…… 러시아, 모스크바, 당신들의 모든 형제들, 조국의 형제들은 내 가슴 속에 그리고 나의 영원 속에 살아있습니다. ……"라고 썼습니다.

지나이다 볼콘스카야의 삶과 활동에 있어서 모스크바에서의 시절은 1829년 1월부로 막을 내렸습니다. 볼콘스카야의 삶을 연구하는 이들 중 한 사람인 M. 가리스는 그녀의 모스크바 시절의 의미를 다음과 같이 평가합니다.

> 문학과 학문에서 눈에 띄는 물리적인 흔적을 남기지 않은 지나이다 볼콘스카야는 그러나 우리의 지적 · 예술적 발전에 있어 중요한 역할을 했다. 한 편으로 그녀는 개별적인 지식인 세력들의 분리된 힘을 한데 모았고, 다른 한 편으로는 이전에 상류층과는 동떨어져있던 그런 계층의 학자들, 작가들, 예술가들로 하여금 자신의 살롱에서 친교를 맺게 하여 상류사회의 문제들에 대한 관심을 당시 모스크바 사회의 폭넓은 계층에 퍼뜨렸던 것이다. 이는 다른 이들이 하지 못했던 것을 그녀가 해냈던 셈인데, 그것은 부와 명성을 갖춘 그녀가 모스크바 사회의 법을 상당히 강요할 수 있었기 때문이었다.

볼콘스카야의 살롱이 폴란드 풍의 러시아, 프랑스 풍의 러시아, 그리고 이탈리아 풍의 러시아 문학과 음악을 상당히 깊이 있게 발전시켰다는 것을 부언해야 합니다. 그녀는 많은 점에서 최초의 길을 닦았지만 이후에 그 길을 따라 제국주의적 억압자 세르게이 디아길레프[12]가 용감하고 위풍당당하게 걸어갔습니다.

---

12) 디아길레프는 20세기 초 러시아 예술문화에 큰 영향을 미친 인물이다. 특히 러시아 발레단(발레 루스)을 이끌며 새로운 사조의 예술가들, 미술가들, 음악가들을 발레 작품에 끌어들여 유럽 무대에서 환영받았다.

로마에서의 삶의 페이지들

이탈리아로 가는 길에 지나이다 볼콘스카야와 그녀의 길동무들은 바이마르에 있던 괴테를 방문합니다. 위대한 올림포스의 신이 재능 있는 러시아 공작부인에게 의무를 부여했던 것이지요.

이탈리아, 이것은 알고 한 선택일까요, 아니면 어떤 우연일까요? 표트르 뱌젬스키에게 보내는 편지에서 지나이다 볼콘스카야는 다음과 같이 쓰고 있습니다.

제가 4년 동안 살아온 이 나라는 저의 제2의 고향이 되었어요. 여기에서 저는 제가 결코 충분하게 평가하지 않았던 기쁨을 가지고 저를 만나는 진정한 친구들을 갖게 되었지요. 오늘은 잠시 동안 저를 보러 40킬로미터나 달려온 한 부인을 맞이했어요. 로마에서는 예술, 기념물, 공기, 회상 등 모든 것이 좋아요.

지나이다 볼콘스카야에 관한 이탈리아 인 피에스트로 카쫄라의 기록입니다.

그때 지나이다는 그녀가 항상 스페인 광장이라고 불렀던 '영국인 거주지'에 있기를 원치 않았기 때문에 한쪽 정면이 몬테 브리아쪼로 나있고, 다른 쪽은 티브르를 향해 나있는 오래된 궁전을 빌렸다. 로마에 매혹된 그녀는 그 도시의 위대한 고대문화, 자신의 전 생애에 걸쳐 수채화 〈사라진 로마〉를 그린 독일인 헥터 프란쯔에서부터 시작하여 자신의 중편 〈로마〉와 〈세 시대〉에서 도시와 이탈리아의 천재를 놀랍도록 묘사한 러시아의 니콜라이 고골에 이르는 먼 나라들 출신의 예술가들과 작가들이 영감을 받은 그 고대문화들로부터 도시의 영혼을 찾았다.

과묵한 거리의 이 미궁 속에서 고대의 궁전들, 그리고 이발사와 모자 제

조인들의 현대식 가게 사이에서는 문을 개조한 이탈리아 여인숙을 찾을 수 있으며, 혹은 자신들의 가게를 향기 나는 원두막으로 바꾼 레몬 상인들과 과일 상인들, 혹은 월계수로 장식된 자신의 상품을 내놓은 구운 생선 장수들, 혹은 설화석고雪花石膏로 만들어진 것처럼 보이는 돼지비계로 된 장식물로 부활절에 요란하게 쇼윈도를 장식하면서 저녁마다 가로등불로 자신의 '식료품 사원'을 밝게 비추도록 한 소시지 상인들을 찾을 수 있다.

몽테뉴를 영접한, 그리고 아마도 단테도 영접했을법한 구경할만한 가치가 있는 호텔 '메드베지'에서 멀지 않은, 〈성모자상〉을 그렸던 라파엘로의 집에서도 멀지 않은, 오랫동안 지나이다 볼콘스카야가 살았던 지역은 바로 그런 모습이었다.

이제는 세르게이 볼콘스키 공公의 회상에서 발췌를 할까 합니다.

4세대 동안 로마는 우리 가족과 인연이 있었다. 그리고 이제 다섯 번째를 떠올린다.

19세기 초의 25년 동안 나의 데카브리스트 당원 아저씨의 형수인 벨로셀스카야-벨로제르스카야 가문 태생의 지나이다 알렉산드로브나 볼콘스카야 공작부인이 로마에 살았다. 그녀는 내가 태어나기 전에 죽었기 때문에 나는 그녀를 보지 못했다. 하지만 지나이다 아주머니의 이름은 아주 먼 어린 시절의 기억들 중 하나다. 이 이름은 놀랍도록 사랑스럽게 불려졌고, 알 수 없는 미소를 띠우게 했다.

하지만 지나이다 볼콘스카야의 미소는 단지 한 가족에 머무르는 것이 아니라, 19세기 초반부의 모든 예술적 삶의 출현에 빛을 비추는 것이었다. 음악, 미술, 문학, 극장, 이 모든 것이 그녀의 가까이에 있었고, 그녀는 이 모든 것에 관심이 있었다. 그리고 동일한 창작의 힘으로 모든 것에 관계하지는 않았더라도, 모든 것에 똑같이 성의를 다했으며 사람들과의 관계

고골

에 있어서도 항상 열정적이었다. 푸슈킨, 고골, 미쯔케비치, 베네비티노프, 브률로프, 브루니, 로시니와 같은 그 시대의 가장 고귀한 이름들이 그녀의 이름과 나란히 하고 있다. 그녀는 사람들을 영접하고 애정으로 대했으며 그들의 일이나 영감을 위해 필요했던 도덕적이고 물질적이며 사회적인 곳에 그들을 세워놓았다.

로마에서 그녀는 병들고 우울한 고골의 어려웠던 시절을 따뜻하게 해주었다. 현재는 존재하지 않는 폴랴 궁에서 그녀는 그를 돕기 위해 문학 파티를 개최하였고, 여기서 고골은 〈검찰관〉을 낭독했다. 입장권은 당시로서는 비싼 20프랑이었는데도 완전히 매진이었는데, 맙소사, 고골는 끔찍할 정도로 낭독을 못했다. 1막 후에 관중의 반이 홀을 나가 버렸다. 갈수록 관객은 줄어들었고 단지 지나이다 공작부인의 얼굴을 봐서 가장 친한 몇몇만이 남아 우울한 낭독자의 주위에 있었다. 고골의 성공적이지 못한 낭독은 그렇게 끝이 났다.

그녀는 쉐브이레프에게 자신의 아들 알렉산드르의 가정교사가 되어줄 것을 요청한 후 그를 로마로 데려왔는데 그것이 그를 병으로부터 구하게 했다. 예술가들은 지나이다를 사랑했고 지나이다에 대해 푸슈킨이 '뮤즈 여신이자 아름다움의 여왕'이라고 불렀던 것과 같은 감정을 느꼈다.

나는 부테네바야 가의 공작부인 마리야 아폴리나리예브나 바라틴스카야의 이야기를 잊지 못한다. 그 이야기는 볼콘스카야 별장에서 언젠가 그녀가 지나이다 공작부인과 로마에 막 도착한 브률로프와의 만남을 목격한 이야기였다. 그들이 오랫동안 만나지 않았기에 그들의 만남은 특별한 기쁨의 표출이자 공통된 관심의 융합이었다. 달리 말하면, 다른 이들은 갓지 못한 고귀하면서도 보다 전문적인 관심의 융합이었던 것이다. 그 융합은 그곳에 있던 다른 사람들이 문득 자신들이 단지 다른 삶의 낯선 목격자들이라고 느껴지게 했을 그런 것이었다고 그녀는 이야기했다. ……

이탈리아에서의 볼콘스카야는 러시아와 유럽을 문화적으로 가깝게 하려는 자신의 활동을 계속했습니다. 자신의 별장 공원에서 그녀는 푸슈킨, 카람진, 베네비티노프, 로잘린을 비롯하여 다른 러시아 문화 활동가들을 기리는 독특한 전시회를 열었습니다. 그리고 바로 로마에 있던 볼콘스카야의 집에 세계에서 최초로 푸슈킨의 동상이 세워졌습니다.

공작부인은 자신의 황제 친구도 잊지 않았습니다. 별장에는 붉은 화강암으로 된 사각형 받침에 알렉산드르 1세의 반신상이 우뚝 솟아 있습니다. 그 붉은 화강암은 상트 페테르부르크에 있는 유명한 알렉산드르 기둥 – 죽은 알렉산드르 황제의 젊은 시절 모습을 한 천사가 우뚝 서 있는 기둥 – 을 만든 바로 그것과 같은 것입니다.

치명적인 병

1832년 4월에 지나이다 볼콘스카야는 러시아로 돌아가기 위해 로마를 버립니다. 그녀는 다시 모스크바의 친구들을 만나고 싶었으며, 또한 아들이 러시아의 활동무대에서 데뷔하는 것에 참견하고 싶었습니다. 그러나 운명은 다르게 진행되었지요. 티롤 시 볼차노에서 그녀에게 예기치 않은 질병이 생겼습니다. 병은 급속도로 퍼졌고 공작부인은 죽을 것이라고 생각했습니다. 위험이 지나갔을 때, 그녀의 옆에 머물러있던 스테판 쉐브이레프가 미쯔케비치에게 다음과 같이 썼습니다.

신은 우리에게 우리의 고귀한 공작부인을 남겨주셨습니다. 이것을 기뻐하십시오. 만약 가능하다면 그녀 곁에서 기쁨을 나누기 위해 여기로 와주십시오. 우리의 천사께서는 하늘로 날아가실 준비를 하셨지만, 친구들이 그녀의 날개를 잡기에 하나님께서 그 천사를 우리에게 놓아두셨지요. 여기 하늘 아래에도 좋은 사람들이 필요하니까요.

그리하여 무슨 일이 일어났을까요? 1832년 5월 6일에 니콜라이 로잘린은 볼차노로부터 베네치아에 있는 자신의 연인 소볼렙스키에게 다음과 같은 내용의 편지를 씁니다.

사랑하는 소볼렙스키, 당신이 우리와 함께 가지 않은 것이 얼마나 불행한 일인지요! 우리는 어수선한 상황 속에서 여기로 공작부인을 모셔왔습니다만, 그녀는 신경질적인 발작 속에서 자신의 혀 일부를 깨물었어요. …… 우리 모두는 거의 완전히 당황했지요. 공작부인은 한 마디도 하지 않고 아무 것도 알고 싶어하지 않아요. ……

5일 후 로잘린은 소볼렙스키에게 다음과 같은 내용을 전합니다.

공작부인은 보기에 훨씬 나아졌지요. 그러나 갑자기 우리가 보기에 날씨 외에는 아무런 이유도 없이 경련이 일어났어요. 그리고 의사의 말에 따르면 바로 이 경련의 반복이 치명적이며 중풍을 일으킬 수도 있다고 해요.

그렇습니다. 상황은 심각했고 이것을 공작부인 자신이 잘 알았었는데, 이는 다음과 같은 편지를 통하여 알 수 있지요.

나의 친애하는 미쯔케비치.

나는 당신의 편지를 받았고 진심으로 그것에 대해서 감사드려요. 나는 이미 3주일 동안 침대에 누워있지만, 심상찮고도 고통스런 신경성 병의 압박으로 생겨난 나의 믿기 힘든 고통은 사라졌어요. 앞으로 어떻게 될지는 신에게 달려있지요. 나를 치료하는 의사는 매우 좋은 사람이에요. 집안의 모든 것이 당신을 기억나게 해요.

친애하는 미쯔케비치, 나의 우정 속에 당신을 위한 염원이 있음을 믿어주세요. 이 편지는 내 아들이 나를 대신해 썼다는 것도 덧붙입니다. 나는 죽어가고 있고 이것에 대해 아들에게는 아무 것도 말하지 않았어요. 나를 위해 기도해 주세요. 만일 당신이 나를 봤더라면, 나는 당신에게 공포를 주었을 텐데. — 당신의 삶을 환영해요.

— 영원이 곧 당신 친구에게 열릴 겁니다. 제네이다 —

병이 생긴 후 1달이 지난 6월 6일에 쉐브이레프는 소볼렙스키에게 다음과 같은 소식을 전합니다.

공작부인의 육체적 상태는 좋아졌지만, 그래도 역시 신경 상태는 여전합니다. 그녀는 죽음에 관한 생각을 떨치지 않습니다. 모든 신경들이 초조해지고 쇠약해졌습니다. ……

병은 지나이다 볼콘스카야의 삶을 두 배로 쇠약하게 만들었습니다. 젊은 여성의 빛나는 삶은 뒤에 남겨졌습니다. 아름다움과 남성들의 숭배마저도……. 물리적이고 도덕적인 고통의 사막이 앞에 펼쳐졌습니다. 아름다움은 거의 사라졌고 기력이 쇠했습니다. 할 일이 남았을까요? 무엇에서 위안을 찾았을까요?

"나는 단지 하나님에 대한 생각들로만 바쁘고 싶습니다"라고 지나이다 볼콘스카야는 세르게이 소볼렙스키에게 썼습니다. "나는 내가 살든지 죽든지 신의 의지에 따를 것입니다. 나를 위해 기도해 주세요."

11월에 그 주소로 편지가 전해집니다.

…… 나는 내 삶의 매 순간마다 하나님께 감사하고, 그분이 나를 위해 행하셨던 선善에 대해, 그리고 나의 빠른 쾌유를 위해 기도합니다.

하나님에게로의 개종

지나이다 볼콘스카야에게 병이 침범했을 때 그녀는 44살이었습니다. 그녀는 거의 30년을 더 살았습니다. 이 30년이 어떻게 지나갔을까요?《19세기 러시아 시인들》(모스크바, 1979)이라는 책에 다음과 같이 씌어 있습니다.

해를 거듭할수록 극단적인 종교적 광신에 도달하면서 신비주의에 빠져들었다. 그녀의 늙음은 애처로웠다. 그녀의 임종 직전에 로마에 와서 볼콘스카야를 방문했던 한 목격자는 가톨릭 주교들과 수도사들이 결정적으로 그녀를 망하게 했는데, 그들은 그녀의 집, 그녀의 재산 모두, 심지어 그녀의 남편이 묻혀있던 무덤까지 빚으로 팔리게 만들었다고 썼다.

1989년에 발행된 전기 사전《1800~1917년의 러시아 작가들》에서는 다음과 같이 좀 더 부드럽게 말합니다.

사회적 기질이 볼콘스카야의 종교적 열광을 개종권유改宗勸誘와 적극적 박애주의博愛主義로 방향을 돌리게끔 만들었다. 그녀는 삶의 후반 20년 동안의 활동을 이러한 일에 바쳤다.

박애주의라는 것이 무엇인지는 알겠지만, '개종권유'라는 것은 또 무엇일까요?

'개종자'란 새로운 믿음을 받아들인 사람을 뜻합니다. 그러나 바로 이 사실이 지나이다 볼콘스카야의 전기에서 가장 안개 속에 싸여있는 부분입니다.

트베르스카야 거리에 살롱이 있던 시기에 공작부인으로서의 지나이다는 러시아 정교회正敎會 신앙을 가졌습니다. 게다가 그녀는 정교회의 문제들을 깊이 연구했고 그 시대의 성직자들 중 가장 뛰어난 사람들 중 하나로서 구약성서의 번역과 그밖에 많은 학문적 저작 활동을 했던 게라심과 파브스키의 정신적인 딸이었습니다. 그러나 치명적인 병이 그녀를 갑자기 가톨릭 교도로 바꿔놓았습니다. 이탈리아 연구가인 마존이 여기에 대해 다음과 같이 쓰고 있습니다.

> 황제 니콜라이 1세가 그녀에게 정중하게 외국으로 떠나도록 한 것이 지나이다로 하여금 몇몇 가톨릭 교도들과 친분을 맺게끔 만들었다. 그 후 그녀가 로마로 돌아감에 따라 이러한 관계들을 물리치는 것이 힘들어졌고, 그렇게 되면서 그녀는 공공연히 그들을 지지했다. 그러자 그녀가 로마와 가까워지기 위해 정교회로부터 떠났다는 소문이 퍼졌다. 그녀의 개종은 곧 세간의 관심사가 되었다. 그녀는 이런 이유로 그녀가 개종한 이유들이 밝혀질 때까지 극도의 절제를 유지했다. 나조차도 그녀에게 있어 '개종'이라는 말 자체가 실제로 적합한 것이 아닌 것 같다고 생각한다. 그녀는 단지 그녀가 들어선 길에서 그리고 기독교 최초의 교회의 말씀의 기독교적 생각 속에서 자신 안에 온유한 종교적 감정을 불어넣고, 그녀를 이기주의와 치명적인 병과 황량한 삶과 자신이 쓸모없고 불행하다는 생각으로부터 자유롭게 하는 성 요한의 복음 정신 속에서 깊이 인간적이고 박애적이 되어 그 길을 계속 갔던 것이다.

미쯔케비치에게 보낸 지나이다 볼콘스카야의 편지는 실로 의미심장한 것이었습니다.

당신도 아시다시피, 저는 곧 죽을 것이라는 판결을 받았었지요. 신, 우리의 하늘에 계신 아버지께서 병 속에 있는 저를 위로하셨고, 그 위로 덕택에 죽음은 저에게 가볍게 되었으며, 저는 살기위해 기를 쓰지 않았어요. 그래요, 친애하는 아담. 저는 죽기를 원했고, 죽는 것을 생각했으며, 하나님과 하나가 되기 위해 단지 반복해서 기도하는 것만이 남아있는 것처럼 여겼지요. 열정적인 영혼은 여기 이 땅에서 고통 받도록 운명 지어졌지만, 그것은 그 고통 속에서 순수한 기쁨의 원천을 찾도록 주어졌어요. 저의 병은 제가 하나님께 동의하도록 이끌었지요. ……

병은 공작부인으로서의 지나이다에게 새로운 순수한 기쁨들로써 새로운 세상을 열어준 것 같았습니다. 〈성 베드로 전서〉 제1장에 다음과 같은 말씀이 있습니다.

모든 육체는 풀과 같고 그 모든 영광이 풀의 꽃과 같으니 풀은 마르고 꽃은 떨어지되 오직 주의 말씀은 영원토록 있도다.

지나이다 볼콘스카야는 열성적인 가톨릭 교도가 되었습니다. 공작부인 콜라조바냐의 전기는 그녀의 가톨릭으로의 개종에 대해서 다음과 같이 쓰고 있습니다.

그녀의 개종은 점진적으로 이루어져서 1839년의 성 알폰소 드 리구오리 시성諡聖에 결정적인 것이 되었다. 이것은 확신에 따른 어려운 개종이었다. 그것은 큰 값을 치렀다. 실제로 1840년에 공작부인이 러시아로 돌아왔을 때 니콜라이 1세의 명령으로 재산이 몰수되었고, 그녀는 조국을 버리도록 명령받았다. 볼콘스카야는 국외에서 좋은 자본을 만드는데 성공했지만 그러나 그것은 단지 이전 상태에 비해 적은 부분을 차지할 뿐이었다.

지나이다 볼콘스카야는 '살롱에서의 대담對談'에 대한 취향을 잃지 않았으며, 또한 이 대담들 속에는 종종 교회의 활동가들과 설교자들의 참석이 있었습니다. 공작부인은 더욱 더 고독의 기쁨에 열중하였고, 사원 같은 것의 건립에 대해 꿈꾸었습니다.

나는 늙은 과부들과 부인들 속에 살면서 내 자매와 나란히 내 삶을 끝마치고 싶었다. 우리는 짐승의 털이나 견絹이 아닌, 솜으로 만들어진 의식적인 옷을 입었고 머리에는 가벼운 가스직물이 아닌 단순한 실크 레이스로 된 부인용 두건을 썼는데 외출 시에는 장식이 없는 검은 색의 짚으로 만든 모자를 썼으며 여기에는 가장 단순한 베일이 달려있었다. 발심發心한 지 얼마 안 된 사람들은 '마리야'라는 이름을 가졌으며 그들의 보호자는 복음전도자이신 세례자 요한이었다. 그들의 삶의 규칙들을 고귀한 피의 아버지들이 지도했으며, 또한 수난의 아버지가 그들의 고해신부였다.

어느 정도 소박하더라도 이쯤 되면 거의 완전한 금욕주의자의 모습입니다. 언제였던가, 공작부인은 비싼 옷과 세련된 화장과 파리의 유행과 개인적인 화사함에 마음이 끌렸었지요. 그런데 이 얼마나 기막힌 급선회인가요! 그런 식으로 공작부인의 주위도 변했습니다. 시인이나 예술가, 가수와 배우들, 젊은 세대들과 숭배자들 대신에 완전히 다른 사람들이 그녀에게 다가왔지요. 믿음의 사람들, 종교적 사상의 신봉자들 말입니다.

이탈리아의 전기작가 콜라조바냐는 볼콘스카야의 하루를 다음과 같이 묘사합니다.

아침에, 9시부터 정오까지 그녀의 집에는 선한 일의 옹호자들, 조언과 위로가 필요한 빈자貧者, 노숙자, 일자리를 찾는 사람들이 차례를 기다리며 늘어서 있었다. 한낮에 백작부인은 미사나 찬송을 위해 어떤 교회로 동행하자면서 그들을 초대했고 나중에는 핀치오 공원을 산책했다. 두 시에 그녀는 점심을 먹었다. 이때는 그녀의 친척들이 방문하는 시간이었는데, 대사관에 근무하는 이들 중 많은 이들이 그녀의 친척이었다. 친척들이 방문하는 그때에 그녀는 속세와 만났다. 모두들 그녀를 집에서 만난다는 확신이 있었기에 점심식사에 참석했는데, 그녀의 주위에는 가까운 친구들인 가톨릭 수도원장 제르베, 수녀 루케, 가톨릭 수도원장 마르테 등이 참석해 있었다. 참석자들 중에는 많은 프랑스 인들도 있었다. 저녁에 그녀의 집에서 당시 로마에서 가장 유명한 가톨릭 활동가들이 만났다. 공작부인은 이 모든 이들을 만나는 것이 즐거웠고 당시의 관심사들을 그들과 함께 토론했다. 그녀의 집에서는 나이든 신학교 친구들도 먼 곳에서의 미사를 마치고 돌아와서 만났다.

그렇게 결정적으로 지나이다 볼콘스카야는 선과 공정함의 길로 들어섰습니다. 그녀의 집에 모인 모든 이들은 갈라디아 인들에게 보낸 편지 속에 담긴 사도 바울로의 성약聖約을 읽었습니다.

허영을 부리지 말 것, 서로 서로 욕되게 하지 말 것, 서로 서로 시기하지 말 것.

최후 미사의 마지막 화음

1844년에 아시즈에서 볼콘스카야의 남편인 니키타 볼콘스키 공작이 죽었습니다. 남편의 죽음은 여전히 열성적인 공작부인이 자선기관 일에 힘을 쏟을 것이라는 징후였습니다.

화려한 인생은 오래 전에 잊혀졌습니다. 그것은 눈과 귀의 즐거움이었습니다. 지난 인생에서 그녀는 자신의 믿음을 지키며 승리했었고 또한 빛났었습니다. 그녀는 자신을 기리는 시와 찬미에서 기쁨을 얻었지요. 나중에 그녀는 이 모든 것이 단지 허영이며 허위의 빛이고 푸른 하늘 속에 사라지는 안개라는 것을 깨달았습니다. 나이가 들면서 그녀는 — 마치 에클레지아스트의 책에 씌어진 "영혼은 채워지지 않는다"라는 말처럼 — 모든 영혼의 공허와 고뇌를 알게 됩니다. 영혼은 무엇인가 다른 것, 즉 세속적인 것이 아닌 고양되고 신적인 것을 요구합니다. 포옹에서 벗어날 때가 도래합니다. 당신이 삶의 오랜 기간 동안에 저축하고 얻은 것들을 나누어야 할 때가 도래합니다. 은과 금뿐만이 아니라 고유한 영혼, 값을 매길 수 없는 경험의 곡식들, 자신이 축적한 상냥함과 동정심을 헐벗고 굶주린 이들에게, 모든 고통받는 이들에게 나누어야 할 때가 도래합니다.

지나이다 알렉산드로브나 볼콘스카야의 마음에 어떤 혼란이 일어났는지 그 누가 알겠습니까! 그러나 아마도 그녀는 성심聖心에 따라 살롱 미인으로서의 자신의 과거의 삶을 포기했고, 또한 성심으로 하나님의 일과 선의 일에 종사하게 되었습니다.

그녀는 몇 개의 학교를 설립했는데 하나는 1851년에 자신의 궁전에 세웠고, 두 번째는 바부이노에, 세 번째는 성-조반니 인 리테라노 지역에 세웠습니다. 그녀가 설립한 학교에서의 교육의 근본에는 도덕적 수행, 겸손, 전문적 지식의 습득이 포함되었습니다. 또한 지나이다 볼콘스카야 자신이 여성 교육 체계를 다듬었습니다.

그러나 이탈리아에서 그녀가 행한 것들은 단순한 의미로 받아들여지지 않았습니다. 어떤 이들은 그녀를 '지혜와 참회의 여성', 즉 거의 성자로 불렀습니다. 그러나 다른 이들은 그녀가 맹목적이고 유별나며 위선자라고 생각했습니다. 하지만 어떻게 모두를 설득시키겠습니까!

지나이다 볼콘스카야의 맹렬한 활동은 73세 되던 해인 1862년 2월 5일에 갑자기 중단되었습니다. 죽음의 시간에 그녀는 수녀복을 입고 싶었으나 그녀의 임종에 참석한 신부 돈 조반니가 "당신은 백작부인이었습니다. 왜 당신은 당신에게 명예를 준 자신의 삶을 책임지려하지 않습니까?"라고 말한 후 수녀복 입는 것을 허락하지 않았습니다. 그녀는 단지 그녀의 피후견인들이 가져온 하얀 부인용 셔츠만을 입도록 허락받았습니다.

피후견인들 속에서 그녀는 자신의 마지막 숨을 거두었습니다.

볼콘스카야의 또 다른 전기작가인 트로피모프는 다음과 같이 회상합니다.

> 그녀가 속해있었던 신의 섭리로 만들어진 세상이, 그녀가 사랑했던 자매들이, 그녀가 도왔던 성직자들이, 그녀가 성직자들과 함께 방문하여 자비를 베풀었던 사람들이 그렇게 많은 선을 행했던 자신들의 수호천사를 애도했다. 평범한 사람들의 거대한 무리가 자신들의 선한 '러시아 공작부인'을 무덤까지 배웅하기 위하여 볼콘스카야의 별장에서 성 빈첸초 교회까지 길가에 늘어서 있었다.

세르게이 볼콘스키 공작은 자신의 회상에서 다음과 같이 언급합니다.

> …… 그녀는 많은 선을 행했다. 로마의 빈자들은 그녀를 우러러보았다. 그녀는 추운 겨울 아침에 노숙자 여인에게 주려고 따뜻한 치마를 문 아래에 벗어놓았다가 감기에 걸려 죽었다. 인생의 말년에 그녀는 믿음과 자선행위에 몸을 던졌다. 그녀의 장례식에서처럼 그렇게 많은 가난한 사람들이 로마에서 모인 적이 없었다. 그녀의 유골은 트베리 분수 옆, 성 비켄티

와 아나스타시아 교회의 오른쪽에 증축한 첫 번째 방에 안치되었고, 그곳에는 그녀의 남편 니키타 볼콘스키 공작과 데카브리스트였던 동생, 그리고 그녀의 자매 블라소바도 묻혔다. ……

지나이다 볼콘스카야는 생전에 자신이 직접 묘비문을 썼는데 그 첫 두 행은 다음과 같습니다.

Zenais Alexandri f. principis Beloselski de Belozero
adhuc vivens sibi et cineribus

지나이다 알렉산드로브나의 유일한 아들인 알렉산드르 니키티치는 1878년에 죽었습니다. 그에게는 자식이 없었습니다. 세르게이 볼콘스키가 쓴 글에 따르면, 니키타 볼콘스키 공작은 자신의 친구인 일린 장군의 딸을 양녀로 삼았습니다. 나자 볼콘스카야는 캄파나리 후작에게 시집갔습니다. 볼콘스카야의 별장은 그녀 소유가 되었습니다.

세르게이 볼콘스키는 1920년대 초에 자신의 회상록을 썼습니다.

* * *

1996년 봄에 나는 아내와 함께 로마에 머물렀습니다.

줌불리즈 공작의 먼 후손인, 하라슈빌리 가문에서 태어난 아내 안나는 성 비켄티와 아나스타시아 교회의 문들이 거의 열리지 않는다는 것을 알고는 매우 낙담했습니다. 그녀는 문들이 열리기를 문자 그대로 간절히 원했습니다. 그리고 기적이 일어났지요! 문들이 활짝 열려서 우리는 교회의 희미하게 빛나는 어스름 속으로 들어갔습니다.

추도용 촛불이 타고 있었습니다. 경건한 기도 속에 잠시 서 있었습니다. 지상의 것이 아닌 듯한 고요가 흘렀습니다. 문 뒤에서는 로마 유적인 트레비 분수 옆에서 관광객들이 여러 언어들로 말하고 있었습니다. 이것이 지나이다 볼콘스카야가 살았던 두 가지 삶을 생각나게 했습니다. 하나는 시끄럽고 세속적인 삶이요, 다른 하나는 조용하고 겸손한 삶입니다.

언제였던가, 첫 번째 삶 중에 있을 때 지나이다 볼콘스카야는 다음과 같이 썼습니다.

슬퍼하는 이들의 천사는
당신의 목소리를 알 것입니다.
당신을 들여보낼 겁니다……

천사가 지나이다 볼콘스카야를 환영했음은 의심의 여지가 없습니다. 아니면 천사가 더 가치 있는 누구를 환영할 수 있겠습니까? ……

2장 카롤리나 소반스카야

러시아의 마타하리

오래 전, 그러니까 19세기 전반에 부인들에게는 자신의 살롱에 손님들의 기록을 담는 앨범을 놓아두는 유행이 있었습니다. 글로 된 말, 숭배자들의 감정이 글씨라는 형태로 어김없이 가득 차 있었고, 더 훌륭한 것은 앨범에 시어詩語 형태로 기록된 것이었습니다. 기회가 되면 언제나 여자친구에게 표현할 수 있었는데, 예를 들면 시인 N씨는 매혹적인 찬가를 지었고, 장교 K씨는 투박하지만 더할 나위 없는 사랑을 담은 글을 지었습니다. 말로 표현되는 것이 글로 옮겨졌을 때 더욱 더 설득력이 있기 마련이지요.

앨범 기록들 중에는 진정 고뇌에 찬 진지한 글, 극적인 글도 눈에 띕니다. 그러한 문장을 우리는 카롤리나 소반스카야(Каролина Собанская)의 앨범에서 찾을 수 있습니다. 그것은 알렉산드르 세르게예비치 푸슈킨[1]이 쓴 것입니다.

---

1) "삶이 그대를 속일지라도……"라는 시 구절을 쓴 19세기 러시아의 국민적 시인. 일생 동안 '자유'와 '사랑'을 갈구했던 푸슈킨은 수많은 연시戀詩들을 창작했다. 그 연시들의 대부분은 그가 만난 특정한 여성들을 대상으로 했다.

나의 이름이 그대에게 무슨 소용인가?
내 이름은 소멸하네,
먼 기슭에서 철썩거리는 파도의 슬픈 울음처럼,
무성한 숲 밤의 울림처럼.

내 이름은 기억의 장에
죽은 흔적만을 남기네
이해 못할 언어로 씌어진
묘비명의 문양처럼.

나의 이름이 무슨 소용인가?
새롭고 격렬한 격동 속에 오래 전 잊혀진 나의 이름
그대 영혼에 주지 못하네
순결하고 다정한 추억들.

그러나 슬픔의 날에, 고요 속에
애수에 잠겨 나의 이름을 부르라
말하라, 나에 관한 기억이 있음을
세상 속에 내가 사는 가슴이 있음을……

거절당한 남자의 슬픈 문장인가요. 그렇습니다. 알렉산드르 세르게예비치 푸슈킨의 열정은 그렇듯 짝사랑으로 남았습니다. 1820년 5월, 그는 유형 가는 도중에 키예프에서 카롤리나 소반스카야를 처음 보았습니다. 오데사에서는 그녀와 여러 번 만났고, 그렇게 해서 시작된 그들의 교제는 거의 10년 동안 지속되었지요. 10년 동안 푸슈킨의 열정은 소반스카야의 냉담함에 불을 지피지 못한 상태로 있었습니다. 그녀는 그를 능숙하게 유혹했으며 그러면서도 지치게 했지요. 푸슈킨은 소반스카야 때문에 사랑의 모든 전율과 고통을 알게 되었습니다.

시인은 "나는 당신을 사랑하고 당신을 따르기 위해 태어났소……" 라고 고백했습니다.

그러나 카롤리나 소반스카야에게 있어 푸슈킨은 어떤 존재였을까요? 러시아의 천재? 아마도 그녀는 이 사실을 알았겠지만, '돈 없는 천재'에 대한 흥미는 없었습니다. 남자로서 — 푸슈킨에게는 모욕적이었지만 — 그는 그녀를 감동시키지 못했습니다. 바로 여기서 해결할 수 없는 감정의 비애가 나타났지요. 거절당한 마음의 상처 말입니다. 푸슈킨이 소반스카야에게 보낸 편지 중 하나에 다음과 같이 씌어 있습니다.

> 나는 오직 당신에 대해서만 생각할 수 있소…… 당신 속에는 나를 초조하게 하고 낙담에 빠뜨리는 아이러니와 교활함이 있소. 고통스럽고, 진심어린 말이 당신 앞에서는 황량한 농담으로 변하오. 당신은 악마요. ……

자, 이제 이 악마가 어디에서부터 나타났는지 말해보기로 합시다. 롤리나(유년시절에 카롤리나는 이렇게 불렸습니다)는 이전에 우크라이나 키예프 현縣의 궁정귀족 지도자였고 후에는 의원이 된 아담 르쥐부스키의 가문에서 1794년에 태어났습니다. 그녀의 가문에는 우크라이나의 통치자, 군사령관, 원수元帥들도 있었는데 그 뿌리는 아마도 얀 소벤스키 왕에게 귀속될 듯합니다. 카롤리나 자신은 그녀가 프랑스 왕비 마리야 레쉰스카야의 증손녀라는 것을 모든 이들이 기억해주는 것을 좋아했습니다. 다시 말해, 르쥐부스키 혈통에는 부유한 천재들이 있었고, 바로 이 천재들의 결합이 과장이나 기적 없이 카롤리나와 같은 그런 인물들을 만들어냈던 것이지요.

집안에서 그녀는 훌륭한 가정교육을 받았습니다. 다른 학문을 제외하고 가장 중요한 학문인 '살아가는 기술'을 아주머니인 로잘리야 백작부인(흥미롭게도 그녀는 파리의 단두대에서 처형당한 왕비의 딸이었습니다)에게서 배웠습니다. 로잘리야 백작부인은 항상 선천적인 아름다움이 전부가 아니라 '그것을 이용할 줄 알아야' 한다는 것을 강조하면서, 롤리나에게 많은 것을 가르쳤습니다. 아름다움, 이것은 남자들을 함부로 할 수 있는 장점이지요. 그리고 로잘리야 아주머니는 카롤리나에게 계략을 꾸미는 기교와 자신을 위해 이것을 효과적으로 극대화하고 이용할 줄 아는 기술 역시 가르쳤습니다.

가정에서는 네 자매가 성장했습니다. 카롤리나, 파울리나, 알리나, 에벨르이나. 이 중 세 자매들의 운명은 '숙명적 여성들'이라 부를 수는 없더라도 평범하지는 않았습니다. 에벨르이나는 늙은 백작 간스키와 결혼했고, 그가 죽은 후 작가 발자크의 아내(에블린 한스카)가 되었습니다. 알리나는 작곡가 모뉴슈코의 형의 아내였습니다. 파울리나는 오데사의 대상大商인 리즈니치에게 시집갔습니다. 그리고 바로 카롤리나 차례군요.

그녀는 자매들 중 가장 아름답고 돋보였습니다. 흡사 영혼을 인도하는 신 같은 활활 타는 눈길과 매혹적이고 화려한 모습을 가진 고대 로마의 부인 같이 당당했습니다. 빛나는 눈빛과 대퇴부의 떨림은 좋아하는 상대를 미치게 할 수 있었지요. 최초의 희생자들 중 하나가 이예로님 소반스키 백작이었습니다. 그는 카롤리나보다 30살쯤 연상이었으며, 또한 그녀의 매력 앞에서 참을 수가 없었습니다. 그리하여 카롤리나 르줴부스카야는 카롤리나 소반스카야 부인이 되었습니다.

처음에 신혼부부는 시골인 파돌리야에서 살았습니다. 하지만 카롤리나는 상류사회에 가까이 있기를 고집했습니다. 그래서 그들은 키예프로 이사했고, 그 다음에는 오데사로 이사했습니다. 고령의 백작은 곡물 무역을 했고 카롤리나는 살롱의 안주인이 되었습니다. 어느 동시대인은 "그녀는 일반적인 남성사회로부터 모든 우수한 사람들을 자신 곁에 모았다"라고 쓰고 있습니다. 여기에는 러시아 인들, 폴란드 인들, 백작, 귀족, 시인, 장교, 비인에서 온 바이올리니스트, 파리의 피아니스트들이 포함되어 있었습니다. 살롱은 들끓었고, 당당하고 오만하고 냉정하고 아름다운 카롤리나 소반스카야가 그 중심에서 지배했습니다.

그러나 '오데사의 클레오파트라' (그녀는 그렇게 불렸습니다)는 남자들의 구애와 앨범 속의 시로는 만족하지 못했습니다. 그녀는 사랑보다 정치에 더 관심이 있었던 것이죠. 무슨 특이한 취미인가라고 독자들은 생각하시겠지요. 그러나 이것은 그녀의 천성에서 나온 것입니다. 그녀는 안나 케른[2]이 아니었고, 당연히 사랑이나 가정 일에 만족하는 보통의 다른 여성과도 달랐습니다. 아니지요, 카롤리나 소반스카야에게 그런 잣대는 편협한 것입니다. 그녀의 영혼은 불가사의한 곳으로 강하게 끌렸고, 그녀는 사람들을 지배하기를 원했습니다. 그녀의 영혼에서 모험적인 현絃의 울림이 있었는데 이것을 건드릴 수 있는 사람이 나타났습니다. 이 사람이 제3연대의 교두보인 막심 폰 포카 관청의 주요 인물이자 남 러시아 파견 부대의 사령관인 이반 비트였습니다.

바로 이 비트가 카롤리나 소반스카야를 유혹했습니다. 그녀는 그의 훌륭한 조력자였고 스스로를 최고의 대리인이라고 자부했습니다. 어떤 회고록에 따르면, 그녀가 이득을 위해서 헌병대의 정보원으로 들어갔다고 합니다. 그러나 아마도 이것은 단지 진실의 일부분일 뿐

2) 안나 케른은 이 책에서 카롤리나 소반스카야 다음에 소개되는 여성이다. 푸슈킨을 비롯한 많은 남성들과의 사랑으로 유명한 여성이기도 하다.

이고, 다른 자료에서는 그녀가 비밀을 알아내고, 사람들을 혼란스럽게 하고, 그들을 조종하며 운명을 결정짓는 것, 간단히 말해서 거의 모두를 지배하기를 좋아했다고도 합니다.

이 무렵에 카롤리나는 소반스키 백작과 이혼하고 이반 비트의 연인이 되었습니다. 그는 자신의 아내 유제피나와 이혼하겠다고 약속했지만 실제로 그렇게 하지는 않았습니다. 소반스카야는 정부情婦로 남아있었지만 기이하게도 이것이 부담되지 않았습니다. 그녀의 세계에 가족이나 가정은 없었던 것 같습니다.

1820년대의 데카브리스트 운동과 1830년대의 경무국警務局을 쥐고 있던 러시아 제국의 압제로부터의 해방을 위한 폴란드 인들의 투쟁은 긴박한 상황 속에 놓여있었습니다. 그것을 위해 카롤리나 소반스카야는 자신에게 운명지어진 일들을 수행했습니다.

소반스카야의 그물망에 불쌍한 폴란드 시인 아담 미쯔케비치가 걸려들었습니다. 그는 카롤리나보다 5살 연하였음에도 그녀에게 반했습니다. 그는 살롱의 안주인에게 설명하기 위해 잠깐의 시간을 찾았습니다만 이는 여의치 않았었지요.

> 내가 그녀에게 다가가 그녀 옆에 앉자마자 — 초인종!
> 시종이 문을 두드린다, — 정말 방문객인가?
> 그렇다, 손님이다, 그리고 바로 — 인사, 대화……
> 갔다, 그러나 빌어먹을 다른 이가 문지방에 와있다! …… —

그렇게 시인은 시 속에서 한탄했습니다.

젊은 시인은 시를 써서 그녀를 찬미함으로써 카롤리나에게 아첨했습니다. 그러나 그것뿐이었습니다. 응답이 없었지요. 카롤리나는 일을 했습니다. 그녀는 미쯔케비치를 감시했고 마침내 제3연대로 호송

되게끔 했습니다. 그러나 미쯔케비치는 푸슈킨처럼 이것을 알아채지 못했습니다. 한 번은 그녀가 두 사람을 차 마시러 오라고 초대했는데, 그 두 사람들은 다름 아닌 러시아의 시인 푸슈킨과 폴란드 인 미쯔케비치였습니다. 그들은 차를 마셨고 이야기를 나누었지요. 시인들은 먼저 매력적인 여주인에게 찬사를 보냈고, 이에 그녀는 미소로 답했습니다.

푸슈킨

단지 미소만 있었으면 좋았겠지요. 당시 미쯔케비치와 푸슈킨은 슬픈 결말 따위는 없을 것이라고 여겼습니다. (아마도 카롤리나 소반스카야는 이러던 그들을 조금 동정했겠지요?) 젊은 폴란드 애국자 안토니오 야블로놉스키는 좀 더 작은 곳으로 호송되었습니다. 그는 폴란드와 러시아의 주모자들 사이에서 있었던 접촉에 대해 중요한 정보를 갖고 있었습니다. 그렇기 때문에 카롤리나가 밀고함으로써 야블로놉스키는 순식간에 자유를 잃었습니다. 그 같은 카롤리나 소반스카야의 희생자들은 적지 않았습니다. 다시 한 번 지적하지요. 헌병대의 정보원으로서 카롤리나 소반스카야는 충실하게 일했고, 운명은 이러한 그녀를 버릇없게 했습니다. 하지만 그녀는 자신의 먼 후계자 마타하리의 운명을 피했습니다.

정치적인 수사가 실행되었습니다. 친구들이 사라졌지만 푸슈킨도 미쯔케비치도 자신들과 가까운 미녀 소반스카야에게 혐의를 둘 수가 없었습니다. '등잔 밑이 어둡다' 라는 구절을 그들은 읊을 수 없었습니다. 그 대신 안나 아흐마토바가 푸슈킨에 관해 연구하면서 그것을 읊었습니다. 푸슈킨의 시대를 분석하면서 그의 주변과 특히 소반스카야의 역할을 아흐마토바는 지적합니다.

> 만약 그녀가 제3연대와 관련되었다는 전제 하에서, 그녀가 푸슈킨과 연관된 어떤 임무를 갖지 않았다고는 믿어지지 않는다.

소반스카야는 나중에 벤켄도르프에게 보낸 편지에서 매우 솔직하게 자신이 정치국 소속임을 알렸습니다. 놀랍게도 자신의 긴 생애 동안에 소반스카야는 한 번도 푸슈킨을 회상하지 않았습니다.

그 다음엔 어떠했을까요? 러시아를 떠나 카롤리나 소반스카야는 독일의 드레스덴에 나타났습니다. 그곳에서 그녀는 마지막까지 똑같은 정치적 역할을 수행했으며, 또한 '활발한 폴란드 애국자'의 가면을 쓰고 일했습니다. 그녀는 심지어 폴란드 애국자들을 돕는 위원회에 가입했습니다. 심지어 젊은 공작 사페구를 매혹시켜 거의 그와 결혼할 뻔했습니다.

소반스카야는 쉽게 폴란드 야당 지도부와 관계를 맺었습니다. "나는 계획된 음모들을 알아냈지"라고 그녀는 자신의 회상에서 밝혔습니다. 그러나 이 음모들을 알아내기 위해 그녀는 그들에게 가담했고 양쪽 편에 바리케이드를 쳤던 것입니다.

폴란드 총독 파스케비치가 폴란드에서 당시 정부의 부대표로 비트를 임명하려는 생각이 있자 그녀의 활동은 끝이 났습니다. 비트의 임명에 대해 파스케비치가 황제에게 보고하자, 황제는 이 주장을 단호하게 기각했습니다. 주로 비트와 소반스카야와의 '더러운' 관계 때문에 황제는 이 주장을 기각했던 것이지요. 카롤리나에 대해서 니콜라이 1세는 다음과 같이 썼습니다.

그녀는 가장 거대하고 교활한 음모자이며, 가식적인 친절함과 교묘함으로 모든 것을 자신의 그물 속에 포획하는 폴란드 여자다. 그녀는 비트를 자신의 친척이라고 소개하면서 뒤에서 조종할 것이다.

바로 여기에서 소반스카야와 직접적으로 연관된 또 하나의 에피소드가 생겨났고, 화가 난 황제는 다시 파스케비치에게 썼습니다.

충성의 가면을 쓰고 오직 '자신의 폴란드'의 이익만을 추구했으며, 이전에 그녀가 속했던 러시아처럼 비트를 정부情夫로서만큼 밖에 믿고 있지 않은 이 촌구석 출신 여자로 하여금 비트 백작은 오랫동안 자신을 우롱하게 했다.

여러분은 〈타인들 속의 자신, 자신 속의 타인들〉이라는 제목의 영화를 모두 이해하지는 않으시지요? 그렇듯 사람들은 그녀를 신뢰하지 못했습니다. 폴란드의 애국주의자로서도, 황제의 추종자로서도.

불신의 결론은 퇴직 그리고 파돌리야에 있는 자신의 영지로 돌아가라는 명령이었습니다. 카롤리나 소반스카야는 커다란 모욕 속에서 자신의 주요 후원자였던 알렉산드르 벤켄도르프에게 편지를 씁니다. 훌륭한 프랑스 어로 그녀는 자신의 충성스런 감정이 상처를 입었다는 것과 그런 결정이 이미 났을 때 벤켄도르프가 무엇을 할 수 있었는지를 지적합니다. 소반스카야를 태운 열차는 황폐해진 우크라이나의 마을인 '론바느이 다리'라는 곳에 슬픔과 함께 도착했습니다.

그녀의 삶은 끝이 났지요. 이러한 결론이 내려졌을 때였던 1832년에 카롤리나 소반스카야는 필사적으로 다음과 같이 씁니다.

나는 이름도 없고 존재도 없다. 내 삶은 마구 구겨졌고, 그것은 끝이 났다. ……

'악마[3]의 고통'이 만일 푸슈킨의 모습을 회상했더라면 어땠을까요?

그러나 아닙니다. 그녀는 다시 날개를 퍼덕거리기 위한 시도를 합니다. 1836년에 결국 비트에 의해 남겨진 카롤리나 소반스카야는 그의 부관과 결혼함으로써 '치르코바야 부인'이 됩니다. 그러나 남편이 죽자 그녀는 과부가 되어 영원히 러시아를 떠나기로 결심합니다. 남은 생애 동안 카롤리나 소반스카야는 파리에서 살았습니다. 그녀는 1885년에 노환으로 죽었습니다.

카롤리나 소반스카야의 영혼의 악마는 죄 많은 땅 위에서 높이 날아올랐습니다.

3) 카롤리나 소반스카야를 가리켜 푸슈킨이 '악마'라고 칭한 것을 기억해야 한다.

3장 안나 케른

'순수한 미의 화신', 아니면 '바빌론의 창녀'?

'순수한 미의 화신' 일까요, 아니면 '바빌론의 창녀' 일까요?

그렇습니다, 바로 그것이 문제입니다. 그리고 그것에 어떻게 답하시겠는지요?

> 나는 기억하네 경이롭던 순간을:
> 내 앞에 나타났지 그대가,
> 스쳐가는 환상처럼,
> 순수한 미의 화신처럼……

그 누가 푸슈킨의 이 시구절과 푸슈킨의 시에 곡을 입힌 미하일 글린카의 매혹적인 로망스(Romance : 사랑을 노래한 프랑스의 가곡)를 모르겠습니까?[1] 게다가 그 수신인도 모두에게 알려져 있지요. 아니, 이

---

1) 작곡가인 미하일 글린카는 안나 케른의 모습을 그대로 닮은 케른의 딸 예카테리나를 사랑했다. 그래서 그녀의 부탁으로 푸슈킨의 시에 곡을 붙인 글린카의 유명한 가곡이 〈나는 기억하네, 경이롭던 순간을〉이다.

경우에는 '뮤즈 여신'이라고 부르는 편이 더 낫겠군요. 이 사람이 바로 안나 케른(Анна Керн)이지요.

사실 그녀의 삶의 상세한 부분들까지도 잘 알려져 있습니다. 그런데 도대체 어디로부터 이 '순수한 미의 화신'이 나타났을까요? 시인은 얼마나 강하게 그녀를 사랑했을까요? 그녀의 운명은 어떻게 이루어졌을까요?

이 모든 것을 알아봅시다.

일단 중요한 것은 이 매혹적인 여자가 어디로부터 나타났는가 하는 것이겠지요? 19세기 초반, 살롱과 시가 씌어진 앨범이 있고 영지 저택의 무도회가 있던 시대, 아가씨들이 부풀린 옷을 입고 지도첩 신발을 신었으며 만일 발이 얼면 데워진 과일 씨 가루로 발을 따뜻하게 했던 그런 시대였습니다. 상류사회에서는 기본적으로 프랑스 어를 말하고 썼지요.

안나 케른은 1800년 2월 11일에 태어났습니다. 푸슈킨보다 8달 반 늦게 태어났지요.

우리는 '안나 케른'이라고 부르지만, 그녀는 '안나 폴토라쯔카야'(집에서의 애칭은 '아네트'였습니다)라는 이름으로 오를로프 현縣에 있는 할아버지의 장원莊園에서 태어났습니다. 매혹적인 아이가 녹색과 흰색의 타조 깃털로 된 요람에 누워 옹알거렸지요. 만들어진 천사. 행복과 기쁨을 위해 만들어진 인형. 사람들은 그 당시 이 매혹적인 여자아이가 평범하지 않은 운명을 타고났다는 것을 알았습니다.

아네트는 일찍부터 읽는 것을 배웠습니다. 할아버지의 큰 저택에서 그녀가 좋아하는 곳은 바로 서재였습니다. 그녀는 이미 5살 때 프랑스 소설을 읽기 시작했습니다. 그리고 마침내 모든 것을 읽게 되었는데, 그 중에는 사랑에 관한 작품들과 낭만적인 모험 소설들도 포함되어 있었습니다. 장 자크 루소, 로렌스 스턴, 쇼들르아 드 라클로 등.

그 당시에 마르키 드 사드는 어찌된 영문인지 러시아에서는 인기가 없었습니다. 이는 러시아의 쥐스틴[2]들이 러시아에 살고 있었고 또한 그들의 '미덕의 불행'이 일어났으니까요.

문학에 대한 안나 케른의 열의는 평생 동안 지속되었습니다. 그녀는 많은 것을 읽었고, 번역하였고, 시의 의미를 이해했으며 문학가와의 우정을 유지했습니다.

폴토라쯔카야에서 케른으로의 변화

다시 시가 등장합니다.

나는 그대를 사랑하네, 수 세기의 미녀들,
문으로부터 그대의 태연한 날갯짓 너머……

벨라 아흐마둘리나는 이렇게 썼습니다. 그리고 안나 폴토라쯔카야는 가볍게 날아올랐습니다. 인형은 아마 색 머릿결을 가진 매력적인 아가씨, 즉 진짜 러시아 미녀로 변했습니다.

그녀가 처음으로 세상에 나온 장소는 우크라이나의 루브나 시에서였습니다.

루브나 시는 어떤 곳이었을까요? 그곳은 엽병獵兵연대가 숙영하는 마을이었습니다. 당연히 모든 장교들에게는 애인이 있었지요.

---

2) 쥐스틴은 프랑스 작가 마르키 드 사드의 소설 제목이자 이 소설에 등장하는 주인공의 이름이기도 하다. 소설의 원제는《쥐스틴 또는 미덕美德의 불행》이다. 신앙심이 깊고 정숙한 미덕의 화신이지만 불행한 일생을 보낸 쥐스틴과 악덕에 몸을 바쳐 부귀영화를 누린 악랄하고 음탕한 쥘리어트, 이 두 운명을 대조적으로 그린 소설로서 기존의 도덕관념을 완전히 뒤엎은 작품이다. 쥐스틴에게 잇따라 가해지는 수도원의 잔혹한 처사, 예를 들면 생 마리 수도원에서의 수도사의 가학적 행위의 묘사 등으로부터 '사디즘'(Sadism)이란 말이 유래되었다.

모든 것이 근사했냐고요? 아뇨, 어찌할 수가 없었을 뿐입니다! 이는 지방 궁정귀족의 통솔자이자 그녀의 아버지였던 표트르 마르코비치 폴토라쯔카가 굉장히 엄격했기 때문이지요. 안나는 다음과 같이 회상했습니다.

> 아버지가 무도회 중이나 무도회 후에 시끄럽게 할까 봐 어떤 무도회에도 가지 않았다. 나는 그가 두려웠고 상상 속에서조차 그에게 대항할 수 없었다.

어머니 예카테리나 이바노브나 폴토라쯔카야에 대해서는 불프 출신이라는 것밖에는 남아있는 기록이 없습니다. 중요한 것은 아버지였지요. 그는 집안의 폭군이며 지배자였습니다.

어찌된 일인지 루브나의 무도회에 사단 총사령관인 예르몰라이 표도로비치 케른이 참석했습니다. 장군은 '활짝 핀 장미'에 대해 듣고는 어떤 여성인지 직접 눈으로 확인하고자 했습니다. 아가씨는 눈이 멀 정도로 아름다웠습니다. 장군은 순식간에 그녀에 대한 사랑의 불길이 타올라 청혼했습니다. 그녀는 받아들였지만 단번에 그런 것은 아니었지요. 장군은 유감스럽게도 늙었고, 아네트가 몰래 꿈꾸어왔던 프랑스 소설의 주인공과는 전혀 닮지도 않았습니다. 그러나 아버지를 위해서라면 그는 훌륭한 배우자였고 따라서 아버지와 친척들은 한결같이 자신의 행복을 거부해서는 안 된다면서 분별없는 그녀를 설득했습니다. 통상 그렇듯이 그 지역 어디에서 다른 장군을 찾겠습니까? 아네트는 고민했고 괴로워하면서 친구에게 "내가 그의 아내가 되면 그를 사랑하게 될까?"라고 물었습니다. 친구는 긍정적으로 대답했지요. 살다보면 사랑하게 된다고. 왜인지는 몰라도 대체로 그렇더라고 말입니다.

결국 1817년 1월에 혼인이 거행되었습니다. 신부는 아직 17살이 채 안 되었고, 장군은 52살이었습니다. 36살 차이가 그 당시에는 그다지 놀라운 것은 아니었을 뿐더러 거의 의례적인 것이기도 했습니다. 경험과 젊음이 서로서로를 보충해 주고 협력해 주는 가운데 살아가면서 함께 가는 것이어야 한다고 생각되던 시절이었으니까요.

아무튼 이제 '안나 폴토라쯔카야' 대신에 장군의 젊은 아내인 '안나 케른'이 되었던 것입니다. 그녀는 장군의 부인이라는 것 외에 무엇을 얻었을까요? 원숙한 삶의 동반자, 전쟁 영웅(7개의 무공훈장, 그 속에는 파리 점령과 관련된 성 게오르기 훈장도 포함되어 있었으며 또한 전쟁터에서 얻은 약간의 상처들도 있었습니다). 장군은 술 마시고 떠드는 것을 좋아했을 뿐, 그의 아내가 좋아하는 예술, 문학, 그리고 모든 예민한 정서에는 그 어떤 흥미도 없었습니다. 한 마디로 말해 그들은 교육, 심리, 성격, 취미에 있어서 완전히 달랐습니다.

잠자리에서 역시 평탄하지 않았습니다. 무엇보다도 사랑이 없었던 거지요. 우연치 않게 결혼 전에 장군은 안나에게 물었습니다. "내가 당신에게 안 어울리지 않소?" 그녀는 머리를 숙이고 짧게 답했습니다. "아니요."

사랑도 없었고, 애교도 없었고, 상냥한 말도 없었습니다. 젊고 아름다운 여성이 꿈꾸었던 것은 아무 것도 없었습니다. 결혼한 지 2년이 지난 후에 그녀는 자신의 남편에 대해, 엄밀히 말하자면 '자신이 아닌 아버지가 택한 사람'에 대해 일기에 다음과 같이 썼습니다.

> 그를 사랑할 수 없다. 그를 존경하는 위로조차 나에게 주어지지 않았다. 솔직히 말하자면 나는 그를 거의 미워하고 있다. 만약 그와 함께 천국에 있어야 한다면 차라리 지옥이 천국보다 나을 것이다.

고통스런 말들은 정말 진심이었을까요? 그것들은 나름대로 근거가 있었습니다. 결론적으로 말해서 장군은 무기력했습니다만, 그는 나름대로 출구를 찾았습니다. 어떤 이론적인 근거로 자신을 합리화시키면서 조카의 얼굴에 자신을 대치시키려 했습니다. "만일 아내가 젊고 남편이 늙었다면, 온갖 종류의 이상한 일들이 여자를 위해 용서될 수 있다. 남편이 아직 건강할 때에 한해서만 정부情夫를 갖는 것이 용납되지 않는다." 장군은 아내의 정부가 밖에 있는 것보다 집안에 있는 것이 무엇보다도 낫다고 여겨서 조카를 아내에게 붙여주려는 생각을 했습니다. 그가 안나를 조카의 방으로 데리고 갔을 때, 젊은 남자는 벗은 채로 침대에 누워있었고 장군은 둘을 남겨놓은 채 조용히 나갔습니다. 독자여, 당신은 이 자극적이고 혐오스런 상황이 마음에 드시는지요? 안나 케른은 되갚아야 마땅했지요. 그녀는 장군인 남편의 이 계획을 반박했습니다. "만약 나중에 정부를 선택한다면 나 스스로 하지요. 물론 파렴치한 당신 밑에 있는 사람은 선택하지 않을 거예요."

그럼에도 불구하고 장군과의 결혼생활에서 안나 케른은 예카테리나, 안나, 올가라는 세 자식을 낳았습니다. 그녀는 자신의 딸들을 사랑하지 않았으며, 단지 약간의 상냥함만 베풀었습니다. 그녀는 그들이 '케른의 자식들'이었기 때문에 사랑하지 않았던 것입니다. 얼마나 불쌍한 아이들인지요!

"하늘의 모든 힘은 내가 사랑을 하도록 허락하지 않는다. 나는 이 가족 모두에게 어떤 증오를 느낀다. ……"라고 안나 케른은 자신의 일기에 적고 있습니다. 비록 사랑이 없어도 다소간 정상적인 가정은 이룰 수 있습니다만 (물론 어느 정도 그런 가정들이 존재해왔고 또한 존재하고 있지요), 거칠고 무례한 장군 때문에 그렇게 되지는 못했습니다. 예르몰라이 케른 장군은 젊은 여성에게 필수적으로 필요한 배려와 달콤함이 약간이라도 있다고는 결코 생각할 수 없는 인물이었습니다. 장군은 들판에서의 전쟁은 잘 했었지만 가정생활에서는 전혀 쓸모가 없었던 것입니다.

푸슈킨

"내가 가장 믿음직스럽고, 가장 충실하고, 가장 많은 아양을 떨지 않는 아내였다면, 만일 그랬다면……." 안나의 일기는 여섯개의 점으로 끝납니다(그 부분에 대해서는 여러분이 추측해 보십시오. 추측하는 것이 어렵지는 않지요).

그녀에게 가장 행복했던 시기는 장군이 일 때문에 집을 떠나서 그녀 혼자 집에 남겨졌던 날들이었습니다. 그 순간에 안나는 진정한 행복의 기쁨을 맛보았습니다. 그녀가 자유로웠던 것이지요! 그러나 장군이 돌아오자 다시 벽에 머리를 찧고 싶어졌습니다.

"당신의 아네트를 조금이라도 불쌍히 여기소서. 그녀는 인내심을 잃고 있습니다." 그녀는 이렇게 일기에 적었습니다.

1826년에 그녀의 인내심이 한계에 달하자 결혼식 후 9년 만에 안나 케른은 결혼이라는 증오의 사슬을 끊었습니다. 그리고 자유로운 여성이 되면서 당시로서는 매우 드물고 위험스런 발걸음을 내딛었습니다.

지평선에서 만난 푸슈킨

예르몰라이 케른 장군과 함께 있는 신은 만약 사랑이라는 전쟁터에서 전쟁에서의 언어로 표현해야 한다면 안나 케른의 일을 어떻게 나타냈을까요?

남편에게 환멸을 느낀 안나는 당연히 더 호감이 가는 대상에게로 주의를 돌렸습니다. 첫 번째는 어떤 엽병연대 장교였는데 그는 일기에서 '들장미'로 불렸습니다. 당시에는 꽃 이름으로 남자의 이름을 암호처럼 부르는 유행이 있었지요.

'들장미' 다음에는 다른 '꽃들'이 뒤를 이었는데 이것은 아주 정상적인 것이었습니다. 남편은 자신의 불쌍한 아네트에게 전혀 주의를 기울이지 않았고, 대신에 다른 남자들이 그녀의 허벅지에 자신의 가슴을 눕힐 준비가 되었던 것입니다. 해를 더함에 따라 안나 케른의 아름다움은 매우 눈부시게 되었습니다.

그녀를 숭배하는 사람들 중 하나는 루브나에 있는 친척 영지의 이웃인 아르까지 가브릴로비치 로드쟌코라는 젊은 사람이었는데, 그는 시인이기도 했습니다(젊음과 시, 이것은 장군에게는 결단코 없는 것들이었지요). 로드쟌코는 푸슈킨과 친분이 있었기 때문에, 바로 이 로드쟌코가 안나 케른을 시인 푸슈킨에게 소개시켰다고 말할 수 있습니다. 로드쟌코의 추천에 따라 그녀는 푸슈킨의 〈카프카즈의 포로〉, 〈바흐찌사라이의 분수〉, 〈도둑 형제들〉은 물론 다른 작품들까지 기쁜 마음을 가지고서 읽었습니다. 글을 통하여 그녀는 그를 마음에 들어 했습니다.

그리하여 삶의 새로운 장이 열렸지요. 바로 알렉산드르 푸슈킨과 안나 케른 말입니다.

그들이 언제 처음으로 얼굴을 마주하며 만났을까요? 1819년 봄, 케른 장군이 상트 페테르부르크로 그의 젊은 아내를 데리고 왔었을 때였습니다. 파티들 중 한 군데에서 운명은 그들을 20년 만에 함께 하도록 이끌었습니다.

그 시절의 파티에서는 통상 음악과 춤과 시 낭송, 그리고 장기 놀이가 있었습니다. 우크라이나에서 온 시골여자 안나 케른은 눈을 크게 뜨고 유명한 문학가들을 바라봅니다. 카람진, 크릴로프, 그네지치! …… 푸슈킨은 그녀 앞에 엽병연대의 날씬한 장교들과는 다른 약간 흉한 모습, 곱슬곱슬한 머리카락과 초췌한 모습을 하고서 얼굴을 내밀었습니다.

안나 케른은 푸슈킨을 알아보지 못했으나 그녀의 아름다움에 눈먼 푸슈킨은 그녀의 주의를 끌고 찬사를 들으려고 시도했습니다.

"이토록 매혹적일 수 있을까!"

다음에 푸슈킨은 케른의 사촌 오빠인 알렉산드르 폴토라쯔키와 누가 죄인인지, 누가 지옥에 없거나 가지 않을 것인지, 누가 천국에 도달할 것인지 등에 대한 대화를 나누었습니다. 이에 대해서 푸슈킨이 웃으며 말했습니다.

> 만약 지옥에 여러 좋은 것들이 있고 장기 놀이도 할 수 있다면, 케른 부인에게 여쭈어보시오, 그녀가 지옥에 가고 싶어 할지?

안나 케른은 자신은 지옥을 원하지 않는다고 건조하게 답했습니다. 여기에서 대화는 끝났습니다. 폴토라쯔키가 케른 부인과 마차에 탔을 때 푸슈킨은 현관에 서서 눈으로 그녀를 배웅했습니다. 만남의 서두에서는 이렇듯 푸슈킨의 공공연한 관심과 이에 못지않은 안나 케른의 공공연한 냉담이 있었습니다.

5년이 흐릅니다. 알렉산드르 세르게예비치 푸슈킨은 자신의 문학적 명성이 절정에 달해 있었기에 안나 케른은 이미 이전처럼 그를 평가하지 않았습니다. 그녀에게 반한 젊은이로서가 아니라 '가치 있는 사람'으로서 평가했지요. 시인과 남자로서 말입니다. 남자로서는 이미 좋은 사람이었고, 시인으로서는 매혹 그 자체였지요.

1824년 12월에 푸슈킨은 아르까지 로드쟌코에게 편지를 씁니다.

자신의 친척자매에게 나에 관해 많은 상냥한 말을 썼던 A. P. 케른에 대해 나에게 설명 좀 해주시게나. 그녀가 상당히 사랑스러운데다, 산 너머 루브나에서 산다고들 말하더군. 만약을 생각하여 자네의 사랑에 잘 빠지는 성격과 모든 관계에 있어서 범상치 않은 재능을 알고 있으니 자네의 일(안나에 대한 구애)이 행해졌거나 반쯤 행해진 걸로 간주하겠네. 나의 벗, 자네를 축하하네.

바로 이러한 편지를 한 카잔 사람이 다른 이에게 보낸 것입니다. 자신이 원했지만 나서지는 않았다는 말이지요. 그때에 푸슈킨은 안나 케른이 남편을 떠났고 그녀가 젊은이들에게 관심을 가져서 그들 중 몇몇과는 이미 사랑을 했었다는 것을 알고 있었습니다. 안나 케른에 관한 소문은 이미 무성했으니까요. 그러나 얼마나 실제에 부합되었을까요?

1825년 6월에 안나 피트로브나 케른은 예기치 않게 자신의 의붓숙모인 프라스코비예 알렉산드로브나 오시포바를 만나러 트리고르스코예를 방문합니다. 케른은 남편과 화해하기 위해(그녀는 금전적인 필요 때문에 이 같은 일을 몇 번 했습니다) 리가(당시 케른 장군은 리가의 사령관이었습니다)로 향했었지요. 그녀가 식사를 하려고 앉았습니다. 바로 그 때 예기치 않게 푸슈킨이 들어왔습니다. 오시포바는 그들이 이미 만난 적이 있다는 것을 몰랐던지라 그에게 안나 케른을 소개했습니다. 푸슈킨은 그녀에게 인사했지만 아무 말도 하지는 않았습니다. 안나 케른 역시 당황해서 침묵했지요. 안나 케른은 푸슈킨에게 훗날 그가 그녀에게 쓴 것처럼 '깊고 우수에 찬' 지울 수 없는 인상을 남겼습니다. 그녀는 25살이었고, 찬란하고 화려한 아름다움의 전성기에 있었습니다. 성가시게 하고 음탕한 표정을 가진 눈길이 그녀에게 머물렀지요. 그녀는 트리고르스코예에서 3,4주 동안 묵었고, 그 동안 문자 그대로 시인을 매혹시켰습니다. 푸슈킨은 마치 자신만이 그녀를 사랑할 수 있기라도 한 것처럼 광적으로 그녀를 사랑했습니다.

비켄찌 베레사예프는 자신의 책《푸슈킨의 동반자》에서 다음과 같이 지적했습니다.

> 푸슈킨은 평이하고 일정한 태도의 안나 페트로브나 케른을 어떻게 해도 붙잡을 수 없었다. 그는 신경과민이었다. 때로는 소심했고, 때로는 건방졌으며, 때로는 소란스럽게 즐거워했고, 때로는 슬퍼했고, 때로는 한없이 정중했고, 때로는 짜증나게 지루해했다.

이것은 무엇을 말하는 걸까요? 바로 푸슈킨의 실망에 대한 것입니다. 그는 안나 케른에 대해 생각했던 것과는 전혀 다른 것을 알았던 것이지요.

그들은 정원을 많이 산책했습니다. 푸슈킨은 그녀에게 막 씌어진 작품 〈집시〉를 읽어주었습니다.

> 청년은 음울하게
> 황야를 바라보네
> 슬픔의 비밀스런 이유를
> 스스로 이해할 엄두도 못내고……

안나 케른은 무언가를 대답으로 읽었습니다. 노래했습니다. 그녀는 상당한 목소리를 가지고 있었습니다. 아, 이 얼마나 절묘한 산책이었겠습니까!

푸슈킨은 안나 케른에 대한 사랑을 불태웠고, 그의 친구이며 소문난 바람둥이인 알렉세이 불프가 그녀에게 구애하는데 성공했다는 것을 알고는 질투했습니다.

어느 땐가 모든 아는 이들(오시포바, 불프, 안나 케른, 아네타 불프와 다른 이들)이 미하일롭스코예에 있는 푸슈킨을 찾아왔습니다. 나이가 많은 프라스코비야 알렉산드로브나가 푸슈킨에게 안나 케른에게 정원을 보여주라고 요청했습니다.

베레사예프는 "푸슈킨은 얼른 안나 케른의 손을 잡고 마치 예기치 않게 뛰어놀 것을 허락 받은 학생처럼 급히 뛰어갔다"라고 언급하고 있습니다. 그들은 가는 길에 있던 돌들에 주의를 기울이지 않으면서 어두운 보리수나무 오솔길을 둘이서 함께 걸었습니다. 푸슈킨은 돌 하나, 더 자세히 말하자면 아주 작은 돌 하나를 집어서 기념품으로서 숨겼습니다. 케른은 헬리오트로프 가지를 가슴에 꽂으며 기념품으로서 가졌습니다.

다음날 아침에 그는 걸어서 트리고르스코예로 갔고 작별의 선물로 안나 케른에게 〈예브게니 오네긴〉의 두 번째 장을 주었습니다. 인쇄된 장들에는 시가 적힌 우편용 종이의 낱장들이 끼워져 있었습니다.

나는 기억하네 경이롭던 순간을:
내 앞에 나타났지 그대가,
스쳐 가는 환상처럼,
순수한 미의 화신처럼……

희망 없는 슬픔의 고통 속에서도,
시끄러운 속세의 불안 속에서도,
나에게 오랫동안 상냥한 목소리 울렸고
사랑스러운 모습 꿈에 보였지……

많은 이들은 이 멋진 말을 암송하며 기억합니다. 간단히 말해서, 안나 케른은 시인에게 '숭배의 대상, 영감, 삶, 눈물, 그리고 사랑' 으로 나타났던 것입니다. 바로 다양한 감정들의 완전한 단계 속에서 말입니다.

'순수한 미' 는 단순한 시적 표현이 아니었습니다. 실제로 안나 케른은 자신의 아름다움 외에도 어떤 특별한 처녀 같은 용모, 어떤 숨겨둔 비밀스런 애수哀愁로 시인에게 깊은 감동을 주었습니다. 그리고 이것은 알렉산드르 푸슈킨의 영민한 가슴에서 반향을 찾을 수 있었습니다.

안나 케른은 떠났습니다. 그녀와 푸슈킨 사이에 서신 왕래가 시작되었습니다. 지금이라면 그들은 휴대폰으로 서로 전화했을 테지만, 그러나 전화로 무엇을 말할 수 있을까요? 주로 감탄사일 어떤 애절한 단어의 토막들을 수화기에서 나는 잡음과 방해를 통해 식식거리며 듣겠지요. 하지만 그것과 다른 것이 잉크와 종이입니다. 기억을 집중시키며 편지를 마주하고 앉으면, 당신 앞에는 당신이 바라는 그 사람이 서 있지요. 알렉산드르 세르게예비치 푸슈킨의 편지 중 일부분을 인용하는 게 낫겠군요.

1825년 7월 25일, 그는 그녀에게 프랑스 어로 다음과 같이 씁니다.

> 나는 나약함 때문에 당신에게 편지 쓰는 것을 당신이 허락하기를 요청했었고, 당신은 가볍게 생각해서인지, 아니면 애교로 그랬는지 나에게 그것을 허락했소. 서신교환이 아무것도 가져오지 않는다는 것을 나는 알지만, 나에게는 당신의 좋은 펜으로 쓴 글이라도 받고 싶다는 열망을 뿌리칠 힘이 없소.
>
> …… 내가 나의 황량한 시골에서 무엇을 할 수 있다는 것, 당신에 대하여 더 이상 생각하지 않으려고 노력하는 것이 더 낫겠소. 만약 당신의 마

음 속에 나에 대한 연민이 한 방울이라도 있다면, 당신 역시 나에게 당신에 대하여 더 이상 생각하지 말라고 해야만 하오. 그러나 경박함은 항상 잔인한 법인데, 당신은 고개를 좌우로 흔들며 당신의 명예와 명성을 위해 아파하는 영혼이 있는지 보면서 기뻐하고 있소.

용서하시오, 아름다운 이여. 나는 격노해 있고 당신 발밑에 있소. 예르몰라이 표도로비치를 위해 만복萬福을 빌고 불프에게도 경의를 표하오.

푸슈킨의 표현을 다시 반복해 봅시다. "나는 격노해 있고 당신 발밑에 있소." 그러나 그런 것은 필요 없는 짓이지요.

다음 편지는 8월 14일자입니다.

당신의 편지를 반복해서 읽고 또 읽었소. 그리고 말하오. 사랑스럽소! 매혹적이오! 멋지오! …… 그러나 그 다음엔, 아, 너무 싫소! 용서하시오, 아름답고 상냥한 사람이여. 그러나 그렇지 않소. 당신이 멋지다는 것에는 어떠한 의심도 없소. ……

편지는 신경질적이고 흥분되어있고 지리멸렬합니다. 편지에는 심지어 안나 페트로브나의 남편에 대한 느닷없는 말도 있습니다.

이 가치 있는 사람, 케른은 존경할 만하고 현명하다오. 단지 그의 결점이라면 한 가지, 당신의 남편이라는 것이오. 당신의 남편은 어떠해야 하냐고요? 내가 천국을 상상할 수 없는 것처럼 그것도 상상할 수가 없소. ……

또 다른 편지입니다. 미하일롭스코예로부터 리가로 보낸 8월 21일의 편지입니다. 끝 부분만을 인용합니다.

용서하시오! 지금은 밤이고 슬프면서도 기분 좋은 당신 모습이 내 앞에 있소. 나에게는 내가 당신의 시선을, 당신의 반쯤 열린 입술을 보고 있는 것처럼 느껴지오.

용서하시오! 나는 당신의 다리 옆에서 그것들을 꽉 쥐고 당신의 무릎을 느끼고 있소. 그 순간을 위해 내 일생이라도 바치겠소. 용서하고 내 헛소리를 믿으시오. 그것은 우습게 들리겠지만 진심이라오.

그렇지요. 참으로 에로틱한 잠꼬대입니다.

9월 22일 :

…… 환희에 대해 나에게 말하지 마시오. 그것은 나에게 필요한 감정이 아니오. 나에게 사랑에 관해서 말하지 마시오. 바로 내가 무엇을 갈망하고 있소. 그리고 가장 중요한 것은 나에게 시에 대해 말하지 마시라는 것이오. ……

이것은 다음과 같이 이해할 필요가 있습니다. 안나 케른은 푸슈킨의 시가 얼마나 훌륭한지에 대해 썼지만 그에게는 전혀 다른 것, 즉 '그가 안나 페트로브나 케른을 사랑하고 소유하는 것'이 필요했습니다. 그는 시인으로서가 아니라 남자로서 인정받기를 원했지요.

더 인용하는 것은 의미가 없을 듯하군요. 더 읽기를 원하는 사람이나 푸슈킨의 편지모음을 가져다가 그 모든 편지를 읽도록 내버려둡시다. 그것은 그 어떤 《스피드-인포》[3]나 《사생활》과는 비교될 수 없는 훌륭한 연애시이자 읽을거리임을 감히 당신에게 보증합니다. 알렉산드르 세르게예비치 푸슈킨의 편지들은 그 자신의 '어두운 곳'을

3) 에로틱한 이야기들을 다룬 신문 이름.

해석하는 어떤 광활한 곳입니다. 때때로 푸슈킨은 무언가를 지우고 불명확하게 썼기 때문에 번역가들은 몇 년 동안 푸슈킨이 케른에게 프랑스 어로 뭐라고 썼는지 알아내느라 골머리를 썩였습니다. 자칫 '매력'(charmes)이 '경련'(spasmes)으로 번역될 수도 있었으니까요.

그러나 이 같은 것은 언어학자들에게 남겨두기로 하고, 우리는 안나 케른의 삶에 대해 더 알아봅시다. 푸슈킨의 언어를 빌려서 '진지하게' 말입니다. 그럼 무엇이 더 남아있었을까요?

알렉세이 불프가 리가로 왔습니다. 그는 안나 케른과 열렬하고 열정적인 연애를 했습니다. 게다가 알렉세이 불프는 대단한 바람둥이여서 안나 케른과 사랑하면서도, 그녀의 자매들인 리자 폴토라쯔카야와 소피야 젤비그와의 사랑도 피하지 않았습니다.

베르사예프는 대문호에 대하여 화가 났습니다.

> 푸슈킨의 열정적인 편지가 미인에게는 단지 자존심의 허영으로서만 읽혀졌다는 것을 생각할 때 푸슈킨은 측은하고 희극적이다. 푸슈킨이 그렇듯 광적으로 구애할 때 그녀는 다른 이와 시간을 보냈다.

푸슈킨은 1827년에 상트 페테르부르크에서 이에 대한 앙갚음을 했습니다.

알렉산드르 세르게예비치 푸슈킨은 트리고르스코예와 미하일롭스코예에서 그렇듯 열심히 갈망했던 것을 얻었습니다. 헌데 그것은 도대체 무엇이었을까요? 그것은 그 어떤 환희도, 그 어떤 영감도 아닙니다. 이제는 그녀가 푸슈킨에게 있어 '순수한 미의 화신'이 아니라 단지 '바빌론의 창녀'였던 것이지요. 진실이건, 아니건 잔인하지요?

안나 케른은 악의에 찬 사람을 붙잡지 않고 떠나보낼 수 있는 듯했고, 푸슈킨은 이전처럼 그녀에게 있어 '선의 화신'도 아니었습니다.

그녀는 변덕스러운 남성으로서의 그보다 그의 매혹적인 시들을 더 높이 평가했습니다.

케른이 구애를 받아들이지 않았는지, 아니면 푸슈킨이 달라졌는지, 오, 여기에는 남자와 여자 사이에 있는 수 천 개의 뉘앙스가 있겠지요. 그것들은 항상 쉽게 이루어지는 것이 아니니까요. 다시 이야기를 더해봅시다. 간단히 말해서, 안나 케른과 푸슈킨의 길은 달랐습니다. 푸슈킨은 나탈리아 곤차로바와 결혼했고, 그 후 자신의 문제들인 가족과 창작에 몰두했습니다. 그리고 안나 케른 또한 자신의 길을 갔습니다. 그녀에게는 특히 금전적인 문제가 있었지요. 재정상태를 회복하기 위해 그녀는 번역 일을 했고, 푸슈킨과의 '오래된 우정'을 이용하여 스미르지나 출판사로 하여금 그녀가 번역한 조르쥬 상드의 소설을 출판하도록 해줄 것을 푸슈킨에게 부탁했습니다. 푸슈킨은 거절했습니다.

> 한 번도 당신은 얻지 못한 것이 없었소. 당신은 훌륭한 여자요. 그런데 도대체 나에게 무엇을 해 달라는 거요? …… 나는 작고 볼품없기까지 하오. …… 내가 충고할 수 있는 것은 우리가 다시 중립을 지키자는 것이오. ……

잔인하다고요? 잔인하지요. 마치 돕느라고 거절하는 것 같으니까요. 그리고 환희와 사랑의 절정에서 냉랭한 저지대로 내려왔으니 잔인하고말고요. 그리고 '순수한 미의 화신', '아름다운 존재'였던 것이 이제는 단지 '훌륭한 여자'가 전부입니다. 거리감이 느껴지는군요.

오늘날에는 어떻게 말할 수 있을까요? 알렉산드르 세르게예비치 푸슈킨이 옳지 않았다고 볼 수 있지요.

푸슈킨과 안나 케른은 더 이상 만나지 않았고 서신교환도 하지 않았습니다. 모닥불이 타올랐다가 꺼져버린 것입니다.

다른 로맨스들

안나 케른의 삶은 많은 이들에게 둘러싸여 있었습니다. 트베리의 지주 로코토프, 시인 베네비찌노프, 그리고 시인 안드레이 포돌린스키는 그녀에 대해 다른 시인에게 다음과 같이 썼습니다.

균형 잡히고 밝은 눈의
그녀가 내 앞에 서 있을 때
나는 생각하네, 선지자의 여신이
하늘에서 지상으로 내려왔다고.
땋아 늘인 아마 색 곱슬머리,
소박하고 평범한 차림
풍요로운 가슴에 구슬 목걸이
화려하게 이따금씩 흔들리네.
봄과 여름의 결합
생생한 불길 속에 그녀의 눈,
그리고 그녀 음성의 조용한 울림
애무와 바람을 일으키네
사모하는 내 가슴에.

상트 페테르부르크 대학생 알렉산드르 니키텐코(나중에 러시아 문학 교수, 아카데미 회원이 됩니다)는 안나 케른 때문에 이성을 잃었습니다.

케른의 집에서 열린 파티에서였다. 그곳에서 유명한 기술 장교인 바젠을 보았다. 마지막 순간에 상류사회의 노골적인 모습이 있었다(사랑에 빠진 대학생은 자신의 일기에 분노에 차서 적고 있습니다). 그가 케른 부인에게 무릎을 대고 앉자마자 그녀의 어깨와 팔꿈치를 만지고 말하면서 거의 그녀의 몸을 안을 것 같이 하고 있었다. 놀랍고도 이상했다. 그가 하필 그런 때에 왔다니……. 안나 페트로브나는 매우 친절하게 나를 맞이했고 자신의 매혹적인 교태의 '병기고' 속으로 몰아넣는 것이 분명했다. ……

오, 병기고는 풍요로웠습니다. 안나 페트로브나 케른은 성숙해지면서 숙련되고 열정적인 미인으로 바뀌었고 또한 교태의 전문가가 되었지요. 그녀는 모든 것에 자유로운 여성의 삶을 백 퍼센트 이용했으며, 사회의 고정관념을 무시했습니다. 이성이 아니라 감정으로 살았습니다. 그녀는 한 여자친구에게 보내는 편지에 그녀가 항상 '사랑의 비몽사몽' 속에 있기를 원한다고 썼습니다.

베레사예프는 다음과 같이 지적합니다.

그녀는 많은 이들을 사랑했다. 때로는 예외적으로 기이한 사랑까지도 했었다. 그러나 그녀는 결코 푸슈킨이 부른 것처럼 '바빌론의 창녀'는 아니었고 요부 또한 아니었다. 그녀는 매번 새로운 사랑에 대하여 오랜 친구 알렉세이 불프의 의혹을 불러 일으킬만한 정열을 불태웠다. 불프는 자신의 일기에 다음과 같이 썼다. — 그것은 바로 절대 노쇠하지 않는 부러운 감정이다. 그렇게 많은 경험들 후에도 나는 그녀가 여전히 자신을 기만할 수 있다는 것을 예상하지 못했다. …… 자신의 열정에 고무된 안나 페트로브나는 나에게 사랑의 성소聖所 앞에서 경건할 것을 지시한다. 15년 동안 그녀는 사회에서 여성이 존중받기 위한 모든 것을 잃어갔고, 또한 끊임없는 불행과 모욕에 시달렸지만 그래도 실망하지 않았다. —

사회에서는 그녀를 곁눈질했고, 그녀가 아는 훌륭한 부인들 또한 그녀를 피하며 말했습니다. "그녀는 불행한 여자다. 그리고 다만 그녀를 동정할 수만 있다." 오, 위선의 19세기여! 그녀는 궁전에 나타날 수 없었고 대신에 상트 페테르부르크의 문학 · 극장 살롱에서 빛을 발했습니다. 그녀의 아름다움은 사그라지지 않았지만 숭배자들과 연인들의 수는 줄어들었습니다. 어떻게 해서인가 그녀는 니키텐코로부터 인정을 받았습니다. 그리고 니키텐코는 그녀의 말을 기록으로 남겼지요.

> 저는 저에게 등 돌린 운명 속에 그리고 사람들과의 애매한 관계 속에 저를 남겨둘 수 없습니다. 저는 그들로부터 완전히 냉담해지든가, 아니면 온 힘을 다해 전 생애 동안 저 자신을 그들과 얽어매야 합니다.

'음탕한 사람들'은 안나처럼 그렇게 행동하지 않는다는 것에 동의하십시오.

마지막 로맨스

36살에 안나 케른은 막다른 골목에 다다랐습니다. 사랑 때문이 아닙니다. 더 현실적인 것, 바로 '돈' 때문이지요. 1836년 8월 10일에 그녀는 절망적으로 황제에게 간청합니다.

> 존경하는 폐하, 인자하신 군주시여! 절망, 희망 없는 상태, 잔인한 궁핍이 저로 하여금 폐하께 편지를 쓰게 합니다. 제 부친의 완전한 파산, 제 남편 케른 장군이 저에게 법적 의무를 거절한 것 등이 제 모든 생계수단을 잃게 했습니다. 저는 이미 비참한 생활을 지탱하기 위하여 일을 구했습니다. 그러나 제 기력이 약해졌고 남은 생계마저 병에 의해 위협받는 지금 제게는 마지막 희망인 황제 폐하의 자비만이 남았습니다. 저는 자신의 재

산을 탕진하지는 않았습니다. 그리고 이것이 저로 하여금 폐하께 간청할 수 있는 용기를 주었습니다. ……

황제는 동정을 베풀었습니다. 안나 케른은 2천 루블이라는 물질적 도움을 받았고, 비록 가정을 이루지는 않고 있어도 남편은 아내를 부양해야만 했습니다. 황제의 지시에 담긴 생각은 '만일 얻었으면 부양해라' 는 것이었지요.

케른 장군은 분개하여 아내를 비난하면서 자신의 관청에서 국방장관 앞으로 편지를 썼습니다. 편지에는 그녀가 십 년이 넘도록 남편인 자신을 팽개치고 방탕한 생활에 빠진 채 완전히 죄 많은 정욕에 몰두했다고 씌어 있었습니다.

그러나 장관은 동요하지 않았고, 장군은 전처에게 돈을 지불해야만 했습니다.

안나 페트로브나 케른은 '죄 많은 정욕' 에 몰두한 것이 아니었습니다. 다만 그녀는 '마지막 사랑' 에 빠졌을 뿐이었지요. 아무 것도 고려하지 않고 무분별하게……. 누구하고 그랬을까요? 그는 그녀보다 무려 20살이나 연하이자, 그녀 자신의 6촌 동생인 유년학교幼年學敎 생도인 알렉산드르 바실리예비치 마르코프-비노그라드스키였습니다. 알렉산드르의 어머니가 돌아가시자 동정심 많은 안나 페트로브나가 그의 후원자가 됐었지요. 처음에 그녀의 감정은 단순히 모성애였는데 나중에 사랑으로 바뀌었던 것입니다. 둘 다 이성을 잃었던 것이지요. 그녀가 39살이 되었을 때, 안나 케른은 '알렉산드르' 라고 불린 자신의 연인의 아들까지 낳았습니다.

스캔들, 어쩔 수 없었지요! 주위의 모든 이들이 분개했지만 안나 페트로브나는 자신의 알렉산드르와 행복했습니다. 젊은 포병 장교는 곧 근무지에서 해임되었고, 그는 육군소위로 전역했습니다.

장군으로부터 육군소위까지! 오직 대범한 여자만이 이 길을 갈 수 있겠지요. 그녀는 대범했습니다. 이후 무슨 일이 있었는지 궁금해지지요? 이즈음에 케른 장군이 죽었고, 법적으로 그의 미망인이 된 안나 페트로브나는 정부와 어린 아들이 궁하지 않게 먹고 살기 충분할 정도로 상당한 종신 연금을 받았습니다. 딸들은 이미 성인이 되었고, 귀족 학교를 졸업한 후 자신들의 인생을 살고 있었습니다.

어떤 여자라도 연금을 모아 놓았을 텐데 안나 케른은 그렇지 않았습니다. 그녀는 어리석고 거의 미친 것 같은 다른 길을 선택했습니다. 예비역 육군소위와 정식 결혼을 해서 순식간에 장군의 연금이 물거품이 되었던 것입니다. 초가집에서라도 사랑하는 사람과 함께 있으면 천국일까요?

1842년, 즉 그녀가 42살 되던 해에 그녀는 작은 시골 교회에서 결혼식을 올렸습니다. 안나 케른은 교회 안으로 들어갈 때와는 전혀 다른 여자인 안나 마르코바-비노그라드스카야가 되어 나왔습니다. 마침내 혐오스런 성 '케른'을 떨쳐낸 것이지요!

케른의 딸인 예카테리나를 위해 글린카가 푸슈킨의 시에 곡을 붙여 만든 로망스를 기억하시는지요?

> 인적 없고 쓸쓸한 곳, 유형의 암흑 속에서
> 조용히 흘러갔다, 나의 날들이……

예언적인 말들이지요. 모든 것이 일치했습니다! 그러나 푸슈킨을 위해서가 아니라 다른 사람, 즉 알렉산드르 마르코프-비노그라드스키를 위해서 이지요.

> 그리고 심장도 뛰노라, 환희 속에서

그리고 그것을 위해 부활했노라, 다시
신도, 영감도,
삶도, 눈물도, 사랑도.

그들, 즉 성숙한 안나와 어린 알렉산드르는 벽지僻地에, 즉 소스니쯔 체르느이고프 현의 시골에 살았습니다. 거지라고 말하지는 않겠지만, 가난 속에서 살았지요. 그러나 삶은 행복했습니다!

이전의 안나 케른인 안나 마르코바-비노그라드스카야가 멀리 상트 페테르부르크에 있는 자신의 친구에게 다음과 같은 편지를 썼습니다.

> 오늘 남편이 자신의 일 때문에 일주일 예정으로 집을 떠났어. 아마 더 걸릴 거야. 너는 그가 떠나자 내가 얼마나 우울한지 상상이 가니? 내가 예기치 않게 소심해지고 미신적이 된 것에 대해서 나를 꾸짖어다오. 나는 걱정된다. 네가 어떻게 생각할까? 결코 추측할 수 없을 거야. 남편과 내가 그렇게 서로에게 상냥하고, 그렇게 행복하고, 그렇게 화합할 줄은 예전에는 미처 몰랐었지. 한 편에서는 우리를 본보기로 삼는다는 소리도 들린단다. 젊은 신혼부부들이 "우리도 안나 페트로브나와 알렉산드르 바실리예비치처럼 행복했으면 좋겠어요!"라고 말한단다. 그리고 우리는 이제 떨어지는 게 힘들어. 바실리예비치는 3일이나 망설이다가 오늘에야 겨우 떠났어. 당국으로부터 통지가 있었거든. ……

맙소사! 그는 정말로 자신의 아내 안나 페트로브나를 떠날 수 없었을까요? 만약 이것이 사실이라면 안나 케른은 어린 시절부터 바라던 사랑과 충성을 원숙해져서 얻었던 셈입니다.

소스니쯔키 향鄕에서 마르코프-비노그라드스키가 성공적이지 못한 근무를 한 후에 그들은 오래된 상트 페테르부르크의 지인들과의 계산 때문에 네바 강가로 건너갔습니다. 계산은 단지 절반만 했습니다. 알렉산드르 바실리예비치는 고작 부유한 가정의 가정교사가 되었고, 안나 페트로브나는 얼마 안 되는 문학적 일로 약간의 수입을 얻었습니다. 전체적으로 볼 때, 그들은 물질적으로 매우 검소했지요. 그러나 이전처럼 친밀했으며 또한 사랑했습니다. 다시금 문학가들과의 만남이 시작되었는데 그들은 이미 새로운 사람들이었습니다. 쮸체프, 파벨 안넨코브이, 이반 투르게네프. 이중 투르게네프는 안나 페트로브나에 대해 풍자적으로 썼습니다.

언젠가 푸슈킨이 사랑에 빠졌었던 비노그라드스카야라는 부인의 집에서 파티가 열렸다. 푸슈킨은 우리 문학에서 훌륭한 것들 중 하나인 시를 그녀를 찬미하기 위해 썼었다. 젊었을 적에 그녀는 매우 아름다웠을 것 같다. 그리고 지금도 여전히 그녀는 — 자신의 모든 선량함에도 불구하고 — 남자들의 마음에 들고 싶어 하는 여성들의 습성을 갖고 있었다. 푸슈킨이 그녀에게 썼던 편지들을 그녀는 보물처럼 간직하고 있다. 그녀는 나에게 자신이 28살 때 그려진 빛바랜 파스텔 그림을 보여주었다. 흰 피부에 금발, 온화한 얼굴을 가졌으며, 놀라울 정도로 순박한 시선과 미소를 지닌 천진한 미인이었다. …… 러시아 하녀 바류샤와 약간 닮았다. 푸슈킨의 입장이라면 나는 그녀에게 시를 쓰지 못했을 것이다. 내가 봤을 때 그녀는 나와 몹시 사귀고 싶어 했는데, 왜냐하면 어제가 명명일命名日[4]이었고 이에 나의 친구들이 꽃다발대신 나를 바쳤기 때문이다. 그녀에게는 20살 연하의 남편이 있다. 유쾌한 가정이고 어느 정도는 감동까지도 주지만, 그 당시로서는 희극적이다.

4) 이름을 지은 날, 생일과 같은 의미를 지님.

여러분은 어떨지 모르겠지만, 이반 세르게예비치 투르게네프의 이 글은 불쾌할 뿐 아니라 화까지 나게 하는군요. 이 같은 시선은 그녀의 위, 아래를 훑어보는 셈이지요. 행복하고 감동적인 부부에 대해 빈정거리는 식의 야유인 것입니다. 그러는 자신은, 자신은 어떠한지요? 투르게네프가 평생 자신의 가정은 만들지 않고, 남의 식탁에서 남은 것들로 만족해 하며 남에게 폐를 끼쳤다는 것은 잘 알려져 있지요. 폴리나 비아르도와 이반 투르게네프에 대해서는 나중에 따로 얘기하기로 하고 이제 우리의 주인공에게로 돌아갑시다.

사람들의 시선은 항상 엄격했지요. 바로 여기에 안나 케른과 동시대인인 예프레모프가 비노그라드스키 부부에 대한 자신의 인상을 다음과 같이 남겨놓았습니다.

> 그녀는 남편을 완전히 쥐고 살았다. 그녀가 없으면 그는 더 거리낌 없고 더 즐거워하며 더 말이 많아진다. 그녀는 작고 뚱뚱하고 늙었음에도 불구하고 순진한 16세 처녀처럼 보이려고 애썼고, 한숨을 쉬었으며, 눈을 굴렸다. ……

아마 모든 사람들에게 이것은 우습게 보였을 것입니다. 하지만 그들, 즉 마르코프-비노그라드스키 부부는 정말로 둘이 서로 좋아했습니다. 그들은 사람들과 함께 있을 때에는 어떤 역할 놀이를 했고, 자신들만 있을 때에는 평온하고 자연스럽게 지냈습니다. 그들이 좋아하는 일은 독서였습니다. 남편은 항상 소리 없이 읽었고 그 다음엔 함께 읽은 것을 토론했습니다. 그런 식으로 고전 문학이든 현대 문학이든 많은 책들을 소화했습니다.

이러한 전원생활이 30년 동안 흘렀습니다.

그러나 모든 것은 끝을 맺지요. 1879년 1월에 59세로 알렉산드르 바실리예비치 마르코프-비노그라드스키가 죽었습니다. 4달 후인 1879년 5월 27일에 안나 페트로브나가 그를 뒤따랐습니다. 그녀의 나이 79세였습니다.

생애 말년에는 매우 단순한 원인인 물질적 수단의 부족으로 어려워졌습니다. 안나 페트로브나는 그녀가 갖고 있던 가장 소중한 것인 푸슈킨의 편지들을 개당 5루블에 팔아야만 했습니다.

아들 알렉산드르는 다음과 같이 적고 있습니다.

> 아버지의 장례식 후에 나는 불행한 노모를 내가 있는 모스크바로 모셔 왔다. 그녀가 우리 집에서 그럭저럭 정붙이시고 사시기를 바라면서, 그리고 그녀가 자신의 짧고 어려웠던 남은 삶을 끝까지 사시게 되시기를 바라면서. ……

'끝까지 살다', 이것은 항상 달갑지 않은 말이지요. 여기에 글로 표현된 안나 페트로브나의 마지막 초상들 중 하나가 있습니다.

> 반쯤 어두운 방안에서 오래된 안락의자에 창 쪽으로 등을 기대고 구운 사과처럼 쪼글쪼글한 작고 작은 시골 노파가 검은색 노인용 조끼를 입고 앉아있었다. 단지 80세라는 나이에 비해 크고 어느 정도 젊어 보이는 눈만이 이전의 과거를 얼마간 회상하는 듯 했다.

푸슈킨과의 마지막 만남은 절묘합니다. 모스크바에서 트베르스카야에 시인의 동상을 세우려고 준비할 때, 그가 이전에 사랑했던 안나는 농촌묘지에 안치되었지요. 〈만남〉, 게오르기 쉥겔리는 자신의 시에 그렇게 이름 붙였습니다.

트베르스카야 관구管區 너머에서 말들이 울부짖네
견고한 궤짝이 돌멩이를 누르네
청동의 명성으로 가득 찬 무거운 중량의 궤가
바퀴테를 짓누르네.
푸슈킨이 자신의 제위帝位의 도시로 돌아왔네
영원한 우상으로서 화강암에 오르기 위해
소리 없는 종의 금속이
울림이 부족한 노래를 보존하는 곳에서.

한 주일 지나 끓어오르리 중세 프랑스 국왕의 깃발이,
별들과 연미복은 왕관에 기울고
부관들과 부인들은 반짝이리니
도스토예프스키도 마음을 끌어당기네……

작은 언덕길을 따라 말들이 울부짖네
갑자기 정지 : 뒤로 후퇴하라 :
앞을 가로질러 장례 영구차,
누더기의 횃불 든 이는 4등급.

두 서너 노파들, 노파의 관,
불행과 부정에 의해 부서지기 쉬운 은신처,
푸슈킨은 분별없이 행동했네
가련한 창녀, 안나 케른과.

두 서너 노파들과 초라한 사제
팔십의 쇠락한 나이

가난한 늙음, 그리고 검은 영구차
그렇게 꿈과 시인이 만났었네.

그러나 만났었네! …… 망각의 침묵
괴롭혀진 유골을 어찌 짓누르리
수만이 기억하리, 경이로운 순간에 대해
신에 대해, 눈물에 대해, 사랑에 대해!

시를 산문으로 더럽히지 않겠습니다. 이것으로 끝맺읍시다. 극장에서 커튼이 내려지듯이 말입니다.

4장 폴리나 비아르도

투르게네프의 '암비둘기'[1)]

"우리 시대의 가장 독창적인 여성" — 죠르쥬 상드는 폴리나 비아르도(Полина Виардо)에 대해 그렇게 표현했지요. 그리고 이것은 과장이 아닙니다. 비아르도는 바로 19세기 유럽 문화생활의 중심에 있었으니까요. 그녀의 노래는 왕부터 시인들에 이르기까지 모든 유명 인사들에게서 사랑을 받았습니다. 그 한 예로, 그녀가 부른 〈꾀꼬리〉라는 노래를 들은 후 감동을 받은 당대의 유명한 러시아 음악가 미하일 글린카는 "암비둘기 비아르도"라고 탄성 했답니다.

미쉘-페르지난다-폴리나 가르시아(그녀의 출생 시 이름)는 1821년 7월 18일 파리에서 태어났습니다(그녀는 '게' 자리이며, '처녀좌' 인 투르게네프[2)]는 그녀보다 3살 위였습니다). 폴리나의 아버지는 유명한 테

1) '사랑스러운 여자' 라는 의미.

2) 〈첫사랑〉 〈사냥꾼의 수기〉 〈루진〉 등 많은 작품을 남긴 19세기 러시아의 문학가인 투르게네프는 오룔 주州 스빠스꼬예루또비노보에 있는 어머니의 영지領地에서 출생했다. 기병 장교였던 그의 아버지는 방탕과 도박으로 신세를 망친 뒤, 재산이 탐나서 6살이나 연상임에도 1,000명의 농노를 거느린 부유한 여지주女地主였던 투르게네프의 어머니와 결혼했다. 어머니는 추한 용모에다 포악한 전제군주적 성격의 소유자였기 때문에 아버지와는 분쟁이

너 가수로서 위대한 '마누엘 가르시아' 였고, 어머니 또한 예술가였습니다. 따라서 폴리나의 예술성은 그녀의 언니 '마리야-펠리스타' 의 그것처럼 타고난 것이었습니다.

어린시절부터 이 자매들은 음악과 노래를 배웠지만, 이 둘은 외모에서도 공부에서도 전혀 달랐습니다. 마리야는 진짜 미인이었으나 폴리나는 못생겼습니다. 아버지는 마리야에게는 확실하게 공부하도록 강요했지만, 폴리나에게는 평범한 기회를 잡으면 충분하다고 말했습니다. 근면함 때문에 폴리나는 가족들 사이에서 '개미' 로 불렸습니다. 그녀는 이미 3살에 악보를 읽었지요. 또한 미술에서도 좋은 결과들을 얻었고 외국어들도 쉽게 습득했습니다. 스페인 어(기본적인 가족 언어), 이탈리아 어, 프랑스 어와 영어를 자유롭게 말했는데 훗날 폴리나는 러시아 어와 독일어를 더 습득하였고, 라틴 어와 그리스 어까지 공부했습니다.

첫 번째 성공을 언니인 마리야 말리브란이 얻어냈습니다(그녀는 무역상 말리브란과 결혼했습니다). 마리야는 유럽의 훌륭한 가수들 중 한 사람이 되었으나, 유감스럽게도 그녀의 삶은 일찍 막을 내렸습니다. 1836년 9월 23일에 그녀는 말에서 떨어져 죽었습니다. 그녀의 나이 28세였지요.

이 일은 폴리나에게 심한 충격을 주었습니다. 이 일이 일어나기 전인 1832년에 자신의 양육과 음악 교육에 매우 힘을 쏟으셨던 사랑하는 아버지를 잃었습니다. 그녀는 처음에 피아니스트가 되려 했으며, 프란츠 리스트가 이것을 격려해 주었습니다. 그러나 목소리가 다듬어지자 그녀는 언니를 따라가기로 결심했고, 시간이 감에 따라 그녀

그치지 않았다. 투르게네프는 어머니 영지의 농노들에 대한 동정에서 농노제를 증오하게 되었는데, 자신의 가정 배경과 농노제에 대한 비판이 그의 작품 속에 반영되어 있다.

는 언니보다 우월해졌습니다.

그녀가 17세 되던 해인 1838년에 그녀는 독일 공연에서 최초로 성공을 거두었습니다. 에메랄드 목걸이가 그녀의 예술 세계에서의 첫 선물이었습니다. 다음에 파리에서 대중적인 공연을 하였고 또다시 놀라울 정도의 성공을 거두었습니다.

젊은 시절에 그녀는 어땠을까요? 시인 테오필 고티에는 그녀에게서 이전의 못생긴 소녀는 찾아볼 수 없고, 좋은 체격, 뚜렷한 이목구비, 가녀린 목, 우아하게 올린 머리, 아름답게 반짝이는 눈, 따뜻하고 정열적인 얼굴색, 더없이 아름다운 입술 등으로 그녀를 묘사했습니다.

다시 말해서, 그녀는 어렸을 때는 못생겼었지만, 어느새 젊고 아름답고 재능 있는 예술가가 되어있었고, 또한 그 재능은 항상 매력을 발산했습니다. 따라서 숭배자들이 나타나게 된 것도 놀라운 일이 아니지요. 과도한 감성적 시인 알프레드 드 뮤세가 폴리나에게 구애했습니다.

하지만 폴리나는 뮤세에게 연민을 느끼지 않고 그를 거절했습니다. 이 거절에는 나이 차가 남에도 불구하고 이 여가수와 친해진 죠르쥬 상드가 한 몫을 했지요. 죠르쥬 상드는 예전의 연인[3]을 잘 알고 있었고, 폴리나에게 믿음을 주지 못하는 사람과 삶을 함께 하지 말라고 말했던 것이지요. 죠르쥬 상드는 폴리나에게 스무살 가까이나 연상이지만 이상적인 루이 비아르도에게 더욱 긍정적으로 주목하는 것이 낫다고 충고했습니다. 흥미로운 것은 폴리나가 루이 비아르도를 처음 만난 때가 그녀가 11살이었을 때였는데, 그 당시에는 당연히 그녀가 냉정하고 고루한 그를 마음에 들어 하지 않았었지요. 그러나 시간은 흘렀고, 어느새 그녀는 루이 비아르도를 가치 있게 평가했습니다.

---

3) 뮤세는 이전에 죠르쥬 상드의 연인이었다.

그녀에 대한 비아르도의 사랑, 사회에서의 그의 위치(이전에 기자였던 비아르도는 파리에 있는 이탈리아 극장의 책임자였습니다), 그리고 큰 키에 우아한 머릿결, 잘 생기고 균형 잡힌 얼굴을 가진 그의 외모 등을 높이 평가했던 것이지요. 간략히 말해서, 1840년 4월 16일에 파리에서 결혼식이 있었습니다. 신부는 21세, 신랑은 40세였지요. 폴리나 가르시아는 폴리나 비아르도 부인이 되었습니다.

결혼식 후 두 달이 지난 1840년 6월 22일에 폴리나 비아르도는 로마에서 죠르쥬 상드에게 편지를 썼습니다.

당신이 나에게 약속했듯이 나는 루이에게서 고양된 지혜와 깊은 영혼, 그리고 고귀한 성격을 찾았어요. ……

남편의 훌륭한 자질이 만족스럽기만 했을까요?

수 년 후 폴리나 비아르도는 자신의 친구 리짜에게 자신의 마음이 그녀가 나눌 수 없는 사랑의 표시 때문에 조금 지쳤다고 고백했습니다.

알렉산드르 로자노프가 폴리나 비아르도에 관한 단편에서 지적했듯이, 고귀한 사람인 루이 비아르도는 모든 관계에서 재능 있고 정열적인 폴리나 가르시아와 반대 입장이었습니다. 이 결혼이 실제로 행복했다고만은 할 수 없었지요. 루이는 자신의 아내를 사랑했으며, 개인적으로 질투하지 않고 그녀를 존경으로 대했습니다. 그러나 그에게 호의적인 죠르쥬 상드조차 그에게 '밤에 쓰는 모자' 처럼 음울한 구석이 있으며, 폴리나는 남편을 동요나 열정 없이 사랑했다고 비밀 일기에 적었습니다. 그러나 그녀에게 있어서 그는 훗날 '예술가 무리들' 과 그녀를 구분시켜주었던 그녀 자신의 지적 세계관을 확장시켜준 사람이었습니다. 남편의 정치활동과 그를 둘러싼 '공화주의자' 로서의 명성, 러시아에서 마트베이 비옐고르스키에 의해 씌어진 폴리나 자신의 '자유사상' 등으로 인해 프랑스에서 그녀는 모든 다른 통치 형태보다 공화제를 선호하였고, 러시아 관리들은 물론 폴리나가 프랑스의 극장들에서 활동하려는 것을 막으려던 나폴레옹 3세 치하의 경찰들에게까지 주시 받았습니다.

폴리나 비아르도가 파리에 있는 이탈리아 극장에 들어가자마자 루이 비아르도가 관장직을 떠났습니다. 이것은 그녀가 극장에서 버티는 것을 돕지 못했습니다. 프리마돈나였던 줄리아 그리지가 비아르도가 이후의 계약을 맺지 못하도록 가능한 모든 수단을 다 썼던 것입니다. 이후의 일들은 다음과 같습니다. 폴리나 비아르도는 무대 파트너들의 간계와 시기, 불신을 극복하며 무대 위에서 내내 대단한 성공을 거두었습니다. 그녀는 훌륭하게 노래했지요. 청중들은 폴리나 비아르도의 소프라노 음색과 매우 훌륭한 장식음에 환호했습니다. 그러나 사실 그녀는 객원 출연을 했습니다. 그녀는 파리에서 공연하기보다는 런던, 베를린, 비인, 마드리드, 프라하 그리고 유럽의 다른 도시들에서 노래 불렀습니다.

비아르도에 대하여 파리 언론은 두 가지 입장이었습니다. 한쪽은 찬사를 보냈고, 다른 한쪽은 비판했지요. 어쨌든 폴리나 비아르도가 재능 있다는 것은 확실했습니다. 이것을 하이네와 들라크루아가 지적했습니다. 예술가의 세련되고 도회적인 유형에 반대하는 하이네는 곧 그녀 속에서 '우울하면서 웅장한 이국적인 모습'을 찾아냈고, 그녀의 정열적인 연주 앞에서 '인도나 아프리카 식물의 놀라움'과 '수천 개의 꽃을 가진 넝쿨에 휘감긴 거대한 종려나무'를 보았으며, 만일 무대에 갑자기 '사자나 기린, 혹은 코끼리 떼까지' 나타난다 해도 놀라지 않았을 것입니다. 또한 하이네는 비아르도의 재능의 본질을 꽃이 만발하는 것에 비유하면서 이를 정확히 포착했습니다.

극장에서의 활동과 병행하여 개인적인 삶도 흘러갔습니다. 파바르거리 12번지에 있는 우아한 아파트에서 비아르도 부부는 종종 유럽 인텔리겐찌야(지식인)의 꽃인 작가들을 초대했습니다. 발자크, 라마르틴, 죠르쥬 상드, 하이네, 생트-뵈브, 들라크루아, 미쯔케비치, 그리고 다른 이들 말이지요.

1841년 12월 14일에 아버지와 어머니의 이름을 딴 첫 딸, 루이자 폴리나가 태어났습니다. 11년이 지난 1852년 5월 21일에 둘째 딸인 클로지가 태어났고, 셋째 딸인 마리안나는 1854년 3월 15일에 세상에 나왔으며, 마침내 1857년 6월 20일에 아들 루이가 태어났습니다.

비아르도는 네 아이의 어머니였습니다. 그들은 1850년에 또 다른 아이를 얻었는데, 이 아이는 투르게네프의 딸이었습니다. 그러나 그만큼 대가족의 안주인이 될 때까지 비아르도는 자신의 가수로서의 직업을 계속 유지했습니다.

유럽에서 유명한 루빈의 객연客演 후 상트 페테르부르크에는 상설 이탈리아 극장을 만들자는 바램이 일어났고, 이 계획에 폴리나 비아르도와의 계약에 대해 적혀있었습니다. 맞습니다, 북유럽의 수도에는 아직까지 그녀의 명성이 알려지지 않았었지요. "유명한 말리브란의 동생이며 (지방지들은 그렇게 썼고 다음을 덧붙였습니다), 파리에서 그녀는 매우 높게 평가되고 있다." 그러나 상트 페테르부르크의 대중들에게 〈세빌리아의 이발사〉(이 이탈리아 오페라에서 비아르도는 '로지나' 역을, 루빈이 '알마비바' 역을, 탐부린이 '피가로' 역을 맡았습니다)가 상연되었을 때 —《상트 페테르부르크 통보》의 비평가가 썼던 것처럼 — 그녀는 '무엇 때문인지 넋을 잃고' 말았습니다.

폴리나와 루이 비아르도는 1843년 10월 14일에 상트 페테르부르크로 왔고, 10월 22일에 이미 여가수는 상트 페테르부르크의 관중들을 콜로라투라[4]로 사로잡았습니다. 그녀의 목소리는 자유롭고 경이롭게 울려 퍼졌습니다. 맨 마지막에 박수갈채와 앙코르 환호가 없었을 정도였습니다. 《상트 페테르부르크 통보》가 이에 관해 다음과 같이 썼습니다.

> 여기 있는 모두는 무아경에 빠졌기 때문에 그 어떤 찬사도 필요 없게 되었다. 우리는 숨바꼭질 놀이를 했고 이제 우리는 빛을 보았다. ……

투르게네프

열광하는 관중들 속에 25세의 이반 세르게예비치 투르게네프가 있었습니다. 아부도찌야 파나예바의 회상에서 다음과 같은 글을 읽을 수 있습니다.

> 나는 투르게네프처럼 목소리가 크고 날카로운 '사랑에 빠진 사람'을 다시 찾기는 어려울 것이라고 생각한다. 그는 어디에서나 모두에게 큰소리로 비아르도에 대한 자신의 사랑을 공표했고, 자기가 아는 사람들 중에서 어느 누구에 대해서도 비아르도에 대해서처럼 그렇게 말하지는 않았다. 그와 다른 이들의 말에 따르면, 투르게네프와 비아르도가 알게 된 첫 해에 그들은 비아르도 부인의 집에 있었는데 그녀가 투르게네프에게 특별히 관심을 두는 것 같지는 않았다고 한다. 비아르도가 귀족 손님들이 방문할 것이라는 것을 알았던 그 날, 투르게네프는 그녀의 남편의 서재에 앉아서 러시아 문학에서 자신을 빛나게 한 사냥에 대해 그와 대화를 나누어야만 했다. 비아르도가 귀족들을 초대한 파티에 투르게네프는 초대되지 않았다. 유산을 얻고 난 후에야 투르게네프는 비아르도의 살롱에서 다른 손님들과 똑같은 권리를 얻었다. 나는 한 파티에서 투르게네프가 어떤 황홀감

4) 소프라노의 장식적인 창법.

에 빠져 우리에게 나타났던 것을 기억한다.

— "여러분, 저는 오늘 행복합니다. 세상에 저보다 더 행복한 사람은 없을 겁니다"라고 그가 말했다.

행복은 투르게네프의 머리가 아팠을 때 비아르도가 그의 관자놀이를 오데콜론으로 살짝 문질러준 데 있었습니다. 그녀의 손가락이 조금 닿은 것이 이반 세르게예비치 투르게네프를 황홀경 속에 빠뜨린 것입니다. 투르게네프의 고백은 카드놀이를 방해했고, 이 때문에 놀이를 하던 사람들 중 하나였던 벨린스키가 큰소리로 말했습니다. "자네의 그처럼 불꽃 튀는 사랑을 도대체 누가 믿을 수 있겠나?"

파나예바가 이어서 말합니다.

비아르도에 대한 투르게네프의 사랑에 나 역시 짜증났다. 왜냐하면 그는 좌석을 예약할 돈도 갖지 않은 채 내가 아는 사람들과 공동으로 예약한 특별석에 초대도 없이 나타났던 것이다. 3층의 특별석은 입추의 여지없이 꽉 찼는데 투르게네프의 거대한 외형은 많은 좌석을 필요로 했다. 그는 돈을 지불한 사람처럼 특별석에 앉아 넓은 등을 곧추세우고 있었기 때문에 우리에게는 무대에서 일어나는 그 무슨 일도 보이지 않았다. 거기다 이것은 약과다. 투르게네프는 비아르도의 노래에 우레와 같은 박수를 보내고 큰소리로 환호함으로써 특별석에 있던 옆 사람들의 불평을 샀다. ……

먼 후손인 우리들은 이런 이야기들 모두가 기이하기만 합니다. 과연 이반 세르게예비치 투르게네프에 대하여 그렇게 호의적이지 못하게 쓸 수 있을까요! 그러나 파나예바에게는 동시대인이자 문학의 길의 초기에 있는 문학가인 투르게네프가 모두에게 희망만을 주어야한다는 생각이 들었겠지요.

폴리나 비아르도와의 교제는 문자 그대로 숙명적이었습니다. 잘 알려진 법률가 아나톨리 콘의 말을 빌리면, "이 '짝사랑'이 모든 개인적인 삶에 영향을 준 후에 투르게네프의 영혼 속에 있는 환희가 그녀 자신의 깊은 곳까지 도달하여 그곳에 영원히 남았다"라고 합니다.

자, 비아르도에게는 투르게네프와의 만남이 무슨 의미를 가졌을까요? 인생 말년에 그와 만난 첫 날에 대해 회상하면서 그녀는 다정스런 미소를 머금으며 말했습니다.

나에게 있어 그는 '젊은 러시아 지주이며 명성 있는 사냥꾼이고 서툰 시인'이라는 말들과 함께 소개되었지요.

부러운 추천이군요! 단지 비아르도는 점차적으로 '명성 있는 사냥꾼이며 서툰 시인'이 그녀의 인생에서 일정한 자리를 차지하게 됨을 인식했습니다. '사랑'이라는 말보다는 '자리'라는 말이 여기서 더 적합하군요. 그는 불같이 사랑했지만, 그러나 그녀는 어땠을까요? 단지 가끔씩 크지 않은 감정의 표출로써 답한 듯합니다. 물론 그 이상은 아니었지요.

상트 페테르부르크에서 폴리나 비아르도는 세 계절 동안 연속 공연했고 변함없는 성공을 거두었습니다. 박수갈채, 꽃들, 화환들, 그리고 여러가지 다른 헌사품들이 있었지요. 1845년 3월에 비아르도는 죠르쥬 상드에게 다음과 같은 편지를 썼습니다.

세 번째 날에 러시아 상인 대표단이 독일어 통역자를 앞세워 나를 찾아와서 내가 러시아 귀족으로부터 선물을 받은 것처럼 러시아 평민남자들이 보낸 선물도 받아달라고 부탁했어요. 그래서 꽃다발 밑에 있는 기부명부를 내리지 않았더니 그들은 또한 자신들에게도 듣기 위한 귀가 있고 느끼기 위한 마음이 있다는 것을 나에게 증명하고 싶어했지요. ……

공식적인 말에 뒤이어 화려하게 빛나는 팔찌가 뒤따랐습니다.

시인들인 아폴론 그리고리예프, 플레쉐예프, 그리고 먀틀레프는 폴리나 비아르도를 기리는 시를 썼고, 카를 브률로프는 그녀의 초상화를 만들었습니다. 게다가 매우 냉정한데다 자신의 아들이 예술가에게 빠져있는 것을 질투하던 투르게네프의 모친마저 증오를 이겨내고 비아르도의 연주회에 참석했습니다. 집으로 돌아오면서 그녀는 씁쓸하게 인정했지요. "저주받을 집시계집이 잘도 부르는군!"

상트 페테르부르크에서의 공연은 계속되었고(때때로 비아르도는 모스크바에서도 공연했습니다), 그녀의 연주 목록은 늘어났는데, 그녀의 새로운 역들 중 하나는 〈사랑의 묘약〉에서의 아디나 역이었습니다. 투르게네프는 이미 오래 전에 이 묘약을 마셨음에도 독신이었습니다. 폴리나 비아르도와의 관계에 있어서는 기본적으로 평면적인 순수한 우정이 지속되었고, 오로지 그의 편에서만 매혹된 것이었습니다. 오히려 그녀의 남편 루이 비아르도가 투르게네프를 더 많이 이해해 주었습니다. 열렬한 사냥꾼이고 열정적인 창작가인 두 사람, 투르게네프와 루이 비아르도는 고골의 중편을 프랑스 어로 번역하여 파리에서 출판했습니다. 아시다시피 공동 작업은 사람들을 항상 친하게 만들지요.

파리로 돌아온 비아르도 부부는 몽마르트 언덕에 집을 얻고 밝은 비단으로 덮여진 흰 가구를 들여놓았습니다. 겨울 정원에서 나온 빈랑나무들 사이에 있는 두 창문 사이의 벽에는 비아르도가 러시아 도자기 공장에서 만든 렘브란트의 〈성모의 초상〉이 새겨진 커다란 꽃병을 놓았습니다. 식당에서는 황인종인 중국인 하녀가 일했습니다.

파리의 집에서 비아르도는 자주 투르게네프를 손님으로 맞았습니다. 그의 어머니는 그가 '저주받을 집시계집'과 절교하기를 강경하게 고집했으며, 또한 그에게 돈을 내놓지 않았습니다. 그러나 1847년부터 1850년까지 내내 이반 세르게예비치 투르게네프는 '행복한 3년'을 보냈습니다. 그는 변함없이 사랑하는 여인에게로 향했고, 그녀의 남편과 친하게 지냈으며, 그들의 딸들과 놀았고, 자연의 품에서 휴식하며 고기를 잡고, 당구를 치고, 비아르도 식구들이 집에서 사용하는 스페인 어를 공부하고, 러시아 어로 단편들을 썼습니다. 바로 이 시기에 〈사냥꾼의 수기〉와 〈지휘관 집에서의 아침식사〉가 창작되었습니다.

대단히 유감스럽게도 투르게네프는 러시아로 돌아와야만 했습니다. 그는 루이 비아르도에게 다음과 같이 썼습니다.

> 쿠르타브넬 같이 내가 사랑한 곳은 지구상에 없습니다. 친애하는 비아르도 씨, 당신은 나에게 있어 영원한 친구입니다.

또한 1850년 9월 9일에 폴리나 비아르도에게 보낸 편지들 중에서 소개합니다.

> 나는 당신에게 당신이 선善의 천사라고 말해야만 하오. 그리고 당신의 편지는 나를 이 세상 사람들 중에서 가장 행복한 사람으로 만들었소. 만약 당신이 매우 상냥하게 당신을 건드리기 위하여 먼 곳으로부터 당신을 애정으로 대하는 친밀한 손이 무엇을 의미하는지를 알았더라면…….

1850년에는 두 가지 사건이 일어났습니다. 투르게네프는 자신의 '젊은 시절의 죄'로 인해 생겨난 딸을 그 어머니로부터 데려와 힘든 공연을 마친 폴리나에게 주어 파리로 떠나게 했습니다. 투르게네프의 딸 폴리네타는 비아르도 부부의 딸 루이자와 함께 자랐습니다. 그리고 두 번째 사건은 투르게네프의 어머니가 죽어 그를 묶고 있던 사슬이 풀어지게 된 것이었습니다. 이제 그는 자신의 살림을 꾸려갈 가능성을 얻었습니다. 투르게네프는 부자가 되었는데 당시 그의 나이 32세였습니다.

폴리나 비아르도의 삶에도 변화가 생겼습니다. 마침내 그녀는 파리 오페라 계에서 굳건한 위치를 얻은 것입니다. 그리고 또한 앞서 언급했듯이 두 번째 딸 클로지가 태어났습니다.

1852년 가을, 폴리나 비아르도의 머릿속에는 상트 페테르부르크로 가서 자신의 친구들을 보고 싶다는 생각이 솟아났습니다. 상트 페테르부르크는 다시 명예로운 손님 '비아르도-가르시아 부인'을 기다리느라 술렁거렸습니다.

회고가回顧家 즈반쪼프는 비아르도를 불러들이는 떠들썩함을 다음과 같이 묘사했습니다.

> 온 도시가 3일 동안 광란하는 열광자들의 무리로 떠들썩했다. 거리마다 소음, 고함소리, 북새통으로 가득했고 특히 군인들이 사방에 깔렸다. 좌석이 매진되었다는 매표소의 공고에도 불구하고 5시부터 첫 등장 3시간 전까지 난투극이 벌어졌다. 이미 7년 동안이나 극장에서는 찾아볼 수 없었던 눈 먼 사람, 다리 저는 사람, 귀머거리, 나병환자, 정신병자 같은 사람들이 나타나서 3루블과 5루블 지폐를 5층 관람석에 있는 좌석 안내원들, 파수꾼들, 불빛 비추는 사람들에게 마구 뿌려댔다. 특등석에서 싸구려 관람석에 이르기까지의 각 좌석에는 최대한 9명씩의 머리들이 솟아있었고, 그 중 대부분은 견장을 단 넓은 어깨들이었다. ……

우스운 광경이지요, 그렇지 않습니까?

다시 비아르도는 러시아의 〈꾀꼬리〉를 불렀습니다. A. 카르타쉡스카야는 1853년 1월 5일에 악사코프에게 다음과 같이 썼습니다.

당신은 대중들이 러시아의 낭만적인 노래들을 어떻게 받아들였는지 표현할 수 있을 거예요. 실제로 그녀는 자신의 목소리의 발성과 음색에 감정, 정열, 그밖에 표현하기 어려운 매혹과 매력을 담아 탁월하게 노래했지요. 그녀의 예술은 아직도 발전하고 있는 것 같아요. 물론 그녀가 더 나아졌다는 것은 말할 것도 없지요. ……

비아르도와 투르게네프가 만났습니다. 이 만남은 낭만적인 뉘앙스를 지닙니다. 감시 하에 있던 작가는 자신의 문지기를 속이고 위조신분증을 갖고서 '자신의' 폴리나를 만나기 위해 모스크바로 떠났습니다. '자신의'를 따옴표 안에 넣은 것은 그녀가 절대 전적으로 그의 여자가 되었던 적이 없었기 때문입니다. 그러나 그럼에도 불구하고 그는 그녀를 사랑했지요. "당신은 내가 당신에게 몸을 맡긴 채 삶을 마감하고자 하는 그런 마음을 아시는지요?"라고 그는 3월에 모스크바에서의 '불법적인' 만남 후에 보낸 1853년 4월 17일자 편지에 쓰고 있습니다.

자, 그 다음에는 어떻게 되었는지 알아볼까요? 1861년에 폴리나 비아르도는 자신의 예술적 명성의 절정에 달했습니다. 글룩의 오페라 〈알체스테〉에서는 여가수이자 예술가였습니다. 그녀는 만족했습니다. 출세, 집, 가정, 투르게네프의 희망의 친구, 이렇듯 모든 것이 성공적이었으니까요. 그렇지만 투르게네프는 어땠을까요? 시간이 지날수록 자신의 개인적인 생활을 갖고 싶다는 생각이 투르게네프에게 찾아왔습니다. 1857년 8월에 투르게네프는 네크라소프에게 다음과 같이 썼습니다.

아닐세, 삶이 이래서는 안 된다는 건 이미 분명하네. 완전히 남의 둥지 귀퉁이에 앉은 셈이야. 자신의 둥지가 없다는 건 어떻든지 간에 안 될 일이야.

'어떻든지'라는 이 필사적인 말은 폴리나 비아르도에 필적할만한 '삶의 여자친구'를 찾는 개별적인 시도를 하게 했으나 모든 것은 허사로 끝났습니다. 제2의 비아르도는 솔직히 존재하지 않았습니다.

1856년 9월에 쿠르타브넬에 아파나시 페트가 찾아왔습니다. '속삭임, 수줍은 호흡, 꾀꼬리의 진음'을 노래한 시인은 폴리나 비아르도에게 매혹되었습니다. 그러나 투르게네프의 비아르도에 대한 사랑은 그에게 이해되지 않은 채로 남았습니다.

뿐만 아니라 페트는 투르게네프의 감정에 대해 그를 질책했습니다. "많은 이들이 투르게네프의 비아르도에 대한 집착을 비웃고 있었다"라고 나탈리야 투츠코바-오가레바는 지적했습니다. 네크라소프도 이해할 수 없었습니다. 그는 여러 번 자신의 친구 투르게네프에게 비아르도에 대한 그의 열정이 미칠 영향에 대해 경고했고, 또한 그녀와 헤어질 것을 단호하게 종용했습니다. 자신의 사생활에 있어 혼란에 빠진 사람에게 그를 바르게 이끌 충고를 하는 것은 어느 면에서 매우 흥미롭지요. 하긴 누가 가르치는 것을 못하겠습니까?

투르게네프는 비아르도와 헤어지는 것을 할 수도 없었고, 결국 원하지도 않았습니다. 비록 1857년 봄에 그들의 관계에 새로운 냉각기가 시작되었더라도 말입니다. 좋았다 나빴다 한 것은 한 번이 아니었지요. 오랜 세월동안 투르게네프와 비아르도의 사이에는 다양한 발전 단계가 있었습니다. 그러나 점차 투르게네프의 마음의 열기는 약해지기 시작했습니다. 생생한 감정은 결국 상징으로 변했습니다. 책상(파리 시 리볼리 거리에 있던 그의 방에 있던) 위에 있는 비아르도의 초상이 동으로 된 곰 장식물로 변한 것입니다. "나에게 있어 이 곰은 두 배의 가치가 있습니다. 왜냐하면 그것은 내가 사랑했고 또한 사랑할 유일한 여성에 의해 나에게 주어졌기 때문입니다"라고 투르게네프는 파벨 안넨코프에게 썼습니다.

1860년의 늦은 가을에 투르게네프와 비아르도 사이에 무엇인가 매우 심각한 일이 벌어졌습니다. 그 메아리는 람베르트 백작에게 보낸 11월 28일자 편지에 나타나있습니다.

> 며칠동안 제 가슴은 죽었습니다. …… 제가 뭔가를 말하고 싶어한다는 것을 당신은 이해하시겠지요? 과거가 저로부터 최종적으로 떨어져나갔고, 그것과 헤어진 저는 저에게 남아있는 것이 아무 것도 없을 뿐만 아니라, 저의 모든 삶이 그것과 함께였다는 것을 깨달았습니다. ……

사랑은 마침내 소실되었습니다. 재만 여전히 남았지요.

그러나 삶은 계속되었습니다. 1862년 여름에 비아르도 가족과 투르게네프는 바덴-바덴에서 이웃하여 살았습니다. 폴리나 비아르도는 아이들의 교육에 열심히 몰두했습니다. "여기에서 나를 울게 한다면 그때는 그랜드 오페라에서 노래 부를 수 있을 것이다." 그녀는 가르침에 대한 불평에 대해 냉엄하게 말했습니다.

루이는 회화와 조각에 대한 글을 썼고 잡지에 사냥꾼들의 이야기들을 실었습니다. 그리고 물론 자신의 집에서 유명인사들과의 모임도 가졌습니다. 클라라 슈만, 작곡가 브람스, 바그너, 리스트, 예술가 도레, 외교관 비스마르크. 한 번은 네덜란드 왕이 폴리나 비아르도에게 '예술상'을 주기 위하여 그녀의 집을 방문한 적이 있었는데 그는 사전에 그녀에게 "당신이 왕으로부터 선물을 받을까요? 사람들이 당신을 공화주의자라고 말합니까?"라고 통보했습니다.

비아르도의 집에서 종종 가정 연극 공연이 있었고 거기에 투르게네프가 참여했습니다. 폴리나 비아르도는 졸루슈카를 통해 코믹 오페라를 만들었고 투르게네프는 희곡을 썼습니다. 오늘날에는 놀랄만한 가정의 위안거리로 텔레비전이 있지만, 텔레비전이 나오기 전에는 사람들 스스로가 자신들의 기분을 전환시켰지요. 비아르도 집의 공연물이 음악적이 아닌 것일지라도 투르게네프는 급조 연속음을 끌어냈습니다.

해가 갈수록 폴리나 비아르도는 극장 활동으로부터 점점 멀어진 대신 교육 활동에 더욱 더 집중했습니다. 그녀에게는 많은 제자들이 있었습니다. 그러나 시간이 지나자 그녀는 자신의 음악 파티들에서 과거를 회상하게 되었고 노래를 불렀습니다. 때로는 러시아 어로도 말입니다. 특히 그녀는 차이코프스키의 로망스 〈그리움을 아는 사람만 아네〉를 잘 불렀지요. "이반 세르게예비치는 모퉁이에 서서 흐느껴 울었다. 그는 눈물 없이는 그녀의 노래를 들을 수 없었다. ……"라고 예술가 폴레노프가 회상했습니다.

1876년, 그녀가 55세였을 때에도 비아르도는 뛰어난 외모를 가졌습니다. 그녀의 집을 방문한 여귀족 E. 아프렐레바-블라람베르그는 그녀의 솔직함과 열정, 우아함으로부터 깊은 감동을 받았습니다. 2년 뒤 C. 롬-구레비치는 아름다운 계란형의 얼굴과 영리한 눈이 이미 창백하고 지친 '살찐 부인'이 된 그녀를 만났습니다. 그러나 그녀의 외모는 여전히 매력적이어서 그녀의 젊은 딸들의 아름다움마저 가렸습니다.

바실리 폴레노프는 1874년 겨울 저녁에 비아르도의 집에서 있었던 일을 기꺼이 회상했습니다.

그곳에서 투르게네프는 자신이 주인인양 행동했습니다. 그는 항상 활기

찬 모습들을 보여주었고 …… 자신이 여러 가지 역할을 했어요. …… 지독하게 활기찬 것이었지요. ……

그러나 모두들 비아르도의 집에서 주인처럼 행동하는 투르게네프의 위치를 인정하지 않았습니다. 반대로 손님들 중 많은 이들이 슬그머니 경악하며 그의 위치를 잘못되고 애매한 것이라 여겼습니다.

1870년에서 1876년에 투르게네프는 소설 〈처녀지〉를 집필했습니다. 그의 사생활에 그 어떤 새로운 것도 없었습니다. 비아르도의 어린 딸 마리안나는 피아노를 연주했고, 투르게네프가 사랑했던 둘째 딸 클로지는 미술을 공부했습니다. 큰 딸 루이자는 꽤 자주 프랑스 어 소설과 영어 소설을 소리 내어 읽었습니다. 모든 가족이 모여 있었지요. 그리고 투르게네프가 익살맞고 풍자적인 해설을 하며 책읽기에 끼어들자 클로지와 마리안나가 아우성치며 반발했습니다. “아이 참, 투르겔. 우리 좀 가만 놔두실래요? 우리는 듣고 싶다고요. ……”

‘투르겔’, ‘투르글린’, ‘튜레피’는 비아르도 가족이 투르게네프를 부를 때의 애칭들이었습니다.

루이 비아르도가 아프게 되어 집밖으로 나올 수 없게 되었습니다. 그래서 오페라, 콘서트, 전시회에 폴리나 비아르도 및 그 딸들과 함께 투르게네프가 동행했습니다. 참으로 놀랍지요? 그가 가족의 일원이었으니까요.

파리에 있는 러시아 인들은 모두 이것을 ‘노예 같은’ 투르게네프로 사실과 다르게 평가했습니다. 또한 그를 ‘식객’이라고 부르면서 작가의 열정과 비아르도의 냉담을 보며 ‘나눌 수 없는 사랑’에 대해 떠들었습니다.

그 때에 운명이 자신의 파괴적인 일을 했습니다. 비아르도의 오랜 친구인 죠르쥬 상드가 죽었지요. 루이 비아르도는 노쇠해졌습니다.

투르게네프에게는 수족 통풍이 찾아들었습니다. 그 다음에는 협심증이 일어났습니다. 그러나 실제로는 그에게 척추암이 다가왔습니다.

1883년 4월 중엽에 작가는 부지발로 옮겨졌습니다. 사람들은 투르게네프를 계단으로 모셔온 다음 2층 문 가까이에 있는 안락의자에 내려놓았습니다. 친구들은 슬픈 '아듀'(안녕)를 말한 후 조용히 악수를 하고 영원히 헤어졌습니다. 2주일 후에 루이 비아르도가 죽었습니다. 그의 죽음 후에 폴리나 비아르도와 그녀의 딸들의 모든 염려는 투르게네프 한 사람에게로 쏠렸습니다. 잠깐 회복되어 그의 고통이 덜할 때에 그녀들은 그에게 루이 비아르도의 죽음에 대해 말해주었습니다. "나는 정말로 내 친구와 함께 하고 싶었다." 이반 세르게예비치 투르게네프는 한숨지었습니다.

투약된 아편과 진통제에 의해 몹시 고통 받던 투르게네프는 급속도로 약해졌습니다. 나중에는 폴리나 비아르도에게 자신의 두 단편인 〈바다의 불〉과 훗날 〈종말〉로 불린 〈매〉를 받아쓰게 했습니다.

투르게네프의 마지막이 가까워졌습니다. 1883년 8월 22일에 그는 죽었습니다. 폴리나 비아르도, 클로지, 그리고 예술가 리하르트가 투르게네프의 임종 때에 있었습니다.

언론이 지적했듯이, 62세 된 폴리나 비아르도는 그녀 스스로 이반 세르게예비치 투르게네프의 시신을 상트 페테르부르크로 떠나보내지 못한 채 비아르도 가족의 대표로서 자신의 두 딸들을 보냈습니다.

그녀를 사랑했던 오랜 친구의 사망은 폴리나 비아르도에게도 매우 충격적이었습니다. 이 슬픔의 나날들 동안—동시대인들의 회상에 따르면—비아르도는 "연민 없이 볼 수가 없었습니다. 놀라운 충격으로부터 어느 정도 회복된 후 그녀는 끊임없이 투르게네프에 대해 이야기했습니다. 죽은 남편의 이름은 필요한 경우에만 상기되었습니다. ……"

투르게네프의 죽음은 다시 작가와 비아르도와의 관계에 대한 대중들의 관심을 불러일으켰습니다. 살롱들이나 잡지 기사들에서 죽은 사람과 살아있는 비아르도의 관계를 집요하게 들춰냈습니다. 그녀는 이러한 모욕을 참지 못하고 파리에 살고 있는 러시아 인들 중 화가인 알렉세이 보고류보프에게 다음과 같이 말했습니다.

> 투르게네프의 친구들이라 불리는 사람들이 내가 그와 저속한 관계에 있었다고 비난할 어떤 권리를 가졌단 말입니까? 모든 사람들은 태어나면서 자유롭고, 그들의 모든 행동도 자유롭지요. 만일 그들이 사회에 해를 주지 않는다면, 어떤 판단도 뒤집어엎어지지는 않지요. 나와 그의 감정, 행동은 우리들에 의해 받아들여진 것이고, 군중들, 네, 맞아요, 자신이 현명하고 명예롭다고 여기는 많은 이들에게는 이해되지 않는 법들에 근거한 것이었습니다. 40살이 넘어서야 나는 다른 누구도 아닌 참으로 내 마음에 의해 선택된 사람과 함께 살았습니다. 그러나 우리는 우리에 관해 말해지는 것들에 대해 염려하면서 서로서로를 매우 잘 이해했을 뿐만 아니라, 우리의 입장에 대해서도 우리를 알고 가치 있게 여겼던 합리적인 사람들에게서 인정받았습니다. 만약 러시아 인들이 투르게네프의 이름을 높이 평가한다면, 그와 대응한 비아르도의 이름도 결코 작아지지 않는다고 저는 자랑스럽게 말할 수 있습니다. ……

폴리나 비아르도의 가치 있는 대답은 참으로 근사하지요.

그러나 그녀의 어떤 대답도 결국 모든 가능한 억측들을 멈출 수는 없었습니다. 한 번도 폴리나 비아르도를 만난 적이 없고 그녀를 알지도 못하는 시인 야코프 폴론스키는 대담하게 비아르도와 투르게네프의 관계를 분석했습니다. 그는 마지막 10년에서 15년 동안 투르게네프는 비아르도를 사랑하지 않았지만, 그전까지는 매우 그리고 열렬히 사랑했다고 밝혔습니다. 그리고 투르게네프의 오랜 사랑의 원인들을 직접 열거했습니다.

1) 짝사랑; 2) 최면상태; 3) 투르게네프가 평범한 여자와 결혼하여 행복해질 수 없었던 것; 4) 폴리나 비아르도가 잘 보여지기를 원했던 만큼 그렇게 무대에서와 삶에서 '연기' 할 줄 알았던 그녀에게 매료된 예술가로서의 투르게네프; 5) 이반 세르게예비치 투르게네프는 온화한 여성을 사랑할 수 없었다. 그에게는 고통, 고뇌, 불안, 사랑의 의기소침 등이 필요했다; 6) 폴리나 비아르도는 투르게네프의 마음 속에 가장 비밀스럽고 가장 선율적旋律的인 현絃들을 애타게 할 수 있었다.

자신의 대화로 또는 노래로 또는 음악으로 그에게 그 같은 진실의 유산의 순간을, 게다가 그렇게 이기적인 자기숭배의 시간을 제공하게 했다. 이반 세르게예비치 투르게네프는 이 순간을 위해 모든 것을 미루고 모든 것을 잊을 준비가 되어 있었다.

야꼬프 폴론스키의 생각은 그러했습니다. 그 속에는 신빙성 있는 것도 있고, 명백하게 지어낸 것, 예를 들면 '최면상태' 같은 것도 있습니다.

몇 년 동안 비아르도의 집을 방문했던 예술가 보고류보프는 다음과 같이 지적했습니다.

투르게네프와 비아르도의 삶은 평범한 사람들의 삶이 아니었다. 내 생각에 폴리나 비아르도는 이반 세르게예비치와 함께 지적 가치에 있어 진실한 부부였다. 그는 관에 들어갈 때까지 행복했었다. 그가 다른 여자친구를 만나지 않았을 뿐만 아니라, 자신에게 있어 고귀했던 자신의 사랑을 지키고 싶어 했던 것을 사람들은 비뚤어진 시선으로 바라본다. 돈이란 비아르도 부인이 그에게 주었던 지혜와 마음의 유산과 비교할 때 하찮은 것이었다. 이반 세르게예비치 투르게네프를 가까이에서 알고 난 후, 그리고 자신의 온 삶을 밝혀주며 또한 자신이 열렬히 사랑하는 여성의 노래를 듣고 있던 그를 보면서 나는 깊은 존경심을 갖고 그 둘을 바라보았으며 또한 가슴깊이 느꼈다. 우리 러시아 인들의 온갖 억측과 비판에도 불구하고 …… 나는 그가 자기식대로 행복한 사람이었으며, 또한 그가 어떻고, 그녀가 어떻고 하면서 그 두 천재적인 개성들을 경솔하게 격하시키는 그자가 허풍쟁이였다고 말하겠다. ……

B. 포리의 또 다른 증언이 있습니다.

작가이며 그림 애호가인 투르게네프는 문학에 있어서의 동료로서의 그리고 예리한 예술 비평가로서의 루이 비아르도와 오랜 친구 관계에 있었다. 상당한 음악 애호가인 투르게네프는 모든 가족 구성원들이 훌륭한 예술가였던 비아르도 가족보다 더 흥미로운 동료들을 생각해 낼 수 없었다.

그렇습니다. 투르게네프 자신이 비아르도 가족에게 "이곳에서 나는 평안하고 안락하다. ……"라고 여러 번 말했던 것입니다.

이게 전부입니다. 의문은 끝맺도록 합시다. 그리고 폴리나 비아르도의 말년으로 넘어가 보지요.

그녀 생애의 말년에 우연치 않게 소중한 사람을 잃고, 그녀는 단지 장례식 인사편지를 썼으며, 장례용 봉투 비슷한 것에 그것을 넣어 봉인했습니다. 투르게네프의 초상화는 손님용 서재의 기념할만한 위치에 걸렸습니다. 일이 슬픔으로부터 그녀를 구했습니다. 그녀는 열심히 교육에 헌신했고, 또한 비아르도의 제자들 중에는 각지에서 몰려든 재

차이코프스키

능 있는 젊은이들이 있었습니다.

1886년 6월 13일에 표트르 차이코프스키가 파리에서 친척에게 편지를 썼습니다.

어제 나이든 부인 비아르도와 아침을 먹었네. 정말이지 근사하고 재미있는 여성이더군. 나는 완전히 그녀에게 사로잡혔다네. 70세 임에도 불구하고, 그녀는 40대 여성같이 행동하고 명랑하고 친절하고 호감을 주었으며, 내가 처음인데도 그녀의 집이 내 집처럼 느껴지도록 배려했다네. ……

폴리나 비아르도는 인생을 단순하지 않게 살았고, 또한 그녀에게 주어진 인생을 최선을 다해 살려고 노력했습니다. 누군가가 표현했듯이 '훌륭한 삶의 훌륭한 저녁' 이었습니다.

살아온 날들을 되돌아보면서 폴리나 비아르도는 어느 때인가 다음과 같이 말했습니다.

내가 늙으면 늙을수록 내 주위의 사물들과 사람들에게 더 흥미를 느낍니다. 세상에는 사랑 받을 훌륭한 것들이 너무나 많고, 그것들을 사랑할 훌륭한 사람들도 너무나 많아요.

폴리나 비아르도의 이 말은 그녀 영혼의 고귀함을 드러내는 것이지요.

비아르도의 자녀들도 늙어서 손자, 손녀들이 자라났습니다. 증손

주도 태어났지요. 그들 중 몇몇에게 그녀는 음악을 가르쳤습니다. 게다가 그녀는 그림을 그리고, 오페라를 만들고, 세르게이 디아길레프의 〈러시아의 계절들〉에도 흥미를 보였습니다. 85세 때의 그녀에 대해 "충분히 균형 잡힌 외모에 예전의 아름다운 눈의 자취를 지닌 완전한 백발의 노파가 되었으며 매우 우아하였는데……"라고 파리에서 비아르도를 방문했던 여가수 즈브루예바가 회상했습니다. 그리고 다음과 같은 말도 덧붙였습니다. "옛날 가구들 사이에서 보이지 않는 존재인 투르게네프가 보이는 듯했다. ……"

폴리나 비아르도는 마지막까지 제자들을 가르치는 일을 계속했습니다. 그녀는 1910년 5월 17일 밤에 89세를 얼마 남겨두지 않고서 조용히 그리고 고통 없이 숨을 거뒀습니다. 잡지 《Musica》에는 "평범하지 않은 예술가이며 여가수, 훌륭한 여성, 사려 깊고, 선하고, 영리하고, 신성한, 빛나는 영혼을 지닌……"이라는 표현으로 그녀의 죽음을 애도했습니다.

여기에 폴리나 비아르도가 '훈장 소유자였음도 덧붙입니다.

이상이 '암비둘기 비아르도'(사랑스러운 비아르도)의 삶에 관한 모든 것입니다.

"멈추어라! 그리고 내가 너의 불멸의 참여자가 되게 하라. 내 마음속에 너의 영원의 그림자를 떨어뜨려라!" — 이반 세르게예비치 투르게네프는 산문 〈멈추어라!〉에서 이 같은 시로 끝을 맺습니다.

폴리나 비아르도와 같은 그러한 개성은 사람들의 마음 속에 계속 남아있습니다. 그리고 문제는 이렇듯 유명한 사랑의 삼각관계에 있는 것이 아닙니다. 폴리나 비아르도는 많은 사람들에게 기쁨을 줄 수 있었습니다. 바로 이것이 영원히 남아있는 것입니다.

5장 옐레나 블라밧스카야

신지학회[1] 창설자이자 19세기의 스핑크스

옐레나 블라밧스카야(Елена Блаватская)보다 더 모순적이고 일상적 궤도를 벗어난 여성을 상상하기는 어려울 것입니다. 그녀는 사기꾼으로 그리고 천사로 불렸습니다. 사람들은 그녀를 비방했습니다. 그러면서도 그녀를 숭배했습니다. 그녀의 중요 저서인 《비밀 교리》는 인종차별주의의 찬가로 그리고 19세기에 나타난 인도주의의 교서로 다르게 해석됩니다. 그녀의 용어 '북방 인종'[2]은 어떤 이들을 위협하고, 다른 이들을 매혹하면서 세상을 떠돌고 있습니다. 화가 니

---

1) 신지학회(神智學會, Teosophical Society)는 1875년에 미국에서 신비주의적 종교관을 바탕으로 창설되어 주로 인도에서 활동하는 국제적 종교단체다. 신비주의 종교철학인 신지학은 고대부터 있어 왔는데 근대에 들어 신지학이 융성해진 것은 바로 러시아 귀족 출신 여성인 옐레나 블라밧스카야에 의해서였다. 인간을 해탈시켜 신에게로 향하게 하는 길을 추구하며, 힌두교를 비롯하여 불교, 자이나교, 기독교, 이슬람교의 전통을 받아들인 신지학회는 20세기 초반 이후 쇠퇴의 기미를 보이다가 최근 밀교密敎에 대한 관심이 높아지면서 다시 활기를 띠고 있다. 본부는 인도의 아디아르에 있다.

2) 노르딕(Nordic), 북유럽 인종이라고도 한다. 금발, 푸른 눈, 흰 피부 등의 신체적 특징을 갖고 있는데, 이러한 북방인종의 우월성을 주장하는 사람들이 있을 뿐만 아니라 제2차 세계대전 때에는 나치스가 대단하게 그러나 비과학적으로 이 주장을 받아들였기 때문에 전 세계가 인종차별로 인한 큰 고통을 겪었다.

콜라이 레리흐의 아내 옐레나 레리흐는 "나는 우리 러시아 인의 위대한 정신과 불꽃같은 마음에 경의를 표하며, 앞으로 러시아에서 그녀의 이름이 그에 합당한 높은 숭배를 받을 것이라는 사실을 알고 있다. 블라밧스카야는 진정 민족의 자랑이며……. 그녀에게 영원한 영광을……"이라고 적고 있습니다.

그러나 보편적이고 영원한 영광은 없습니다. 실제로 블라밧스카야가 어떤 인물이었는가에 대한 격렬한 논쟁이 지금까지 계속되고 있습니다. 그녀는 "19세기의 스핑크스"라고 불렸지요. 이 "스핑크스"라는 표현을 어떻게 해석해야 할까요?

일곱 개의 반항하는 영혼

이전, 그러니까 소련시절, 지식인들 사이에서의 숭배의 대상은 어네스트 헤밍웨이였습니다. 수염 난 헤밍웨이의 초상화는 거의 하나 걸러 한 집에 걸려 있었습니다. 최근의 우상으로서 그리고 사고思考의 군주로서 헤밍웨이의 자리는 옐레나 블라밧스카야가 차지했습니다. 음울한 얼굴. 날카로운 눈길. 생각하는 여신의 얼굴. 단계의 변화가 일어났습니다. 용감한 행동에서 불손한 사상으로.

새로운 사상의 군주는 1831년 8월 31일에 남부 러시아의 드네프르에 있는 도시에서 태어났습니다. 아버지는 포병 장교인 표트르 간으로 메클렌부르크 공작집안 출신이었습니다. 어머니는 옐레나 파데예바로 벨린스키의 말에 따르면 '대단히 재능 있는 작가', '러시아의 조르쥬 상드'였지만, 아쉽게도 28세에 세상을 떠났습니다. 1842년, 어머니의 사망 후 11세의 옐레나와 여동생 베라(미래의 여류 작가 베라 젤리홉스카야, 1835~1896)는 사라토프의 시골로, 즉 할머니인 옐레나 돌고루카 공작부인에게 보내지는데, 마침 할머니 역시 작가였고, 문학 외에도 식물학에 관심을 가졌으며, 매우 다양한 나비 표본을 모았고, 또한 유명한 학자인 빌헬름 훔볼트와 서신왕래를 하는 분이었습니다.

여기에 유명한 전쟁 이론가이며 사회평론가였던 파데예프 삼촌을 추가한다면, 여러분들은 상당히 창조적인 유전자 세트를 얻게 될 텐데, 이러한 유전자는 옐레나 간(당시에는 아직 '블라밧스카야'가 아니었던)에게도 있었습니다. 그러면 가정교육은 어떠했을까요? 엄청난 수의 장서들, 그중에는 자연과학과 지리학 책이 주류를 이루었습니다. 또한 세 명의 가정교사도 있었습니다. 프랑스 인, 독일인 그리고 영국인. 14세 무렵에 옐레나는 세 개의 기본적인 유럽 언어들을 완벽하게 구사할 수 있었습니다. 이렇듯 유전자들, 교육, 독서와 개인적인 성향 등이 옐레나의 내부에서 선명하게 그리고 색다르게 발휘되었는데, 이로 인해 가족들 사이에서는 그녀의 장래에 대해 적지 않은 우려를 자아낼 정도였습니다. 죽음이 다가왔다는 것을 느낀 어머니가 "잘됐어! 어쩌면 내가 죽는 게 나을 수도 있어. 그렇게 되면 적어도 옐레나에게 어떤 운명이 기다리고 있는지는 모른 채 떠날 수 있을 테니. 내가 확신하건데, 옐레나의 인생은 다른 여자들과 같지 않을 거야. 그리고 옐레나는 많은 고통을 견뎌내야만 할거야"라고 외쳤을 정도였습니다. 물론 어머니가 옳았습니다. 블라밧스카야는 그녀의 동시대나 그 후 세대의 어떤 여성과도 닮지 않았으니까요.

블라밧스카야의 기적들은 이미 어린 시절부터 시작되었습니다. 그녀가 너무 약하게 태어나서 하루 빨리 튼튼해지기를 신에게 기원할 정도였다는 사실을 상기해 봅시다. 세례의식 중에 사제의 승복이 불탔지만, 그는 용감하게도 세례의식을 끝까지 집전했습니다. 이러한 사례가 이미 신생아를 기다리고 있는 운명이 평범하지 않을 것이라는 점을 말해주고 있었습니다.

세례 후에 소녀는 튼튼해졌고 평범한 아이로 자라났습니다. 그러나 평범함은 외적 · 육체적인 면에서였을 뿐, 내적 · 심리적으로는 평범하지 않았습니다. 그녀는 몽유병 환자였습니다. 종종 깊이 잠든 상태에서 침대에서 일어나 집안이나 정원을 산책하러 가곤 했습니다. 옐레나는 아주 이상한 장소에서 발견되었고, 다시 침대로 보내졌습니다. 일찍부터 옐레나는 모든 알려지지 않은 일과 비밀스러운 일, 무서운 일과 내세의 일들에 강하게 끌렸습니다. 오래된 사라토프의 집에는 지하에 많은 방들이 있었고 어른들조차도 그곳에 들어가기를 꺼렸지만, 옐레나는 그 방들을 자신의 안전한 피난처로 삼았으며, 때로는 수업과 가정교사들로부터 도망쳐 그곳에 숨어 있곤 했습니다. 가정교사들은 옐레나 때문에 적지 않게 고생했습니다. 그 이유는 옐레나의 이모인 나제즈다 파데예바가 회상한 것처럼, 옐레나는 어릴 때부터 하인들의 지나친 보살핌과 '엄마를 잃은 불쌍한 아이'라는 이유로 모든 잘못을 용서해 주었던 친척들의 충직한 사랑 탓에 버릇없는 응석받이로 자란데다, 그 후 처녀가 되어서는 그녀의 자존심 강한 성격이 사회에서 통용되는 규범에 공개적으로 저항하도록 만들었으며, 또한 옐레나에게 위선적인 존경심을 보이게 하는 것도, 평판으로 그녀를 겁주는 것도 불가능했기 때문입니다.

여동생 베라도 이 점에 대해서 말하고 있습니다.

> 옐레나 언니의 성격은 교사들이 그녀에게 강요했던 틀에 전혀 부합되지 않았다. 언니는 어떤 규율에든지 반발했으며, 자신의 자유 의지와 개인적인 취향 이외에는 어떠한 지배도 인정하지 않았다. 언니는 예외적이며, 독창적이었고, 때로는 무례할 정도로 용감했다.

독립과 자유에 대한 갈망이 옐레나 안에서 끓어오르고 있었습니다. 그녀는 모든 일들과 관련하여 논쟁했습니다. 옐레나에게 무슨 일을

세르게이 비테

시키려 한다면 그녀에게 '그 일을 하지 못하게 금지시키는 것'으로 충분했을 정도였습니다. 나이 든 유모는 이 아이 안에는 '일곱 개의 반항하는 영혼'이 살고 있다고 주장했습니다. 파데예바 이모는 좀 더 교양 있게 표현했습니다. "나의 조카 옐레나는 아주 특별한 존재다."

이 '특별한 존재' 안에는 다수의 재능이 반짝이고 있었습니다. 그녀는 피아노를 잘 쳤고, 그림을 그렸으며, 표준어를 훌륭하게 구사했고, 시를 지었고, 용감한 승마자乘馬者이기도 했습니다. 이외에도 감동적으로 말하고 또 믿게 만드는 재능을 가지고 있었습니다. 공상가였던 옐레나는 그럴 듯한 이야기들을 지어내 사실인 양 이야기하곤 했습니다. 옐레나는 아버지와 함께 우편마차로 사라토프에서 유럽으로 떠났으며, 런던에서 그 당시 저명한 독일 피아니스트였던 이그나쯔 모쉘레스에게서 음악 수업을 받았다는 이야기를 많은 사람들이 믿게 만들었습니다.

러시아의 개혁가 세르게이 비테 백작은 옐레나 블라밧스카야의 사촌이었는데, 그는 자신의 사촌에 대해 다음과 같이 회상했습니다.

> 옐레나는 눈을 똑바로 보면서 가장 터무니없는 말들을－달리 말하면 거짓말들을－오로지 진실만을 이야기하는 사람들이 보여주는 그런 확신을 가지고 이야기할 수 있었다.

블라밧스카야를 비판하면서도 비테는 오늘날 '초감각적 작용'이라 불리는 그녀의 놀라운 심리적 특성에 경의를 표했습니다. 비테는 블라밧스카야의 문학적 재능도 인정했는데, 그는 특히 옐레나가 라다-바이라는 필명으로 잡지《러시아 통보》에 기고했던 인도에 관한 〈몽환적인 이야기들〉에 매혹되었습니다. 그러나 인도와 관련된 그 이야기들은 나중에 살펴보겠습니다. 지금은 '옐레나 간'의 젊은 시절로 돌아갑니다.

결혼식 후의 도망

파데예프 장군의 가족은 두 손녀 옐레나 및 베라와 함께 티플리스로 이주했습니다. 그곳에서 옐레나는 골리찐 공작과 만났는데, 그에 관하여 세간에서는 그가 마술사가 아니면 프리메이슨의 일원이라고 쑥덕거렸습니다. 골리찐은 바로 옐레나의 타고난 재능을 알아보았고 그녀에게 그 재능을 앞으로 더욱 발전시키라고 부추겼는데, 이를 위해서는 유일하게 고대의 지혜가 간직되어 있는 동방으로 즉시 떠나야 했습니다. 골리찐의 말은 어린 공상가의 마음에 깊이 스며들었습니다.

옐레나가 16세가 되자 가족들 사이에서 결혼 이야기가 나왔는데, 귀족 가문에는 그런 관례가 있었지요. 그 당시에는 어디에서 공부해야 하는지 그리고 어떤 직업을 선택해야 하는지에 대해서가 아니라, 누구에게 시집을 가야하는지, 누가 더 안락한 생활을 보장해 줄 수 있는지, 무도회와 손님 접대, 문학 살롱을 만드는 데 어떤 가능성을 제공해 줄 수 있는지에 대해서 논의했습니다. 학업에 대해서는 말 한마디도 없었는데, 이는 정상적인 사교계 생활을 영위하는 데 있어 가정교육만으로도 충분했기 때문입니다.

그러나 장군의 가족에게는 심각한 문제가 제기되었습니다. 수도원인가 아니면 결혼인가? 할아버지와 할머니는 온 식구들과 함께 이 두 개의 선택 중 어느 것이 고집 센 옐레나를 제어하고 설득시킬 수 있을 것인지를 심사숙고했습니다. 가정교사 가운데 한 사람은 옐레나의 성격과 삶에 대한 그녀의 태도 때문에 그녀를 아내로 삼으려는 남자를 결코 찾을 수 없을 것이라고 했습니다. 더 심하게 조롱하기 위해서 가정교사는 심지어 그 늙은이(7등 문관 니키포르 블라바쯔키를 말하는데, 그는 42세였습니다. 옐레나는 그를 '털 뽑힌 갈가마귀' 라고 생각하고 있었습니다) 조차도 옐레나와의 결혼에 동의하지 않을 것이라고 덧붙였습니다.

옐레나는 화가 치밀었습니다.

"하, 그래! 내가 당신들 모두에게 증명해 보이겠어. '털 뽑힌 갈가마귀' 는 바로 내 발 밑에 있게 될 거야!"

옐레나가 좋아했던 이모 나제즈다 안드레예브나 파데예바(그녀는 옐레나보다 단지 두 살 위였고, 그래서 실제로는 옐레나의 가까운 친구였습니다)는 다음과 같이 회상합니다.

……. 그것으로 충분했다. 사흘 후에 옐레나는 그가 청혼하도록 만들었고, 그 후 자신이 저지른 일에 당황한 그녀는 이 모든 일을 농담으로 돌려서 청혼을 거절하려고 했다. 그러나 이미 너무 늦어버렸다. 그리고 이제 피할 수 없는 내딛음이었다. 이미 늦어버린 후 그녀가 깨닫고 인식한 것은 그녀가 청혼을 받아들여야 하고, 이제 아무 흥미를 느끼지 못하는, 더 나아가 그녀가 증오하는 사람을 자신의 주인으로서 받아들여야만 하고, 법적으로 그와 꼼짝달싹 할 수 없이 묶여버렸다는 사실이었다. 옐레나가 후에 설명한 것처럼 '커다란 공포' 가 그녀의 마음 속으로 숨어들었다. 강력하고 끊임없는, 그리고 참을 수 없는 단 하나의 갈망이 그녀의 모든 존재를 가려 버렸다. 이것은 마치 다가온 위험으로부터 그녀의 생명을 구하는 문제에 직면한 것처럼 본능에 따라 행동하도록 그녀의 손을 잡아끄는 것

같았다. ……

이처럼 젊은 시절 우리는 종종 결과는 전혀 생각하지 않고 일을 저지르곤 합니다. 그리고 문득 깨닫습니다. 내가 무슨 짓을 한 거야? 제단 앞에서 옐레나가 사제로부터 "그리고 그대는 자신의 남편을 존경하고 그에게 복종해야만 한다"는 말을 들었을 때, 억제할 수 없는 분노의 폭발이 뒤따랐습니다. "해야만 한다"는 그녀가 가장 증오하는 말이었는데, 분노로 인해 그녀의 얼굴은 빨갛게 됐고, 그 후에는 죽은 듯이 창백해졌습니다. 꽉 다문 치아 사이로 옐레나는 말했다기보다는 속삭였습니다. "난 그 누구를 위해서도 아무 것도 할 필요가 없어."

아마 바로 그 순간 제단 앞에서 옐레나는 절대로 자신의 남편의 아내가 되지 않기로 결심했을 지도 모릅니다. 옐레나가 남편에게서 받은 유일한 것이 바로 성姓이었기에, 그녀는 '옐레나 페트로브나 블라밧스카야'가 됩니다.

결혼식이 있은 지 얼마 후 니키포르 블라바츠키는 에리반의 부지사로 임명되었는데, 간단히 말하자면 이는 집에 아무런 부족함이 없을 것임을 의미했습니다. 리셉션과 무도회를 열 수 있고 또한 빛나는 여주인이 될 수 있었지만, 이제 '블라밧스카야 부인'이 된 옐레나에게는 이 모든 것이 아무런 의미가 없었습니다(물질적인 면은 언제나 그녀의 정신적인 면 앞에서 빛을 잃었습니다). 옐레나에게는 단지 여권이 필요했을 뿐입니다(모르고 계시는 분들을 위해 말씀드리자면, 그 당시 여권은 기혼 여성에게만 교부됐습니다). 여권을 위한 결혼, 바로 이것이 옐레나가 인생에서 건 내기 돈이었습니다.

10월의 이른 아침, 옐레나 블라밧스카야는 말에 안장을 얹고 박차를 가했습니다. 옐레나는 그런 여자였습니다.

가정생활이여 안녕! 부부 관계의 오랜 관습이여 안녕! 안락함과 평온함이여 안녕!

앞에는 흥미롭고 비밀스러운 그 무언가가, 어쩌면 바로 샴발라[3)]가 있을 지도 모릅니다.

비평가 니콜라이 미하일롭스키가 옳게 지적한대로 "그녀에게는 영원한 수수께끼, 영구적인 비밀이 필요했습니다." 그런데 우리는 그 비밀을 오로지 여행에서, 즉 알지 못하는 곳에서 발견합니다.

여행의 별

언덕으로부터 멀리 있는 달
우리에게 동방으로의 길을 비추었다
하늘은 영원한 원천으로
지혜의 맑아짐으로

안나 카르펜코

처음에 17세의 옐레나 페트로브나 블라밧스카야는 할머니에게 갔지만, 할머니는 아버지에게 옐레나가 남편에게서 도망쳤다고 알리는 편지를 써서 그녀의 비밀을 폭로했습니다. 아버지는 화를 냈고(또 다시 이 끊임없는 무분별한 장난들!), 딸에게 오데사에 있는 자신에게 오라고 명령했습니다. 오데사의 아버지에게 가는 것은 에리반의 남편에게 가는 것과 마찬가지였기에 옐레나는 극단적인 결심을 합니다. 외국으로 도망치자!

영국 상선을 타고 옐레나는 콘스탄티노플로 향했습니다. 그러나

3) '이상향' 을 말함.

흔적을 남기지 않으려고 곧장 그곳으로 가지 않고, 타간로그와 케르치를 거쳐서 갔습니다. 콘스탄티노플에서 오랜 지인인 키셀레바 백작부인을 찾을 수 있었습니다. 그녀와 함께 옐레나는 터키를, 그 후에는 이집트를 여행했습니다. 12년 동안을 여행하면서 보낸 후 그녀는 러시아로 돌아왔는데, 이는 얼마 후에 다시 길을 떠나기 위해서였습니다. 블라밧스카야는 안 가본 곳이 없었습니다! 유럽, 북아프리카, 소아시아, 북미와 남미, 인도, 중국……. 그리고 도처에서 평범하지 않은 사람들로 가득 찬 세계가 무엇보다 먼저 그녀의 주의를 끌었습니다. 앞일을 내다보는 이슬람교의 탁발승, 떠돌이 마술사 그리고 고행자와 마법사, 약사 등 비범하고 명민하고 특이한 사람들에게서 옐레나는 신령학神靈學의 기술을 배우면서 자신의 타고난 재능을 넓히고 연마했습니다.

전 세계를 여행하는 동안 블라밧스카야는 삶의 의미를 찾고자 했고, 우주의 가장 귀중한 비밀까지 파헤치고 싶어 했는데, 전설에 따르면 이 비밀들은 티벳에 있는 신성하고 비밀스러운 나라, 샴발라에 숨겨져 있다고 했습니다.

블라밧스카야는 외국인들에게는 문을 닫아 건 티벳으로 숨어 들어가려고 세 번이나 헛된 시도를 했습니다. 당시에는 밀입국을 할 경우 고통스러운 사형으로 처벌받았습니다. 하지만 그 무엇도 — 사형의 가능성도, 혹한도, 건널 수 없는 장애물들도 — 블라밧스카야를 겁먹게 할 수는 없었습니다. 그녀는 목표를 세웠고, 그 목표를 달성하기 위해 집요하게 노력했습니다. 한 번은 건초 더미를 실은 수레에 숨어서 국경을 넘으려고 한 적도 있었습니다만, 그녀는 발견되어 되돌려 보내졌습니다. 그래도 결국 티벳으로, '샴발라'로 숨어들려는 네 번째 시도는 성공했습니다. 거기서 블라밧스카야는 마하트마(인류의 위대한 스승)를 만났고, 그들에게서 많은 것을 배웠습니다. 그녀는 고대

밀교[4]의 지식들을 얻게 됐습니다.

잠깐! 지금에 있어 '밀교'는 크게 유행하고 있는 단어입니다. 간단하게라도 이것은 무엇을 의미하는 것일까요? 밀교는 깨달은 사람들만이 얻을 수 있는, 몇 천 년 전의 깊은 곳에서부터 전해내려오는 소중한 지혜입니다. 밀교는 신에 관한, 온 우주에 관한, 인간에 관한 깊이 있는 지식들을 보존하고 있습니다.

마하트마, 즉 스승들은 블라밧스카야를 빛나게 했고(비록 이 만남들에 관해서는 아무것도 정확하게 알려지지 않았고, 이것 역시 일종의 신화라고 볼 수 있지만), 하늘이 정하신 그녀의 운명을 알려주었습니다. 그것은 밀교 지식의 빛을 사람들에게 전하고, 영적인 것을 설교하는 것이었습니다. 후에 블라밧스카야는 그 자신이 러시아의 마하트마가 되었을 때, 자신의 제자들에게 다음과 같이 쓰고 있습니다.

> 길을 찾아라. 그러나 자신의 여행을 시작하기 전에 마음을 깨끗이 비워야 하느니. 오, 제자여! 발걸음을 떼기 전에 진실 되지 않은 것과 진실 된 것을, 머무는 것과 지나가는 것을 구별하는 법을 배워야 한다. 그리고 무엇보다도 이성의 가르침과 영적인 현명함을 구별하는 법을 배워야 한다. '마음의 지식'과 '눈의 가르침'을…….

블라밧스카야의 《귀중한 법칙서》 중에서 인용

블라밧스카야의 큰 스승이자 그녀의 구루[5]는 인도인 모리야였습니

4) 밀교란 '비밀불교秘密佛教' 또는 '밀의종교密儀宗教'의 약칭이다. 진언밀교眞言密教라고도 하는데, 이는 일반적인 불교를 현교縣教라고 하는 것에 대한 대칭어다. 밀교는 7세기에 대승불교의 화엄사상, 중관파, 유가행파 사상 등을 바탕으로 힌두교의 영향을 받아 성립됐다. 전통적인 밀교사상은 개체와 전체의 신비적 합일을 목표로 하며 그 통찰을 정신적으로 파악하는 실천과 의례의 체계를 갖는다.

다. 제1회 세계 박람회가 열렸던 런던에서, 1851년 8월에 옐레나는 그와 처음으로 만났습니다. 이에 관해 블라밧스카야의 친구이자 원조자였던 콘스탄찌야 바흐트마이스터 백작부인은 다음과 같이 이야기합니다.

> 어렸을 때 블라밧스카야 부인은 종종 자신의 옆에서 신비한 형체를 보았는데, 이것이 위험한 순간에 그녀에게 다가와서 가장 곤란한 때에 그녀를 구해주는 것 같았다. 그리고 이제 런던에서 놀랍게도 그녀는 (당시 옐레나는 20세였다) 거리에서 몇 명의 인도 왕자들에게 둘러싸인 키 큰 인도인을 보게 되었다. 그녀는 곧 그가 신비한 형체로서 보곤 했던 바로 그 사람임을 알아보았다. 옐레나는 처음에 그에게 뛰어가서 그와 이야기를 하려고 했지만, 그는 움직이지 말라는 신호를 했고, 그녀는 그가 옆으로 지나갈 때까지 마법에 걸린 것처럼 서 있었다. 그 다음날 옐레나는 하이드파크로 산책을 나가서 혼자 조용히 있으면서 자신이 겪은 이상한 사건에 대해 생각해 보려고 했다. 주위를 둘러보던 그녀는 가까이 다가오고 있는 바로 그 형체를 보게 되었다. 잠시 후 그녀의 스승은 인도의 왕자들과 함께 중요한 임무를 갖고 런던을 방문했으며, 그가 하고자 하는 일에 옐레나의 협조가 필요한 만큼 그녀와 만나고 싶다고 말했다. 그러고 나서 그는 신지학 협회를 조직하는 것이 얼마나 필요한 일인가를 이야기했고, 옐레나가 협회의 설립자가 되기를 바란다고 했다. 그는 이 중요한 과업을 준비하기 위해서 옐레나가 티벳에서 3년을 보내야 한다고 말했다. ……

이제 어째서 블라밧스카야가 그토록 집요하게 티벳을 찾아가서 신성한 샴발라에 잠입하려고 했는지 이해가 됩니다. 그것은 밀교의 지

5) 원래 '무겁다'는 뜻이었으나 전환되어 '존경하는 사람'이라는 뜻으로 쓰인다. 존경하는

혜의 문을 지키는 위대한 수호자로 불렸던 그녀의 스승 모리야가 준 '과업'이었기 때문입니다. 자신의 스승-구루에 대해 블라밧스카야는 자주 이야기했고 또한 그를 전능하다고 여겼는데, 그는 여러 차례에 걸쳐 그녀 앞에 나타나 병마와 어려움으로부터 그녀를 구해줌으로써 그녀의 기대를 저버리지 않았습니다. 옐레나는 마하트마 모리야의 초상이 들어있는 목걸이를 하고 있었고, 그에 대해서 이야기를 할 때면 그를 삼인칭으로 지칭했는데, 그 때에는 경건한 떨림이 느껴졌습니다.

'그분'. 그분이 말했다. 그분이 명했다. 그분이 충고했다. ……

옐레나 블라밧스카야의 "기적들"

세 천사가 밤에 내 앞에 나타났네,
한 천사는 금빛 날개의, 언덕의 빛,
다른 천사는 달빛의 광휘처럼, 또 다른 천사는 검은,
그에게서 검은 빛이 나오고 있었네……

미하일 포르쉬테테르

세계를 여행하는 것은 쉽지 않았지요. 또 다시 그 망할 놈의 돈 때문에 말입니다. 돈을 벌기 위해서는 전력을 다해서 어려움을 극복해야만 했습니다. 한 번은 블라밧스카야가 서커스에서 말을 타고 묘기 부리는 사람으로서 출연한 적도 있었습니다. 대만원이었지요. 블라밧스카야가 가리발디 부대의 일원으로 전투에 참가해서 부상을 당했다는 이야기가 돌기도 했습니다. 또한 그녀가 얼마동안 뉴올리언스의 흑인 마법사들 사이에서 살았다는 얘기도 있었습니다. 그녀에 대한 이야기들은 적지 않았는데, 이것은 이해가 됩니다. 옐레나가 어떤 나라를 여행하고 있는지, 누구와 만나는지, 무엇을 배우고 깨우쳤는지를 정확하게 아는 사람이 아무도 없었기 때문입니다. 다만 억측과 추측이 있을 뿐. 그 결과 신화가 탄생합니다. 여자가 아니라 신비한 스핑크스가 되는 거지요.

1859년, 당시 28세의 블라밧스카야는 러시아로 돌아와 프스코프 현에 사는 숙모와 오데사에 사는 숙모 집에서 차례로 살았습니다. 오데사에서는 잉크 공장과 조화造花 가게를 열었습니다. 상인으로서의 블라밧스카야? 이 기묘한 여인의 또 다른 한 면입니다. 그러나 중요한 것은 상업이 아니라 그녀가 보여주는 기적들입니다. 그녀는 가장 강력한 영매이자 초능력자였습니다. 강신술降神術에 많은 시간을 투자했지요.

베라 첼리홉스카야는 자신의 집을 방문한 옐레나 블라밧스카야에 대해 다음과 같이 회고합니다.

> 나는 곧장 그녀를 내 방으로 데려갔고, 바로 그 날 저녁 언니가 이상한 능력을 얻게 됐음을 확신했다. 언니는 언제나—깨어있을 때나 잠잘 때나—신비한 움직임, 이상한 소리, 사방에서—가구, 창틀, 천장, 바닥, 벽에서—들려오는 작은 노크 소리에 둘러싸여 있었다. 그것들은 매우 선명했고, 충분히 이성적인 것처럼 보였다. 그것들과 이야기할 수 있었는데, '예' 라는 대답을 할 때는 한 번 또는 세 번, '아니오' 일 때는 두 번 두드렸다.

민중들은 이렇듯 신비한 소리에 대해서 믿을 수 없는 일이라고 간단하게 말했습니다. 하지만 블라밧스카야의 여동생은 영혼들에게 몇 개의 질문을 던졌고, 노크 소리를 통한 그들의 대답은 정확하여 그녀를 놀라게 했습니다(즉, 믿을 수 없는 일은 아니었습니다)! 얼마 안 있어 프스코프와 그 근방에서는 옐레나 페트로브나 블라밧스카야의 보기 드문 현상에 관해서만 이야기하게 되었습니다.

여기 그녀가 보여준 기적 중 하나가 있습니다. 옐레나는 한 청년에게 체스용 테이블을 옮겨달라고 부탁했고, 그는 이 일을 아주 쉽게 해냈습니다. 그러고 나서 블라밧스카야는 자신의 커다란 푸른 눈을 체스용 테이블에 고정시키고 한동안 눈을 떼지 않고 테이블을 바라봅니다. 참기 힘든 몇 분이 지난 뒤, 그녀는 다시 테이블을 옮겨달라고 했습니다. 청년은 다가가서 테이블을 움켜쥐고 그리고…… 이것을 해낼 수 없었습니다. 그가 편안하게 옮겼던 그 테이블이 이번에는 주철로 만들어진 것처럼, 청년의 얼굴이 빨개질 정도로 아무리 힘을 써도 바닥에서 들어올리기에도 힘이 모자랐던 것입니다. 테이블은 마치 그 자리에 뿌리를 내린 것 같았습니다. 당연히 모두가 경악했습니다.

또 다른 경우는 야코블레프라는 사람이 회상한 것입니다.

> 나는 한 사람의 초상화와 다른 사람의 머리카락이 들어있는 닫혀있는 메달 목걸이를 블라밧스카야에게 보여줬다. 이 물건을 가지고 있은 지는 불과 몇 개월에 불과했고, 모스크바에서 만든 것이기 때문에 이것에 대해서는 실제로 아무도 몰랐다. 그런데 그녀는 메달을 만져보더니 내게 "아! 이 초상화는 너의 대모代母 것이고, 머리카락은 너의 사촌 것이구나. 하지만 그 둘은 이미 죽은 사람들이야" 하고 말했다. 그리고는 마치 그들이 눈앞에 서 있는 것처럼 그들을 묘사했다. 그녀가 어디서 이 사실을 알아냈단 말인가?!

야코블레프만 놀란 것이 아니었습니다. 한 번은 블라밧스카야가 프스코프에 있는 여동생 집에 머물고 있을 때, 근처의 루고제프라는 마을에서 범죄사건이 일어났습니다. 늘 그렇듯이 범인을 찾을 수 없었습니다. 이에 경찰은 옐레나 페트로브나 블라밧스카야에게 도움을 청했고, 그녀는 마지못해 동의했습니다. 그녀는 '영혼들'을 불렀는데, 그들은 범인의 이름뿐만 아니라 그가 경찰을 피해 숨어있는 마을과 집까지 알려주었습니다. 경찰서장은 가르쳐준 주소로 향했고 범인을 체포했습니다. 그리고 다시 한 번 모두 놀라서 양팔을 벌렸습니다. 어떻게 그럴 수 있는 거지?! 오늘날에도 이와 같은 천리안의 '마술들'이 사람들을 놀라게 한다는 걸 감안하면, 그 당시 사람들의 반응이 어떠했을지 쉽게 상상할 수 있습니다. 그들은 미칠 지경이었지요.

블라밧스카야가 밀교 학교를 조직하는 것을 도왔던 미국인 변호사 윌리엄 자드가 말합니다. 자드가 숟가락이 필요해서 부엌으로 가려고 일어섰을 때였습니다.

> 블라밧스카야 여사는 "잠깐만, 당신이 갈 필요는 없어요. 조금 기다려 보세요"라고 말했다. 나는 문틀에서 멈췄고, 그녀는 자신의 안락의자에 앉은 채 왼손을 들어올렸다. 그 순간 커다란 식탁용 스푼이 맞은편 벽에서부터 방을 가로질러 날아와서 그녀의 손에 떨어졌다. 그곳에는 그녀에게 스푼을 던져줄 수 있는 사람이 아무도 없었고, 이 스푼이 있었던 식당은 대략 30피트 거리에 있었으며 두 개의 벽돌 벽으로 가로 막혀 있었다.……

그리고 이와 같은 묘사들은 살면서 옐레나 블라밧스카야와 인연을 맺었던 사람들의 회상 속에 셀 수 없을 정도로 많이 등장합니다. 물론 그녀의 신령학神靈學 세계에 깊이 파고드는 것이 작가로서의 저의 과제는 아닙니다. 다만 이 위대한 여인의 초상을 재현해 보는 것이 더 좋지 않을까요. 외견상 그녀는 어떻게 보였을까요? 그리고 동시대인들은 그녀를 어떻게 받아들였을까요?

그녀는 자신을 "늙은 하마"라고 불렀다

엘리자베타 홀트의 관찰에 따르면 블라밧스카야는 다음과 같은 사람이었습니다.

> 올 수 있는 모든 사람들을 자신의 곁에 불러 모을 수 있을 만큼 충분히 강력한 자석 같은 사람이었다. 그녀가 비범한 인물이었다는 점은 의심의 여지가 없다. 그녀는 실제로 보기보다 더 키가 컸고, 매우 덩치가 좋았던 것 같다. 그녀는 넓은 얼굴과 넓은 어깨를 가지고 있었고, 그녀의 머리카락은 밝은 아마 빛으로 흑인들의 그것처럼 온통 곱슬머리였다. 그녀의 모습 전체가 힘을 연상시켰다. ……

헨리 스틸 올코트가 작성한 블라밧스카야에 대한 또 다른 묘사입니다.

> …… 처음에 내 눈길을 끈 것은 블라밧스카야가 입고 있던 가리발디 식의 새빨간 블라우스였다. 그녀의 머리카락은 밝은 빛에 숱이 많았고 뻣뻣하면서도 윤기가 났는데, 머리카락 뿌리에서부터 어깨까지 곱슬거려서 마치 양털 같았다. 권위적이고 독특하며 두려움을 모르는 칼므이크 족[6] 같은 큼직한 얼굴은 마치 흰 빛을 띤 벽과 가구들, 그리고 다른 손님들의 눈에 잘 띄지 않는 의상들을 배경으로 한 그녀의 새빨간 블라우스처럼 방에 있는 평범한 얼굴들 사이에서 아주 강렬한 대조를 이루었다. ……

6) 몽골의 유목민족들 중 하나.

그녀가 43세였던 1874년의 미국에서 옐레나 블라밧스카야는 이렇게 비춰졌던 것입니다.

그리고 4년 후의 뉴욕. 옐레나 라코비쯔카야 백작부인이 회상합니다.

우리는 한순간에 서로를 정신없이 좋아하게 되었다. 그녀는 내게서 마치 태양으로부터 빛의 조각이 떨어져 나와 곧장 그녀의 심장에 파고든 것과 같은 인상을 받았다고 했다. 그런데 나 자신은 이 탁월한 여인에게 곧바로 매혹되었다는 것을 느낄 수 있었다. 외견상 그녀는 매우 살쪄보였고, 자신에 대해 '늙은 하마'라도 되는 것처럼 얘기했다. 그러나 이것은 전혀 불쾌한 인상을 불러일으키지 않았다. 그녀는 언제나 인도 풍의 넉넉한 옷을 입었는데, 넓은 홈웨어 비슷한 이 옷은 정말로 이상적인 아름다운 손만 남겨두고 그녀의 체형을 모두 가려주었다. ……

비록 외모는 이상적이라기보다는 아름답지 않다고 하는 편이 옳았지만, 보통 어두운 빛깔의 모직 옷을 바탕으로 한 그녀의 머리는 꽤나 인상적이었다. 전형적인 러시아 인다운 넓은 이마, 짧고 두툼한 코, 튀어나온 광대뼈, 얇고 똑똑해 보이는, 항상 움직이는, 아름답고 크지 않은 치열이 보이는 입, 그 당시에는 아직 하나의 새치도 없던, 거의 흑인의 그것처럼 곱슬거리는 아마 빛 머리카락, 누런 얼굴, 그리고 어디에서도 본 적이 없는 한 쌍의 눈동자, 밝은 푸른 빛, 수면처럼 거의 회색빛인, 그러나 물질의 본질을 바라보는 것 같은 깊이를 가지고 있는 것처럼 통찰력이 있고 확신에 찬 눈길. 그리고 때때로 그 눈길이 멀리멀리, 모든 지상의 존재들을 벗어나 더 높이 그리고 더 멀리 향하는 듯한 표정이 떠올랐던 눈동자. ……

외모에서 성격으로 옮겨갑니다. 옐레나 블라밧스카야가 어떻게 행동했는지, 그리고 주변 사람들과 어떤 식으로 관계를 형성했는지 알아봅시다.

라코비쯔카야 백작부인은 다음과 같이 쓰고 있습니다.

그녀는 가장 다양한 자질들의 혼합이었다. 대화 중에 누구도 저항할 수 없는 매력을 발산했는데, 그 매력의 근원은 아마도 대부분 모든 위대하고 고귀한 것을 평가하는 그녀의 직선적이면서 살아있는 능력에서, 그리고 독창적이고 때로는 가시 돋친 유머와 결합된 그녀의 변함없이 뜨거운 열의에서 찾을 수 있을 것이다. 그런데 그녀가 자신을 표현하는 방법이 종종 그녀의 친구들(온 세상에 잘 알려진 것처럼 자기표현을 위한 단어의 선택에 있어 지나칠 정도로 까다로운 앵글로색슨 인이었던)을 가장 우스꽝스러운 절망에 빠지게 했다.

사회의 모든 가능한 형태의 조건들과 방침에 대한 그녀의 무시, 더 나아가 반란은 이따금 그녀로 하여금 일부러 그녀답지 않게 거칠게 행동하게 했다. 그리고 그녀는 달콤한 거짓을 증오했기에, 모든 용기와 진정한 돈키호테의 자기희생으로써 이러한 거짓과 공개적인 전쟁을 벌였다. 그러나 의지할 곳 없고 가난하며, 배고프고 도움을 필요로 하는 사람들이 그녀를 찾아온다면, 그녀는 그 어떤 '문화적인' 사람에게서도 찾을 수 없었던—비록 그녀가 아무리 '교육받은' 사람일지라도—따뜻한 가슴과 넉넉하게 열린 손을 찾을 수 있게 해준다는점을 확신할 수 있었다. ……

블라밧스카야의 이런 특성은 아치볼트 케이틀리도 확인해 주고 있습니다.

…… 블라밧스카야 여사가 증오했던 것은 성인군자인 체 하는 것, 허위 그리고 위선이었다. 이 문제에 있어 그녀는 용서가 없었다. 그러나 진정한 노력에 대해서는—심지어 그 노력들이 실수로 이어지는 경우에도 — 그

녀는 용기를 주거나 충고하거나 돕기 위해서 힘을 아끼지 않았다. 자신의 모든 일을 행함에 있어 그녀는 진실했다. ……

영국의 기자, 출판가, 그리고 신지학회 회원이었던 윌리엄 토마스 스테드는 다음과 같이 말했습니다.

블라밧스카야 여사는 위대한 사람이었다. 그녀는 거대한 육체의 소유자였는데, 그녀의 성격에는—강한 면에 있어서나 약한 면에 있어서나—놀라우리만큼 거대한 무언가가 있었다. 그러나 만약 그녀가 참나무처럼 마디가 울퉁불퉁했다면 그녀는 그와 함께 그에 대응하는 힘을 보유했을 것이다. 또한 만약 그녀에게 있어 신탁神託의 모든 불가사의함이 그녀의 천성이었다면, 그녀는 동시에 그 영감도 어느 정도 계승했다고 볼 수 있다.

'모든 불가사의함'이란 표현에서 멈춰봅시다. 불가사의함은 보통 무언가 천부적 재능이 있는 비범한 사람들에게서 찾아볼 수 있습니다. 평범한 사람들에게는 불가사의한 것이 거의 없습니다. 모든 것이 균일하고 모든 것이 표준이며, 일반적으로 통용되는 규범의 틀 안에 있습니다. 여성들에 대해서 말한다면, 그것은 바로 사랑, 가족, 아이들, 연인들이 될 것입니다. 물론 다양한 변형들이 있겠지만, 그 모든 것이 하나의 개념 선상에 있다는 것은 변함없습니다. 하지만 블라밧스카야에게는 보통의 여성들과 유사한 점이 아무 것도 없었습니다. 그녀에게는 일반적인 의미에서의 '집'이 없었습니다. 남편도, 아이들도, 가정도 없었습니다. 블라밧스카야를 회상하면서 어떤 사랑(숙명적인, 불꽃같은, 타는 듯한)에 대해 말하는 사람이 아무도 없습니다. 연인에 관해서도 아무런 얘기가 없습니다. 어쩌면 그녀는 숫처녀가 아니었을까요? 그녀는 법적인 남편을 끝내 자신 곁에 오지 못하게 했습니다. 결론적으로 우리는 무엇을 얻을까요?

의학박사 유진 롤랑은 "그녀는 훌륭한 여성이었지만, 어떠한 삶의 즐거움과 오락도 완전히 멀리했다. 그녀는 커다란 러시아 곰이었다"라고 말했습니다.

곰, 하마, 그럼 어디에 '여자' 란 말이 있습니까?!

앞에서 인용했던 윌리엄 스테드는 블라밧스카야에 대해 다음과 같이 말했습니다.

> 매우 재능 있고 비범한 여성으로서, 비록 외모 면에서는 아름다움과 완전히 대립상태에 있었지만, 격렬하고 충동적이며 감정이 풍부한 열정적인 성격을 갖고 있는 여성으로서 자신의 진가를 발휘했다. 그녀는 특출 나고 강한 인물이었다. 솔직히 그녀와 같은 인물을 나는 어디에서도—러시아에서 영국에 이르기까지—만나지 못했다. 그녀는 독특했고, 동시에 완전히 평범한 사람이었다.

'평범하지 않은 현상들을 가진 평범한 사람' 이었다고 덧붙이고 싶군요.

명예 훼손

러시아에서 겨우 5년을 보낸 뒤인 1864년에 블라밧스카야는 다시 길을 떠납니다. 이집트에서 살고 유럽을 여행했지요. 그러나 조국이 잡아끌었던지 옐레나는 오데사로 돌아왔습니다. 하지만 제정 러시아인 고향에서 무엇을 해야 했을까요? 아마도 조국을 위해 일해야 했겠지요? 그래서 1872년 12월 26일에 옐레나 블라밧스카야는 지역 제3 지부장에게 편지를 보내 국제적인 스파이 자격으로 봉사하겠다고 제안합니다. 영매가 직업을 바꿔서 스파이가 되려고 한다? 그러나! ……

시간이 지나서 이 편지는 문서 보관소에서 꺼내어져 엘레나 블라밧스카야의 명예를 훼손하는 데 사용되었습니다. "헌병을 위해, 경찰을 위해 일한다? 흥! 얼마나 비열한 짓인가!"라고 블라밧스카야의 전기작가들은 소리 높여 말했습니다. 이 편지는 그녀의 재능들이 충분히 요구되지 못함으로 인해 엘레나 페트로브나 블라밧스카야의 마음속에서 일어난 일종의 몸부림을 반영했기 때문에 정말 흥미롭습니다. 여기 몇 군데 중략된 그 편지를 소개합니다.

각하!

저는 4등 문관 블라바츠키의 아내로 16세에 결혼했고, 결혼식 후 몇 주만에 양측의 합의에 따라 그와 이혼했습니다. 그때부터 거의 항상 외국에서 살고 있습니다. 이 20년 동안 저는 서유럽을 잘 알게 되었고, 현재의 정치 상황을 열성적으로 관찰했습니다. 이는 어떤 목적을 위해서가 아니라 천성적으로 제가 이런 일을 좋아하기 때문입니다. 또한 저는 늘 사건들을 관찰하거나 미리 예견하거나 혹은 아주 작은 세부사항까지도 파고드는 습성을 가지고 있었습니다. 이를 위해서 여러 열강들의 가장 뛰어난 정치적 인물들(정부 요인들이나 좌파의 인물들)과 사귀기 위해 노력했습니다.

제 눈앞에서 수많은 사건들, 음모들, 혁명들이 일어났습니다. 저는 여러 차례 러시아에 유용한 정보들을 갖게 된 경우가 있었지만, 그 당시에는 젊은이의 어리석음에 따른 두려움 탓에 침묵했습니다. 그 후에는 가족의 불행이 저를 이 과업으로부터 잠시 주의를 돌리게 했습니다.

저는 각하도 알고 계시는 종군 작가 파데예프 장군의 조카딸입니다. 강신술에 종사하면서 여러 곳에서 강한 영매로 유명해졌습니다. 수많은 사람들이 무조건적으로 영혼을 믿었고, 앞으로도 믿을 것입니다. 그러나 각하와 조국에 제 자신의 노력을 제공할 목적으로 이 편지를 쓰고 있는 저는 각하에게 숨김없이 모든 진실을 말해야할 의무가 있습니다. 왜냐하면 네

번 중 세 번은 영혼들이 – 제 계획의 성공을 위하여 – 저의 독특한 말들과 판단으로 말하고 대답했다는 것을 고백합니다. 이 계략을 통해서 사람들로부터 가장 소중하거나 숨겨둔 그들의 희망, 계획 그리고 비밀들을 알아낼 수 없었던 적은 아주 드물었습니다. 그들은 점점 힘이 빠져서 영혼들로부터 미래와 타인의 비밀을 알게 된다고 생각했기에 제게 자기 자신들의 비밀들을 누설하는 지경에까지 이르렀습니다. 그러나 저는 조심스럽게 행동했으며, 또한 이렇게 알게 된 것을 자신의 이익을 위해 사용한 적은 거의 없습니다. ……

잠시 멈추고 소리를 질러야겠습니다. 즉, 모든 것이 속임수였던 것입니다! 강신술을 하는 시간에 블라밧스카야는 사람들을 속였던 것입니다! 아니면 영혼들의 목소리와 동시에 속였던 것일까요? 다시 편지로 돌아갑니다.

…… 지난 겨울 동안 저는 이집트 카이로에서 보냈는데 헤지브(이집트의 통치자)에게 일어나는 모든 것, 그의 계획들과 음모의 진행 등등을 우리의 타계한 부영사 라비존을 통해 알게 되었습니다. 그는 영혼에 너무 심취해서 자신의 모든 교활함에도 불구하고 항상 무심코 이야기하곤 했습니다. 그리하여 저는 엄청난 수의 무기를 극비리에 획득하려는 계획을 알게 되었습니다. 하지만 그 계획은 터키 군주에 의해 저지되었습니다.

저는 또한 누바르-파샤의 모든 음모, 그리고 독일 총영사와 그의 회담에 관해서도 알고 있습니다. 라파엘 아베트의 수 백 만에 달하는 유산을 우리 요원들과 영사들이 착취한 모든 단서들을 그리고 그 밖의 많은 것들을 알고 있습니다. 저는 강신술 협회를 열었고, 그 때문에 온 나라가 술렁였습니다. 하루에 4,5백 명의 사람들이, 전 사회가, 파샤(터키의 고급관료의 칭호)들이 그리고 그 밖의 모든 사람들이 제게 몰려듭니다. 라비존은

늘 제 집에 들렀고, 매일 그리고 비밀리에 저를 불렀는데, 그의 집에서 저는 헤지브를 보았습니다. 그는 러시아의 숨은 의도에 대해 물어보면서도, 다른 옷차림이라 제가 그를 알아보지 못할 것이라고 생각하고 있었습니다. 그 어떤 숨겨진 의도도 그는 알아내지 못했지만, 대신 저에게는 많은 것을 알려주었습니다. ……

그 후 편지에서 블라밧스카야는 교황청의 대표가 여러 자료들을 모아주는 대가로 많은 돈을 제안했지만, 자신의 '가톨릭의 모든 것에 대한 타고난 증오' 때문에 거절했다고 쓰고 있습니다. 바티칸을 거부한 채, 블라밧스카야는 러시아에 청합니다.

…… 저는 이 세상에서 그 무엇보다도 더 사랑하는 제 조국을 위해, 우리 모두가 숭배하는 우리의 군주를 위해 정말 유용한 사람이 될 수 있습니다. 저는 프랑스 어, 영어, 이탈리아 어를 러시아 어처럼 말할 수 있으며, 독일어와 헝가리 어를 자유롭게 이해하고, 터키 어를 조금 알아듣습니다. 저는—작위로는 아니더라도—태생적으로 러시아 최고의 귀족 가문에 속하기 때문에 상류사회에서도, 사회의 하층민들 속에서도 활동할 수 있습니다.

저의 전 생애는 이렇듯 위에서 아래로 향하는 격변 속에서 지나갔습니다. 저는 모든 배역들을 연기했고, 어떤 인물로도 행세할 수 있습니다. 칭찬할만한 모습은 아니지만, 저는 각하께 모든 사실을 보여드려야 할 뿐만 아니라, 사람들, 환경 그리고 붉은 피부의 인도인처럼 제 안의 교활함을 연마시켰던 저의 전 생애에 걸친 영원한 투쟁이 만들어낸 있는 그대로의 저를 내보여야할 의무가 있습니다.

저는 미리 정한 목표가 어떤 것이던 간에 제가 원하는 결과를 얻어내지 못한 적이 거의 없습니다. 저는 사회의 전 계층에서 여러 가지 역할들을 반복하면서 모든 검사를 통과했습니다. 영혼들과 다른 방법들을 통해서 저는 무엇이든지 알아낼 수 있고, 가장 비밀스러운 사람으로부터 진실을 알아낼 수도 있습니다. 지금까지는 이 모든 것이—열강들의 실질적인 이득을 위해 사용되었다면 적지 않은 결실을 가져다주었을 정부 · 정치관계의 아주 중요한 결과들이-무익하게 사라져버리거나 혹은 단지 저 하나의 미미한 이익을 만들어내는데 그치고 말았습니다. 그러나 제 목적은 탐욕이 아니며, 오히려 보호를 받거나 물질적인 도움을 받기보다는 정신적인 도움을 받는 것입니다. 비록 저는 사는데 필요한 돈을 거의 가지고 있지 않기에 번역과 상업용 서신을 써주면서 생활하고 있지만, 지금까지 간접적이나마 러시아의 이해에 해가 될 모든 제안들은 꾸준히 거절해 왔습니다. ……

다시 일부를 생략하고, 솔직히 말해서 이 이상한 편지를 계속 읽어 봅니다.

…… 많은 친척들이 있기는 하지만, 저는 이 세상에 혼자입니다. 또한 저는 아주 독립적인 사람입니다. 제가 만일 가장 어렵고 위험한 임무도 두려워하지 않는다고 말한다면, 그것은 단순한 자만이거나 환상이 아니라는 것을 느끼실 수 있으실 겁니다.

삶은 제게 아무런 기쁨도, 좋은 점도 주지 못합니다. 제 성격에는 아마도 투쟁과 음모에 대한 애정이 있는 것 같습니다. 저는 고집이 세고 목표를 달성하기 위해서는 물불을 가리지 않습니다. 하지만 저 자신에게는 이익이 되는 일을 별로 한 적이 없으니, 제 조국에게라도 이익이 되는 일을 하게 해 주십시오.

저는 선입견이 없는 여자이며, 또한 어떤 일에서 이익을 얻을 수 있다면 그 일의 긍정적인 면만을 바라봅니다. 이 편지에 대해서 알게 된다면 친지들은 어리석은 궁지로 인해 저를 저주할 지도 모릅니다. 그러나 그들은 이 행위를 이해하지 못할 것이며, 저 또한 아무래도 상관없습니다. 그들은 저를 위해서는 결단코 아무 것도 해 준 것이 없습니다. ……

사무적인 서한에 불필요한 추한 가족사를 엮어 넣었다면, 각하, 저를 용서해 주십시오. 그러나 이 편지는 저의 참회입니다. 저는 비밀리에 제 삶이 조사되는 것도 두렵지 않습니다. 제가 어떤 나쁜 짓을 했던 간에, 살면서 어떤 상황에 처했든지 간에, 저는 언제나 러시아와 러시아의 이익에 충실했습니다. 16세 때 단 한 번 법에 저촉되는 행동을 했습니다. 저는 여권 없이 남자 복장을 하고 국경 너머 포티로 떠났습니다. 하지만 저는 바론쪼바 공작부인이 제게 강요한 혐오스러운 늙은 남편에게서 도망쳤던 것이지, 러시아로부터 도망친 것은 아니었습니다. 그렇지만 1860년에 저는 용서받았고, 런던의 공사였던 브루노 남작이 제게 여권을 주셨습니다.

저는 외국에서 조국의 명예를 위해 많은 사건들을 겪었는데, 크림 전쟁 기간에는 왜 그들이 저를 죽이지 않았는지, 왜 저를 감옥에 넣지 않았는지 저 자신도 의아할 정도로 여러 차례 말다툼을 벌이기도 했습니다. 반복하지만, 저는 러시아를 사랑하며 러시아를 위해서 저의 남은 모든 생애를 바칠 준비가 되어 있습니다. 각하에게 모든 진실을 밝힌 만큼 이 모든 것을 참고해 주시길, 그리고 만일 필요하시다면 저를 시험해 주시길 간절히 부탁드립니다.

저는 현재 오데사에서 비테 장군의 부인인 이모님 댁에서 살고 있으며 주소는 경찰 거리, 가자 건물, 38호입니다. 제 이름은 옐레나 페트로브나 블라밧스카야입니다. ……

이런 편지였습니다. 필시 헌병 대장은 이 편지를 읽으면서 굉장히 놀랐을 겁니다. 그런 다음 잠시 생각에 잠겼고, 그리고 …… 편지에 "…… 블라밧스카야 부인의 요청을 방치함" 이란 결재가 생겼겠지요.

블라밧스카야는 러시아의 마타하리가 되지 못했습니다. 아마도 잘된 일인지도 모릅니다. 왜냐하면 간첩들의 음모 대신 세상에는 옐레나 페트로브나 블라밧스카야의 철학 · 종교적으로 훌륭한 두 편의 작품이 등장했기 때문입니다. 이 작품들에 관해서는 나중에 얘기하겠습니다.

여행. 친구들. 적들

담청색, 소멸,
그리고 사물들의 불가능한 의미,
그것들은 노래 속에 가져오네,
자신의 무의미함의 모든 깊이를.

게오르기 아다모비치

러시아, 더 정확하게 지징하자면 헌병청은 블라밧스카야에게 아무런 관심도 기울이지 않았습니다. 1873년에 그녀는 바다 건너 미국으로 향했습니다. 그곳에서 옐레나는 적지 않은 것을 얻게 되는데, 1877년에는 멤피스에서 프리메이슨 회원증과 루비로 만든 분홍 빛 십자가를 받게 됩니다. 바로 그 1877년에 그녀는 미국 시민권을 갖게 되었습니다.

두 해 전인 1875년에 옐레나 블라밧스카야는 기자 겸 발행인 그리고 변호사였던 미국인 헨리 스틸 올코트(1832~1907)와 함께 뉴욕에 신지학 협회를 설립했습니다. 올코트는 협회 회장이, 블라밧스카야는 고문이자 '회색의 추기경'이 되었습니다. 대다수의 동시대인들에

블라밧스카야와 올코트

게 낯선 단어인 '신지학'(theosophy)은 신과 지혜(지식)를 의미하는 두 개의 그리스 어 단어로 구성되어 있습니다. 한편으로 신지학 협회의 목표는 고대에는 알려졌던 것 같지만 시대가 지나면서 잊혀져버린 숨겨진 자연의 힘에 관한 지식들(현재 우리는 이것을 초자연적 현상이라고 부릅니다)을 복구시키는 것이고, 다른 한편으로는 '보편적인 종교'(다양한 종교들의 공통적인 상징들을 밝혀냄으로써)를 만들어, 이로써 인류의 형제애를 구현하는 것이었습니다.

블라밧스카야는 "종교들을 하나로 통합하게 되면 우리는 유일하고 영원한 진리를 얻게 된다"라고 생각했습니다. 그런데 블라밧스카야가 "통합으로 이끄는 모든 것은 선이며, 해체로 이끄는 모든 것은 악이다"라고 강조했기 때문에, 이에 바탕한 인종적 · 종교적 · 계급적 차별이 없는 인류의 보편적인 형제애의 창조는 의심할 여지없이 매력적인 이념이었습니다. 니콜라이와 옐레나 레리흐 부부, 안드레이 벨르이, 막시밀리안 볼로쉰, 알렉산드르 스크랴빈, 콘스탄틴 티올콥스키, 발명가 에디슨, 화가 겸 작곡가 츄를료니스, 위대한 인도인들인 간디와 네루 그리고 그 밖의 많은 저명인사들이 이 주장에 매료되었습니다.

여기서 옐레나 페트로브나 블라밧스카야가 어떻게 글을 써서 사람들을 고무시켰는지 살펴봅시다.

…… 우리가 생각하는 사회에 논리적으로 견고하고 조화로운 탄생, 운명, 그리고 인간 진화의 시스템을 소개했고, 또한 이것이 진리와 정확하게 일치한다는 점에서 볼 때, 우리의 도식과 비교하면 다른 모든 시스템들이 퇴색해버린다고 천명할 수 있습니다. 그리고 우리의 연구를 덜 알려진 우주와 심리적인 힘으로 확대시킴으로써 우리들의 진리의 기준을 확대시킬 만한 능력도 갖추고 있습니다.

달리 말하면, 우리들의 유일한 목표와 희망은 인간의 본성에 대한 정확한 학문적 견해들을 어느 정도라도 확립하는 것이 가능하도록 노력하는 것인데, 이러한 견해들은 현 세대에게 연역적이고 형이상학적인, 또는 초월적인 철학의 복구 수단을 가져다 줄 것입니다. 이는 이러한 철학만이 모든 종교와 철학의 단단하고 흔들리지 않는 근본이 될 수 있기 때문입니다.

신지학은 보편적인 용매溶媒로서의 이러한 임무를 수행하고 있는데, 동방 밀교에서는 태양의 궤도가 절정에 다다를 때 현대 심리학의 등장에 의해 생겨난 빛바랜 불꽃들이 하나로 혼합되고, 그런 다음 진리의 찬란한 빛을 배경으로 하여 모든 것이 사라집니다. 수많은 세월동안 '위대한 고아'인 인류는 빛과 도움을 찾아 헤매면서 어둠 속에서 목 놓아 울었습니다. 순전히 물질적인 진보와 학문의 많은 기적들 가운데서 지력知力은 커졌지만 영혼은 헛되이 방치되었으며, 어렴풋이 자신의 기원을 느끼고 현명하게 자신의 운명을 예견하면서 인류는 동방으로 텅 비어있는 손을 뻗었습니다. 물론 정신적인 철학만이 이 비어있는 손을 채워줄 수 있습니다. 그 자신의 삶을 갈가리 찢어 버리는 분할, 시기, 증오에 시달리면서, 인류는 그 위에 통합체를 건설할 수 있는 든든한 원리를 요구했고, 그것은 가장 고상하고 사회적인 이상의 발전을 보장해 줄 수 있는 형이상학적인 기반을 예감하게 해 주었습니다. 동방의 현자들만이 그러한 토대를 만들 수 있으며, 동시에 이성과 정신을 만족시킬 수 있고, 인류로 하여금 밤을 지나 '긴 낮의 여명'으로 안전하게 인도할 수 있습니다. 이것이 바로 신지학이 목표로 하는 것입니다. ……

옐레나 페트로브나 블라밧스카야

이렇게 옐레나 페트로브나 블라밧스카야는 쓰고 있습니다. 이 모든 것이 매우 아름답고 확신에 찬 것이지만, 그러나 …… 단지 종이 위에 존재할 뿐입니다. 이같이 고상한 이상들이 현실에서는 어떻게 실현될까요? 어떻게 '위대한 고아'인 인류를 행복하게 해 줄까요? 누가 인류의 아버지, 어머니 역할을 해 줄까요? '보편적인 종교'? 동방의 지혜? 옐레나 페트로브나 블라밧스카야의 신령학의 세계? 그러나 진리를 향한 이 모든 돌진은 인류 역사에서 이미 여러 차례 있었습니다. 그리고 그 모든 것이 헛수고였습니다. 슬프게도 말입니다.

블라밧스카야는 무엇을 할 수 있었을까요? 그녀는 글을 썼고, 권고했고, 호소했고, 증명했으며, 자신의 강신술을 시행할 때 천리안과 텔레파시 현상 등을 보여주었습니다. 그녀는 우리의 육체적인 세계 이외에 보다 더 섬세하고, 불가사의하며 또한 그 속에서는 물질이 아닌 정신이 살고 있는 다른 세계들이 나란히 존재하고 있다는 것을 사람들에게 납득시키려고 했습니다.

누군가가 블라밧스카야의 강신술에 놀라서 그녀의 가르침을 확신했습니다. 어떤 사람은 불신과 회의를 나타냈습니다. 다른 사람은 그가 본 것을 사기행각이라고 여겼습니다. 신문이나 잡지에는 블라밧스카야에 대한 가시 돋친 기사들이 쌓여갔고, 그녀는 이교도에 대해 그다지 관대하지 않은 미국을 떠나 아시아로 향할 수밖에 없었습니다.

1878년, 블라밧스카야는 인도에 도착했고 그곳에서 처음에는 봄베이에, 그 후에는 마드라스 아쟈르 교외에 신지학 협회를 설립했습니다. 사람은 인생에서 단 한 그루의 나무라도 심어야 한다고 합니다. 블라밧스카야는 인도에 사원을 건설했습니다.

블라밧스카야의 명예는 해가 갈수록 커졌고, 그녀의 추종자들도 늘어났습니다. 하지만 그와 함께 비평가들의 수도 증가했습니다. 블라밧스카야의 협력자였던 콜롬브 부부는 그녀의 편지 중 일부를 공개했고, 이를 통해서 옐레나가 보여줬던 모종의 자연 현상들은 사전에 조작된 것임이 명백해졌습니다. 서유럽과 러시아의 신문들은 블라밧스카야를 공개적으로 사기꾼, 협잡꾼이라 부르면서, 이와 같은 평판을 떨어뜨리는 사실들에 기꺼이 탐닉했습니다.

블라밧스카야의 정체를 폭로하는 일에는 저명한 역사가 세르게이 솔로비요프의 큰아들이자 천재적인 철학자 블라지미르 솔로비요프의 형인 프세볼로드 솔로비요프가 큰 몫을 합니다. 솔로비요프 집안에서 프세볼로드는 특별한 재능을 발휘하지 못했습니다. 그는 잠시 역사 소설들을 썼으며 늘 우울증에 빠져 있었습니다. 그는 변함없는 우울증 상태를 극복하기 위해서 신령학에 관심을 갖게 됩니다. 인도에 관한 블라밧스카야의 신비한 이야기들은 그에게 깊은 감동을 주었습니다. 1884년에 파리에서 그들의 개인적인 만남이 이루어졌는데, 당시 블라밧스카야는 53세였고, 프세볼로드 솔로비요프는 34세였습니다.

솔로비요프가 블라밧스카야에게 소개될 때, 그녀는 임시로 빌린 노트르담 드 샤이 거리 46번지의 자신의 집에서 그를 맞이했습니다. 그들은 서로가 마음에 들었습니다. 그들의 지적인 관심들은 순간적으로 공통점을 찾았고, 솔로비요프는 아주 기꺼이 블라밧스카야를 방문하기 시작했으며 심지어 그녀에게 환희에 가득 찬 시를 바쳤습니다. 블라밧스카야의 적들이 방해하지 않았더라면, 그들의 우정은 더욱 더 발전했을 지도 모릅니다. 노처녀이며 신경질쟁이였던 올가 스미르노바라는 여자가 블라밧스카야에 대한 명예를 훼손할 만한 서류들을 수집해서 솔로비요프의 전 애인인 율리아나 글린카에게 넘겨주었습니다. 율리아나는 그 즉시 솔로비요프와 블라밧스카야를 떼어놓기로 결심했습니다. 정신적으로 불안정한 인물이었던 프세볼로드 솔로비요프의 블라밧스카야에 대한 환희와 숭배의 마음이 순식간에 불신으로 그리고 심지어 혐오의 단계로 넘어갔습니다. 그런데 여기 또다시 독일의 소도시 엘베르휄트의 호텔방에서 신비로운 마술이 등장하는데, 블라밧스카야가 파리에서 솔로비요프와 글린카를 이곳으로 불러들였습니다.

연애라기보다는 오히려 심리적인 삼각관계였던 이 일에 대해 깊이 파고들지는 않겠지만, 단지 하나만 이야기하겠습니다. 결론적으로 프세볼로드 솔로비요프는 블라밧스카야의 친구들의 진영에서 그녀의 적들의 진영으로 넘어갔고, 이것은—마치 중국인들이 말하는 것처럼—'체면을 잃어버릴 정도로' 옐레나 페트로브나 블라밧스카야를 몹시 슬프게 했습니다. 그녀는 그에게 하소연하는 편지들을 썼습니다. (이것은 이미 그녀가 솔로비요프에게 사랑을 느꼈다는 것을 상징하는 게 아닐까요?) 그리고 그녀 자신이 믿는 '마하트마의 존재와 그 한

없는 지혜'를 믿어달라고 그에게 간곡하게 부탁했습니다. 허나 솔로비요프를 설득하는 것은 실패로 끝났습니다. 게다가 그는 블라밧스카야의 삶에 관해 폭로하는 자료를 신문에 발표했고, 자신들의 만남 및 그녀와 주고받은 편지에 대해서도 이야기했습니다. 나중에는 블라밧스카야의 작품들을 분석하면서, 솔로비요프는 이것들이 단지 "논쟁을 불러일으킬 언행들이 들어있는, 여러 종류의 신비한 마법의 이야기들을 편집한 것"이라고 발표했습니다.

솔로비요프는 블라밧스카야 뿐만 아니라 동방과도 완전히 관계를 끊고 러시아 정교회의 품으로 돌아왔으며, 이제 그에게 비밀이란 "살아있고 활동하는 사랑이며, 자신의 모든 지식과 힘과 재능을 가지고 있어도, 자신의 모든 권력과 세력을 가지고 있어도 이 사랑 없이 인간은 아무것도 아니다"라고 전 세계에 선언했습니다. 간략하게 말한다면, 옐레나 블라밧스카야와 프세볼로드 솔로비요프의 길은 결정적으로 갈라진 것입니다.

옐레나 블라밧스카야의 영향으로 조직된 모스크바 신지학 협회의 활발한 활동과 관련하여 블라밧스카야의 가르침에 대한 그 후의 공격은 철학자인 니콜라이 베르쟈예프가 맡았습니다. 제1차 세계대전 전야에 니콜라이 베르쟈예프는 다음과 같이 쓰고 있습니다.

> 우리 시대에는 진정한 신비교神秘敎의 부활뿐만 아니라, 신비교에 대한 거짓된 유행도 존재한다. 신비교에 대한 태도는 지나치게 가벼워졌고, 신비교는 문학적인 체하는 사람들의 전유물이 되었으며, 사기행각과 쉽사리 닮아가고 있다. 어느 정도 신비주의자인 것이 얼마 전까지만 해도 후진성과 야만성의 징표로 여겨졌는데, 현재에는 세련된 문화의 상징으로 간주되고 있다.

베르쟈예프는 자신의 신랄한 비난을 다음과 같은 문장으로 결론맺었습니다.

…… 요즘 신령학은 외견상 인기를 끌고 있고 넓은 계층에서 흥미를 유발하며 유행하는 사조가 되는 위험에 처해 있다. 신령학이 내일의 힘이자 유행이 될 가능성이 높다.

베르쟈예프는 앞날을 얼마나 정확하게 예견했습니까! 오늘날 신령학은 정말로 유행하고 있는데, 이는 서점들을 들여다보면 충분히 알 수 있습니다. 신령학과 신비교에 대한 서적들이 바다를 이루고 있습니다. 1991년에는 그녀의 사망 100주년을 기념하여 '블라밧스카야 회고의 해'로 성대하게 선언된 것 또한 우연이 아니었습니다.

그렇지만 다시 19세기 말로 돌아가 봅시다.

블라밧스카야에 대해서 많은 사람들이 글을 썼고 또한 많은 이들이 쓰고 싶어 했습니다. 헌데 '쓰고 싶어 했지만 쓰지 않은 사람들' 중에 뛰어난 문학 평론가 아킴 볼른스키가 있습니다. "블라밧스카야는 대단한 여성이며, 역시 진실한 여성이라고 여길 만한 일을 했다. 그녀는 열중하다가 도를 넘기도 했지만, 그럼에도 불구하고 그녀 안에는 '살아있는 영혼'이 있었고, 우리 시대에는 이것으로 이미 훌륭한 것이다"라고 볼른스키는 어느 개인적인 편지에서 썼습니다.

의외로 교양 있고 현명한 인물이었던 페테르부르크의 대주교 이시도르가 블라밧스카야를 지지했습니다. 그는 옐레나 페트로브나가 영원히 러시아를 떠나기 전에 그녀와 만났고, 그녀는 그에게 심리적 현상이랄 수 있는 어떤 가능성들을 보여주었는데, 대주교는 '매우 놀랐지만' 그러면서도 '거기에서 어떤 악마적인 것도 발견하지 못했다'고 했습니다. 반대로 그는 헤어지면서 블라밧스카야를 축복해 주었고 "신으로부터 오지 않은 힘은 없다! 그대에게 주어진 특별한 재능을 악용하지 않는다면, 그 힘 때문에 그대가 부끄러워해야할 아무런 이유가 없다. …… 자연에는 우리가 모르는 힘이 적지 않다! 그 모든 힘이 인간에게 알려지지 않았음에도 그 힘들을 사용하는 것을 금지하지는 않는 것처럼, 인간이 그 힘들을 인지하는 것도 금지되지 않았다. 시간이 지나면 인간은 그 힘들을 전 인류를 위해 사용할 수 있을 것이다. …… 신이 그대에게 모든 좋은 일과 선한 일을 승낙할 것이다"라는 말로 그녀의 출발을 축하해 주었습니다.

대주교는 현명한 사람이었지만, 동시대의 부주교들에 대해서는 그렇게 얘기 할 수 없겠군요. 부주교들은 자신들의 한 회의에서 화가 레리흐와 옐레나 블라밧스카야를 함께 교회에서 파문했는데, 이유는 그들의 가르침이 정교회의 가르침과 양립할 수 없기 때문이라고 했습니다. 러시아 정교회의 교리와 함께 읽어라. 알렉산드르 멘 사제도 대항해서 투쟁해야만 했던, 그 독점적인 러시아 정교회와 함께 말입니다.

《이시스》와 《비밀 교리》

세계는 고대의 믿음을 잊지 않고,
사막의 별을 숭배하는 사람들,
그대들의 얼굴에는 창백한 무더운 혹성,
그대는 돌들을 보물처럼 여기네. ……

이반 부닌

1875년 여름에 옐레나 블라밧스카야는 《폭로된 이시스》의 원고 작업을 시작했고, 2년 후에 그것을 완성했습니다. 책에서 블라밧스카야는 전 세계의 종교들을 비교 분석하면서 초기 기독교와 불교 그리고 중세 유대교 내의 신비교 사이의 통일된 연관성을 보여주는데, 다시 말하면 그녀는 결합되지 않는 것들을 결합시키려고 노력했습니다.

그럼 왜 '이시스'일까요? 모르시는 분들을 위해 말씀드리자면 이시스는 고대 이집트의 여신이며, 비밀 지식의 상징이자 수호자인데, 바로 그 지식들에 블라밧스카야가 매료되었다는 점을 말해 두겠습니다. 이시스 여신상은 사원 앞에 우뚝 솟아있었습니다. 여신의 얼굴은 덮개 밑에서는 보이지 않았고, 그녀의 무릎 위에는 닫힌 책이 놓여 있었습니다. 댓돌 위의 비문은 "단 한 사람의 인간도 내 덮개를 들추지 않았다"라고 전하고 있었습니다. 그런데 여기 옐레나 페트로브나 블라밧스카야는 주저하지 않고 그것을 붙잡았습니다. 덮개를 던져 버렸고 닫힌 책의 페이지를 열어 버렸습니다. 그 결과가 바로 《폭로된 이시스》이지요.

헨리 올코트는 블라밧스카야가 어떻게 책을 썼는지 회상합니다.

이제까지의 생애 동안 그녀는 그녀가 해온 다른 것들의 양이 그녀가 해온 문학적 노동의 양의 10분의 1에도 미치지 못할 정도로 문학적 노동을 했다. 게다가 그녀의 것과 비교할 만한 인내심과 끊임없는 작업 에너지를 가지고 매일 글을 쓰는 기자를 나는 한 명도 모른다. 아침부터 저녁까지 그녀는 자신의 책상 앞에 앉아 있었으며, 우리들 중에서 그녀가

헨리 스틸 올코트

새벽 2시 이전에 잠자리에 드는 것을 본 사람은 거의 없었다. 낮에는 내가 일 때문에 잠시 자리를 비워야만 했지만, 언제나 이른 점심식사 후에 우리는 커다란 책상에 둘러앉았고, 몸이 피곤해서 더 이상 계속할 수 없을 때까지 마치 생사가 걸린 문제인 것처럼 열심히 일했다. 굉장한 추억이다! ……

그녀의 작업에서 미리 정해둔 계획이란 없었다. 마치 그녀 안에 늘 넘쳐흐를 위험이 있는 마르지 않는 샘이라도 있는 것처럼, 그녀의 머릿속에서는 생각이 끊임없이 떠올랐다. …… 이처럼 모든 것이 그치지 않는 물의 흐름과 비슷하게 완전한 무질서 속에서 진행되었고, 각 단락은 그 자체로 완성된 것이었기에 앞 · 뒤 문장에 관계없이 그 단락을 빼버려도 아무런 문제가 없었다. ……

그녀가 쓴 원고가 어떤 형태였는지 봐야만 했다. 오려서 붙이고 다시 잘라내고 군데군데 고친 원고! 만일 원고를 햇빛에 비춰본다면 다른 페이지에서 오려내서 함께 붙인 여섯이나 여덟, 때로는 열 개의 조각으로 이루어진 것을 볼 수 있었고, 전체 사본은 줄 사이에 삽입한 문장들과 단어들로 어지러웠다. ……

그런데 올코트는 그런 사본을 가지고 어떻게 일했을까요?

나는 그녀가 준 사본과 깨끗한 원고의 모든 페이지들을 몇 차례나 교정했다. 종종 그 당시 그녀 자신이 만족할 만큼 영어로 만들어내지 못해 자신의 생각들을 단순하게 말로 표현하면, 그녀 대신 내가 많은 문장들을 적었다. 인용구들을 찾는 것을 도와주었고 다른 보조적인 일들을 수행했다. 드러나 보이는 개성에 관한 한, 이 책 전체가 전적으로 그녀의 작업의 결과물이었다. 그렇기에 그녀가 이 책이 받는 모든 칭찬과 비난에 대한 책임을 져야만 한다. ……

《이시스》는 다방면에 걸친 복잡한 책이며, 책 속에는 다양한 고대 서적들에서 따온 인용구들뿐만 아니라—올코트가 표현한 것처럼—'영계靈界' 및 블라밧스카야가 자신의 스승들인 수도승들, 추종자들, 현자들, 거장들 등과 교류하면서 얻은 것들도 포함되어 있습니다. 자신의 책에서 블라밧스카야는 우주에는 합리적이며 세계적인 이성이 존재하는데, 이것은 셀 수 없는 수의 단위들, 유기체들로 분해되는 것 같다고 주장했습니다. 이 유기체들은 물질적 · 현상적인 세계의 원자들과 긴밀하게 연관되어 있습니다. 각각의 유기체는 가장 단순한 단세포에서부터 자신을 자각하는 단계까지의 진화 주기를 거쳐서 통합된 초자연으로, 즉 무한한 총체로 돌아가야만 합니다. 단순하게 말하자면 다음과 같은 발전 단계들이 있습니다. 분자 ⇒ 무엇인가 다세포적인 것 ⇒ 가장 단순한 동물 ⇒ 인간 ⇒ 다시 티끌 ⇒ 분자 등등. 여기에 나선 모양으로 진행되는 우주의 진화가 있고, 각각의 주기는 더 높은 단계에서 선행하는 주기의 진화적 작업을 반복합니다. 물질은 사라지지 않고 계속 전환됩니다.

영어로 써진 블라밧스카야의 다음 책인《비밀 교리》의 처음 두 권은 1888년에 빛을 봤고, 세 번째 권은—거기에는 광범위한 주석이 포함됐습니다—이미 블라밧스카야의 사후인 1897년에 출판되었습니다. 러시아 어판으로는 두 권짜리《비밀 교리》(제1권《우주 기원설》과 제2권《인류 기원설》)가 1937년에 리가에서 나왔습니다. 번역은 옐레나 레리흐가 맡았습니다.

블라밧스카야는 소련 문학에도 그리고 소련 철학에도 속하지 못했는데, 이 분야의 전문가들은 그녀에 대해서 지나가듯이 언급했을 뿐입니다. 그 후 그녀에 대해 내려진 정의가 발견됐습니다. '종교 · 신비적인 작품의 저자, 산문작가'.《비밀 교리》는 러시아에서 1992년에야 출판됐습니다.

《비밀 교리》는 근본적인 사상에 있어서 어느 정도《폭로된 이시스》와 공통점이 있습니다. 자연은 '원자들의 우연한 결합'이 아니며, 인간이 우주에 우연히 출현한 것도 아닙니다.《비밀 교리》는 특히 어려운데다, 문자 그대로 백과사전적인 지식에 기초한 만화경같이 혼란스럽고 이해하기 힘든 책으로서, 이렇게 어려운 책을 쓴 블라밧스카야가 "대학도 졸업하지 않았다"는 사실이 놀라울 뿐입니다. 베라 첼리홉스카야가 언니 때문에 당혹스러워했던 것은 우연이 아닙니다.

나는 하늘에서 갑자기 떨어진 것처럼 옐레나가 박식해진데다 깊이를 알 수 없는 학식까지 갖게 된 현상에 대해 놀라움을 금치 못한다. 그녀의 추종자들이 옐레나가 행했다고 주장하는 모든 기적들보다 더 뛰어난 것이 바로 신지학이다.

그렇다면, 정말로 하늘에서 온 것일까요?

블라밧스카야의 조카딸 베라 존스톤은 자신의 회고록에서 이모로부터 들었던 다음과 같은 고백을 인용하고 있습니다.

만약 내가 쓰고 있는 모든 것들을 정말로 내가 알고 있고 이해하고 있다고 생각한다면 넌 아직 풋내기야. 너와 네 엄마에게 몇 번이나 더 반복해 줘야 하는 거니?! 나는 내가 듣는 것을 받아 적는 것일 뿐이고, 때로는 내 눈앞에 전혀 이해하지 못하는 사본, 숫자, 단어들이 나타나는 거라고 말야. ……

또 한 번은 블라밧스카야가 자신은 단지 '깨달음을 얻은 추종자들의 전화기'일 뿐이라고 말했습니다. 그녀에게 이야기해 주면, 그녀는 그것을 기록합니다.

옐레나는 자신의 이모인 나제즈다 파데예바에게 썼습니다.

내게 말해 봐요, 이모도 알다시피 나이가 들어서도 무식했던 내가 갑자기 진짜 학자들의 눈에도 보기 드물게 박식한 사람이 됐다는 게 있을 수 있는 일이겠어요? 이건 정말 이해할 수 없는 미스터리지요! 나는 심리학적인 과제, 불가해함이자 미래 세대에게는 수수께끼인 스핑크스예요! 생각해 봐요. 인생에서 아무 것도 배우지 못한 내가, 화학이나 물리학 혹은 동물학에 대해서 아무것도 모르는 내가 지금 이 모든 것들에 대한 논문을 쓰고 있어요. 학자들과 논쟁을 벌이면 내가 이겨요. 난 농담하는 게 아니고 진지하게 얘기하는 거예요. 어떻게 그럴 수 있었는지 이해하지도 못하기 때문에 난 무서워요. …… 이제는 내가 무엇을 읽던 간에 이미 알고 있는 것 같아요. 나는 학자들의 논문에서, 틴달리, 허버트 스펜서, 헉슬러 등의 강의에서 실수를 찾아내요. 아침부터 저녁까지 교수들, 박사들, 신학자들이 내게 면담을 요청해요. 논쟁이 벌어지고 결국에는 내가 옳다는 것이 밝혀지죠. 이 모든 것들이 어디에서 온 걸까요? 누군가가 나를 바꾸기라도 한 걸까요?

그저 의미심장하게 '흠' 소리를 내는 수밖에 없습니다. 음…… 이 모든 것을 어떻게 설명해야 할까요? 백여 년이 지난 오늘날에도 답은 없습니다. 가까이 다가오는 죽은 자를 본 햄릿의 공포를 회상하지 않을 수 없습니다.

그대는 움직이네, 밤을 흉하게 만들며,
달빛 속에 우리도, 어리석은 인간(생물),
그렇게 무섭게 존재를 뒤흔드는가
우리 것이 아닌 수수께끼들로?

말하라! 왜? 무엇을 위하여? 우리는 무엇을 해야 하는가?

셰익스피어가 옳습니다. '우리 것이 아닌 수수께끼들'. 바로 그 햄릿이 호라시오와 대화하면서 "이 문제에 있어서는 하늘이 나를 도왔다"라고 말합니다. 그렇다면 하늘이 옐레나 블라밧스카야도 도왔다고 놀랄 필요가 있을까요? 옐레나가 책상 앞에 앉아 어떻게 작업했는지에 대해 올코트는 "그녀의 펜은 종잇장 위를 날아다녔다"라고 회상하고 있습니다. 그러나 이 모든 것들이 놀랄만한 일이었기에 그녀의 친지들은 블라밧스카야가 제정신인지에 관해 심각하게 걱정했습니다. 블라밧스카야 또한 이 사실을 알고 있었고, 그렇기에 그들에게 다음과 같이 대답했습니다.

걱정하지 말아요. 난 미친 게 아니에요. 내가 말할 수 있는 건 의심할 여지없이 누군가가 내게 영감을 준다는 거예요. 그 뿐만 아니라 누군가가 내 안으로 들어와요. 말하고 쓰는 것은 내가 아니에요. 그것은 내 안에 있는 누군가, 즉 고차원적이고 빛을 발하는 '나' 로서, 그가 내 대신 생각하고 글을 써요. 나의 친구여, 내가 무엇을 체험하는 가에 대해선 묻지 마세요. 난 이것을 설명할 수 없어요. 나 자신도 모르거든요! 내가 알고 있는 유일한 것은 내가 어떤 지식을 위한 일종의 보관소로 변했다는 점이에요. 누군가가 와서 어렴풋한 구름처럼 나를 감싸고, 곧바로 나를 밀어내 버리면 나는 이미 더 이상 나, 옐레나 페트로브나 블라밧스카야가 아닌 누군가 다른 사람, 완전히 다른 세계에서 태어난 강력하고 힘 있는 누군가가 되는 거예요. 나 자신에 관해서 말하자면, 반쯤 정신이 있는 상태에서－내 몸 안에서가 아니라 몸 가까이에서—마치 자거나 누워있는 것 같고, 단지 가는 실이 나와 내 몸을 연결해 주고 있는 것 같아요. 하지만 이따금씩 모든 것을 충분히 그리고 선명하게 듣고 보기도 해요. 나는 내 몸이 — 또는 적어도 새로운 육체의 소유자가－무엇을 말하고 행하는 지를 전부 자각해요. 또한 이것을 이해하고 너무 잘 기억해서, 나중에 그의 말들을 반복하고 기록할 수 있어요. 이런 경우에 나는 올코트와 다른 사람들의 얼굴에 떠오르는 공포와 경건함을, 그리고 그가 내 눈을 통해서 그들을 자비롭게 바라보며, 나의 물리적인 말을 통해서 그들을 가르치는 것을 관찰해요. 하지만 이 경우에 그는 내 이성이 아니라 내 두뇌를 구름처럼 감싸고 있는 자신의 이성을 이용해요. ……

블라밧스카야 자신이 썼는지, 아니면 누군가가 위에서 그녀에게 텍스트를 불러줬는지에 대해서는 추측하지 않겠습니다. 다만 저술 작업이 그녀를 기진맥진하게 만들었다는 점을 지적하고 싶습니다. 블라밧스카야의 건강은 눈에 띄게 약해졌습니다. 1887년 3월에 그녀가 벨기에의 오스텐드에서 머물고 있을 때, 특히 건강이 나빠져서 그녀의 동지이자 말벗이었던 콘스탄티야 바흐트마이스터 백작부인을 놀라게 했었습니다. 하룻밤 사이에 상황이 급격하게 변했습니다. 이 문제에 관해서 백작부인은 다음과 같이 썼습니다.

나는 그녀에게로 달려갔다. “무슨 일이 일어난 거예요? 당신 어젯밤과는 전혀 달라 보이네요.” 그녀는 “그래, 여기 스승이 계셨어. 그는 내게 선택할 기회를 주셨지. 죽어서 자유로워지든가 아니면 살면서 《비밀 교리》를 완성하든가 하라고 말이야. 내가 얼마나 큰 고통을 겪어야 하는지, 그리고 영국에서—그곳으로 떠나야하기 때문에—얼마나 끔찍한 시간을 보내야 하는지 내게 경고해 주셨어. 하지만 내게 일련의 사물들을 가르치는 것이 허용되었던 제자들과 전체 신지학 협회에 대해 생각했고, 결국 이런 희생을 감내하기로 결정했지. 자, 이제 내게 커피랑 뭐 좀 먹을 걸 가져다 줘. 내 담배갑도 가져다주고”라고 대답했다.

옐레나 블라밧스카야는 또다시 부활했습니다.
런던, 1888년 12월. 윌리엄 자드는 회상합니다.

블라밧스카야 여사는 신지학의 이름으로 부단한 작업에 몸을 맡기면서, 홀란드 파크에서 바흐마이스터 백작부인과 함께 살고 있다. 그녀는 집에서 거의 나오지 않고 아침 6시 반부터 저녁때까지 우편물에 답장을 보내고《비밀 교리》를 위한 자료들을 준비하면서, 자신의 잡지《Lucifer》및 그 밖의 신지학계의 발행물들을 위해 쉬지 않고 소논문들을 쓴다. 저녁때마다 그녀의 집에는 아주 다양한 목적을 가진 방문객들로 넘쳐난다. 호기심 많은 사람들, 비평가들, 회의론자들, 진기한 사건을 찾는 사람들, 친구들. 이 모든 사람들이 각자 그녀를 오랜 지인처럼 느끼기 시작할 정도로 따뜻하고 우호적이며 단순한 환대를 받는다. 보통 밤 10시경에는 가장 가까운 친구들을 제외한 모든 이들이 떠나며, 남아있는 친구들은 새벽 1시나 2시까지 함께 있곤 한다.

블라밧스카야 여사는 이미 오래 전에 한창때인 중년의 나이를 지난 상황이었다. 그녀가 가망 없는 환자라는 이유로 런던의 대표적인 의사들이 치료를 거부한지도 오래 되었다. 하지만 그녀는 결코 피곤해 보이는 법이 없고, 생기 넘치는 대화를 주도하며, 영어, 프랑스 어, 이탈리아 어, 러시아 어로 똑같이 쉽게 말하고, 필요한 상황에서는 산스크리트 어나 힌디 어로 말하기도 한다. 일하거나 대화하면서 그녀는 항상 담배를 말아서 불을 붙이고, 터키 산 담배를 피운다. 그녀의 모습에 대해 말한다면 몇 년 전 미국에 거주했을 때보다 약간 살이 찐 것 같다. 그녀의 성격은 주로 역동성과 대단한 선량함이 반반씩 섞여있다.

자드의 회상에서 일부 구절을 생략하고 또 다른 흥미로운 부분을 뽑아보았습니다.

뉴욕에서 그 많은 사람들이 그녀의 머리 위에서 들었던 영계靈界의 흐름의 은빛 종소리들은 아직도 그녀를 따라다녔고, 그녀의 인생이나 작품에 대해 알고 있는 사람들에게 이것은 특히 그녀의 서재에 선함과 현명함 그리고 존엄함이 가득한 검고 아름다운 인도인의 얼굴로 걸려 있는 초상화, 바로 그녀의 스승 마하트마 모리야로부터 오는 강력한 도움을 그녀가 끊임없이 받고 있는 징표라는 것이 아주 명백했다. 물론 티벳에 있는 그가 런던에서 그녀가 보내는 마음 속의 질문들에 대해 강림 또는 현신現身의 방법으로 그 즉시 응답한다는 것은 불가능해 보이지만, 그럼에도 불구하고 실제로 항상 그런 일이 일어나고 있다.

미국의 화가이자 여행가였던 에드먼드 러셀이 한 번은 블라밧스카야의 사진을 찍고 싶다고 청했고, 이를 위해서 문 앞에서 마차까지 양탄자를 깔았습니다. 그녀는 마지못해 이 보잘 것 없는 사교적 행사(무엇을 위해 이것을 해야 하는가? 이 얼마나 바보 같은 짓인가! ……)를 위해 집을 나섰습니다. 그녀가 사진사 앞의 안락의자에 앉았을 때, 러셀은 블라밧스카야 쪽으로 고개를 숙이고 "이제 악마가 당신의 눈 속에 나타난 것처럼 해 보세요"라고 속삭였습니다. 블라밧스카야는 이에 대해 "무슨 소릴 하는 건가, 내 안에는 악마가 없어"라고 농담처럼 대답했습니다.

떠나감

미치광이 – 인생이 그늘 속으로 내려갈 때…….

오시프 만델쉬탐

그리고 끝내 평범한 병이 위대한 여인을 이겼습니다. 그녀의 영혼은 하나의 세계에서 또 다른 세계로 자유롭게 이동하거나 쉽게 비상할 수 있었지만, 변함없이 지상에 남겨진 육체는, 즉 그녀의 연약한 육체는 점점 노쇠해갔습니다. 《비밀 교리》를 작업하는 동안 블라밧스카야의 신장병이 악화됐습니다. 류머티즘과 좌골 신경통이 그녀를 괴롭혔고, 그녀는 겨우 걸어 다닐 수 있었습니다. 그녀는 몇 차례나 숨을 멈췄는데, 특히 1885년 인도의 아쟈르에서는 심각한 경우까지 있었습니다. 하지만 어떤 초자연적인 힘과 마하트마의 사자들이 그녀를 매번 죽음에서 구해냈습니다. 그러나 이 모든 것은 – 사람들이 말하듯이 – '어느 때까지만' 가능했습니다.

옐레나 블라밧스카야의 마지막 은신처는 런던이었습니다. 1891년 4월 23일 아침부터 그녀는 활기차고 충분히 건강해 보였지만 밤에는 몇 차례나 경련을 수반한 발작이 일어났습니다. 마지막 며칠 동안 그녀는 인후의 심한 통증으로 괴로워했습니다.

5월 7일, 블라밧스카야는 남은 힘을 모아서 남의 도움 없이 옷을 입고 테이블 위에서 카드 점을 치려고 했지만 카드를 끝까지 늘어놓을 수 없었습니다. 호흡곤란으로 고통을 받았기 때문이었습니다.

5월 8일, 그녀의 상태가 아주 나빠졌습니다. 그리고 낮이 되기도 전에 마지막 순간까지 의식을 잃지 않고 그녀는 조용히 숨을 거두었습니다. 그녀 곁에는 친구들과 간병인이 있었지만 그들 중 누구도 어느 순간에 블라밧스카야가 숨을 멈췄는지 알지 못했습니다.

이렇게 해서 1891년 5월 8일에 옐레나 블라밧스카야는 세상을 떠났습니다. 러시아 구력舊曆으로는 4월 26일이었습니다. 그녀는 59년 7개월 25일을 살았습니다.

블라밧스카야에 따르면 죽음이란 에너지가 생물량에서 분리되는 것, 인간이 분화되는 것입니다. 살아있는 육신은 이미 없지만 영혼은 계속 살아갑니다. 자신의 사망 후 블라밧스카야가 자신의 많은 친구들의 눈앞에 나타났던 것도 우연이 아닙니다. 햄릿의 부친의 그림자일까요? 아닙니다, 옐레나 블라밧스카야의 영혼이었습니다.

5월 10일 뉴욕《헤럴드 트리뷴》지에는 다음과 같은 추모 기사가 실렸습니다.

> 블라밧스카야 여사의 몫으로 주어진 것만큼 인생에서 계속적인 몰이해와 모략, 공격을 당해야하는 운명을 타고난 여자들은 많지 않았다. 그러나 악과 무지가 그녀에게 해로운 영향을 끼쳤음에도 불구하고, 그녀의 전 생애에 걸친 역작들은 이러한 손실들을 보상해 주었다. 또한 이 모든 것이 적지 않은 선을 가져다준다고 주장하게 하는 이유들은 수 없이 많다. 그녀는 신지학 협회, 즉 동양과 서양의 여러 나라에 지부를 가지고 있으며, 현재는 완전히, 굳건하게 조직된 기구의 설립자였다. 거의 20년 동안 그녀는 가장 고상한 윤리적 특성들을 지니고 있는 존재의 기본 원리에 관한 교리의 확산에 헌신했다.
>
> 블라밧스카야 여사는 인류의 부활은 이타주의의 발전에 입각해야 한다고 확신했다. 이러한 면에서 그녀는 우리 시대만이 아니라, 모든 시대의 가장 위대한 사상가들과 궤를 같이 했다. ……
>
> 그녀는 다른 측면에서도 중요한 일을 했다. 아주 오래 전에 숨겨진 동양의 사상, 지혜, 철학의 보물들을 새롭게 발견하기 위해 그녀보다 더 애쓴 사람은 현 세대에서 없었다. 영원토록 현명한 동방의 저술들이 드러나게 했던 빛나는, 깊이 있는 지혜와 종교의 이해의 폭에 있어서, 서유럽 세계를 놀라게 했던 광대한 폭과 깊이를 가진 고대 문학적 저술들의 이해에 있어서 누구도 그녀와 비교되지 않는다는 것은 명백하다. ……

참고로 말씀드리면, 서유럽 세계는 맞지만 러시아를 놀라게 한 것은 아니었습니다. 그 다음으로 추도 기사에서 블라밧스카야에 대해 이야기합니다.

그녀 자신은 동양 철학과 밀교 분야에서 완벽한 지식의 소유자였다. 그녀의 두 개의 주요 작품들을 읽은 사람이 진실한 사람이라면 이 점에 대해서 의심하지 않을 것이다. 그녀의 저술의 공통적인 방향이나 경향은 건전하고 신선하며 행동을 촉구하는 것이었다. 그녀가 항상 우리에게 제시했던 모범은 바로 세상이 무엇을 필요로 하고, 언제나 필요로 했었던 것은 무엇인가 하는 문제였다. 이것은 곧 다른 사람들의 행복을 위한 희생과 헌신적인 노동의 전형이다. ……

블라밧스카야 여사의 업적은 이미 성과를 가져왔고, 미래에 보다 더 눈에 띄고 빛나는 성공의 원인이 될 것 같다. 바로 이것이 블라밧스카야 여사가 자신의 시대에 남겼던 자취가 되었다. 그녀의 노작들은 이 모든 일들을 증명하는 역할을 할 것이다. 언젠가, 어쩌면 가까운 시일 내에 그녀의 고상하고 순수한 의도, 지혜 그리고 폭넓은 그녀의 학식이 더 충분히 인식될 것이고 그녀가 당연히 누려야할 영광이 그녀의 추억에 보답해 줄 것이다.

어쨌든 간에 이 희망은 어느 정도 실현되었습니다. 옐레나 블라밧스카야가 세상을 떠난 날인 5월 8일은 블라밧스카야를 추모하는 의미에서 모든 대륙에서 '순백의 연꽃' 의 날로 기념합니다.

자, 옐레나 페트로브나에 관한 또 하나의 상세한 일화입니다. 그녀의 재는 세 개의 장소인 뉴욕, 런던, 인도에서 동시에 뿌려졌습니다. 이런 의미에서도 그녀의 운명은 많은 평범한 사람들의 그것과 구별됩니다.

후기

> 좋은 날에 – 좋은 말들.
> 영혼은 노래하네, 울지도 않고, 한숨쉬지도 않고.
> 눈앞에는 – 파아란 하늘
> 그리고 영원한 땅의 아름다움 ……
>
> 로디온 베레조프

신지학 협회에 가입했던 기술자 겸 수학자 프레데릭 제이 딕은 인류 문명에 대한 블라밧스카야의 공헌을 다음과 같이 정의했습니다.

> 그녀는 동양뿐만 아니라 서양에도 인과응보, 환생, 그리고 그렇듯 오랫동안 숨겨져 왔던 인간의 이중적인 천성에 관한 위대한 법칙들에 대한 진리를, 그와 함께 같은 길을 가거나 수행을 하는 많은 추종자들을 위한 단서를 제공하는 악보가 될 정도로 고결한 영적인 철학의 진리를 열어주었다. ……

블라밧스카야가 쓴 것을 믿을 수도 있고 믿지 않을 수도 있으며, 회의적으로 가벼운 웃음을 지을 수도 있고 자신의 인과응보에 따라서 전생의 십자가를 질 수도 있지만, 한 가지 명확한 것은 이것에 관해서 블라밧스카야는 다음과 같이 명확하게 이야기했다는 점입니다.

> 인류는—적어도 대다수의 인간들은—독자적으로 사고하는 것을 싫어한다. 인류는 최소한 짧은 시간 동안만이라도 오래된 익숙한 궤도에서 벗어나서 자기 자신의 판단에 따라 새로운 길, 다른 방향으로 들어가 보자는

가장 공손한 초대조차 모욕처럼 받아들인다.

'인물'이 된다는 것은 어렵습니다. 자기 자신에게 등불이 되라고 부처님은 권고하셨습니다. 수천 년의 '오래된 익숙한 길'을 따라 일반적인 항로 안에서 천천히 나아가는 것이 훨씬 더 쉬운 일입니다.

이제 인과응보(매우 당황스러운 개념입니다!)에 대해 이야기하자면, 독자들께서 《비밀 교리》에서 서술한 옐레나 블라밧스카야의 사고의 흐름을 따라가 보면 흥미로울 것입니다.

인간은 지상에 머무는 동안 자유로운 활동가다. 그는 자신을 주관하는 숙명에서 벗어날 수는 없지만 두 개의 길에 대한 선택권을 갖는다. 그 길들은 인간을 이 숙명의 방향으로 안내한다. 고행자의 눈처럼 흰옷을 입거나, 아니면 불행의 좁은 길을 지원한 자의 얼룩진 옷을 입고 그는 불행의 한계에 다다를 수 있다. 만약 그것이 그에게 예정된 것이라면 모든 인간은 태어나서 죽을 때까지 거미가 거미줄을 만들듯이 숙명으로 실을 짠다. …… 마지막 실을 짜고 나면 인간은 자신의 행위의 그물 안에서 변화되는 듯 하고, 그 자신이 만든 운명에 사로잡힌 자신을 완전히 보게 된다. 그리고 운명은 그 때 움직이지 않는 조개껍질처럼 인간을 움직이지 않는 절벽에 고정시키거나 혹은 인간 스스로의 행위에 의해 일어난 폭풍 속으로 깃털과 같은 인간을 데려가 버리는데 이것이 바로 인과응보다.

여기서 어떤 결론을 내려야 할까요? 자신의 숙명을 만들어야만 합니다. 서둘러서 선을 행하세요. 영적인 탐색을 하세요.

그것이 전부인가요? 그렇게 간단하게? 그렇습니다, 간단하지만 동시에 얼마나 어려운 일인가요! 옐레나 블라밧스카야의 인생 역정이 바로 그 증거입니다.

6장 아폴리나리야 수슬로바

최초의 여성해방운동가 중 한 사람

아폴리나리야 수슬로바(Аполлинария Суслова)에 관해서는 두 권의 책이 나와 있습니다. 마르크 슬로님의《도스토예프스키의 세 사랑》과 류드밀라 사라스키나의《도스토예프스키가 사랑한 여인》입니다. 모든 것이 비슷하게 씌어있고 내용도 분명합니다만, 각각의 작가들은 아폴리나리야 수슬로바의 비밀이 보존되어지는 것에 대해 말하고 있습니다. 왜 두 러시아의 천재인 표도르 도스토예프스키[1]와 바실리 로자노프[2]가 이 여성을 사랑했을까요? 그리고 그 사랑은 그들에

1) 모스크바에서 출생한 도스토예프스키(1821~1881)는 톨스토이와 함께 19세기 러시아 문학을 대표하는 세계적인 문호다. '영혼의 현실주의' 라 불리는 독창적인 기법으로 인간의 내면을 추구하여 근대소설의 새로운 가능성을 열어놓았다. 농노제에 바탕한 구질서가 무너지고 자본주의에 바탕한 새로운 질서가 대신 들어서려던 과도기의 러시아에서 시대의 모순에 대해 고민하면서, 그 고민하는 자신의 모습을 전적으로 작품세계에 투영한 그의 문학세계는 현대성을 두드러지게 지니고 있으며, 20세기의 사상과 문학에 깊은 영향을 끼쳤다. 그의 유명한 작품으로는《죄와 벌》,《백치》,《악령》,《카라마조프가의 형제들》등이 있다.

2) 로자노프는 러시아의 사상가이며 비평가다. 가난한 가정에서 태어나 모스크바 대학에서 역사를 공부하고 졸업 후 교사를 하면서 저술활동을 했는데, 35세 때 종교적 깨달음을 체험한 뒤부터 그의 사상은 신비적 경향을 가졌다. 기독교를 비판하고 성性을 긍정적으로 보았다. 러시아 정교에 이끌리면서도 현세의 삶에 충실하려는《구약성서》적 · 반이교적인 그의 종교 체험은 교회의 금욕적 · 현실도피적 형이상학에 의해 통상적으로 멀리하게 되는 성과

게 단지 고통만을 안겨주었을까요? 왜 아폴리나리야 자신은 비범한 기질을 가지고 있으면서도 자신의 재능을 실현시키지 못했을까요? 무엇이 그녀의 삶에 원기를 돋우어주었고 그녀는 무엇을 얻기를 원했을까요? 의문, 의문투성이입니다. …… 완전한 대답이라고 주장하지는 않는다는 전제하에 이 유익한 이야기를 풀어보겠습니다.

'해방가' (러시아 어로 эмансипантка)라는 말이 좀 더 일반적으로 사용됩니다. 그러나 화용론話用論적 '신조어'와 어떤 음성학적 관계를 갖는 것이 저에게는 개인적으로 꺼려지는군요. 미하일 조쉔코가 말했듯이 '불명료한 이국적 의미를 갖는' 좀 더 프랑스 적인 'эман сипе'[3]를 쓰는 것이 낫겠습니다. 본래 해방(사회적 속박으로부터의 여성들의 해방)은 프랑스에서 들어왔습니다. 왕을 타도하라! 여왕을 타도하라! 자유, 평등, 우호 만세! …… 이 같은 프랑스 사상들은－러시아 지식인들을 19세기에 특히 심하게－혼란시켰습니다. 페미니즘이 아직 러시아에까지 도달하지는 못했지만, 가장 '진보적인' 여성들은 새롭게 살려고 시도했습니다. 남자들에게 종속되는 구습舊習, 종교, 전통, 원칙들을 물리치고 자신의 운명을 스스로 개척하려 하고 감정을 해방하며 새처럼 자유롭고 독립적이 되려고 했습니다.

바로 그러한 경향이 19세기 60년대의 해방가의 경향이었습니다. 아브도치이 파나예바, 보코바야, 아폴리나리야 수슬로바와 같은 이들 말입니다. 그러나 경향은 경향이고, 삶은 전혀 다른 것이었지요.

결혼생활 속에서 종교의 내재적 의미를 찾으려 했다. 주요 저서 《고립시키는 것》(1912), 《낙엽》(2권, 1913~15)과 말년의 작품인 《현대의 묵시록》에서는 단상斷想의 형태로 자신의 적나라한 내면과 사상을 표현하고 있으며, 그 수려한 문체는 러시아 문학의 최고봉의 하나로 여겨지고 있다. '10월 혁명' (1917) 후에 성 세르기우스 수도원에서 지내다가 사망했다.

3) 프랑스 어 emancipe는 '해방된' 이라는 뜻을 갖는 단어다. 이 단어를 러시아 어 문자로 전사傳寫시킨 것이 эмансипе이다.

도스토예프스키

파나예바는 남성들에게 보호받으면서(처음에는 파나예프에게, 그 다음엔 네크라소프에게) 자신의 독 있는 역설을 좀 더 쉽게 내던졌습니다. 수슬로바에게는 그러한 보호가 없었습니다. 그러나 그녀는 그러한 보호를 원하지도 않았는데, 왜냐하면 완전히 독립적인 사상이 그녀를 사로잡고 있었기 때문입니다.

그러면 그러한 아폴리나리야 수슬로바(도스토예프스키는 그녀를 '폴렌카'라고 불렀습니다)는 어떤 출신일까요? 농민 출신이라는 것이 기이하지는 않습니다. 수슬로바의 혈통은 러시아에서 농민과 유모의 혈통이었습니다. 아버지인 프로코피 수슬로프는 쉐레메쩨브이 백작의 농노로서 삶을 시작했다가 이후에 상인과 공장주인이 되었습니다. 아버지는 딸들인 아폴리나리야와 나제즈다에게 현대식 교육을 하기로 결정했습니다(나제즈다는 러시아 최초의 여의사가 되었습니다).

아폴리나리야는 처음에 트베르스카야에 있는 귀족 처녀들의 중학교(마담 페니그카우 중학교)에서 공부했고, 집에서는 가정교사와 무용 선생의 교습을 받았습니다. 수슬로프 가족이 상트 페테르부르크로 이사하게 되었습니다. 폴렌카는 대학에서 공개 강의에 참석하게 되었습니다. 그 덕에 갑자기 학생운동인 정치적 투쟁과 시위의 소용돌이에 빠져들었던 거지요. 자주 가슴을 치며 다른 사람들을 당황하게 만드는 용감한 말들을 내뱉었고, 어떻게든 행동하기를 원했으며, 무엇인가를 위해 투쟁하기를 원했습니다.

1861년에 상트 페테르부르크에서 수슬로바는 처음으로 표도르 미하일로비치 도스토예프스키에 대해 들었습니다. 그는 40세였고, 그녀는 22세였습니다. 그는 이미 독특하게 사색하는 중견 작가였고, 그의 강의는 젊은이들에게 인기 있었습니다. 자연스럽게 도스토예프스키는 수슬로바의 관심을 끌었습니다. 그녀가 그에게 다가갔습니다.

"커다란 회청색 눈, 뚜렷한 이목구비의 영리한 얼굴, 불그스레한 긴 머릿결을 늘어뜨린 도도해 보이는 머리를 가진 균형 잡힌 몸매의 젊은 아가씨였다. 그녀의 낮으면서 다소 느린 목소리에는 그리고 그녀의 완고하고 단정한 모든 몸놀림 속에는 힘과 여성미의 불가사의한 결합이 있었다."

이 같은 초상은 작가의 딸인 류보피 표도로브나 도스토예프스카야가 훗날 자신의 회고록에서 나타냈던 것과는 대조를 이룹니다. 그것은 호기심을 유발하지요. 그것을 얘기해봅시다.

폴리나('아폴리나리야'의 애칭)는 그녀가 상트 페테르부르크에서 편하게 살 수 있도록 충분한 돈을 부쳐주었던 부유한 친척들이 있었던 지방에서 왔다. 규칙적으로 매년 가을에 그녀는 대학에 학생으로 등록했지만, 결코 공부하지도 않았으며 시험을 치지도 않았다. 그러나 그녀는 강의에는 열심히 참가하여 학생들과 노닥거렸고, 그들의 집에 가서 그들이 공부하는 것을 방해하며 그들을 선동하여 항거에 서명할 것을 종용했고, 모든 정치 시위에 참석하게 했다.

그녀는 붉은 깃발을 가지고 선두에서 행진했으며 마르세이예즈[4]를 불렀다. 카자크들[5]을 험담했고 도전적인 태도를 취하였으며 경찰들의 말을

4) 프랑스 국가.

5) 그 이름의 원래 의미는 '자유인'이며 15세기 후반에서 16세기 전반에 러시아로부터 남쪽 변경지대로 이주해 정착한 뒤 자체적인 군사공동체 겸 농민집단을 형성했다. 제정 러시아의 역대 황제들은 이들에게 무기와 자금 그리고 특권을 주어가며 포섭, 러시아 군에서 활동하게끔 했다.

때렸다. 경찰들은 그녀를 잡아 유치장에서 밤을 보내게 했다. 학교로 돌아왔을 때, 개선행렬을 한 학생들은 그녀를 '혐오스런 짜리즘'(전제군주제)의 희생양인 것처럼 그녀의 손을 들었다. 폴리나는 모든 무도회와 학생회의 문학 파티에 참석했고 그들과 함께 춤추었으며 환호하고 젊은이들을 흥분시키는 모든 새로운 사상을 받아들였다.

그때에 자유사상이 유행처럼 밀려들었다. 젊고 예쁜 폴리나는 비너스 역할을 하며 열심히 시대의 흐름을 따랐고, 이 학생에서 저 학생에게로 옮겨 다녔으며, 서유럽 문명을 받아들여야 한다고 생각했다. 아버지의 명성에 대해 듣고 난 후 그녀는 학생들의 새로운 열정을 분배시키는 데 서둘렀다. 그녀는 아버지의 주위에서 온갖 방법으로 그를 기쁘게 만들었다. 아버지는 이것을 눈치 채지 못했다. 그때 그녀는 아버지에게 사랑을 고백하는 편지를 썼다. 이 편지는 아버지의 서류들 속에서 발견되었는데, 그것은 단순하고 순박하며 시적이었다. 위대한 작가의 천재성에 수줍어하는 눈먼 젊은 처녀가 그에게 쓴 것이라고 추측할 수 있다. 감동을 받으신 아버지는 폴리나의 편지를 읽었다. 아버지는 그 어느 때보다 더 사랑이 필요하셨던 그 순간에 사랑 고백을 받으셨던 것이다. 아버지의 마음은 어머니의 배신으로 인해 상처받아 있었다. 아버지는 기만당하고 조소당한 남편으로서의 자신을 업신여기고 있었다. 그런데 뜻밖에 신선하고 젊은 여성이 자신의 사랑을 그에게 바쳤던 것이다. ……

도스토예프스키의 딸의 이야기에는 주관적 견해가 나타납니다.

우선 아폴리나리야 수슬로바의 학생 주동자로서의 모습('마르세이예즈'나 말 이야기 등등)이 신빙성이 없습니다. 그녀가 열렬한 혁명가였다고 여겨지는 그 어떤 것도 없었고, 오히려 모든 것이 과장되고 괴이합니다. 비너스 역할도 공공연한 과장이지요. 모든 정황에 따르면 도스토예프스키는 그녀의 첫 남자였습니다. 이것은 그녀가 유부남과 사랑하는 관계를 부끄럽게 여긴다고 말했던 그녀의 메모에서 확인되었습니다. 아니지요, 그녀는 비너스의 역할을 하지는 않았지요. 그녀의 일기 속에 "너는 23살까지 기다렸다"라는 도스토예프스키의 말이 들어있네요.

좀 더 얘기합시다. 작가 딸의 말대로라면 무모하고 거의 모험가인 그녀가 그토록 수줍고 상냥한 편지를 쓸 수 있었을까요? 아닙니다. 허무주의자 여대생의 외적 거짓용기 밑에 때 묻지 않고 고결한 본성이 숨겨져 있었던 것이지요. 그러나 무정한 조각가인 삶은 우리들을 완전히 다른 개성으로 조각하곤 합니다. 나중에 수슬로바는 완전히 다른 사람으로, 즉 이기적이고, 악하고, 잘난 체하는 개성으로 변모합니다.

자, 도스토예프스키와의 관계, 소설, 사랑을 말해볼까요. 이 모두는 칵테일처럼 섞여있습니다. 서신교환, 비밀스런 만남, 문학적 도움. 도스토예프스키 형제들의 가족 잡지인 《시대》에 수슬로바의 중편 〈……하는 동안〉이 실렸습니다. 문학적 데뷔였던 셈이지요. 중편은 빈약하고 부자연스러웠지만 어찌된 일인지 출판되었습니다.

> "지나이다, 나는 당신을 참으로 사랑하오. …… 아, 당신! ……"
>
> "그도 사랑해요!"
>
> 그녀는 나를 보지 않고 말했고 그녀의 목소리가 떨리는 것처럼 내게 느껴졌다. 그녀는 숄을 걸치고 방을 나갔다. 나는 침묵하며 그녀의 뒤를 바라보았고, 내 가슴은 찢어졌다. 나는 그녀가 영원히 떠나갔으며, 또한 나의 모든 기쁨과 행복에 대한 기대를 가져가 버린 것을 알았다. 나는 고통스러움과 모욕을 느꼈다. ……

이것은 수슬로바의 중편 중 일부입니다. 남성의 말이지만 명백한 여성의 문체이고 심지어 부인의 문체입니다. 중편 속에도 열정은 들어있지만, 그러나 삶에서의 열정은 더 거세게 타올랐습니다. 수슬로바와 도스토예프스키 사이의 육체적 관계가 부조화스럽게 발전했고, 이것이 또한 수슬로바를 부끄럽게 만들었습니다. 우리가 모든 상세한 것들을 알지는 못하지만, 그럼에도 흥미로운 점이 있습니다. 나스타샤 필리포브나[6]의 입을 통해서 나온 이야기 속에는 수슬로바의 개별적인 특징들로 추측되어지는 다음과 같은 고백이 삽입되어 있습니다.

"바로 이 ……가 여기로 와서 창피를 주고, 화나게 하고, 타락시키고, 떠나가지요. 그래서 천 번이나 연못에 뛰어들고 싶었으나 결심이 충분치 못했어요. ……"

— 도스토예프스키의 소설 〈백치〉 중에서 —

다시 더 얘기해 봅시다. 만일 도스토예프스키가 어떻게든지 육체적으로 수슬로바를 강요하면, 그녀는 도덕적이고 심리적인 압박 속에서 복수전을 펼쳤습니다. 질책하고, 불만을 터뜨리고, 도스토예프스키가 폐병환자인 자신의 아내와 이혼하도록 요구했지요. 간단히 말해서 그녀는 단순한 사랑을 '증오 섞인 사랑'으로 바꿨던 것입니다. 그녀는 어색한 위치를 원치 않았고 단지 자신만을 이해했으며 사랑하는 사람을 자신의 발밑에 두려고 했습니다. 우연치 않게 도스토예프스키의 다음과 같은 언급을 읽을 수 있습니다.

아폴리나리야는 심하게 이기적이다. 그녀 속에는 이기주의와 자존심이

6) 도스토예프스키의 소설 〈백치〉의 여주인공.

대단하다. 그녀는 모든 사람들에게 완벽하도록 요구했고, 다른 훌륭한 특성들을 존경하는데 있어서도 한 치의 불완전함도 용서하지 않았다. 그러면서도 그녀는 사람들에 대한 가장 작은 의무로부터도 그녀 자신을 벗어나게끔 했다.

도스토예프스키와 수슬로바 어느 쪽도 양보하려 하지 않아서 항상 성격과 세계관의 충돌이 일어났습니다. 그리하여 그들은 함께 유럽 여행을 가려던 계획 대신에 수슬로바 혼자 도스토예프스키 없이 파리로 떠났습니다. 이것은 어느 정도 도주의 성격을 띠었지요. 도스토예프스키는 좀 더 뒤에 파리로 떠났습니다. 그런데 이때에…… 바로 이때에 새로운 사람이 나타났습니다. 살바도르라는 이름의 남자로 스페인 사람이었습니다. 그는 어떠한 식의 자기 성찰도 없는 의사였으나 여성들이 좋아하는 부류의 사람이었습니다(포장 없는 과자처럼 영혼의 교류와 비슷한 그 어떤 것도 없는 상태에서 여성에게 섹스를 제안하는 남자 말입니다). 표도르 미하일로비치 도스토예프스키 이후에 이것은 명백히 대조적이었고 매혹적이었습니다. 하지만 곧 살바도르가 떠나야만 하게 되었습니다.

그는 나에게 키스했다. 나는 입술을 깨물고 흐느껴 울지 않으려고 엄청난 노력을 했다.

— 수슬로바의 일기에서 —

많은 연구자들은 이 스페인 사람이 그녀의 유일하고도 진정한 사랑이었다고 확신합니다. 말로 표현되지 않은 사랑, 순수한 사랑이었지요. (혹은 동물적인, 육체적인 사랑이었을까요?)

도스토예프스키에게 보낸 편지 중에 다음과 같은 글귀가 있습니다.

…… 나는 당신을 만나고 싶어요. 왜냐고요? 나는 당신과 러시아에 관해 매우 얘기하고 싶답니다.

러시아에 관해서였을까요, 아니면 새로운 사랑에 대해서였을까요? 도스토예프스키 딸의 사랑에 대한 다음과 같은 해석은 흥미롭습니다.

폴리나는 봄에 파리에서 아버지에게 편지를 썼고, 그녀의 소설이 성공적이지 못했음을 알렸다. 프랑스에서 만나 사랑에 빠졌던 사람이 그녀를 기만했으나 그녀는 그를 버릴 힘을 갖지 못했다. 그녀는 파리에 있는 그녀에게 와달라고 내 아버지에게 주문했다. 아버지의 도착이 늦어지자 폴리나는 러시아 여성이 즐겨하는 위협인 자살시도를 했다. 놀란 아버지는 마침내 프랑스로 달려갔고 위로를 모르는 미인을 설득하기 위하여 가능한 모든 것을 했다. 그러나 폴리나는 내 아버지 도스토예프스키가 완전히 냉정한 것을 알고는 극단적인 방법에 의지했다.

어느 화창한 날, 그녀는 아침 7시에 내 아버지를 찾아와 그를 깨웠다. 그리고 막 산 듯한 큰 칼을 꺼내 보이며 그녀가 사랑한 프랑스 인이 비열한 인간이라 그 칼로 그의 후두부를 찌르는 징벌을 내리고 싶다고 밝혔다. 그녀는 지금 그 프랑스 인에게 가는 중인데 먼저 자신이 예정한 범행에 대해 아버지에게 알리고 싶어 들렀다고 했다. 나는 아버지가 어떻게 이런 저속한 희극으로 자신을 우롱하도록 허락했는지를 알지 못한다. 아버지는 폴리나에게 커다란 칼은 파리에 남겨두고 자신과 함께 독일로 갈 것을 충고했다. 폴리나는 동의했는데, 그것이 바로 그녀가 바라던 바였던 것이다.

다시 얘기를 이어봅시다. 도스토예프스키 딸은 아폴리나리야를 동정할 수 없었고 따라서 이 모든 것을 큰 칼을 이용한 과장과 추태로 보았지요. 마침내 수슬로바는 옮겨 살았으나 그렇게 단순하지는 않았습니다. 그녀의 일기로 판단해볼 때 더 복잡하고 더 극적입니다.

계속해서 순수한 '도스토예프스키 식 방법'이 시작됩니다. 상대방의 연구, 사랑 대신 우정의 제안, 그 밖의 가벼운 농담들. 바로 이러한 것을 수슬로바 자신이 자신의 일기에 다음과 같이 기록했습니다.

> 내가 그[7]에게 살바도르가 어떤 사람인지 애기했을 때 그는 그 순간에 기분 나쁜 감정을 느꼈다고 말했고, 마음이 더 가벼워졌으며 자신은 레르몬토프가 아니라고 말했다. 우리는 다시 부차적인 것들에 대해 많은 애기를 나누었다. 그는 나에게 나 같은 존재를 세상에서 알게 되어 행복하다고 말했다. 그는 나에게 우정의 관계로 남아있자고 제안하면서 특히 내가 행복하거나 불행할 때 편지를 쓰라고 요청했다. 그러고 나서 자신은 나의 오빠로 남겠다면서 이탈리아로 가도록 권유했다. 내가 그에게 그가 자신의 소설을 쓰게 될 것이라고 말했을 때 그는 "당신은 나를 어떤 사람으로 보는 거요! 당신은 모든 것이 아무런 느낌 없이 일어난다고 생각하는구려"라고 말했다. 나는 그에게 다른 날에 방문하겠다고 약속했다. 나는 그와 애기했을 때 기분이 나아졌다. 그는 나를 이해한다. ……

자, 이전의 연인 앞에서 도스토예프스키는 오빠로서의 역할이 만족스러웠을까요? 이 역할은 분명 표도르 미하일로비치 도스토예프스키를 위한 것은 아니었습니다. 그는 대체로 복잡한 상태에 있었습니다. 그의 첫 번째 아내인 마리야 드미트리예브나가 괴롭고 고통스럽게 죽은 뒤, 그 어떤 두 번째 아내도 명백하게는 없었던 것이지요. 아내가 죽었을 때 그가 수슬로바에게 결혼을 제안했지만 그녀가 거

---

7) 도스토예프스키.

절했습니다. 거절은 작가를 평온하게 하지는 않았습니다. 그녀는 온통 복수에 대한 갈망[8]에 사로잡혀 있었습니다.

"나는 그를 죽이고 싶지는 않아요." 내가 말했다. "그러나 매우 오랫동안 괴롭히고 싶어요."

"충분하오." 그(도스토예프스키)가 말했다. "그럴 가치조차 없소. 그것은 가루약으로 없앨 필요가 있는 추태요. 그 때문에 어리석게 시간을 낭비할 필요가 없소."

나는 동의했다. 그러나 나는 그를(살바도르) 마지막까지 매우 사랑했다. 그렇기에 그가 양심의 가책을 받고 내 앞에서 후회하도록 만들기 위하여 남은 생애를 바칠 준비가 되어있었다. 결국 그에게서 이것을 기대하지는 않는다. ……

— 수슬로바의 일기 중에서 —

살바도르, 프랑스에 살던 이 스페인 사람은 도망쳤고, 이로써 숙명적인 고통의 파편이 도스토예프스키의 머리에서 불시에 떨어졌습니다. 수슬로바의 국외 생활 일기에 '어제 표도르 미하일로비치가 나를 귀찮게 쫓아 다녔다' 라는 글귀들이 눈에 띕니다. 마치 싫증나게 하는 노래의 집요한 후렴구처럼.

1863년 9월 6일. 바덴-바덴. 수슬로바의 일기에서,

"지금 나와 함께 있었다는 걸 당신은 알지 못한단 말이오?!" 그가 이상하다는 표정으로 말했다.

"왜 그래요?" 나는 그의 얼굴을 보았다. 그는 매우 흥분해 있었다.

8) 살바도르에 대한…….

"나는 지금 당신의 다리에 키스하고 싶었소."

"무엇 때문에요?" 나는 다리를 끌어당긴 후 심한 당혹감, 아니 거의 경악해서 말했다. ……

5년 간, 그러니까 1861년부터 1866년까지 도스토예프스키와 수슬로바의 관계는 이어졌습니다만, 거기에는 내내 어떤 불화와 부조화가 있었습니다. 사랑의 음조로 볼 때 불일치한 박자였다고나 할까요. 우리에게는 하늘의 구름 저편에 있는 세계 문학의 초고전超古典 작가로서의 도스토예프스키 옆에 서 있고, 그와 같은 공기를 마시며 같은 말을 듣는 것이 거의 터무니없는 행운같이 생각됩니다. 하지만 수슬로바에게 있어 그는 단지 자신의 숭배자인 한 남성일 뿐이었으며, 그녀는 그의 책을 거의 읽지 않았고, 그녀 자신의 일기에서도 그것들에 대한 아무런 언급이 없습니다. 그렇게 표도르 미하일로비치 도스토예프스키의 복잡하고 풍요한 내적 세계는 바로 그녀 옆을 스쳐갔습니다.

그녀에게는 다른 이의 세계가 아닌 자신의 세계가 중요했습니다. 도스토예프스키가 어떤 편지에서 "오, 사랑하는 이여, 나는 당신을 보잘것없는 행복으로 초대하지는 않소. ……"라고 아폴리나리야에게 썼을 때, 그녀에게 이것은 단지 귓등을 스치는 말일 뿐이었습니다. 하지만 도스토예프스키의 젊은 속기사 안나 스니트키나 그리고리예브나[9] 또한 그 말을 들었고, 그녀는 그의 그런 초대에 응했습니다. 단

---

9) 도스토예프스키는 1866년에 쓴 소설 〈노름꾼〉에서 주인공 청년의 사랑을 멋대로 이용하면서 상대가 미남이라는 이유만으로 하찮은 프랑스 남자에게 몸을 맡기는 오만한 여성 폴리나의 굴절된 인격을 그리고 있다. 주인공은 폴리나를 위해 언제라도 생명을 바칠 각오라고 거듭 말하지만, 막판에 주인공이 도박에서 크게 이겨 거액을 챙겼을 때 청년이 데리고 달아나는 여자는 폴리나가 아니라 '상대가 해준 만큼은 시원스레 보답하는' 쾌활한 창부 브랑슈였다. 이 소설은 아폴리나리야를 모델로 썼다고 생각되어지는

지 사랑하는 사람과 함께라면 그 어떤 초대에도 응할 수 있다는 말이지요. 안나 스니트키나는 진실한 여성으로서 마음을 열 준비가 되었고 자신을 희생할 준비가 되었던 것입니다. 그러나 아폴리나리야는 그렇지 못했습니다. 그녀는 보잘것없는 행복을 싫증냈으나, 고귀한 행복에 끌리지도 않았습니다. 그녀는 어떤 다른 것, 섹스, 사랑, 숭배, 무한한 자유에 대한 몽상을 바랬지요.

또 다른 이야기입니다. 1863년 9월 1일에 수슬로바는 자신의 명예를 훼손시키는 종이들을 태워 버렸습니다. 도스토예프스키가 수슬로바에게 보낸 많은 편지들이 사라졌지요. 모든 것이 실제로 있었던 것처럼 단지 추측들만이 무성하게 남았습니다. 물론 도스토예프스키 문학의 여주인공 형상들, 예를 들자면 〈노름꾼〉의 폴리나, 〈백치〉의 나스타샤 필리포브나, 〈카라마조프가의 형제들〉의 카테리나와 그루쉔카 등이 수슬로바의 흔적을 담고는 있겠지만, 그러나 형상들이 원형과 일치할 수는 없겠지요. 아폴리나리야에 관한 것은 그녀의 일기와 편지들로 판단하는 것이 낫습니다.

1864년 4월 15일에 도스토예프스키의 아내가 죽었습니다. 이틀이 지난 뒤의 장례식 날, 표도르 미하일로비치 도스토예프스키는 수슬로바에게 편지를 썼습니다. 이제 자유로워졌고 곧바로 그녀에게 갈 준비가 되어있다고 썼지요. 편지는 보존되지 않았습니다. 그러나 장례식 날에 썼다는 것이 주목할만합니다.

같은 해 4월에 수슬로바는 살리아스 백작부인에게 썼습니다.

데 이 소설을 완성했을 때 도스토예프스키는 그녀에 대한 미련이 다소 줄어들었을 것이라 생각된다. 그같이 된 데는 그를 위해 도움을 아끼지 않은 이 작품의 속기사 안나 스니트키나 그리고리예브나의 존재가 크게 작용했다. 그리고 이 안나 스니트키나는 바로 도스토예프스키가 재혼하여 죽을 때까지 믿고 사랑한 두번째 부인이었다. 도스토예프스키보다 나이가 반은 어린 안나 스니트키나는 그러나 자기가 택한 운명에 대해 성실과 책임을 다한 훌륭한 아내였다.

젊은 시절의 로자노프

당신은 제가 무엇을 하고 있는지 물으셨지요. 저도 역시 브뤼셀의 친구 집에 일주일 동안 있었습니다. ……

그녀는 유럽을 돌아다녔습니다. 그녀에게는 친구들이 있었지요. 그녀에게는 숭배자들도 있었습니다. 그녀는 자유로운 새였습니다. 그녀는 정기적으로 부쳐져오는 아버지의 돈으로 살았습니다. 적긴 했지만 편안했지요.

그러나 휴일은 끝났습니다. 아폴리나리야는 러시아로 돌아왔습니다. 도스토예프스키와의 일도 모두 끝이 났습니다. 무엇을 했을까요? 그녀는 시골에서 조용히 살면서 시골 교사 시험 준비를 했습니다. 실패한 여성 혁명가가 민중 속으로 들어가려는 것이었을까요? 여자의 마음은 알 수 없습니다. 하물며 아폴리나리야 수슬로바 같은 이는 더하겠지요. 한 편으로는 악마적이고 다른 한 편으로는 경건합니다. 아마도 그런 특성 때문에 도스토예프스키는 그녀를 사랑했겠지요. "나는 지금까지도 그녀를 사랑한다. 매우 사랑한다. 그러나 이미 그녀를 사랑하고 싶지 않아졌다."

독특한 고백이지요. 로자노프도 비슷한 말을 했습니다. "그녀와 함께 있는 것은 힘들었다. 그러나 그녀를 잊는 것은 불가능했다." 모두 일반적인 것에서 벗어나 평범하지 않은 것 같습니다.

그녀의 천성적인 의기소침, 평범한 가정의 행복에 대하여 믿지 않고 바라지도 않는 마음을 바실리 로자노프도 느꼈습니다. 그는 수슬로바와 만난 자신의 불행을 깨닫게 되었습니다. 그들은 로자노프가 학생일 때 알게 되었습니다. 약 사십 세의 여성과 학생. 얼마나 대조적이고 동시에 얼마나 매력있습니까! 로자노프에게는 젊음이, 그녀에게는 경험과 성숙이 있었지요. 그러나 그것 뿐만은 아니었습니다. 그녀는 바로 도스토예프스키가 사랑했던 여인이었고, 로자노프는 도스토예프스키의 열렬한 숭배자였습니다. 수슬로바를 통해 도스토예프스키에게 가까이 가는 일은 유혹적이고 매력적이었지요.

로자노프의 일기에 그것에 대한 짧고 거의 정확한 글귀가 있습니다.

아폴리나리야 수슬로바와의 만남. 그녀에 대한 사랑, 독서, 여러 가지 생각들이 머리에 떠오른다. 수슬로바는 나를 사랑한다. 그리고 나는 그녀를 매우 사랑한다. 내가 만났던 여성들 중 가장 근사하다. 과정을 마쳤다. ……

글린카-볼쥬스키에게 보내는 편지에서도 로자노프는 다음과 같이 썼습니다.

내가 수슬로바를 처음 만난 것은 나의 문하생 쉐글로바야의 집에서였지. 모든 것이 어두운 색조였어. 칼라와 덧소매가 없는 옷을 입고 이전에 상당한 아름다움을 지녔었을 것 같은 흔적이 있는 그녀는 프랑스에서(그녀는 프랑스에 자신의 좋은 친구들을 남겨두었다. 하지만 러시아에는 아무도 없었다) 부르봉 왕가의 번성을 고대했던 정통주의자였으나, 러시아에서는 단지 귀족적인 전통과 왕위를 좋아했어. 나는 끝까지 사회주의자였고 …… 그리고 평민 교사들 사이에서 '부서진 도자기 화병의 파편'에게로 온통 끌렸지.

'경험 많은 요부'인 그녀가 예리한 시선으로 나에게 상심을 준 것을 알아차렸기에 냉정하고 평온하게 말했어. 한마디로, 모든 것이 '카테리나 메디치'[10]였지. 그녀는 실제로 카테리나 메디치와 흡사했어. 그녀는 냉담하게 범행을 저질렀을 거야. 완전히 냉담하게 죽였을 거야. 성 바르톨로메오 축일의 밤[11]에 흥분하여 곧바로 창문을 통해 위그노들[12]을 사살했을 거야. 간단히 말해서 수슬로바는 정말이지 대단했어. …… 나는 아직까지도 그런 러시아 인을 보지 못했어. 그녀는 영혼의 스타일에서부터 완전히 러시아 사람 같지가 않았어. 만일 러시아 사람 같았다면, 분리파 신자였겠지. …… 아니면 더 나은 흘리스토프[13] 신봉자였든지. 머리는 중간정도로 그리 뛰어나지는 않았어. 하지만 외모는 충분했지. ……

파리와 브랸스크. 그녀는 파리에서 브랸스크로 옮겨왔고 그곳에서 바실리 로자노프를 가르쳤습니다. 결국 마담 드 스탈은 자만했고 불타는 외투 색깔로 온통 기분 상하게 했으며 갖가지의 조소로 혹독하게 괴롭혔습니다. 러시아 시골에 있는 파리의 악마 같은 여자였지요. 결국 로자노프는 참고 견딜 수 없었습니다.

1880년(아직 도스토예프스키 생전입니다) 11월 11일에 "모스크바 왕립 대학의 학장으로부터 역사 · 철학 학부 3학년생인 바실리 로자노프에게 법적인 결혼에 아무런 장애가 없다는" 증명서가 수여됩니다. 신부 수슬로바는 41세, 로자노프는 24세였습니다. 그러한 결합에서 무엇을 얻겠습니까? 좋은 것은 아무것도 없지요. 아마도 단지 하나는 있었을 겁니다. 수슬로바가 로자노프의 관심을 자연과학에서 문학으

---

10) 이탈리아 부르주아 가문인 메디치 가문의 후손으로 프랑스의 왕비가 된 카테리나 데 메디치(카트린 드 메디시스)를 말한다. 카테리나 데 메디치에 대한 중요한 혐의가 몇 가지 있는데, 아들 샤를 9세의 독살, 잔 달브레의 독살, 콜리니의 저격, 성 바르톨로메오 축일의 대학살에 관한 것들이다.

11) 1572년 8월 24일 파리의 신교도 대학살의 밤.

12) 16세기 프랑스의 신교도들.

13) 신비, 교회, 사제를 부정하고 자기 몸을 매질하는 17, 18, 19세기 전반의 러시아 정교회의 한 파.

로 돌림으로써 로자노프로 하여금 가장 독창적이고 역설적인 러시아 사상가들 중 한 사람인 '유명한 로자노프'가 되게끔 했다는 것일 겁니다. 하지만 아마도 그는 그녀의 충동질이 없었어도 그렇게 되었을 겁니다.

동반자로서의 그녀에 대한 관심은 곧 사그러들었습니다. 로자노프는 가정생활에서 완전한 독재자인 아폴리나리야를 보았던 것입니다. 그녀는 자신의 젊은 남편을 단지 책망하고 귀찮게 굴 뿐만 아니라 공개석상에서 따귀를 때리는 등의 거친 질투의 표현도 서슴지 않았습니다. 그리고 이 모든 것은 그녀의 개인적인 '자유분방함'과 병행되었지요. 남편의 젊은 친구들과 노닥거리거나 부적절한 행동을 하는 것 말입니다. 바로 이 같은 일에 관해서 지나이다 기피우스는 다음과 같이 쓰고 있습니다.

> 결국 그녀가 이해하지 못하고 그녀를 만족시키지 못하는 초라한 선생에 대한 사랑 때문이 아니라 둘 사이에 평등이 사라졌기 때문이었다. 남편에게 매일 눈물이 담긴 물로 씻기를 강요하는 것은 유쾌했고, 이러한 둘 사이에 말은 없었다. 그러나 삶은 이것으로 채워지지는 않는다. 그녀는 늙어가면서 더욱 음란해져 모스크바에서 더 자주 학생들, 젊은이들에게 넋을 빼기고 남편에게 싫증냈다.

나이든 수슬로바의 튕겨 오르는 사랑의 한 대상 중에는 학생인 골돕스키가 있었는데, 그는 잘생긴 유태인이었습니다. 하지만 그는 성직자의 딸인 알렉산드라 포포바를 사랑했지요. 수슬로바는 젊은이들의 사랑을 훼방 놓으면서 골돕스키에게 깊이 구애했습니다. 물론 그가 그녀의 구애를 거절하자 수슬로바는 그를 혁명적 인사들과 교제한다면서 헌병대에 밀고했습니다. 파멸적인 여성의 파멸적인 행보가 아니겠습니까.

이 모든 것은 젊은 로자노프를 도저히 참을 수 없게 만들었습니다. 그 때에 그는 방대한 저서인《이해에 관하여》를 쓰고 있었습니다. 책이 나왔으나 기대했던 효과를 얻지 못했습니다. 작가의 딸인 타치야나 로자노바는 다음과 같이 회고했습니다.

수슬로바는 그가 한심한 책을 썼다고 말하면서 그를 실컷 조롱하고 매우 모욕했으며 결국 그를 버렸다. 이것은 작은 시골 마을에서는 커다란 스캔들이었다.

수슬로바는 로자노프를 두 번이나 떠났습니다. 참으로 기이한 것이 그는 내내 그녀에게 용서를 구하고 돌아오기를 간청했던 것입니다. 그는 글린카-볼쥬스키에게 보내는 편지에서 털어놓았습니다.

가련한 나의 폴렌카! 가련한 나의 폴렌카! 그녀가 이유 없이 나를 떠났을 때 얼마나 내가 우수에 잠겨 그녀를 브랸스크에서 찾아 헤맸던지. ……

아닙니다. 이 여자는 남자에게 기쁨을 가져오지 못했습니다. 그녀는 항상 걱정과 염려만 불러일으켰지요. 1890년에 로자노프가 수슬로바에게 보낸 편지 중 하나입니다.

당신은 비단옷으로 치장하고 자신이 부유한 여성이라는 평판을 얻게끔 하기위해 여기저기에 선물을 뿌리고 다니지만 이 평판으로 당신은 나를 땅에 구부리게 했소. 우리는 7년 동안이나 행복한 삶을 살지 못했소. 세상의 평온한 사람들의 눈은 내가 부를 위해서 당신에게 나 자신을 팔았을 것에 관한 비밀스런 이야기들을 찾아 얼마나 재잘거리고 싶어 하는지 당신은 이해하지 못하오. 모두들 우리의 나이 차를 알고 있으며, 당신이 모두에게 내가 음탕하다고 불평하고 있지만 그들은 그 외에 내가 돈과 결혼했다는 다른 생각을 하고 있다오. 그리고 이 생각이 나를 7년 간 침묵 속에서…….

편지는 계속됩니다.

겸손하고 고요한 삶 대신, 남편 옆에 앉아 여러 해 동안 작업하고 있는 그를 관심과 평안으로 감싸고 또한 이 작업을 다른 이들이 존경하고 소중히 하게끔 애쓰는 대신, 당신은 무엇을 하였소? 신실한 아내는 모든 모욕을 자신이 감수하고 남편에게까지 미치지 않도록 하며 남편의 마음과 그의 머리카락까지 소중히 하는데, 당신은 병풍 뒤에서 나를 머슴으로 부리고 우리가 아는 모든 이들이나 동료들이 보는 앞에서 험담과 멸시로 나를 깎아 내리면서 항상 바보 같은 작품을 쓴다고 모욕했소. 당신은 단 한 번이라도 내가 쓰는 것에 대해, 나의 생각에 대해 물어본 적이 있소? ……

길고 흥분에 찬 편지는 로자노프가 분노로 손끝까지 떨고 있음을 느끼게 합니다.

당신은 천한 여자요. 비어있고 생각이 없소. …… 자신의 과거를 돌아보고, 자신의 성격을 바라보고, 거기에서 무엇이든지 찾아내 보시오. …… 당신은 자신을 위해 울 필요가 있는데도 당신은 여전히 의기양양하오. 불쌍한 당신, 그러나 나는 당신을 내 자신의 고통 때문에 미워하지는 않소. ……

도스토예프스키와의 관계처럼, 수슬로바는 로자노프와도 사랑과 증오의 끈적끈적한 관계, 함께 있고 싶기도 하고 헤어지고 싶기도 한 관계를 이어나갔습니다. 바로 그 1890년에 로자노프는 정치국 앞으로 여권수속 때문에 편지를 썼는데 "…… 저는 아직 그녀가 예전이든 나중에든 평안해지기를 바라며 저희가 다시 평화롭고 행복하게 살기를 바랍니다"라고 적었습니다.

로자노프는 끝까지 자신의 비운의 짝의 비밀을 밝히려고, 그녀의 성격을 해부하여 그녀의 본질을 찾아내려고 시도합니다. 비평가이며 문학 역사가인 알렉산드르 글린카-볼쥬스키에게 보내는 편지에서 로자노프는 다음과 같이 썼습니다.

"아, 이 놀라운 여자야." 사랑과 총애로 나는 말했네. "아, 당신은 나의 브류네길다이고 프리네길다요." 문학과 신화에서 그녀의 사랑받는 타입은 메데아로서, 이아손이 변화시킨 그녀는 자식들을 죽이지. 수슬로바는 완전히 주인공 타입이야. '역사적 규격들'. 다른 시대에서 그녀는 많은 것을 했겠지. 여기에서 그녀는 불시에 시들었어. 그녀는 나를 결코 사랑하지도 않았고 증오로써 내내 무시했지. 그녀는 단지 나로부터 사랑만 가져갔어. 사랑 없이 그녀는 살 수 없거든. 돈에는 냉담했지. 명성을 몰래 부러워했지. 머리는 중간 정도인데 급속도로 나빠졌어. 그러나 외모는, 외모는…….

외모, 앞에서 언급한 외모, 그녀의 외모는 참으로 독창적이었고 그러한 특성이 도스토예프스키나 로자노프같은 지식인들의 주의를 끌었던 것입니다. 외모, 이것은 굉장한 것이지만 그러나 가정생활을 위해 필요한 속성은 전혀 아니지요. 로자노프가 다른 여성, 자신의 미래의 아내인 바르바라 드미트리예브나를 만났을 때 그녀에게는 멋진 외모는 없었지만 그밖의 모든 다른 것들이 있었습니다. 그녀는 그에게 자식들을 낳아주었고 수슬로바는 그것을 도저히 용서할 수 없었습니다. 완전히 20년 동안 그녀는 로자노프에게 이혼해 주지 않고 새로운 가족을 곤란과 고통 속에 빠뜨리며 자신의 고약함을 드러냈습니다. 그녀 자신은 행복했을까요? 행복은 로자노프와 함께 있을 때도 그가 없을 때도 없었습니다.

로자노프와 그의 아내 드미트리예브나, 그리고 아이들

수슬로바는 니즈니 노브고로드로 옮겼고 수양딸 사샤의 교육 문제로 그곳에 머물렀습니다. 그러다가 그녀는 사샤가 물에 빠져 죽은 사건 후 니즈니를 떠나 크림으로 갔습니다. 수슬로바는 세바스토폴에서 다시 새롭게 시작하여 자신의 남은 16년을 그곳에서 보냈습니다. 그녀는 이미 늙은 부인이 아니라—기피우스의 표현을 빌면—'괴상한 할멈', '넋이 나간 쇠약한 노파' 였습니다.

'철의 아폴리나리야' 가 자신의 후반기 삶에서 한 것은 무엇일까요? 《러시아 인민의 연방》에서는 여자혁명가로 시작했으나 반동주의자로 끝났다고 나와 있습니다. 1918년에 그녀는 78세로 죽었습니다. 다음 해에 로자노프도 이 세상을 떠났는데 그렇게 해서 아폴리나리야 프로코피예브나 수슬로바와 떨어지지 않은 셈이지요. 그는 그런 식으로 자신의 젊은 시절의 '죄' 에 대한 높은 값을 치른 후 십자가를 지고 떠났습니다.

바실리 로자노프에 대해 무엇을 말할까요? 그는 많은 책을 썼습니다. 그것들은 폭넓게 발행됩니다. 로자노프 없이는 지금의 러시아 문학과 러시아 철학이 없지요. 그러면 수슬로바는요? 그녀는 그 같은 오랜 삶 뒤에 무엇을 남겼나요? 그녀는 많은 것을 쓰지도 못했고, 그나마 쓴 것들 또한 특별한 관심을 끌지 못합니다. 사회적인 면에서도 아무것도 얻은 게 없지요. 학생저항운동에서도, 노년의 비개화주의자로서도. 가정을 만들지도 못했고 자식을 남기지도 않았습니다. 그녀의 유일한 공적은 19세기의 60년대 러시아 허무주의자들 속에 들어가 그 중심에 있는 두 천재인 도스토예프스키와 로자노프와 함께 있었다는 것입니다. 그러나 그들에게 어떠한 사랑도 주지 않았고 단지 고통만 주었지요. 자만심이 그녀로 하여금 그들 중 누구와도 겸손하게 살도록 허용하지 않았던 것입니다. 그녀는 '해방' 예식의 우연한 희생자가 되었습니다.

로자노프의 책《떨어지는 잎사귀들》에서 "톨스토이를 경탄시키고, 도스토예프스키를 감동시키는"이라는 기록이 있습니다.

덧붙입시다. 그러면 수슬로바는? 수슬로바는 유감을 불러일으킵니다.

바람 따라 흔들리는 삶…….

7장 소피야 코발렙스카야

숫자의 마법에 사로잡히다

소피야 코발렙스카야(Софья Ковалевская)는 러시아 여성이 학문에서 많은 것을 성취할 능력을 가지고 있다는 것을 처음으로 증명한 사람들 중 한 사람입니다. 그녀는 상트 페테르부르크 과학 아카데미의 객원 회원으로 선출됐으며 스톡홀름 대학 전문학교의 석좌 교수가 되었습니다. 그녀는 복잡한 선의 기하학과 숫자의 정확한 법칙들을 완벽하게 기억했습니다. 그러나 안타깝게도 '사랑의 기하학'을 이해하는 데는 실패했습니다. 그녀의 여자로서의 운명은 남자의 운명과 교차하려고 하지 않았습니다. 순수한 수학자였던 그녀는 자신에게 낯선 학문을 결코 습득하지 못했었는데, 그것은 바로 사랑의 마법이었습니다. 아무튼 이 모든 것에 대해서 자세히 이야기해 봅시다.

소피야 바실리예브나 코발렙스카야는 1850년 1월 3(15)일에 모스크바에서 태어났습니다. 그녀의 아버지 바실리 코르빈-크루콥스키 장군은 포병공장의 책임자였습니다. 어머니 엘리자베타 슈베르트는 아버지보다 스무 살 연하였습니다. 후에 자신에 대해서 소피야 코발렙스카야(이 남편의 성에 의해 그녀는 역사에 남게 됐습니다)는 다음과 같이 말했습니다.

나는 선조였던 헝가리의 왕 마트베이 코르빈으로부터 학문에 대한 열정을, 외증조할아버지인 천문학자 슈베르트로부터 수학과 음악, 시에 대한 사랑을, 집시였던 증조할머니로부터 유랑 생활에 대한 사랑과 관습을 따르지 못하는 자유로움을 상속받았다. 나머지는 모두 러시아로부터 받은 것이다.

이렇듯 매우 폭발하기 쉬운 피의 칵테일이라는 점에 동의하실 겁니다. 그리고 이것은 소피야 바실리예브나 코발렙스카야의 삶 속에서 증명되었습니다. 그런데 시작은 화려했습니다. 침대에 있던 아이들, 즉 큰딸 아뉴타,[1] 둘째딸 소피야, 막내딸 페쟈에게 크림을 넣은 커피와 크로와상을 가져다주었습니다. 지주의 어린 자식들은 편안함을 즐겼습니다. 소피야 코발렙스카야는 자신의 어린 시절의 정경을 다음과 같이 묘사합니다.

해님은 벌써 오래 전에 우리 아이들 방을 비추고 있었다. 우리들은 차례로 눈을 떴지만 서둘러서 침대에서 일어나 옷을 입지는 않았다. 잠에서 깨는 순간부터 옷을 입는 순간까지 소란을 피우고, 서로에게 베개를 던지고, 서로의 맨발을 잡아당기고, 시시한 수다를 떠는 등의 긴 간격이 있었다. 방 안에 커피 향기가 퍼져나간다. 불가피하게 낮 동안에는 나이트캡 대신 머리카락을 가려주는 비단머릿수건으로 바꿔 썼다. 자신도 아직 옷을 다 입지 않은 유모가 구리로 만든 커다란 커피포트가 놓여있는 쟁반을 들고

1) 안나의 애칭.

와서는 아직 세수도 안하고 머리도 빗지 않고 침대에 누워 있는 우리들에게 크림을 넣은 커피와 맛있는 빵을 먹여주었다. 다 먹고 난 후 이따금씩 앞서의 소란으로 피곤해진 우리들은 다시 잠이 들었다. ……

소피야가 여섯 살 때, 아버지는 퇴역해서 비쩨프 현에 있는 자신의 세습 영지인 팔리비노에 정착했습니다. 그곳은 숲과 강, 참나무들이 있는 아주 조용하고 평화롭고 안락한 곳이었습니다. 하지만 구름 한 점 없는 어린 시절의 하늘에도 가끔 먹구름이 끼었습니다. 집안의 귀염둥이는 아뉴타(그녀는 소피야보다 7살 위였습니다)였고, 소피야는 아무래도 적당하지 못한 때에 태어났습니다. 그녀가 태어날 당시 그녀의 부모님들은 아들을 기다리고 있었던 것입니다. 또한 그 무렵 그녀의 아버지가 영국 클럽에서 많은 돈을 잃었는데, 이로인해 어머니의 다이아몬드를 담보로 잡혀야만 했었을 정도였습니다. 이러한 상황에서 '그다지 원하지 않았던 딸'이라는 처지는 소피야 안에서 폐쇄적인 성격을 발전시켰습니다. 코발렙스카야는 회고록에 다음과 같이 쓰고 있습니다.

나를 응접실로 데려가면, 나는 얼굴을 찌푸리고 양손으로 유모의 옷을 꽉 잡고 서 있었다. 내게서는 한 마디 말도 들을 수 없었다. 유모가 아무리 나를 달래도 나는 고집스럽게 침묵을 지켰다. 엄마가 결국 짜증을 내면서 "자, 유모, 당신의 야만인을 다시 아이들 방으로 데려가세요! 그 애하고는 손님들 앞에서 창피를 당할 뿐이야. 그 애는 정말로 혀를 삼켜버렸어!"라고 말할 때까지 궁지에 몰린 어린 짐승처럼 겁을 먹고 화를 내면서 모두를 힐끗 힐끗 쳐다볼 뿐이었다.

회고록 상의 이렇듯 작은 사건도 심리분석의 훌륭한 자료로 쓰일 수 있습니다. 이는 사람에게 있어 여러 가지 콤플렉스가 어떻게 형성되는 지를 잘 보여 주기 때문입니다.

'고립' 은 언제나 자기 자신과의 대화를 요구합니다. 그 때문에 5살의 소피야는 시를 짓기 시작합니다. 12살에 그녀는 이미 반드시 시인이 될 것이라고 깊이 확신합니다. 그녀의 시 제목들조차 의미심장합니다. 〈말에 대한 베두인[2]의 호소〉와 〈진주를 따기 위해 잠수한 사람의 느낌〉.

15살에는 새로운 취미가 생겼는데, 바로 기하학과 분석적 산술의 시작인 수학입니다. 그런데 이 취미는 우연히 어린이 방의 벽지를 연구하면서 시작된 것입니다. 벽들은 아카데미 회원인 오스트로그라트스키의 미분과 적분 계산에 대한 강의 기록들을 인쇄한 벽지로 도배되어 있었습니다. 재미있고 이해하기 어려운 이 문자들은 어린 소녀의 주의를 끌었습니다. 그녀는 이것들을 연구하기 시작했고, 점차 벽에 인용된 모든 공식들의 의미를 이해하게 되었습니다. 소피야 바실리예브나 코발렙스카야가 처음 수학 수업을 받았을 때, 노교수들은 그녀의 깊은 지식에 매우 놀랐습니다.

그러나 아무래도 소피야를 '학자인체 하는 여자' 라고 말할 수는 없습니다. 그녀는 자신의 언니 아뉴타의 연애를 아주 흥미롭게 지켜봤습니다. 그 당시 이미 유명했던 작가 표드르 미하일로비치 도스토예프스키가 아뉴타에게 구혼했습니다. 아뉴타는 소피야와 마찬가지로 창작 활동을 했고—단편들을 썼습니다—이로 인해 도스토예프스키는 그녀에게 더 매력을 느꼈습니다. 그러나 이 사랑은 일방적인 것이었습니다. 도스토예프스키는 아뉴타를 사랑했지만 거절당했고 이 사실은 그를 절망에 빠지게 했습니다. 한 번은 그가 아뉴타에게

2) 아라비아의 유목민.

도스토예프스키

"당신은 시시하고 별 볼 일 없는 마음의 소유자요! 당신 여동생이 훨씬 나아요! 그녀는 아직 어린아이지만 나를 잘 이해합니다! 왜냐하면 그녀는 비단결 같은 마음을 갖고 있기 때문이오!"라고 심한 말을 하기도 했습니다.

그때 '아직 어린아이였던' 소피야 코발렙스카야는 "나는 만족감으로 온통 빨개졌다. 만일 필요했다면 내가 그를 얼마나 잘 이해하고 있는지를 증명하기 위해서 내 몸을 조각내도록 했을 것이다"라고 회상했습니다.

한편 그사이에 도스토예프스키는 더 흥분해서 큰언니의 면전에다 대고 "당신은 자신이 굉장히 예쁘다는 자아도취에 빠져있어요. 하지만 시간이 지나면 당신 여동생이 당신보다 훨씬 더 아름다워질 거요! 여동생의 얼굴이 표정도 더 풍부하고, 게다가 집시의 눈을 가지고 있어요! 그런데 당신은 얼굴만 반반한 독일 여자요. 당신은 바로 그런 사람이오!"라고 모욕적인 언사를 퍼부었습니다.

주피터가 확실하게 화가 난 것입니다.[3]

완전한 파국이었습니다. 나중에 아뉴타는 제1차 국제 노동자 협회 참가자였던 빅토르 자클라르와 결혼했습니다. 도스토예프스키는 다른 심장, 안나 스니트키나 그리고리예브나에게서 응답을 발견했습니다. 그럼 열세 살의 소피야는 어떻게 됐을까요? 그녀는 한편으로 언니가 표도르 미하일로비치 도스토예프스키의 청혼을 거절해서 매우

3) 대문호였던 도스토예프스키의 분노를 의미한다.

기뻤지만 다른 한편으로는 그녀 자신은 그에게 사랑스럽긴 하지만 아무것도 모르는 어린아이에 불과하다는 것을 이해했습니다. 〈도스토예프스키와의 만남〉이라는 장에서 소피야 코발렙스카야는 그와의 작별을 다음과 같이 묘사하고 있습니다.

> 표드르 미하일로비치는 작별하기 위해서 한 번 더 우리 집을 찾았다. 그는 얼마동안 앉아있었는데, 아뉴타 언니에게 친절하고 꾸밈없이 대했고 그들은 서로 편지를 쓰기로 약속했다. 나와의 작별은 매우 상냥했다. 그는 헤어질 때 내게 키스까지 했지만, 내가 그에 대해 어떤 감정을 가지고 있는지, 그리고 그가 내게 얼마나 많은 고통을 주었는지는 전혀 모르고 있었던 것이 사실이다. ……

그러나 이 모든 것 역시 어린아이의 고통이었던지라 '실연의 상처'는 곧 아물었습니다. 수학은 상처를 치료해 주는 약이 되었습니다. 숫자들은 생각을 다른 데로 돌려주었고, 동시에 열중하게 만들었습니다.

소피야 바실리예브나 코발렙스카야는 성숙한 나이에 접어들었고, 앞으로 어떻게 살 것인지 결정해야만 했습니다. 결혼하고 아이들을 낳을 것인가? 자신을 완전히 남편에게 의존하는 운명으로 인도할 것인가? 동생 소피야도, 언니 아뉴타도 이것을 원하지 않았습니다. 그들의 눈앞에는 자기 어머니의 예가 있었습니다. 어떤 경우였을까요? 자매의 어머니인 엘리자베타 표도로브나의 일기 중 몇몇 구절들이 여기 있습니다.

> 1843년 1월 21일 : 자, 나는 결혼했다. 내 미래는 희망으로 가득 차 있다.
> …… 내게는 매력적인 남편이 있고…….

1845년 9월 29일 : 내 남편은 내가 속해있는 상류사회의 생활을 누리는 것을 허용하지 않는다. …… 그는 확고하며, 나는 그를 설득할 수가 없다. 그는 내게서 모든 종류의 교류를 앗아갔다.

1846년 1월 17일 : 결혼기념일이다. 남편은 집시들이 노래 부르는 클럽에 있고…….

이렇게 계속되더니, "나는 집에 있다－슬픈 시간들이다……"라는 구절이 점점 늘어나고 있습니다.

아닙니다. 코르빈－쿠르콥스키 자매는 이렇듯 단조롭고 지겨운 생활도, 적극적인 여권 운동가였던 메리 올스톤크라프트가 표현했던 '비참한 노예'의 처지에 놓이는 것도 절대 원하지 않았습니다. 그들 둘 다 일을 갈망하기만 하는 것으로는 부족했습니다. 일을 하기 위해서는 전문적인 지식이 필요했으니까요. 그래서 이제 아뉴타는 자신의 모든 용돈을 의상이나 '장식용 핀'이 아니라 책을 사는데 쓰기 시작했습니다. 그녀는 책들을 상자 째로 주문했는데 이는 소설책들이 아니라《인간 생리학》,《문명사》등과 같은 지혜로운 제목을 가진 책들이었습니다.

읽은 책의 영향을 받아 아뉴타는 아버지에게 상트 페테르부르크로 혼자 공부하러 가도록 허락해 달라고 요구했습니다. 동생 소피야는 "처음에 아버지는 전에 아뉴타 언니가 시골에서 살기 싫다고 선언했을 때 그랬던 것처럼 그녀의 청을 농담으로 돌려 버리고 싶어 하셨다. 그러나 이번에 아뉴타 언니는 누그러지지 않았다. 아버지의 농담이나 익살도 그녀에게 먹혀들지 않았다. 그녀는 아버지가 영지에서 살아야만 한다고 해서 그녀까지 일도 즐거움도 없는 시골에 틀어 박혀야만 하는 것은 아니라고 열렬히 주장하곤 했다. 결국 아버지는 화를 내셨고, 어린아이한테 하듯이 그녀를 큰소리로 꾸짖으셨다."

그러나 공부하러 떠난다는 생각은 어린 소녀의 머릿속에 깊이 뿌리를 내렸습니다. 곧 동생인 소파[4]도 이 생각에 열중하기 시작했습니다. 하지만 아버지의 집에서, 그 당시 삶을 억눌렀던 전통과 관례의 예속상태에서 어떻게 벗어날 수 있을까요? 여성 해방이 성공(아니면 실패) 한 후인 오늘날에야 젊은 여성이 마음대로 자신의 운명을 결정하고, 수 천의(어쩌면 수 만의) 여성들이 쉽게 고향집을 떠나 대도시로 향합니다. 그런데 그 당시에는! …… 모든 것이 복잡하고 문제투성이였는데, 좋은 집안 출신의 아가씨들에게는 특히 더했습니다. 아버지 코르빈-크루콥스키 장군의 명제는 그 당시에는 당연한 것이었습니다. "모든 정숙한 처녀의 의무는 시집가기 전에는 자신의 부모와 함께 사는 것이다." 자, 더 나아가면 결혼을 해야겠지요. 이게 전부입니다. 마침표.

그렇지만 하늘이 무너져도 솟아날 구멍이 있다는 사실을 우리 모두는 알고 있습니다. 만약 벽이 있다면 그 벽을 우회하기 위한 어떤 묘책도 있기 마련이지요. 19세기의 70년대에 이 묘책은 이미 시험을 거쳤는데, 그것은 위장결혼이었습니다. 현재는 위장결혼이 어떤 이익(거주 허가증, 금전 등)을 위해 이루어지는 반면, 19세기에는 고귀한 이상을 위해, 예를 들면 교육을 받기 위해 위장결혼을 감행했습니다. 결혼하면 젊은 여성은 남편과 별개의 여권을 받을 수 있었고, 러시아 교육 기관에 입학하거나 아니면 외국으로 유학 갈 수 있는 허가를 받을 수도 있었습니다.

결국 아뉴타는 위장결혼을 생각하기 시작했고, 소파는 적극적으로 언니를 돕기 시작했습니다. 이것은 한 권의 추리 소설 같은 사건이었습니다. 예를 들면 잡계급雜階級의 지식인이나 가난한 귀족들 가운데서 적합한 후보를 찾은 끝에 곧 그런 사람을, 즉 블라지미르 코발렙스키를 찾았습니다. 그와 만나거나 교섭을 벌일 때 아뉴타는 소피야에게도 함께 가자고 했습니다(안전을 기하기 위해서). 만남과 교섭은 교회에서 비밀리에 이루어졌습니다. 작은 '사소한 일'을 제외하고는 모든 일이 훌륭하게 진행되었습니다. '사소한 일'이란 블라지미르 코발렙스키가 아뉴타가 아니라 그녀의 여동생에게 구애하기로 결심한 것입니다. 그는 모든 것을 설명한 편지를 소파에게 보냈습니다.

지난 2년 동안의 독신 생활과 그 밖의 다른 상황들 때문에 저는 사람들과의 교제를 피하는 전갈이 되었습니다. 그래서 당신과의 만남과 그에 뒤따르는 모든 결과들이 제게는 어떤 믿을 수 없는 꿈으로 다가옵니다. 다가오는 우울증 대신 제게는 무지개 빛의 기분 좋은 기대가 생겨나기 시작했고, 열중하는 법을 잊어버렸음에도 불구하고 이제는 어쩔 수 없이 우리 공동의 미래에 생길 기쁘고 좋은 일들을 수없이 그려봅니다. 실제로 아이들 같이 마음을 빼앗기지 않은 채 아주 냉정하게 판단하면 소피야 바실리예브나는 뛰어난 의사 또는 어떤 자연과학 분야의 훌륭한 학자가 될 것이라고 거의 긍정적으로 말할 수 있습니다. 더 나아가 아뉴타 바실리예브나가 재능 있는 작가가 될 것이라는 점도 확실해 보입니다. …… 저는 우리의 결합이 번영하는데 모든 힘을 쏟을 것을 당신께 약속드립니다. 행복을 위한 어떤 화려한 조건들이 있을 지를, 미래에 훌륭하고 중요한 일들이 얼마나 많을 지를 스스로도 상상해 보십시오. ……

편지의 발췌 부분을 보면 이 사람이 가장 깨끗한 의도를 지닌 인물이었다고 쉽게 결론지을 수 있습니다. 블라지미르 오누프리예비치 코발렙스키는 장군의 집에 초대되었고 그의 승낙을 얻어 소피야의 약혼자가 됐습니다. 그는 26세였고, 소피야는 18세였습니다. 그런데 우리의 여주인공은 어떻게 생겼을까요? 그녀의 친구인 율리야 레르몬토바(시인 레르몬토프의 집안 출신)는 "작은 참새"(소피야 코발렙스카야를 그런 별명으로 불렀습니다)라고 묘사합니다.

그녀는 이미 18세가 되었지만 보기에는 훨씬 더 어려 보였다. 키가 작고 말랐지만 유달리 표정이 풍부한 얼굴과 항상 변하는 표정을 가진, 반짝이며 빛을 내거나 깊은 꿈에 빠진 듯한 눈망울을 가진 그녀는 어린아이의 순수함과 깊이 있는 사고의 힘이 혼합된 개성을 지니고 있었다.

그리고 계속됩니다.

그녀는 자신의 인생에서 이 시기에 특히 그녀를 두드러지게 했던 꾸미지 않은 매력으로 모든 사람들의 마음을 빼앗았다. 나이든 사람도, 젊은 사람도, 남자도, 여자도 모두 그녀에게 매혹되었다. 애교의 그림자도 보이지 않고서 아주 자연스럽게 사람들을 대하는 그녀는 자신이 유발한 숭배를 자각하지 못하는 듯 했다. 그녀는 자신의 외모나 옷차림에 전혀 관심을 기울이지 않았는데, 그녀의 의상은 항상 전 생애에 걸쳐 그녀를 떠나지 않았던 어떤 무질서함이 혼합된 대단히 단순한 특징을 지니고 있었다. ……

여기 또 하나의 소피야 코발렙스카야에 대한 증언은 막심 코발렙스키(그에 관해서는 뒤에 이야기할 것입니다)의 것입니다.

젊은 시절의 소피야 코발렙스카야는 매우 아름다웠다. 그 무렵의 그녀를 알고 있는 클리멘트 아르카지예비치 찌미랴제프는 그녀를 쫓아다닌 사람들이 많았다고 내게 얘기해 줬다. 그러나 가장 총명한 인물이었던 그녀는 그 당시 전적으로 자신의 전공에만 몰두했고, 그녀 자신의 감정에는 어떤 자유도 주지 않았다.

1869년에 소피야(이미 코발렙스카야 부인)는 남편인 블라지미르 코발렙스키 그리고 언니 아뉴타와 함께 외국으로 떠났습니다. 그곳에서 소피야 코발렙스카야는 학문에 몰두했습니다. 비인, 하이델베르크, 베를린 대학에서 물리학과 수학 강의를 들었습니다. 독자적인 연구도 했는데, 그 가운데 하나는 천문학에 관련된 것으로 〈토성의 띠의 형태에 관하여〉는 학자들의 관심을 끌었습니다. 소피야 코발렙스카야의 재능에 대하여 유명한 수학자인 베이에르쉬트라스는 경의를 표했습니다. 괴팅겐에서는 그녀에게 'cum laude'(최고의 찬사와 함께－라틴어) 철학박사 학위를 수여했습니다.

1874년에 소피야 코발렙스카야는 러시아로 돌아왔습니다. 하지만 러시아에서 학문에 전념하기 위한 조건들은 유럽보다 훨씬 열악했습니다. 이 무렵에 소피야의 위장결혼은 실질적인 결혼 단계로 넘어갔습니다. 처음에 독일에서 그들은 다른 도시에서 살면서—단지 편지 왕래만 하면서—다른 대학에서 공부했습니다. "다정한 나의 오빠", "좋은 오빠", "멋있는 사람", 그녀는 블라지미르 코발렙스키를 그렇게 호칭했습니다. 하지만 그 후에 — 이것은 충분히 자연스러운 일이기도 합니다만 — 다른 관계가 시작되었지요. 이는 편지들이 증명합니다.

더 자주 편지하고, 당신의 소파를 사랑해 줘요.

이미 러시아의 팔리비노 영지에서 소피야 코발렙스카야는 블라지미르 코발렙스키에게 시로 된 편지를 썼는데, 그것은 다음과 같은 문장들로 끝을 맺습니다.

그대의 까무잡잡한 여자는 심심해하면서 남편을 기다려요.
하루에도 열 번 씩 큰길로 달려가요.
개들이 짖어대는 소리, 땡그렁 소리가 울리는 작은 방울들
그녀 안에서 기다림의 전율을 일깨워요.
또다시 그녀는 뛰어가지만, 다시 속고 말았네요.
사랑도 충실하지 못한 남편들을 저주하네요.

1875년 7월 18일

1878년 가을에 소피야 코발렙스카야는 딸 푸파(그녀의 유일한 자식이었습니다)를 낳았습니다. 남편이 있고, 아이가 있고, 좋아하는 일인 학문이 있으니 행복을 위한 완벽한 조합을 가진 것처럼 보입니다. 그러나 행복은 없었습니다. 러시아는 유럽이 아니었고 이곳에서, 게다가 여성 학자가 자신의 재능을 100퍼센트 발휘한다는 것은 어려운 일이었습니다. 그녀가 평범한 여성이었다면 아마도 가지고 있는 것으로 만족했을 것입니다. 그러나 소피야 코발렙스카야는 천부적인 재능을 가진 인물이었고, 사랑에서조차 최대한의 것을 요구하는 입장을 취했습니다. 지나치게 많은 것을, 아니 거의 모든 것을 요구했습니다. 남편이 항상 그녀에게 열렬한 애정표시를 해주고, 사랑의 맹세를 하며, 늘 관심을 기울여 주기를 그녀는 원했습니다. 그런데 블라지미르 코발렙스키는 그렇지 못했습니다. 그는 그냥 다른 타입의 남자였고, 그의 젊은 아내 못지않게 자신의 학문에 심취했습니다.

그는 재능 있고 근면한 사람이었으며, 요구사항이라고는 거의 없는 습

관을 지녔고, 오락의 필요성을 결코 느끼지 못하는 사람이었다. 소피야는 종종 "그는 자신 곁에 책과 차 한 잔만 있으면 충분히 만족하는 사람이야"라고 말했다.

이것이 율리야 레르몬토바의 회상입니다.

소피야 코발렙스카야는 자신에게 꾸준하게 관심을 보여줄 것을 요구했고, 일 때문에 그가 그녀에게 시간을 내주지 못한다고 생각해서 심지어 그의 일에까지 질투심을 느꼈습니다. 그녀는 온갖 부탁으로 그를 난처하게 했으며 아주 사소한 일들까지 해달라고 요구하곤 했는데, 이렇듯 최대한의 것을 얻고자 하는 그녀의 바람은 끝이 없었습니다.

다시 한 번 율리야 레르몬토바의 회상으로 돌아가 봅니다.

여러 해가 지나서 소피야가 나와 같이 자신의 지난 삶에 대해 이야기하곤 할 때마다 그녀는 항상 커다란 비애를 담고서 다음과 같이 불만을 토로했다. "그 누구도 나를 진심으로 사랑해 주지 않았어." 그 말에 "하지만 네 남편은 너를 그렇듯 열렬히 사랑했잖아!" 하고 내가 반박하면, 그녀는 항상 "그는 내가 그의 곁에 있을 때에만 날 사랑했지. 하지만 그는 언제나 나 없이도 잘 지낼 수 있는 사람이었어"라고 대답했다.

연인들 중 한 사람이 무엇인가(학문, 예술)에 굉장히 심취해 있으면, 이것이 언제나 사랑의 여정에서 발에 걸리는 돌이 된다는 말을 덧붙일 일만 남았습니다. 코발렙스키 부부의 경우에는 둘 다, 남편도 그리고 아내도 열정적으로 학문을 사랑했고 좋든 싫든 가정은 그 다음으로 물러났습니다. 완전한 파국은 물질적인 안정을 확보하기 위해 부부가 자신들의 일이 아닌 상업에 종사했을 때 찾아왔습니다. 세상 물정이라고는 전혀 모르는 두 사람이 벌인 이 일이 어떻게 끝났을 지 상상하기는 어렵지 않을 것입니다.

소피야 코발렙스카야는 "그 당시 러시아 전 사회가 여러 상업적인 계획들과 쉽게 돈을 벌려는 경향에 사로잡혀 있었다. 남편뿐만 아니라 어느 정도—내 죄를 고백해야만 하는데—나 자신까지도 이런 시류에 휩쓸려버렸다. 우리는 대중목욕탕을 포함하는 벽돌 건물들을 짓는 대규모 공사에 착수했다. 그러나 이 모든 것은 실패로 끝났고, 우리는 완전히 파산했다"라고 쓰고 있습니다.

상황은 비관적이었습니다. 소피야 코발렙스카야는 그 무렵 연극 비평 일을 하고 있었지만, 그것이 그녀의 일이 아니라는 것을 그녀 스스로도 잘 알고 있었습니다. 그래서 1882년에 그녀는 다시 외국으로 나가서 그녀의 표현대로 "러시아에서 몇 년 동안 손을 놓았던" 학문에 매진합니다.

딸 푸파는 조국에 남겨진 채 율리아 레르몬토바의 집에서 자라게 됩니다. 하지만 남편은 자신의 재정 문제에서 헤어나지 못했습니다. 결정적으로 문제가 악화되자, 1883년 4월 15일에서 16일로 넘어가는 밤에 그는 자살하고 말았습니다. 소피야 코발렙스카야는 33세에 미망인이 되었지만 다행스럽게도 그녀에게는 외국에서 살아본 경험이 있었고, 그녀를 인도하는 '학문'이라는 별이 있었습니다. 〈크리스털에서의 빛의 굴절에 대하여〉라는 새로운 논문은 학계에서 그녀의 명성을 높여주었습니다. 부차적으로 코발렙스카야는 자신의 모든 논문들을 그녀가 완벽하게 알고 있었던 독일어와 프랑스 어로 썼다는 사실을 지적하고 싶습니다.

1883년, 그녀의 인생에서 새로운 전환점이 생겼습니다. 이제 막 개교한 스톡홀름 대학에서 수학 강의를 해달라고 코발렙스카야를 초청했던 것입니다. 이에 대해 시동생인 알렉산드르 코발렙스키에게 보낸 편지에서 그녀는 다음과 같이 썼습니다.

현재 두 개의 강의를 이미 끝냈는데 괜찮았던 것 같아요. 처음에는 물론 굉장히 겁이 났어요. 다리가 후들거리고 갑자기 한 마디도 더 할 수 없을 것 같이 느껴졌던 순간도 있었어요. 그러나 이상하게도 참석한 사람들 중 그 누구도 이런 상황을 눈치 채기는커녕 강의 후에 많은 사람들이 내가 침착해서 놀랐다고 얘기하기까지 하더군요. …… 이제 어떤 결론이 나올까요? 보기에는 모두 내게 친절하게 잘 대해주는 것 같은데, 물론 지금 나에게 가장 중요한 문제인 월급을 내년에 지급할 것인지, 이건 아직 모르겠어요.

모든 일이 잘 끝났습니다. 소피야 코발렙스카야는 34세에 정교수가 되었고 러시아와 유럽 방문으로 잠시 중단되는 스웨덴에서의 긴 삶을 시작했습니다. 그녀가 스톡홀름에서 어떻게 살았는지에 대해서는 일기의 단편적인 기록들이 말해주고 있습니다.

1884년 1월 13일 : 요 며칠 동안 몸이 좋지 않다. 뻔뻔스럽게도 게으름을 피웠다. 어떻게 해도 일을 시작할 수가 없다.

2월 2일 : 강의를 했다. 끔찍하게 슬픈 상태로 집에 돌아와서 자신의 고독을 바라보면서 앉아 있었다. ……

2월 6일 : 세 번째 강의를 했다.

2월 21일 : 목요일. 대단한 하루였다! 아침부터 실패의 연속이었다! 잇달아서. 이렇게 피곤할 때면, 모든 것을 버리고 도망치고 싶다.

4월 16일 : 강의를 했다. 하루 종일 탈레이랑의 현명한 규칙에 대해 생각했다. "Il ne faut jamais suivre son premier mouvement car il est toujours bon"(첫 번째

의향은 언제나 지나치게 좋기 때문에, 결코 자신의 처음 의도를 따를 필요는 없다).

독자들을 위한 자서전 기록에서는 허약함, 울적함, 아픈 상태에 대해서는 한 마디도 하지 않았습니다. 자서전 기록에 있어서 코발렙스카야는 수학적으로 건조하고 정확합니다.

스웨덴에 머물기 일 년 전에 나는 열심히 그리고 많이 일했다. 덧붙이자면 그곳에서 나는 파리 과학 아카데미에서 상을 받은 나의 수학 논문들 중 가장 중요한 논문을 썼다. 이 논문에서 나는 '중력의 영향 하에 움직이지 않는 점 주위의 단단한 물체의 움직임에 대한' 문제를 연구했다. 이것은 말하자면 수학에 있어서 가장 고전적인 문제 가운데 하나이며…….

일 년 후에 소피야 코발렙스카야는 이미 스웨덴 어로 강의를 했습니다. 간단히 말해서, 학문과 관련된 일에 있어서 그녀는 모든 것이 정상적이었습니다. 하지만 삶의 문제에 있어서는, 아니 더 정확히는 일상의 생활 부분에 있어서는 문제가 심각했습니다. 이에 관해 소피야 코발렙스카야의 친구이자 그녀의 전기작가였던 스웨덴의 작가 안나 샤를로타 레플러-엥그렌은 다음과 같이 썼습니다.

그녀는 여성스러운 나약함의 많은 부분을 남성적 에너지와 남성적 두뇌, 그리고 어떤 경우에는 확고하게 고집 센 성격과 결합시켰다. 그녀는 보호의 필요성을, 힘든 상황에서 벗어나도록 도와주고 그녀의 삶을 편하게 해줄 친구의 필요성을 항상 느끼고 있었다. 그리고 거의 언제, 어디에서나 그런 친구를 찾아냈는데, 그런 사람이 없을 때는 경험이 없는 아이들처럼 불행하고 의지할 데 없으며 당혹해하는 자신을 발견했다.

그녀는 혼자서 옷을 사지도 못했고, 스스로 자신의 물건들을 관리하지도 못했으며, 시내에서 길을 찾을 줄도 몰랐다. 스톡홀름에서 그렇게 오랜 시간 동안 살고서도 전문학교와 가까운 친구들 집으로 가는 길만 찾을 수 있었다. 스스로 자신의 일을 챙기거나 집안일을 하거나 자신의 딸을 돌볼 수도 없었고, 그래서 딸을 항상 남의 손에 맡겨야만 했다. 한 마디로 말하자면 모든 자잘한 생활의 걱정거리들이 그녀에게는 견디기 힘든 일로 여겨질 정도로 그녀는 세상일에 어두운 사람이었다.

소피야 코발렙스카야가 현대에 살았더라면 아주 곤란한 입장에 처했을 것입니다. 의지할 사람이라고는 아무도 없을 테고, 혼자서 조직하고, 시간을 보내고, 모든 일을 해야 했을 테니까요. 물론 그 당시, 19세기 말에도 고독하고 실용적이지 못한 여자에게는 사는 게 쉽지 않았지요. 아니오, 그녀는 아주 고독한 여자는 아니었습니다. 그녀에게는 특히 작가인 조지 엘리엇, 엘렌 케이, 안나 샤를로타 리플러-엥그렌 외에도 많은 여자 친구들이 있었습니다. 그녀는 러시아의 친지들, 가까운 사람들과 활발한 서신왕래를 했습니다. 그러나 끝까지, 끝까지 중요한 것은 없었습니다. 바로 '사랑하는 남자'가 없었던 것이지요.

소피야 코발렙스카야가 생각한 자신의 이상형은 다음과 같았습니다. 남자와 여자 사이의 애정 넘치는 결합과 더불어 둘 사이에 존재할 수 있는 흥미로운 일. 그러나 그와 같은 조화에는 실제로는 도달하기 어려웠습니다. 그래서 코발렙스카야는 그녀의 일이 자신과 그녀의 생각이 속해야만 했던 그 사람 사이에 벽이 되고 말았다는 자각으로 끊임없이 괴로워했습니다. 이성은 일을, 지적인 긴장감을 요구했습니다. 영혼은 애정을, 감정의 발산을 요구했습니다. 그녀가 단순히 사랑 받는 여성이 되는 것을 방해한 것은 바로 그녀의 야심이었던 것입니다. 사랑과 일(특히 창조적인 결과물, 성공과 연관된)은 결합되기 어려운데, 게다가 소피야 코발렙스카야는 자신의 배우자에게 자신과 완전히 융합될 것을 요구했습니다. 그녀는 바로 이것을 찾았고 또한 원했습니다. 그러나 그녀 자신 쪽에서는 이와 같은 요구를 충족시켜 줄 능력이 없었습니다. 당연히 이런 요구사항들을 갖고 있는 한 평온한 사랑은 기대하기 어렵습니다.

소피야 코발렙스카야는 마리야 멘델슨에게 보낸 편지(스톡홀름, 1886년 중반)에서 주목할 만한 고백을 했습니다.

> …… 사실 그 누구도 나를 단번에 사랑하지는 않았어. 가장 친한 친구들과의 관계에서조차 그들의 우정을 얻기 위해서 많은 노력을 기울여야만 했다는 인상이 내게는 남아있지. 그러나 — 무엇보다 슬픈 것은 — 나는 항상 작은 희극을 연기해야만 했다는, 다시 말해서 조금 다르게 나 자신을 연출해야만 했다는 점이야. …… 우리들의 차이점이 무엇인지 알고 있니? 너는 즉흥적이고, 최초의 충동에 따르는 인물이야. …… 나는, 아! 완전히 정반대야. 살면서 나는 여러 차례 어떤 무분별한 행동을 해보려고 했지만 한 번도 성공하지 못했어. 나는 정말 무서울 정도로, 어떻게 해볼 수 없을 정도로 이성적이야. …… 나는 이성적이고 재미없는 소시민 역할에서만 스스로 자연스러움을 느껴. 말해 봐, 누가 이런 존재를 사랑할 수 있겠니? 어머니 쪽의 내 선조들은 독일인 속물들이었어. 그들의 피가 내 아버지에게서 이어져 내려와 내 혈관 속을 흐르는 카자크와 집시의 피보다 우위를 점한 것이 틀림없어. ……

가문은 가문대로, 게다가 수학은 미치광이 같은 행위를 완전히 부정합니다. 그런데 미치광이 같은 행동 없이는 사랑이 존재하지 않습니다. 바로 여기에 아이러니가 있습니다! ……

1888년 스톡홀름에서 "학문의 공주"(스웨덴에서 소피야 코발렙스카야는 그렇게 불렸답니다)와 뛰어난 변호사이자 사회학자였던 막심 코발렙스키(그녀의 고인이 된 남편과 같은 성을 가진 사람이었습니다) 사이에 우정이 시작되었습니다. 두 교수의 우정은 곧 사랑을 연상시키는 무언가로 발전했지만, 결국 연상만 시켰을 뿐입니다. 왜냐하면 소피야 코발렙스카야의 지나친 요구사항 때문에 그들의 관계는 사랑이—또는 사랑 비슷한 그 무언가가—날아보지도 못하고 완전한 실패를 겪고 무너져버릴 정도로 혼란에 빠졌습니다. 그런데 사람들은 벌써 결혼과 푸파의 입양에 대한 이야기를 했습니다. 그러나 사랑은 이루어지지 않았습니다. 더 정확히 얘기하자면 소피야 코발렙스카야가 꿈꾸었던 그 이상적인 사랑이 이루어지지 않았습니다.

막심 코발렙스키는 자신과 성이 같은 저명한 여인을 그녀의 뛰어난 두뇌와 학문에 대한 열정, 문학적인 재능으로 인해 높이 평가했습니다. "그녀와 나는 함께 러시아의 현재 그리고 미래와 연관된 모든 문제들에 대해서 활발하게 토론하곤 했다"라고 그는 회상했습니다.

러시아에 관한 대화. 막심 코발렙스키는 그 이외의 일에 관해서는 한 마디도 쓰지 않았습니다.

어느 날 그녀는 자신의 회고록 원고를 그에게 가져왔고, 그는 몇 군데 비판을 하고 말았습니다. 그러자 그녀는 얼굴을 붉히면서 화를 냈습니다. 아니오, 그녀에게는 아무래도 사랑이 이루어지지 않았습니다. 소피야 코발렙스카야에게 이것은 그녀의 능력 밖이었던 거지요.

뜻하지 않게 끝이 다가왔습니다. 딸 푸파의 회상입니다.

1890년의 마지막 여름을 나는 또다시 레르몬토바의 집에서 보냈고, 어머니는 리비에라와 그 밖의 장소에서 보냈다. 어머니는 러시아에 오지 않았던 것 같다. 하지만 내가 얼마나 변했는지 보고 싶었기 때문에 레르몬토바에게 나를 사진사에게 데려가서 내 사진을 그녀에게 보내달라고 부탁했던 것을 나는 기억하고 있다. 가을에 우리는 늘 그랬던 것처럼 스톡홀름에서 만났는데, 그 당시 어머니는 기분이 썩 좋지 않은 상황이었다. 그녀는 굉장히 여위었고 늙어버린 것 같았으며, 항상 무엇인가 걱정거리가 있는 것 같았다. 그 후에 어머니는 크리스마스 휴가를 보내기 위해 리비에라로 떠났는데, 그곳에서 완전히 병이 나서 돌아오셨고, 도착한 지 며칠 후에 늑막염으로 돌아가셨다.

"어머니와 함께 살기 시작한 것은 내가 일곱 살 때였고, 어머니가 영원히 내 곁을 떠났을 때 나는 열두 살 반이었다……"라고 소피야 코발렙스카야 2세(푸파)는 지적하고 있습니다.

무슨 일이 일어났던 것일까요? 깐느에서 소피야 코발렙스카야는 감기에 걸렸고, 감기가 낫지 않은 채로 파리로 떠났습니다. 스웨덴으로 항해하는 배 위에서 그녀의 상태는 이미 더 심해졌습니다. 스톡홀름의 의사는 병을 정확하게 진단하지 못한 채 신장의 통증을 치료하기 시작했습니다. 그러나 이것은 중증의 늑막염이었던 것입니다.

1891년 2월 19일, 42세의 나이로 소피야 바실리예브나 코발렙스카야가 숨을 거뒀습니다. 시체해부 후에 의사가 진술한 것처럼, 소피야 바실리예브나 코발렙스카야에게는 병이 아니었더라도 빠른 최후를 야기했을 심장장애가 있었습니다. 불운한 늑막염은 단지 그녀의 종말을 재촉했을 뿐이었습니다. 그리고 또 하나, "고인의 뇌는 최고로 발달되었고 뇌의 주름도 많았는데, 이것은 그녀의 높은 지능으로 판단하건데 예상될 수 있었다", 어느 스톡홀름 신문의 기자는 이렇게 표현했습니다.

발달한 뇌, 병이 든 심장, 이것이 소피야 바실리예브나 코발렙스카야의 전형이었습니다.

그녀의 무덤에서 막심 코발렙스키는 고인에게 이렇게 말했습니다.

소피야 바실리예브나! 당신의 지식과 당신의 재능, 당신의 성격 때문에 당신은 언제나 우리 조국의 영광이었고, 영광이 될 것입니다. 러시아 전체 학계와 문학계가 당신의 죽음을 애도하는 것도 우연이 아닙니다. …… 필요에 의해 조국에서 멀리 떨어져 일하면서도 당신은 자신의 국적을 유지했고, 젊은 러시아, 평화로운 러시아, 공정하고 자유로우며 미래가 소속될 바로 그 러시아의 성실하고 충실한 동맹자였습니다. 러시아의 이름으로 당신과 마지막 작별을 합니다.

슬픈 종말입니다. 그러나 어쩌겠습니까? 죽음, 이것은 피할 수 없는 인간의 결말입니다. 그리고 죽음은 논의의 대상이 아닙니다. 하지만 인생은 그 대상입니다! ……

우리 모두에게 삶이 주어졌고("삶은 하늘의 순간적인 선물이다"라고 제르좌빈이 이야기했습니다), 각자 자기 재량대로, 자신의 생각대로 인생을 자유롭게 운영할 수 있습니다(운명, 인과응보에 대해서는 이야기하지 않겠습니다. 이것은 특별한 논의가 필요한 문제입니다).

소피야 코발렙스카야는 자신의 길을 선택했습니다. '인식의 고난'이라는 길을. 그녀는 그 길을 따라 걸어갔고 또한 명예를 얻었습니다. 순전히 여성의 숙명에 대해서 이야기하자면, 여기에서는 특별한 성과가 없었습니다. 현기증이 날만한 연애도, 연인들의 행렬도 없었습니다. 이 분야에서는 다른 여성들이 성공을 거뒀습니다. 어느 것이 더 나은지는 단언하지 않겠습니다. 키케로가 말한 것처럼, "suum cuique", 즉 각자에게는 자신의 길이 있기 때문입니다.

선택은 당신에게 달려 있습니다! ……

8장 마리야 사비나

무대에서 출세한 여성

자신에 대해 그녀는 이렇게 말했습니다.

> 나는 시간이 부족한 사람이다. 나는 항상 서두른다. …… 단지 나를 필요로 하지 않는 사람, 나를 괴롭히지 않는 이가 계속되는 시간들 속에 있다.

누가 이렇게 말했을까요? 우리의 현대여성입니까? 어떤 직장여성인가요? 아닙니다. 이 말은 19세기 말에서 20세기 초에 살았던 마리야 사비나(Мария Савина)의 말입니다. 감탄할만한 여성이지요. 그녀는 시골의 다리 근처에서 상트 페테르부르크 궁정 무대로 나왔습니다. 40년 동안 그녀는 알렉산드린스키 극장의 제일의 배우였습니다. 세 번이나 결혼했고, 투르게네프가 그녀에게 끌렸었지요. 그녀는 자신의 회고록을 남겼습니다. 그녀에게 있어서 …… 모든 것이 순조로웠습니다.

시작

마리야 가브릴로브나 사비나는 1854년 3월 30일, 우크라이나의 카메네쯔-포돌스크에서 태어났습니다. 회고록의 〈나의 유년시절〉이라는 장에서 사비나는 다음과 같이 썼습니다.

유년시절은 즐거운 것이라고 말해서는 안 될 것이다. 나의 유년시절이 정말 그랬었을까? 나는 어찌해서인지 언제나 자신이 조숙하고 매우 불행하다고 느꼈었다. 아이들과 노는 것을 좋아하지 않았고, 그때에 이미 의상에 관심이 있어서 인형에게 근사한 옷을 만들어 입히기도 했지만 그렇다고 해서 인형들과 노는 것을 좋아하지도 않았다. 실신할 때까지 책을 읽었다. 손에 집히는 모든 것은 말 그대로 나에 의해 읽혀졌다. ……

더 계속됩니다.

기숙사는 나로 하여금 가정으로부터의 고통에서 벗어나게 해주었다. 어머니가 왜 나를 사랑하지 않았는지 결코 이해하지 못했다. 모욕, 욕설, 질책 외에는 아무것도 그녀로부터 볼 수 없었고 이는 해가 갈수록 더욱 악화되었다. 아버지는 자기 식으로 우리를 사랑했지만 그것은 드러난 무관심과 이상적인 무사태평이었다. 그리고 우리는 아버지를 자주 보지 못했다. 어머니와 아버지의 불화는 지나친 것이었다. 결국 아버지가 떠나고 어머니가 우리에게, 특히 동생이 제때에 몸을 숨기곤 했기 때문에 나에게 분노를 폭발시키는 것으로 끝이 났다. ……

여기서 잠깐! 부모님들은 어떤 분들이셨을까요? 아버지는 미술 교사로 가브리일 포드라멘쩨프였는데, 자신을 예술가라고 생각하고는 중학교를 그만두고 자신의 성을 좀 더 아름답게 들리는 '스트레믈랴노프'라고 바꾸었습니다. 그리고는 '파랑새'를 쫓는 일에 몰두했지요. 결국 아무것도 찾지 못했고 아무것도 얻지 못했으며, 단지 성격만 지독해지고 나쁜 습관만 생겼습니다.

사비나의 어머니 역시 무대에서 활동했지만 좋지 못한 결과만 얻었습니다. 극장에서의 실패와 가정생활의 실패를 자식들, 큰 딸 마리야와 작은 딸 옐레나에게 풀어 버렸습니다. 앞서의 회고록을 통해서 여러분은 이미 마리야가 더 많이 당했다는 것을 알고 있을 겁니다.

바로 그렇게 유년시절은 편치 않았고 추웠습니다. 이것은 공중으로 날아오르는 출발 장소는 아니었습니다. 그러나 마리야 사비나('사비나'는 첫 남편의 성을 따른 것입니다)는 이 같은 모든 것에도 불구하고 원하는 모든 것을 얻을 수 있음을 증명했습니다. 중요한 것은 절실히 바라는 것이지요. 바람과 열망은 성격을 만들어냅니다. 마리야 사비나의 개성은 견고하게 얻어졌습니다.

마리야 사비나, 아니 마냐[1] 스트레믈랴노바야의 삶에 있어 연극은 일찍 찾아왔습니다. 7살 때에 그녀는 연극에 출연하여 소녀로서 혹은 소년으로서 무대에 나타났습니다. 어떤 극에서 그녀는 "남자는 세상에서 파리처럼 우리에게 달라붙는다. ……"와 같은 가벼운 시 구절을 읊기도 했습니다.

마냐의 부모님은 어느 때에 마침내 완전히 헤어졌습니다. 자매 또한 갈라졌는데, 사랑을 받던 옐레나는 어머니에게, 사랑 받지 못하던 마리야는 아버지에게 남겨졌습니다. 그리고 바로 그때 계모가 들어왔는데 역시 배우였고 아름다운 여자였으나 파렴치하고 배우지 못한 여자였습니다. 말할 것도 없이 새엄마와도 잘 지내지 못했습니다. 마르고 감성적인 마냐는 이 무례한 여자가 무대에서 교태를 부리는 세

1) 마리야의 애칭.

속적인 부인을 표현하려고 시도한 것에 분개했지요. 이미 그때 어린 사비나에게는 자신만의 예술적인 성향이 나타났던 것입니다.

15살에 마리야는 지방 극장들에서 네진, 고멜리, 보브루이스크를 연기했습니다. 배우로서의 경험과는 별개로 그녀는 기억에 남을만한 '요부妖婦의 몇몇 기술들' 을 얻었는데, 아마도 교태가 나쁘지 않은 여성의 무기이자 삶의 조각을 위한 논쟁에서 무게 있는 논거라는 것을 본능적으로 깨달았던 것 같습니다. 1869년 여름에 그녀는 어떤 40세의 대위가 청혼을 하게끔 교태를 부렸습니다.

연극들은 특별한 연습 없이, 아무런 무대 감독도 없이 단순히 즉흥적으로 진행되었는데, 한편으로는 좋지 못한 배움의 장으로서 나타났던 데다 진부한 내용들로 돈을 벌었지만, 다른 한편으로는 일정한 연극적 경험을 쌓을 가능성을 주었습니다. 시간이 흘렀고 마리야는 미운 오리새끼에서 훌륭한 젊은 여성이 되었습니다. 여기에다 연기하고픈 열망과 성공, 앙코르, 꽃다발, 찬사 등을 좋아하게 된 것까지 덧붙입시다. 현기증이 나기 시작했으나 한 경험 많은 여배우가 적절한 시기에 마리야에게 "아직까지는 용모의 아름다움이 재능은 아니야"라고 말해 찬물을 끼얹었지요.

마리야는 모욕을 느끼지 않고 이 말을 이해하려 했습니다. 그렇습니다. 자신의 배우로서의 연기를 완성할 필요가 있었던 거지요. 여기에서 상황이 확대되었습니다. 에로스의 첫 번째 화살이 공중을 날았던 것입니다. 화살은 시골 여성들의 우상인 주연배우 블라지미르 코스트롭스키로부터 쏘아진 것이었습니다. 블라지미르 앞에서 마리야는 자신의 몸을 간신히 지탱하고 있었습니다. 그녀는 정신없이 사랑에 빠졌습니다(15살에 그러한 일은 종종 일어나지요).

그들, 마리야 가브릴로브나 사비나(그때까지는 아직 스트레믈랴노바였습니다)와 블라지미르 코스트롭스키는 민스크에서 함께 연기했습니다. 다양한 주제들, 눈물을 자아내는 드라마들, 즐거운 오페레타들을 연기했습니다. 코스트롭스키는 경험 많은 연기자였고 그와 짝이 된 마리야는 많은 것을 배웠습니다. 삶에서 그는 그녀를 쉽게 유혹할 수 있었음에도 그렇게 하지 않았습니다. 비록 그들이 다른 도시로의 낭만적인 도주를 생각했었더라도 말입니다.

결국 그가 혼자 떠나자 그녀는 코스트롭스키와 자신의 사랑을 '기생충과 방탕한 여자의 관계' 라며 나무랐던 어머니에게로 갔습니다. 마리야는 무위도식하지도 방탕하지도 않았지만 정신적인 좌절의 결과로 열병에 걸려 누웠습니다.

몸을 추스르고 나서 그녀는 어머니의 집을 떠나 하리코프로 갔습니다. 여기에서는 전혀 좋지 않은 상황이 그녀를 기다렸습니다. 어린 배우인 볼샤코프가 — 현대말로 표현하면 — 그녀에게 달라붙었고, 이에 그의 전 애인이 화가 나서 지역 평론가에게 젊은 '말괄량이' 인 마리야를 모욕하도록 부추겼습니다. 모욕하는 일은 잘 진행되었으나 예기치 않게 여배우(마리야)는 보호자인 배우 사빈을 만나게 되었습니다. 사빈은 마리야를 모욕한 자를 막대기로 따끔하게 혼내주었습니다. 사건이 재판에까지 이르자 하리코프에 머무르는 것이 위험해졌습니다. 여기에서 기사이며 보호자로부터 예기치 않은 청혼을 받게 되었습니다.

적절한 시기에 그를 소개하도록 합시다. '사빈' 은 배우로서의 이름이고, 그는 원래 니콜라이 슬라비치라는 이름의 궁정귀족으로서 이상하게 굴곡진 운명을 가졌습니다. 이전에 해군 장교 출신의 법률가였던 그는 국고의 돈을 탕진하고 재판에 회부되어 부친으로부터의 상속 권리를 잃었습니다. 또한 판냐 코즐롭스카야라는 여배우에게 끌려 자신도 배우의 길에 들어섰습니다. 자신이 지닌 상류계층의 예절과 교육으로 그는 외견상 다른 배우들과는 달랐습니다. 극장 안에서는 세속적인 사람이었고 도박을 좋아했으며 방탕했습니다. 마리야와의 사건에서 그는 자신을 영웅으로서 여겼습니다. 무대에서의 역할이 아니라 삶에서의 역할이었지요. 그러나 그녀는 이에 몹시 놀라서 필사적으로 그를 거부했습니다. 하지만 그는 집요하게 설득했습니다. 그리고 바로 1870년 6월 5일, 교회에서 비밀스럽게 결혼식을 올렸습니다. 그녀의 나이 16세, 그는 28세였습니다. 서류에는 나중에 "니콜라이 슬라비치에 의해 부부의 성실성이 위반되는 경우에는 이 결혼이 파기된다. 1881년 9월 3일 주교관구 감독국의 명령"이라는 추신이 덧붙여졌습니다.

그러나 이것은 11년 뒤에 일어났습니다. 아직은 그녀는 결혼한 여자였습니다. 코스트롭스키를 사랑했으나 니콜라이 슬라비치, 즉 '사빈' 에게 시집갔지요. 여배우의 회고록에서 다음과 같은 글을 읽을 수 있습니다.

> 나는 준비와 의식에 소극적으로 임했다. 나는 모든 것을 무의식적으로 수행했는데 무엇이 불행한 것인지 생각할 여유를 나 스스로에게 내놓지 않았던 것 같다. 그렇다. 나는 나 자신에게 해답을 내리지 않았다. 살아있는 것 같은 K의 눈이 곳곳에서 나를 응시했으나 나는 그 표정을 규정할 수 없었다. 결혼식 전야에 나는 다시 한 번 편지들을 읽었고 그리고 …… 결국 그것들을 태웠다, 둘 혹은 세 통을 남겨놓고. 왜 그랬는지는 모른다. 내가 가진 그의 초상은 없었다. 나의 첫사랑은 그렇게 끝났다. ……

1870년 여름 초반에 사빈 부부는 칼루가에서 머물렀습니다. 마리야 사비나의 전기작가인 마리나 스베타예바는 이때의 여배우의 생활에 대해 다음과 같이 쓰고 있습니다.

동료들은 동정심이 많았으나 극장은 매우 형편없었다. 사비나는 한 달에 45루블을 받았고 '다소 그리고 간신히' 연기했으며 남편의 부속물일 뿐이었다. 가정생활은 기쁨을 가져오지 않았다. 남편은 술을 마시며 친구들과 술집에서 머물다가 도박으로 돈을 날리고 아침에야 취한 채 집으로 돌아왔다. 아내에게는 그녀의 숭배자들의 아첨을 저속하게 부추기면서 무시하는 듯한 냉담함으로 대했다. 돈이 없었고 채권자들이 집에 머물렀다. 그녀는 교회로 가서 어린 시절에 그랬던 것처럼 눈물을 흘리며 하나님께 그녀를 위안해줄 아기를 보내달라고 기도했다. 침울했고 힘들었다.

호랑이는 막았는데 늑대를 만난 격입니다. 마을에서 떨어진 곳에서 가여운 무위도식의 곤란한 상황 속에 있었던 것입니다. 남편은 일터에 있었고 사비나는 혼자였습니다. 1871년 말엽에 사흘 동안을 고통스럽게 보낸 후 그녀는 죽은 여자아이를 낳았습니다. 바로 이것에 대해 사비나 자신이 다음과 같이 썼습니다.

사람들은 나에게 그 애를 보여주지 않았다. 그렇다. 나는 관심도 갖지 않았다. 나는 완전히 그리고 너무 고통 받았다. 젊음이 자신을 찾아주었다. 며칠 뒤 나는 의사에게 내가 가능한 빨리 연기하는 것을 허용해 달라고 간청했다. ……

연기하는 것, 그것이 그녀에게는 중요한 것이었습니다. 무대가 모든 불행과 고통으로부터의 구세주였습니다. "무대는 나의 삶!"이라고 사비나는 후에 그녀가 앞을 다투어 인터뷰 요청을 받을 때 얘기합니다.

9월 말에 그녀는 이미 카잔의 표트르 메드베제프가 경영하는 유명한 극단에서 〈마리나 혹은 상류 여성의 로맨스〉라는 희극에서 연기했습니다. 시골 출신의 젊은 러시아 여성이 세상에는 존재하지 않는 프랑스 여자의 사랑의 열정을 무대에서 표현했습니다.

자주 연기를 하면서 사비나는 점점 더 자신의 배우로서의 자질을 완성해 갔고, 그것을 평론가들이 단번에 알아차리게 되면서 그들은 그 여배우의 연기 속에 '더 많은 진실'과 '놀라운 순진함'이 배어있음에 주목했습니다.

카잔에서 사비나는 또 다른 훌륭한 여배우인 필라게야 스트레페토바와 같은 팀에서 연기했습니다. 사비나는 소극과 오페레타에서 성공을 거두었고, 스트레페토바는 진지한 드라마들에서 성공을 거두었습니다. 두 주연배우의 팽팽한 출연 경쟁이 시작되었습니다. 비록 사비나가 이 경쟁에서는 이기지 못했지만, 그녀는 훗날 그 누구에게도 최고의 자리를 내주지 않았습니다. 사비나는 다툼, 경쟁, 거짓소문과 모함이 있는 현실적 교육의 장을 통과했고 무방비 상태의 빨간 모자 소녀에서 극장의 강한 늑대, 엄밀히 말하자면 여자 늑대로 변모했습니다.

그렇게 사비나는 갑자기 두 전선에 나섰던 것이지요. 극장과 가정 말입니다. 그렇다면 가정사는 어땠을까요? 부부간에 결정적으로 공통점이 없다는 것이 곧 드러났습니다. 극장조차도 그들을 한데 이어주는 것이 아니라 갈라놓았습니다. 사빈은 아내가 친절하고 가정에 열중하는 주부이기를 원했고, 그녀로 하여금 단순히 장식적인 역할을 연기하길 강요했습니다. 하지만 그녀는 이를 거부했고 오히려 남편의 화만 돋우었습니다. 사비나 역시 남편의 행동, 술버릇, 도박, 좋지 못한 스캔들에 분개했습니다. 차례차례 이어진 객연공연 끝에, 사라토프에서 사비나는 남편 없이 혼자 남게 되었으며 자신이 행복하지 않다는 것을 확인했습니다. 그녀는 자신의 회고록에 적어놓았듯이 바로 작고 안락한 아파트를 세 얻어 임대 가구를 들여놓았고 많은 꽃들을 꽂아놓고 마음 편히 지냈습니다.

상트 페테르부르크

미국 사상가 랄프 왈도 에머슨은 "우리 모두는 단지 사는 것만을 준비한 채 살고 있지는 않다"라고 얘기했습니다. 사비나는 이 말을 반박했지요. 그녀는 바로 무대와 삶에서 살고 연기하고 확신하려고 애썼습니다. 그렇기에 그녀는 곧바로 파리를 정복할 생각으로 용감하게 라스티냑을 보냈습니다. 즉 '러시아의 파리'가 상트 페테르부르크였고 라스티냑의 역할을 마리야 사비나가 연기하기로 결심한 것이지요.

오래된 진실이 있습니다. "찾으려고 하는 이는 찾을 것이고, 원하는 이는 얻을 것이다." 여기 더하여 위험을 무릅쓰는 이가 언제나 다행스런 경우를 만납니다. 왕립 알렉산드린스키 극장의 주연배우가 아파서 사비나가 대역을 하게 되었습니다.

알렉산드린스키 무대에의 데뷔는 1874년 4월 9일에 있었습니다. 사비나가 20살 때였지요. 그녀는 젊었고 야심만만하며 이미 충분한 경험을 가졌습니다. 그리고 단번에 성공했습니다. 연극 애호가들은 사비나의 첫 번째 연극에서부터 마음에 끌렸습니다. 사비나는 미녀는 아니었지만, 모든 남성들을 실제적으로 끌어들이는 드문 매력을 가졌습니다.

그러면 그녀는 어떤 여자였고 어떤 모습을 했었는지 알아볼까요? 균형 잡히고 탄력 있는 작은 외형이었습니다. 뚜렷한 선을 가진 까무잡잡한 얼굴이었지요. 얼굴에서 눈이 돋보였는데 그것들은 크고 깊었습니다. 그리고 빛났지요. 그것들은 검은 진주 같았습니다. 한 번은 응접실에서 한 부인이 사비나의 보석 귀걸이를 유심히 보고 있는데 그 부인의 옆에 있던 사람이 탄성에 차서 "정말 그녀는 보석 같은 눈을 가졌군요!"라고 말했습니다.

보통 하는 말들이 있지요. 눈은 마음의 거울이다. 사비나의 눈은 보기 드물게 삶의 기쁨을 갖고, 활력 있는 하지만 걱정스런 빛을 띠었습니다. 여기에다가 그녀의 빠른 움직임, 동작의 민첩함이 있었지요. 무대에서 열정적으로 우아하게 움직이는 그녀를 따라잡는 것은 하나의 만족이었습니다.

1874년 8월 18일부터 알렉산드린스키 극장에서 마리야 가브릴로브나 사비나는 일하기 시작했는데, 그녀는 그곳에 자기 인생의 40년을 바쳤습니다. 극장과 관련하여 하나만 짚고 넘어갑시다. 사비나는 오래된 상트 페테르부르크 극장의 주연 여배우가 되었고 러시아 극장 예술사에서 빛나는 별들 중 하나가 되었습니다.

상트 페테르부르크 생활은 사비나를 달라지게 했습니다. 아니, 그녀가 어떻게 그토록 빨리 적응했는지가 놀라울 정도입니다(그러나 이 역시 예술이지요). 놀라울 정도로 쉽게 그녀는 시골티를 벗고 도시적인 외모와 세련미를 얻었습니다. 모든 현대적인 살롱에 출입했고 자기 재능에 대한 숭배자와 찬미가들을 얻었으며, 문학가와 우정을 나누었고 특히 항상 시인 야코프 폴론스키의 응접실에 나타났습니다. "일반적으로 그는 나에게 흥미를 보이지 않았으나, 금요일마다 시간이 있을 때 나는 그들을 자진해서 방문했다"라고 사비나는 솔직하게 고백했습니다.

사비나는 남편과 이혼한 뒤 새처럼 자유로워졌습니다. 사비나에게 구애를 한 사람이 나타났는데 예브게니 골리찐-골로프킨 공작이었습니다. 그는 그녀에게 집요할 정도로 결혼을 요구했으나 그녀도 줄곧 그를 받아들이지는 않았습니다. 결혼을 했던 경험이 그녀를 질겁하게 했던 것이지요. 물론 공작은 그녀의 첫 남편 사빈처럼 술주정뱅이에 도박을 좋아하는 사람이 아니었습니다. 그는 신중하고 존경받을만한 귀족이었습니다. 하지만 끝까지 무엇인가가 그녀에게 남아있었습니다. 얼마안가 공작은 질투심이 많아져서 무대에서 그녀가 포옹하는 것조차 편안하게 지켜볼 수 없음이 드러나게 되었습니다.

공작을 거절한 후에도 사비나는 사랑을 포기하지 않았습니다. 그녀는 커다란 사랑의 감정을 기다렸습니다. 그녀는 러시아 고전 문학가인 이반 곤차로프를 알게 되었습니다. 그는 그녀에게 "사랑스럽고 현명한 편지들"을 썼습니다. 그러나 편지들이 무엇입니까? 허영심을 위한 작은 방울 이상은 아니지요. 그녀는 22살이었고 당연히 다른 것을 원했습니다.

다른 것이 30세의 니키타 프세볼로쥬스키의 모습에서 나타났습니다. 그는 근위기병연대의 장교이자 블라지미르 알렉산드로비치 대공의 부관이었습니다. 미남에다 귀족이고 류리코비치 대공의 후손이었으며 게다가 넉넉한 재산의 소유자이고 스릴 넘치는 감정(몬테카를로에서 룰렛 게임에 지는 것은 얼마나 흥분된 일인지요!)을 즐기는 사람이었습니다.

사비나는 이 모두를 알았고 보았습니다. 그리고 선택을 서두를 필요는 없었습니다. "마음에게 명령하지 말아라"라는 옛 말이 있지요. 사랑의 로맨스가 휘몰아쳤고 순식간에 상트 페테르부르크의 이목이 집중되었습니다. 그렇고말고요. 부유한 삶의 소비자와 현대적인 여배우, 그럴듯한 한 쌍이지요.

사비나와 투르게네프

프세볼로쥬스키와의 로맨스가 한창일 때 다시 한 사람이 나타났습니다. 이반 세르게예비치 투르게네프입니다.

1879년 1월 17일에 알렉산드린스키 극장에서 투르게네프의 희곡 〈전원에서의 한 달〉이 공연되었습니다. 사비나는 그 극에서 수줍은 미인으로 등장하는 젊고 매력적인 베로츠카를 연기했습니다. 봄에 극장에서 투르게네프는 그녀를 만났습니다. 사비나는 젊었을 때 투르게네프의 산문, 투르게네프의 장원, 독특한 투르게네프 작품 속의 여성들에 빠져서 바로 그 투르게네프의 책들을 굉장히 열중하여 읽었습니다. 그리고 바로 그가 나타났던 것입니다. 생생하게 말입니다.

노년의 투르게네프

연극이 끝나고 그녀는 "친애하는 마리야 가브릴로브나, 제가 오늘 정확히 4시에 당신을 방문하겠소. 당신에게는 크고 놀라운 재능이 있다고 말할 것이오. 그리고 당신의 양팔에 특별한 감정으로 키스하겠소. 당신의 이반 투르게네프"라고 쓰인 메모를 받았습니다.

사비나는 25세, 투르게네프는 60세였습니다. 그녀는 상트 페테르부르크 주민이었습니다. 그는 본래 프랑스에서 살았고 단지 러시아에는 '들르기만' 했습니다. 그녀는 자유로웠으나, 투르게네프는 당시 폴리나 비아르도에게 얽매어 있었습니다. 그럼에도 불구하고 감정의 불꽃이 타올라 서로가 서로에게 끌렸습니다.

공작과의 불화 후에 사비나 자신이 인정했듯이 그녀는 '심심풀이로' 자신에게 과제를 던졌는데, 그것은 얼마만한 시간 동안에 그러한 감정의 마지막 단계까지 가는가 하는 것이었습니다.

고백을 듣고 난 후 나는 태연하게 두 번 전화했다. 그리고 손님이 자신의 의지와 관계없이 떠나는 것에 아무런 의혹도 품지 않은 하녀가 마중하기 위해 나타났다. 나는 혐오를 일으킬 정도로 사악한 요부 짓을 했다. 내 친구들 중 한 사람은 내가 기본적으로 문지기와 극장 마부들에게도 추파를 던진다고 믿었다.

사비나의 전기를 따른다면, 나는 개인적으로 투르게네프는 사비나에게 있어 '먹음직한 조각'이었고 그러한 유명한 숭배자는 그녀의 여성적인 자존심을 세워주었을 것이라 확신합니다. 그래서 그녀는 그를 정복하고 길들이고 결국엔 프랑스 여자인 비아르도에게서 떼어놓기까지 하기위해 적지 않은 일을 했을 것이라 생각합니다.

투르게네프와 사비나의 드문 만남을 잦은 서신교환이 보충해 주었습니다. 사랑에 빠지기 쉽고 감성적인 투르게네프는 나이에도 불구하고 정말로 사비나에게 끌렸습니다. 거의 차츠키[2]처럼 감정에 불타서 그는 항상 매혹적인 여배우와의 만남을 꿈꾸었습니다.

투르게네프에게 보낸 사비나의 편지는 보관되지 않았습니다. 그들은 자신들의 서간체 대화를 4년간이나 지속했습니다. "우리는 우리의 편지들로 거의 지구의 반을 돌아다니는구려, 사랑스런 마리야 가브릴로브나!"—투르게네프는 객연공연을 하고 있던 사비나를 찾아 파리에서 우랄로 왔습니다. 이 만남 당시 투르게네프는 사비나의 3월 30일 생일에 "이반 세르게예비치 투르게네프로부터 마리야 가브릴로브나 사비나에게"라고 새겨진 황금 팔찌를 선물했습니다.

투르게네프는 옛사랑인 폴리나 비아르도에 대한 애착과 새로운 사랑인 마리야 사비나에게 끌리는 마음 사이에서 갈피를 잡지 못했습니다. "짐작하는 것보다 더 자주 당신을 생각하오. 당신은 내 마음 속 깊이 들어와 있소." 그는 그녀에게 고백했습니다.

투르게네프는 사비나에게 스파스코예-루토비노보에 있는 자신

2) 극작가 그리보예도프의 〈지혜의 슬픔〉이라는 희극의 주인공이다. 외국유학을 마치고 애인을 만나려고 모스크바 고향집에 들른 차츠키는 집에 모여드는 상류층 인사들의 위선과 무지, 탐욕을 혐오하여 이를 맹렬히 공격한다.

을 방문해 달라며 초대했습니다. 한 번은 그녀의 객연공연 중에 투르게네프가 사비나가 탄 열차 칸에 앉아있었습니다. 이것에 대해 우리는 투르게네프의 편지로 알아보지요.

…… 잡지들에 무엇이 실렸는지 상상해 보시오! 잡지에서 〈오를로프 역에서의 스캔들〉이라는 제목의 기사를 보고 있소. "어제 여기에서 예기치 않은 사건이 발생했다. 오데사에서 빛나는 공연을 하고 떠나는 유명한 여배우 S를 전송하는 작가 T(이미 노인임!)가 뜻밖에도 출발하려는 순간에 그 어떤 힘에 끌린 듯이 여배우가 필사적으로 저항함에도 불구하고 열차 칸의 창을 통해 사비나 양을 끌어당겼다. ……" 그리고 기타 등등……. 전 러시아에서 얼마나 떠들썩한 소문인가! 게다가 때마침 덧붙이는 인생의 거의 모든 것처럼, 이것은 얼마나 위태로운지…….

이틀 뒤인 1880년 5월 19일, 투르게네프는 완전히 다른 어조로 편지를 씁니다.

…… 어떤 밤을 우리가 보냈을지. …… 그리고 그 다음에 무엇이 있었을까? 신은 아는지! 단지 결코 일어나지 않을 일에 대한 생각이 곧바로 여기에 첨가된다오. …… 나를 '자신의 죄'로 부르면서 당신은 자신을 무익하게 질책하고 있구려! 아, 나는 결코 그렇지 않을 거요. 만약 우리가 2,3년 뒤에 만난다면 나는 이미 완전히 늙은 사람이 되어 있을 것이오. 아마도 당신 또한 당신 인생의 마지막 궤도로 들어갈 것이고 그리고 과거로부터는 아무것도 남아있지 않을 것이오. 당신에게 이것은 절반의 슬픔이겠지만……. 당신의 모든 삶은 앞으로 나아가고 내 삶은 뒤로 가오. 내가 20살의 젊은이가 아님을 느꼈던, 그 열차에서 전송하는데 보낸 그 시간 동안 마지막 등불이 타올랐었소.

나는 나 자신에게 당신이 어떤 감정을 불어넣었는지 설명하기 어렵소. 내가 당신에게 빠졌었는지 나는 모르오. 예전에 나의 사랑은 다르게 존재했었소. 이것은 융합과 소유, 그리고 감정이 깊은 불 속에 빠지고 있는 곳으로 자기 자신을 던지는 것에 대한 극복할 수 없는 갈망이오. 아마도 나는 무의미한 것을 말하는 것 같소만, 내가 만약에, 만약에, 행복했었다고 말하지 않았더라면……. 그런데 내가 이것은 일어나지 않는다는 것을, 내가 불행한 것도 아니라는 것을 아는 지금, 나는 특별한 근심조차 느끼지 않고 있소. 하지만 나 자신의 날개로 나를 건드리지 않고서도 이 매력적인 밤이 영원히 사라진 것에 대해서는 깊은 유감을 느끼오.

친애하는 여러분, 투르게네프의 편지들을 읽어보십시오. 무엇인가 유사한 것을 얻을 수 있는 가능성은 적지요. 그리고 이반 세르게예비치 투르게네프는 오래 전에 죽었습니다. 시간은 되돌아갈 수 없게 흘러버렸지요. 그러니 우리의 이야기로 돌아갑시다.

투르게네프는 결단력 있는 사람이 아니었습니다(문제는 그의 나이에 있는 것이 아니었지요). 그는 사랑을 지향했고 동시에 '보이지 않는 끝'에 갑자기 나타날 것과 그 속에 있는 결과를 힘들게 계산하는 것이 두려웠습니다. 편지의 왕래, 드문 만남, 흥분된 대화 등은 완전히 다른 것이었지요. 심연의 끝입니다. 바로 그렇게 투르게네프는 폴리나 비아르도와의 관계를 유지했고, 바로 이 시나리오에 따라 마리야 사비나와의 사건이 발전했던 거지요.

그러나 사비나는 천성과 기질이 완전히 달랐습니다. 그랬습니다. 보다 열정적이었지만 투르게네프처럼 빈틈없었습니다. 투르게네프 때문에 머리는 어지러웠지만 이성은 정연하게 움직였습니다. 사비나는 이반 세르게예비치 투르게네프와의 애정 관계가 전혀 전망 없다는 것을 정확히 이해했습니다. 그녀는 니키타 프세볼로쥬스키를 더 마음에 들어 했습니다. 그녀는 프세볼로쥬스키와 함께 파리로 갔고 그곳에서 그를 자신의 약혼자로서 투르게네프에게 소개시켰습니다.

투르게네프는 충격을 받았습니다. 그는 프세볼로쥬스키와의 결혼이 그녀에게 행복을 가져오지 않을 것이라고 사비나에게 설명하려 애썼습니다. "당신이 당신 집에 머물러있는 사람과 당신의 운명을 같이 하기에는—내가 판단할 수 있는 한—공통점이 적소." 그러나 투르게네프는 한 가지를 고려하지 않았습니다. 그것은 바로 '사랑'입니다. 만약 사비나가 투르게네프와의 관계에 있어서 고양된, 정신적인, 지적인 감정을 겪었다면, 프세볼로쥬스키와의 관계에서는 완전히 달랐습니다. 좀 더 가깝고, 육체적이고, 뜨거운 것이었지요. 물론 여성들이 육체와 정신을 좋아한다는 것은 자명한 일입니다.

결국 투르게네프는 모든 것을 이해했고 마음 또한 누그러졌습니다. 편지들 중의 하나에서 그는 사비나에게 "상냥함으로, 만일 아버지가 아니라면 아저씨로서" 키스를 보냅니다. 그리고 이 '아저씨'는 마치 작별에 따른 후원으로서 사비나를 스파스코예에 있는 자신에게로 초대했습니다. 그리고 그녀가 왔지요. 사비나가 방문했던 5일 동안의 이야기는 투르게네프의 가장 좋은 책꽂이 맨 첫 번째 자리에 있는 회고록에 영원히 남아있었습니다.

투르게네프와 사비나, 그들만은 아니었습니다. 이때에 투르게네프의 친구 야코프 폴론스키 또한 가족과 함께 손님으로 초대되었습니다. 그들 모두는 함께 4륜 마차를 탔습니다. 연못에서 목욕을 했습니다. 유명한 보리수 가운데에 있는 정원을 산책했고 꽃들을 꺾었습니다. …… 저녁에 투르게네프는 테라스로 나있는 창문이 달린 좁은 방인 '카지노'로 모두를 불러서 자신의 작품 중 하나를 읽어주었습니다.

여러 해가 지난 뒤인 아마도 1915년, 이미 젊지는 않지만 성숙한 사비나를 지나이다 기피우스가 만났는데 그녀는 이 만남에 대해 다음과 같이 기록했습니다.

…… 어떤 파티로부터 책을 읽고 있던 곳으로 엷은 푸른 옷을 입은 피곤에 지치고 창백한 사비나가 도착했다. 그래서 내게는 우리 거실의 창으로 보이는 이 밝은 북쪽의 밤을 그녀가 온통 닮은 것처럼 생각되었다. 그러나 그녀는 여느 때와 마찬가지로 그렇게 민첩하고 생기 있었다. 바로 그녀는 금방 쓰인 투르게네프의 작품 〈장엄한 사랑의 노래〉에 대해 우리들에게 얘기해 주었다. 작가는 초여름 저녁에 자신의 루토비노보 영지에서 이 작품을 폴론스키와 사비나에게 읽어 주었다. 그 때 사비나와 폴론스키는 작가 집에 손님으로 머물고 있었다.

사비나의 이 이야기는 우리 집에서 씌어졌고 나중에 인쇄되었다. …… 이야기를 가장 재미있어 한 것은 사비나 자신이었지 작품을 비하한 폴론스키가 아니었다(폴론스키는 항상 투르게네프를 질투하곤 했다). 사비나는 자신이 얼마나 투르게네프를 위로해 주고 싶었는지, 밤의 꽃 핀 정원을 어떻게 둘이서 걸었는지(폴론스키는 자러 갔다), 말없이 벤치에 앉아 한밤중의 꽃향기 속에 둘이 있던 것이 얼마나 투르게네프를 위로해 주었는지에 대해 이야기함으로써 투르게네프의 고요한 고뇌를 생생하게 전해주었다. 그는 하나의 조용한 존재인 마리야 가브릴로브나 사비나로부터 "저는 당신을 위로하고 싶어요. …… 어떻게든지 여자로서, 단순한 여자가 말할 수 있는 것처럼. 그러나 저는 아무것도 말하지 않았어요. 그리고 그게 더 나을 것 같아요"라고 그에게 말하고 싶었던 모든 말들을 느꼈다.

바로 그렇게 해서 '사랑의 야상곡'(夜想曲, Nocturne)이 얻어졌습니다.

그들은 여전히 상트 페테르부르크에서 혹은 파리에서 만났습니다. 그러나 이것은 이미 언젠가 갑자기 일어났던 불길이 꺼지고 식어버린 뒤의 감정의 결말이었습니다.

두 번째 결혼과 극장에서의 프리마돈나

투르게네프의 스파스코예-루토비노보 대신에 시바가 나타났습니다. 페름 현의 거대한 가문에 소재한 프세볼로쥬스키 영지였지요. 시바 강, 푸르른 먼 지방, 거친 숲, 연보랏빛 장미들로 덮인 정원.

1882년 7월 4일에 거의 비어있는 사빈스카야 교회에서 28살 된 사비나와 니키타 프세볼로쥬스키의 결혼식이 있었습니다. "무대를 버리지 않았기 때문에 성을 바꾼 후에도 내내 사비나로 남아 있으면서 자신의 행복을 확신했다"라고 그녀는 그 때에 대해 기록에 남겼습니다.

여배우 사비나는 삶의 위치에서 프세볼로쥬스키보다 더 높고 더 직책이 무거웠습니다.

"아무리 도덕적이라고 할지라도 여배우에게 있어 명성과 유명세는 산소와 같은 것이다. 이것은 자연현상이다. 그렇기에 자연 속의 산소 같은 명성과 유명세가 없으면 여배우는 살아있지 않고 무기력해진다"라고 사비나는 나중에 고백했습니다.

그녀는 무기력해지는 것을 원치 않았습니다. 그녀는 꽃을 피웠지요. 게다가 거의 매일 놀라운 성공을 거두며 상트 페테르부르크의 극장을 지배했습니다. 그녀는 베라 코미사르젭스카야처럼 '두마(Duma, 국가회의)의 주권자'는 아니었지만, 자신의 직업적 배우로서의 일을 완벽하게 수행했습니다. 그녀는 배우들 중의 배우였습니다. 대중은 그녀를 '만세'로써 맞이했고 부유한 연극애호가들은 '은과 보석'으로 찬미했습니다.

자신의 역할들 속에서 사비나는 사회적인 생각을 깨우치지는 않았지만 대신에 '여성의 문제'를 날카롭게 다루었습니다. 그녀는 여성들이 옷을 어떻게 입어야 하는지, 사람들을 어떻게 대하거나 선택한 사람과 단 둘이 어떻게 있어야 하는지, 곤란한 상황에서 어떻게 빠져나와야 하는지 등을 가르쳤습니다. 사비나는 여성들 속에 용기와 독립심을 불어넣었는데 이것은 작은 것이 아니었습니다. 그렇게 무대에 열중하면서 사비나는 관객들을, 특히 여성 관객들을 얻었습니다.

투르게네프의 조언대로 여배우는 회고록을 썼는데 그것을《비애와 방랑》이라고 이름 붙였습니다. 그것을 기록할 때에 사비나는 모든 것을 얻었습니다. 훌륭한 무대에서의 출세, 결혼, 의상들, 보석…… 그리고 열정적이고 깊이 생각하는 이 여성은 성공적이고 응석 부리는 부인으로 사는 것을 내내 계속했습니다. 그러나 알다시피 행복이란 결코 완전한 것이 아닙니다.

바깥에서 보는 사비나는 상트 페테르부르크에서 가장 우아한 여배우이고 북쪽 나라의 팔미라[3]의 세련된 부인들 중 하나였습니다. 그녀의 몸치장은 극장의 특별석이나 사교계 모임들에서 화젯거리였습니다. 한 비평가는 "사비나 여사의 몸치장은 완전히 갖추어진 드레스덴의 화랑이다"라고 썼습니다.

몸치장은 몸치장이고, 사비나는 항상 자신의 '굽히지 않고 힘 있는 성격'을 드러냈습니다. 알렉산드린스키 극장에서 그녀는 모두에게 있어 모든 것을 지휘했지요. 감독들, 배우들, 그 밖에 극장과 관계된 모든 직원들 말입니다. 류도빅처럼 그녀는 자신에 대해 "알렉산드린스키 극장은 바로 나 자신이야!"라고 말할 수 있었습니다.

극장에서는 굳건한 위치였지만, 가정생활은 어땠을까요? 그녀는 어떻게 보냈을까요? 프세볼로쥬스키 가문은 사비나를 받아들이지 않았습니다. 남편의 형인 타브린의 현지사 안드레이 프세볼로쥬스키

---

3) 중동에 있던 고대의 화려한 도시.

는 그녀의 직업이 배우라는 점 때문에 커다란 편견을 갖고 그녀를 대했습니다. 남편 니키타는 대부분의 시간을 자신의 영지에서 보냈습니다. 사비나는 단지 여름에만 시바에서 살 수 있었는데, 그때에는 휴가를 카를스바드에서 요양하며 보냈습니다(그녀는 젊었을 때부터 간장병으로 고통 받았습니다). 그러나 그녀가 시바에 있을 때조차도 남편은 사냥에 빠져있었습니다. 가족의 불일치가 항상 쌓였지요. 남편은 그녀가 극장을 그만두고 전업주부가 되기를 원했습니다. 하지만 그녀는 어떤 이유에서든 무대를 떠나는 것에 동의하지 않았습니다. 한 번은 시바에서 정말 어느 위태로운 순간에 그녀는 옆에 있던 남편에게 편지를 썼습니다.

당신과 말한다는 것에서 그 어떠한 가능성도 발견할 수 없기 때문에, 나는 이 편지가 어떠한 결과라도 가져오지 않을까 하는 기대에서 써봅니다. 충분히 생각해볼 때, 나의 생활은 참기 어려운 것이에요. 당신은 나보다 사냥개에게 더 관심있어 하지요. 온 여름 동안에 당신이 나를 상냥하게 대했던 건 3,4일 밖에 헤아릴 수 없지요. 그 대신 사람들 앞에서 무대가 온통 더럽다느니 하는 모욕적인 질책들을 퍼부었지요. 심지어 밤에조차 당신은 내가 자지 못하도록 나를 모욕하는 것이 필요하다고 생각합니다. 당신은 마치 나에게 고통을 주어야 한다는 과제를 당신 자신에게 부과한 것 같습니다.

무엇을 원하나요? 나는 더 이상 참을 힘이 없다는 것을 경고합니다. 당신은 가끔씩 추위로 내던지는 듯한 증오의 눈으로 나를 보지요. 당신은 나를 증오하지요! 질타로 목구멍에 응어리가 맺혔습니다. 나에게는 아무것도 필요하지 않아요. 당신은 항상 내가 상트 페테르부르크에 살고 있다는 것이 당신에게 방해가 된다고 소리쳤습니다. 그리고 오늘 당신은 나 때문에 사냥에 나가서 밤을 보낼 수 없다고 말했습니다. 나는 모든 것에서, 심지어 당신이 좋아하는 일에서조차 당신에게 방해물이 되었습니다.

맙소사! 이런 일이 일어나다니! 내가 정말 당신에게 혐오감을 일으키게 하나요? 제발 부탁이니 나를 그런 모욕에서 벗어나게 해주세요. 당신은 자유로운 사람이니 원하는 대로 하고 나의 존재에 대해 잊으세요. 나에겐 당신이, 당신이, 아무것도 없던 예전의 당신이 필요해요. 나는 당신의 겉치레적인 친구가 아니에요. 그리고 당신의 돈도 필요 없어요. 만약 당신에게 돈이 필요하다면, 전에 내가 했던 것과 같이 내가 구할게요. 구하고말고요. 안심하세요. 만약 이 금이 저주받은 것이라면, 이것은 당신의 눈을 멀게 할 것이고 나의 평온함을 빼앗아갈 거예요.

나는 떠나겠어요. 떠날 거예요. 앞으로 그 누구도 당신을 방해하지 않을 겁니다. 나는 나의 인생을 당신에게 바쳤고 결코 어떤 것에 대해서도 질책하지 않았어요.

마음의 외침은 그러했습니다. 그리고 이것은 부부간의 단순한 갈등이나 말다툼이 아니라 더 빠른 분열입니다. 두 사람 모두 완전히 자존심이 강하고 변덕스러우며 자기중심적이었지요. 부부 중 누구도 양보하기를 원하지 않았습니다. 사비나가 자신의 오만을 버렸더라면 아마도 그 어떠한 가정의 불화도 없었을 텐데……. 하지만 화해하는 것과 순종하는 것, 이러한 역할들을 사비나는 원하지 않았을 뿐 아니라 할 수도 없었습니다. 그녀 자신의 성격으로서는 도저히…….

그리고 니키타 프세볼로쥬스키도 자신의 삶을 바꾸려하지 않았습니다. 사냥, 포도주, 여자, 도박, 이것들은 당시 플레이보이들을 위해서는 전적으로 적당한 것들이었지요. 그가 도박에서 많이 졌기 때문에 사비나는 자신의 보석들을 여러 번 저당 잡혀야 했습니다. 프세볼로쥬스키는 자신의 도박과 탕진으로 사비나를 민사소송에 연루시켰습니다. 신용을 잃은 그는 외국으로 도망가 3년 동안 파리에서 살았습니다. "사랑스런 나의 친구여, 나를 구하기 위해 또 다시 나에게 돈을 보내주어 고맙구려……"라고 프세볼로쥬스키가 사비나에게 몬테카를로에서 썼습니다.

그렇습니다. 그녀는 그를 구해주었고 게다가 그의 빚도 갚아주었습니다. 사비나의 견고하고 선망 받던 위치 또한 즉각 거의 와해되었습니다. 그것을 개선시키기 위해 그녀는 남편과 이혼하기로 결정했지요. 1891년 12월 23일, 결국 그녀가 자유롭게 되었다는 소식이 그녀에게 도착했습니다. "시노드에서 나에게 공식서류가 왔다. ……이것에 대해 내가 마음의 준비를 하지 못했었다는 것을 말하기는 수치스럽다. 나는 내내 울었다"라고 사비나는 회고했습니다.

1896년 겨울에 니키타 프세볼로쥬스키가 죽었습니다. 사비나의 동료가 이때에 대해 다음과 같이 기록했습니다.

> 이 당시에 사비나의 남편은 이미 다른 여자에게 빠져있었다. 그가 죽었을 때 이 여자는 사비나를 장례식에 오지 못하게 했다. 문제는 겨울에 있었다. 사비나는 깊은 눈을 헤치며 몇 베르스타(옛 러시아의 거리 단위로 1베르스타는 약 1067㎞)를 되돌아갔다. 마차의 속도를 늦췄다. 그리고 그녀는 저녁에 연기를 했다. …… 그러나 사랑하는 남편이 여주인공을 버리는 내용의 〈마음이 가난한 사람들〉이라는 포테힌의 희곡을 연기하면서 그녀는 세 번째 막에서 그녀에 의해 표현된 여성의 비극 뿐 아니라 자신의 개인적인 비극까지 보여주었다. ……

그러한 여배우가 있을까요! 낭만적인 사랑을 겪을 수 있었던, 그리고 현실의 더러움을 통하여 딛고 넘어설 수 있었던 마음이 강한 여성 말입니다.

극장에서 사비나는 매력적이고 경솔한 부인의 역할을 신중하고 냉정한 정복자의 역할로 바꾸었습니다. “현대의 여성들이 모든 것을 할 수 있고 그들을 통해 모든 것이 만들어지는 것을 당신은 정말 모르십니까?” 사비나가 연기한 마르케비치의 〈인생의 악취〉라는 희곡의 여주인공인 올가 라체바가 한 말입니다. 19세기 말까지만 해도 그러한 여성들이 드물었습니다. 그렇기에 이들은 ‘최초의 여성들’이라 할 수 있지요. 오늘날에는 그 같은 여성들이 많습니다. 아름다움, 열정의 중독, 죄의 매력 등, 이 모든 것들이 무대에서나 인생에서 쉴 새 없이 행해지고 있었습니다.

극장에서 사비나는 영광의 절정에 도달해 있었습니다. 그녀는 여배우 중 한 사람이 희열 속에서 “빈틈없이 만들어졌어, 나 참!”이라고 말하는 것처럼 연기했습니다. “빈틈없이”, 이것은 아름답고 놀랍고 감동적인 것이지요. 다시 한 번 강조합니다만, 사비나는 평범한 연기자들 앞에서 자신의 성공을 획득했습니다. 비평가 에프로스가 지적했습니다.

> 사비나는 나무랄 데 없는 목소리와 아름다운 얼굴의 소유자다. 목소리 사이에서, 행동 사이에서 얼굴로 그리고 몸짓으로 말한다는 것은 완전히 특별한 것이었고 이것이 바로 나무랄 데 없는 조화인 것이다.

그리고 물론 사비나에게는 눈을 변화시키는 경탄할만한 능력이 있었습니다. 그녀의 눈은 피곤에 지치고 생동감 없고 즐겁고 불손하고 열정적이고 사랑스럽게 있을 수 있었습니다.

많은 이들이 사비나에게 열광했습니다. 배우 니콜라이 호도토프는 “오, 이 눈들! 그 힘, 그 매력을 영원히 기억할 것이다. 그것들은 분노의 순간에도 남아있을 것이며, 영원한 연민과 선한 부드러움으로 빛날 것이다”라고 외쳤습니다.

분노, 연민, 부드러움은 거의 여왕의 출현과 같았습니다. 사비나는 이러한 모든 권력의 도구들을 무대 위에서 더욱 빛나게 이용했습니다. 그 당시 젊은 배우 유리 유리예프는 다음과 같이 말했습니다.

권력과 영향력을 위해 그녀는 무대 뒤에서 투쟁했다. 그녀는 항상 조심할 필요가 있었다. 그녀의 뛰어난 지혜와 오히려 남자 같은 기질은 그녀에게 무대 뒤의 인생에서 잘 헤쳐 나아갈 가능성을 주었다. 그녀는 누구든지 외워서 알았고, 사람들을 꿰뚫어보고, 그들의 의향을 예감했다. 그리고 가장 복잡한 극장 기계들의 단추를 제때에 눌러서 작동시켰다. 그리고 장기를 가장 능숙하게 두는 사람처럼 모든 어려움에 대해 항상 잘 대처했다.

한편 사비나는 사람들을 다스렸고 예속시켰을 뿐만 아니라 많은 사람들에게 도움도 주었습니다. 돈과 조언으로 도움을 준데 더해, 그녀는 항상 고아들을 고아원에 있게끔 해주기 위해서, 미망인들에게 연금을 얻어주기 위해서, 그리고 시골 출신의 여배우를 고용하게끔 하기 위해서 많은 노력을 했습니다. 그녀는 처음 시작했던 때의 자신을 기억하고 있었기에 후원을 거절할 수 없었습니다.

말년의 사비나

사비나는 극장에 있었습니다. 무대 뒤에도 있었습니다. 그런데 사비나는 집에도 있었을까요? 26년 동안 사비나의 집에서 지냈던 유명한 하녀 바실리사 판슈호바는 다음과 같이 기억하고 있습니다.

그녀는 약 8시에서 8시 반쯤 일어나곤 했다. 차를 마시러 가면서 성호를 긋고 성상 앞에 켜둔 등불이 타고 있는 것을 쳐다본다. 연습이 끝나면 집에 바로 가거나 때로는 가게에 들르곤 했다. 2,3시쯤에 항상 점심 식사를 했다. 두세 가지의 요리를 내놨다. 그녀는 햄과 청어를 좋아했다. 식사 전에는 매우 작은 술잔에 보드카를 따라 마셨다. 그렇게 하도록 의사가 지시했다. 무엇이든 잘 조리된 것을 좋아했다. …… 마리네이드를 매우 좋아했다. 식사에는 뜨거운 수프가 있었다. 단 것을 좋아하지는 않았지만, 있어도 좋고 없어도 그만이었다. 과일을 매우 좋아했다. 수프나 뜨거운 음식을 먹은 후에는 붉은 포도주를 작은 컵에 따라 마셨다. …… 5시 반에는 집으로 돌아갔다. 외투를 벗고 가운과 부인용 모자를 쓰고 극장으로 갔다. ……

극장에서는 항상 혼자서 분장을 했다. …… 옷을 입을 때까지 주위에 아무도 없게 했다. …… 나갈 때는 항상 흥분해있었다. 심지어 연습을 하러 갈 때에도 그녀는 항상 세라핌 사롭스키의 모습을 따라했다.

1895년, 그녀가 41세가 되었을 때 법률가이자 연극에 매료된 아나톨리 몰차노프가 그녀의 인생에 나타났습니다. 사비나와 몰차노프, 둘은 러시아 극장 협회의 회원이었고 여러 가지 일로 자주 만났습니다. 그들의 관계는 처음에 단지 사무적인 것이었으나 점차 호감 가는 사이가 되었다가 더 나중에는 친해져서 결국 서로에게 끌리게 되었습니다. 불타는 열정은 없었으나 대신에 기본적으로 서로가 서로에 대한 굳건한 애정이 있었습니다. 사비나의 이전 두 남편들과는 다른 몰차노프는 지금까지 그녀가 알지 못했던 다정한 감정을 그녀에게 선물했습니다. 그는 그녀를 도와주었습니다. 그리고 또한 가장 중요한 것이 있었지요. 첫 남편인 슬라비치는 그녀의 여배우로서의 성공을 질투했고, 두 번째 남편에게는 그녀의 여배우로서의 명성이 방해가 되었습니다. 그러나 몰차노프는 전혀 다른 사람이었습니다. 그는 진심으로 그녀의 재능에 매혹되었습니다. 몰차노프가 유부남이고 아이들이 있었다는 것은 사실이지만 결국에는 그들과 헤어졌고 대신 사비나와 결합했습니다. 그녀는 자신의 영역에서 만족을 가지고 연기했습니다.

1910년 9월 8일, 오라니엔바움에 있는 연극학교 교회에서 그들은 결혼식을 올렸습니다. '결혼한 지 얼마 안 된 부부'(이때 그녀의 나이는 56세였습니다)는 아프쩨카르 섬에 있는 자신들의 새로운 집에서 살림을 꾸렸습니다. 위층에 사비나의 방이 있었습니다. 큰 장식장에는 그녀가 무대에서 받은 많은 수의 상들이 놓여 있었습니다. 그들은 하녀들과 호화롭게 살았습니다. 이것은 이미 완전히 다른 삶이었습니다. 방탕한 생활이 아닌 견고하고 부유하고 정돈된 삶이었습니다.

이미 1910년 2월 24일에는 사비나를 기리는 기념행사가 열렸었습니다. 그녀에게 있어 이날은 무대에서 40년째 되는 날이었지요. 많은 사람들로부터 존경을 받는 비평가 쿠겔에 따르면, 이 40년 동안 이 여배우는 방황하는 소녀들로부터 열정이 식어버린 여성들까지 모든 연령층의 러시아 여성들을 관객으로 끌어들였습니다. 쿠겔은 "사비나의 모든 모습들 속에는—단 한 가지만 제외하고—나쁜 것이 털끝만큼도 없었다. 그녀는 그럴 수 없었다. ……"라고 지적했습니다.

그 단 하나의 나쁜 것이 바로 그녀의 개인적인 삶 속에서 영향을 미쳤습니다. 베라 코미사르젭스카야와의 복잡한 관계와 왕립극장 감독인 쩰랴콥스키와의 관계, 극장 엘리트들의 취향 사이에서 그리고 민주적인 대중들의 요구 사이에서 항상 있는 우회 항행. 세 번째 남편과의 관계는 모든 표면적인 무사 안녕 속에서 그나마 이상적이었습니다. 언젠가부터 사비나는 자신의 나이를 느꼈습니다. 그것에 대한 혐오감도 생기게 되었지요.

말처럼 일하지만, 영혼을 위한 것은 아무것도 없다. 힘들고 헛되고 불결한 희곡들…….

젊음은 떠났습니다. 그녀는 기반을 잃었습니다. 거의 누구에게나 그렇듯 복잡하고 드라마틱한 때가 존재합니다. 희극적인 노파의 역할을 완수하지 않고서 사비나는 삶으로부터 떠났습니다. 그녀는 많은 것들을 두고 갑자기 죽었습니다. 사비나는 하리코프 근교의 코젤쉬나에 있는 유명한 성상에 절하러 가다가 도중에 감기에 걸렸고 이내 병이 들었습니다. 의사는 기관지염이라고 병명을 내렸습니다. 1915년 9월 8일에는 사비나와 몰차코프와의 결혼 5주년 축하가 있었는데, 이날 밤에 사비나는 의식을 잃었고 아침에 심장마비로 죽음을 맞았습니다. 62세의 나이로 세상을 떠났던 것입니다. 그녀는 자신이 매우 두려워했던 것, 늙어서 도움이 필요할 때 도움을 받지 못하게 될지도 모른다는 걱정을 다행스럽게 피할 수 있었습니다.

상트 페테르부르크 전체가 사비나를 묘지에 묻었습니다. 노인이든 젊은이든. 왕립 알렉산드린스키 극장은 그녀의 죽음과 함께 과거 속에 묻혔습니다.

혁명 전의 위대한 러시아 여배우들로는 마리야 예르몰로바, 필라게야 스트레페도바, 베라 코미사르젭스카야, 마리야 사비나 등이 있습니다. 그들 모두는 각각 개성적인 사람들이었지요. 성격과 복잡한 운명도 다양했습니다. 그러나 모두들 스타였지요. 이런 별들의 비밀을 푸는 것과 중력의 마술을 이해하는 것은 흥미롭습니다. 각각의 여성, 몇몇 여배우들은 당연히 항상 연기하고 싶고, 타인의 마음에 들고 싶고, 또한 남성들을 길들이기를 원합니다. 마리야 사비나가 그 완전한 예입니다. 아무것도 없는 상태에서의 그리고 시골의 촌티 나는 사람으로서의 그녀는 자신을 아름답고 유명한 사람으로 만들 수 있었습니다.

그렇습니다. 그렇기까지에는 고통과 희생과 패배가 있었습니다.

그러나 결국 그녀는 자신이 원하는 모든 것을 얻었습니다. 자아를 실현시킨 것이었지요.

마야콥스키는 제르진스키를 본 따 인생을 설계하라고 제안했습니다.

저는 마리야 사비나를 본 따 인생을 설계하라고 제안합니다.

9장 베라 코미사르젭스카야

러시아 무대의 '갈매기'

많은 재능 있는 여배우들이 러시아 무대에서 빛을 발했습니다. 어떤 여배우들은 외적 아름다움으로, 다른 여배우들은 연마된 연기력으로, 또 다른 여배우들은 창조되는 인물들의 깊이 있는 심리묘사로, 혹은 불꽃이 이는 격정 등으로 관객들을 놀라게 했습니다. 그러나 관객들의 매료는 극장 밖을 넘어서지 않았습니다. 단지 한 여배우만이 거리를 술렁이게 하고, 사회 분위기를 폭발시킬 수 있었습니다. 이 여배우가 바로 베라 코미사르젭스카야였습니다. 오시프 만젤슈탐은 그녀에 대해 "그녀는 두목이었고, 어떤 면에서는 잔 다르크였다"라고 썼습니다. "선과 빛의 자식", 이것은 그녀에 대한 또 하나의 견해입니다. 그러나 여자로서의 베라 코미사르젭스카야는 행복한 삶을 살았을까요? 남성들과의 관계는 어떻게 전개되었을까요? 이 모든 것에 대해 여러분들에게 이야기해 보겠습니다.

I

한 인간의 성격, 그의 미래의 운명은 어렸을 때 그 토대가 형성됩니다. 모든 인류의 '건축물'은 최초의 '벽돌들'이 어떤 것인가에 따라 달라지지요. 그리고 베라 표도로브나 코미사르젭스카야의 인생도 근원에 관한 이 프로이드의 학설을 다시 한 번 확인해 주고 있습니다.

처음에는 가정의 상냥함과 쾌적함, 그 후에는 의기소침과 심리적인 파국, 바로 이것이 베라 표도로브나 코미사르젭스카야의 첫 걸음에 동행했습니다. 조화와 빛, 의기소침과 피할 수 없는 실패의 비극적 느낌이 그녀의 영혼, 그녀의 이중성의 구성요소가 되었습니다.

베라의 부모인 표도르 페트로비치 코미사르젭스키와 마리야 슐기나의 결혼은 낭만적으로 시작되었지만(마린 극장의 유명한 테너 가수가 사교계의 미인이자 훌륭한 가수이며 음악가였던 장군의 딸을 납치해서 그녀와 결혼했습니다), 그 끝은 평범했습니다(코미사르젭스키는 아내와 아이들을 버렸습니다). 그러나 이것은 나중의 일입니다. 처음에는 화목하고 행복한 가정, 그리고 다섯 아이들이 있었습니다. 딸들인 베라, 올가, 나제즈다, 아들들인 표도르와 니콜라이.

미래의 러시아 무대의 "갈매기"의 탄생에 관하여 어머니인 마리야 니콜라예브나가 말합니다.

> 1864년 10월 27일에 내 딸 베라가 태어났다. 그녀가 얼마나 작았던지, 출산할 때 곁에 있었던 의사가 자신이 의사생활을 시작한 이래 이렇듯 놀라울 정도로 작은 몸집에 그토록 훌륭하게 균형 잡힌 아이는 처음 본다고 말하면서, 그녀에게 '인형'이라는 별명을 지어주었다. 베라는 잘 움직이는 건강한 아이였고, 아무런 병도 앓지 않고 자랐다. 삼 개월이 됐을 때, 그녀는 자신의 아버지를 알아보기 시작했다. 그가 들어서면 베라는 온몸을 떨면서 크게 웃으며 그에게 작은 손을 뻗었다. 열렬한 사랑이 부녀 상호간에 오갔는데, 이는 표도르 페트로비치가 숨을 거둘 때까지 계속되었다. ……

무소르그스키

회상의 뒷부분을 읽어봅시다.

베라가 6살이 되었을 때, 에브게니야 아돌포브나 레만을 초빙했다. 그녀는 애정을 담아서 베라를 보살펴 주었다. 로또를 하면서 베라는 읽는 법을 배웠고, 곧 잘 읽게 되었다. 일 년 후 오페라 〈수도사 디아볼로〉 공연 도중 넘어진 남편이 쇄골이 부러져서 2주 동안 움직이지 못하고 누워있어야만 했을 때, 베라는 그에게 어른 못지않게 책을 읽어줄 수 있었을 정도였다. 자매들 사이에서 베라의 권위는 막강했고 서로간의 우정과 사랑은 보기 드문 것이었다. ……

아이들이 좋아하는 놀이는 바로 연극이었습니다. 베라는 드라마적으로 그리고 희극적으로 가장 뛰어난 재능을 가지고 있었습니다. 가정극의 공연 외에도 가정에서 자주 음악 연주를 하거나 노래를 불렀습니다. 표도르 코미사르젭스키의 친구들 가운데는 유명한 작곡가인 다르고므이스키와 무소르그스키가 있었습니다. 베라와 나제즈다 자매는 통상 모제스트 페트로비치 무소르그스키[1]가 집에 오면 굉장히

1) 무소르그스키(1839~81)는 프스코프에서 귀족의 아들로 태어나 어려서부터 어머니에게서 피아노를 배웠다. 1852년에 근위사관학교에 입학, 1859년에 임관되자 곧 예비역에 편입되어 음악공부를 계속했다. M. A. 발라키레프에게서 작곡을 배우고 국민악파 5인조의 일원으로서 활약하면서 작곡에 전념했으나, 1861년의 농노해방으로 인한 경제적 타격으로 1863년부터 관리가 되고, 1865년에 어머니가 죽자 심한 음주벽과 신경쇠약으로 주위로부터 소외되었다. 그러나 이런 가운데에도 여러 편의 피아노곡, 교향곡, 오페라, 가곡 등을 작곡했다. 푸슈킨의 희곡을 바탕으로 작곡한 〈보리스 고두노프〉(1874)는 그 고도의 음악성으로 높이 평가되며, 피아노곡과 가곡으로 〈어린이의 방〉(1868~72), 〈죽음의 노래와 춤〉

기뻐했습니다. 그들은 그를 향해 소리를 지르며 달려갔고, 그가 외투를 벗을 틈도 주지 않은 채 피아노가 있는 쪽으로 끌고 갔습니다. 좋아하는 곡들이 울려 퍼졌고, 그 다음에 무소르그스키는 즉흥적으로 연주했습니다. 아이들은 행복했습니다.

그러나 행복은 크리스탈 꽃병처럼 깨지기 쉬운 것이지요. 어리석은 행동으로 모든 것이 산산조각 납니다. 표도르 코미사르젭스키는 바로 이런 '어리석은 행동'을 했습니다. 그는 뜻하지 않게 아내와 이혼하고는 쿠르쩨비치라는 여자와 결혼해서 외국으로 떠났습니다.

가정이 있었다가 그것이 없어졌습니다. 온화와 평온 대신 격동과 불행의 시기가 찾아왔습니다. 알렉산드린스끼 극장의 감독이자 베라 코미사르젭스카야의 친구인 예프티히 카르포프는 자신의 회고록에서 다음과 같이 지적했습니다.

> 이때부터 베라 표도로브나의 떠돌이 생활이 시작되었다. 상트 페테르부르크의 '마리나'에서 엄마와 함께 살다가, 빌리뉴스에서 살고, 자신의 가정교사인 안나 플라토노바의 집에 살다가, 다시 엄마와 살게 된다. 표도르 페트로비치 및 가족과의 결별, 가정의 분규, 낯선 사람들을 따라 돌아다니는 일, 계속되는 전학, 가족의 보장되지 않은 재정상태, 이 모든 것이 감수성이 예민하고 신경질적인 어린 소녀의 성격에 반영되지 않을 수 없었다.

예전부터 내려온 팔자를 고치는 방법인 결혼에 매달릴 수밖에 없었고, 그것은 실제로 1883년에 일어났습니다. 젊은 풍경 화가이자 백작의 작위를 가지고 있던 블라지미르 무라비요프가 19세의 베라 코미사르젭스카야의 배우자가 되었습니다. 그리고 다시 훌륭한 출발과

(1875~77), 〈전람회의 그림〉(1874) 등이 있다.

2년 후의 예기치 않은 파국. 어쩌면! 젊은 아내는 사랑하고 숭배하는 남편이 그녀의 여동생 나제즈다와 가까운 관계라는 것을 알게 됩니다. 게다가 나제즈다는 무라비요프의 아이까지 임신한 상태였지요.

베라 코미사르젭스카야가 받은 충격은 엄청난 것이었습니다. 그녀는 이혼서류를 제출했지만, 그녀에게는 그 일을 마무리할 힘이 없었습니다. 그런데 그때, 남편인 백작이 이혼하지 않은 채로 나제즈다와 자신을 비밀리에 결혼시켜줄 성직자를 찾아냈습니다. 아이가 태어났는데 이 아이가 베라의 조카인 렐랴입니다. 나제즈다는 얼마동안 무라비요프와 함께 살았는데, 그는 동시에 법률적으로 그녀의 언니의 남편, 즉 형부이기도 했지요. 하지만 그 후 헤어지게 되고 그녀는 배우인 파벨 가이데부로프와 재혼했습니다.

호기심 많은 분들을 위해 코미사르젭스카야 두 자매의 남편이었던 화가의 종말을 이야기해 드리지요. 귀족으로서 태어난 그는 언제 어디서나 교수형을 집행했던 그 무라비요프[2]가 아니라, 교수형을 당했던 무라비요프들의 후손이라고 주장했습니다. 베라 코미사르젭스카야와 이혼한 후 그는 일부러 그녀가 참가하는 연극들을 관람했고, 자신의 전처에게 최면술을 걸면서 맨 앞에 앉아있었습니다. 나제즈다와 관련해서는, 헤어지고 난 후 그는 그녀에게 전혀 관심을 보이지 않았습니다. 블라지미르 무라비요프는 1917년 '10월 혁명' 을 로스토프-나-돈에서 맞이했습니다. 타락하고, 비참하고, 늘 술에 취해있던 그는 자신의 예전 작품들을 베끼거나 엽서를 그려 겨우 연명하면서 더럽고 어두운 방 한 칸에서 살았습니다.

간략하게 말한다면, 자매의 인생을 망쳐놓은 데다 자신의 삶도 살

2) 여기에서 무라비요프는 러시아의 정치가 미하일 니콜라예비치 무라비요프(1796~1866)를 말한다. 열렬한 농노제 옹호자였고 여러 곳의 폭동과 혁명운동을 잔학한 방법으로 진압하여 백작이 되었으나 역사상 '교수형 무라비요프' 라는 악명을 남겼다.

지 못했던 것이지요. 베라와 나제즈다는 오랫동안 긴장되고 고통스러운 관계를 유지했습니다. 당연히 베라 코미사르젭스카야는 마음 속 깊이 지난 일들에 대한 고통을 품고 있었지만, 결국 그녀는 그것을 극복하고, 조카 렐랴를 도왔으며, 나제즈다의 극장 일들도 보살펴 주었습니다.

그런데 우리가 너무 앞서서 이야기했군요. 다시 개인적인 드라마의 출발점으로 돌아갑시다. 베라 코미사르젭스카야는 알렉산드르의 뉘이인 너무 큰 충격을 받아서 모두가 그녀의 목숨이 온전할 지를 걱정했습니다. 의사는 즉시 무엇이든 그녀의 주의를 다른 데로 돌릴만한—반드시 고민을 잊어버리게 할만한—일을 하라고 충고했는데, 이런 상황에서 그녀가 연극보다 더 좋은 일을 생각해 내는 것은 불가능했습니다. 베라 코미사르젭스카야는 유명한 교육자인 다비도프에게서 무대연기 수업을 받기 시작했습니다.

적절한 시기에 아버지가 나타났습니다. 표도르 코미사르젭스키는 두 번째 부인과 이혼하고 교육 활동에 종사하기로 결심했던 것이지요. 베라 코미사르젭스카야는 모스크바에서 아버지가 세운 학교(음악 · 드라마 과정)에 입학했고 그녀는 다시 사랑하는 아버지와 함께 있었습니다. 그러나 일에 있어서 아버지는 딸에게 전혀 관대하게 대해주지 않았습니다. 베라가 참지 못하고 울기 시작하면 그는 변함없이 "노래를 하던지, 대성통곡을 하던지 해!"라고 말했습니다. 만성적인 인후 카타르로 인해 결국 오페라는 포기해야만 했습니다.

아버지는 여러 학생들 중 베라를 뽑아 지방 순회공연에 데려갔고, 거기서 그녀는 진정한 여배우로서의 숙련된 테크닉을 얻게 되었습니다.

II

그러나 연극에 대해서는 다시 이야기하도록 합시다. 지금은 베라 코미사르젭스카야의 사생활을 정리해 보지요.

그녀는 자신의 첫 번째이자 유일한 남편을 인생에서 결정적으로 그리고 완전히 지워 버렸습니다. 그녀는 자살하려고 했고 거의 죽을 뻔했으나 겨우 구해져 치료받기 위해 레페쯔크로 갔습니다. 확실히 젊음은 어떤 상처도 치유할 능력이 있습니다. 대가족인 질로띠 집안과의 만남도 좋은 영향을 주었습니다. 베라는 질로티 집안의 형제들 중 한 명인 세르게이와 거의 결혼할 뻔했는데, 마지막 순간에 무언가가 어긋나서 결혼이 성립되지 않았습니다. 세르게이와의 결혼 대신, 베라 코미사르젭스카야는 그의 형제인 피아니스트 알렉산드르 질로티와 우정을 나누었습니다. 이 두 사람을 가깝게 해준 것은 바로 음악과 예술이었습니다. 또 다른 큰 우정이 베라 코미사르젭스카야와 알렉산드르의 누이인 마리야 질로티 사이에서 생겨났습니다. 그들은 자주 함께 시간을 보냈는데, 떨어져 있을 때는 서로에게 편지를 썼습니다.

그런데 왜 그토록 베라 코미사르젭스카야는 인생의 동반자를 찾을 수 없었을까요? 해답은 그녀의 성격과 그녀의 견해에서 찾아야만 할 것입니다. 그녀는 지나칠 정도로 성급하고 정직했으며, 남성들에게서 많은 것을 요구했습니다. 그녀가 유명한 첫 연인인 배우 로쉰-인사로프에게 쓴 편지에서 그가 '여자 친구'를 가질 자격이 없다고 그를 엄격하게 질책한 사실을 기억한다면 충분히 이해가 가실 것입니다.

그러나 다른 한편으로 모든 남성이 '여자 친구'를 필요로 하는 것은 아닙니다. '연인으로서의 여성'은 흔하지만, '여자 친구'는 뭔가 드문, 아니 거의 이국적인 것입니다. 그럼에도 불구하고 이와 같은 이국적인 것을 선호하는 사람이 있었으니, 그가 바로 호도토프였습니다. 하지만 그와 만나기 전에도 그리고 그 후에도 코미사르젭스카야는 다양한 남성들과 접촉을 갖게 됩니다. 더 적합한 동사를 사용하는 것이 좋겠네요. '갖게 된 것'이 아니라 '타오른 것'입니다. 강렬하게, 그러나 짧게. 이 짧은 '열정'의 목록에서 코미사르젭스카야의 무대 파트너였던 카지미르 브라비치, 예브티히 카르포프, 니콜라이 에프로스, 발레리 브류소프를 기억해야 할 것입니다.

발레리 브류소프

현대의 비평가 미하일 졸로토노소프는 "사랑의 패러다임이 여배우에 의해서 마치 마약에 관해 말하듯이 긴장되고 열정적이고 열광적으로 만들어졌다. 한 사람이 다른 사람을 밀어냈다. 호도토프–카르포프, 에프로스–호도토프……. 메이에르홀드와의 결별은 브류소프와 가까워진 데서 비롯된 것이다. ……"라고 지적하고 있습니다.

발레리 브류소프[3]와의 관계는 서간체–시 장르 속에서 발전되었습니다. 시 〈환영〉(1908년 1월 17일)에서 시인은 다음과 같이 적고 있습니다.

저녁의 어둠 속에서 그대는 움직이지 않고 있네,

3) 발레리 브류소프(1873~1924)는 모스크바에서 출생했다. 프랑스 상징파의 영향을 받아 1893년에 시문집 《러시아 상징파》를 출판하여 러시아 상징주의의 시조가 되었다. 1904년에는 러시아 상징파 최대의 잡지 《천평칭天平秤》을 창간하여 이후 상징파가 쇠퇴하기까지 그 중심에 있었다. 대표적 시집으로는 《도시와 세계》(1903), 《화관花冠》(1906) 등이 있다.

하얀 성스런 화관을 쓰고.
저녁의 어둠 속에서 내게는 이해되지 않네,
평온한 얼굴의 비애가.
우리 두 사람. 차가운, 무덤 같은 어둠은
내게 그대만을 넘겨주었네.
우리 두 사람. 아니면 무력한 나 홀로,
어둠 속에서 지체시키는가, 비애를? ……

코미사르젭스카야는 그에게 답을 합니다(그녀는 미국 공연 중이었습니다).

…… 저는 지금 기쁨에 눈이 멀 지경입니다. 기뻐서 눈이 멀 지경이에요. 저는 편지를 기다리고 있어요, 저에게 꼭 편지해 주셔야 해요. 저는 보내주신 시에 감사하지만, 그 시에 감사하고 싶지는 않아요. 아무래도 이것은 아직 제 시가 아니니까요. ……

다음 해인 1909년 1월, 상트 페테르부르크에서 다음과 같이 썼습니다.

당신의 아무것도 빼앗아가지 말라고 당신의 기억에게 상냥하게 부탁하고 있어요. 당신의 이성을 사랑해요. 저는 여기 있어요.

또 다른 편지입니다.

…… 지금 온 세상에서 제게는 단 한 사람이 필요해요. 바로 당신이요. 당신이 아니라—비록 침묵을 지키지만—내 얘기를 들어주는 당신의 눈

동자가요. 당신은 와서 내 얘기를 듣고는 떠나가 버리죠. ……

하루가 지나서 쓴 글에 적혀있습니다.

당신은 제 상처에 새로운 아픔을 줘야만해요. 당신은 제 웃음을 가져가야만 해요.

이 짧은 구절들에서조차 베라 코미사르젭스카야가 갈망했던 것은 감각적인 만족이 아니라 '새로운 아픔'이었던 것을, 애무해 주는 손이 아니라 이야기를 들어주는 눈동자가 필요했다는 것을 알 수 있습니다. 이 점에 관해서 무슨 이야기를 할 수 있을까요? 모든 위대한 인물들은 자신만의 기이한 언행을 가지고 있습니다. 코미사르젭스카야와 브류소프도 이 범주에 속했습니다. 자신의 8행시 〈피할 수 없는 것〉(1909년 1월 22일)에서 그는 다음과 같이 썼습니다.

상관없는 것 아닌가요, 당신이 내게 충실했는지 아닌지?
그리고 내가 충실했는지 아닌지, 상관없는 것 아닌가요?
우리의 친밀함이 우리에 의해 결정된 것이 아니며,
우리에게는 눈길을 피할 의지도 없습니다.
나는 또다시 떨고 있고, 그대는 또다시 창백하군요,
피할 수 없는 고통을 예감하면서.
순간은 소음과 함께 흘러갑니다, 급류처럼,
그리고 정열은 우리 위로 자신의 칼날을 들어올립니다.

서로를 갈망하는 우리들을 누가 창조했건 간에,
신이든지 아니면 숙명이든지, 상관없는 것 아닌가요!
그러나 우리들은 마법의 원안에 있고,

우리 위에서 주문이 실현됩니다!
우리는 행복과 놀라움으로 고개가 수그러지고,
우리는 떨어집니다—두 개의 닻이—바닥으로!
아니오, 우연도, 사랑도, 상냥함도 아닙니다, —
우리를 이겼습니다—피할 수 없는 것이!

데카당스(Decadence)의 옷을 입고 있는, 굴절되고 죽음의 경련을 일으키는 전형적인 사랑입니다. "우리는 행복과 놀라움으로 고개가 수그러지고", 아니오, 문제는 거기에 있는 것이 아닙니다. 브류소프와 코미사르젭스카야, 그들 둘 모두 자신들과 자신들의 계획과 자신들의—그는 시로 인한, 그녀는 극장으로 인한—창작으로 지나치게 바빴습니다. 그들에게는 시간은 물론 자신을 주거나 다른 누군가에게 자신을 용해시키려는 진실한 욕구도 없었습니다. 게다가 브류소프는 사랑에 있어서 언제나 냉정하고 이성적이었으며, 그에게 있어서 중요한 것은 자신의 감정 · 정열을 종이 위에 쏟아 붓는 것이지 여인을 뜨겁게 포옹하는 것은 아니었습니다(이것은 피곤한 일이며 창작에서 벗어나게 합니다).

그들 사이의 냉담함에 일조한 것은 브류소프가 자신의 희곡 〈프란체스카와 리미니〉를 코미사르젭스카야의 극장이 아닌 말르이 극장에 줬던 상황이었습니다. 그녀는 당연히 화를 냈고, 그 때문에 "사랑하는 사람, 사랑하는 사람, 불쌍한 사람, 나는 부르고 있어요, 나는 기다리고 있어요, 나는 충실해요"와 같은 유형의 이전의 메모들이 이제 더 이상 반복되지 않았습니다. 완전한 무관심과 최후의 결별이 있었을 뿐이었지요.

베라 코미사르젭스카야의 인생에서 흥미로운 것은 다른 은세기[4] 시인인 안드레이 벨르이와의 관계가 어렴풋이 보인다는 사실입니다.

그는 그녀보다 16살이나 연하였고 위대한 여배우를 공경했습니다. 자신의 회고록에서 그는 그녀가 어떻게 "손을 내밀고 자신의 피리 같은 목소리로 조용히 이야기했는지" 쓰고 있습니다.

안드레이 벨르이

"나는 당신과 함께 있어서 기뻐요. ……" 이 구절의 끝 부분을 잊어버렸다. 엄격하면서도 부끄러운 듯, 말없이 관망하듯 바라보면서 그녀는 내 앞에 서 있었다. 여학생들이 질문을 기다리며 학생사감 앞에 서 있을 때처럼 얼굴은 작고 창백했으며, 입술은 아이들처럼 앙 다물고, 나이는 알 수가 없었다(베일이 얼굴을 가리고 있었다). 그러나 눈은 질문에 당혹해 하고 있었다. 이 때문에 나는 어찌할 바를 모르고 입을 벌린 채 서서 우리들 사이에 분명히 생길 질문을 여전히 기다리며 눈을 깜박였다. ……

베라 표도로브나와의 첫 만남은 서로를 잠시 바라보는 것으로 끝이 났다. 그리고 말 한마디 없이 …… 대화라고 할 만한 것이 있었다. 이는 일 년이 지나서 눈사태같이 머리 위로 떨어졌는데, 밤에 마차에서 했던 대화였기에 더욱 그랬던 것 같다. 그러나 그런 대화는 오로지 그런 식으로만 일어날 수 있었다. 실내에서가 아니라…….

만남 · 대화는 1909년 가을에 일어났습니다. 안드레이 벨르이가 회

4) 19세기 후반에서 20세기 초, 러시아의 음악 · 문학 · 미술 등 문화의 모든 영역에서 세계적 작품들이 나왔던 대규모의 문예부흥의 시대. 특히 상징주의 문학이 발전했다.

상합니다.

이제 연극은 끝났다. 나는 무대 뒤로 간다. 그곳에서 그녀가 나를 기다리고 있다. 옷을 갈아입고 이제 집을 나선다. 어디에선가 아직도 "코-미-사르-젭스-카-야"라는 외침이 울리고 있다. 여기 그녀가 있다. 풍성한 망토를 입고, 내 손에 커다란 머프[5]를 던져준다.

"달려요, 가요!"

어디로? 그녀의 집으로? 나는 간다. 바보 같은 상황이다. 입구에는 젊은이들의 함성. 나는 손에 머프를 들고 있다. 우리는 나간다. 그녀는 사륜마차를 보낸다. 나는 그녀를 마차에 앉힌다. 우리는 그녀의 집으로 간다. 그 전에 그녀는 마차를 달려서 신선한 공기를 마시고 싶어한다. 어딘가 골목 사이를 달린다. 이미 중대한 주제가 되어버린 대화가 끊어지지 않도록 교외로 가기로 결정한다. 우리는 밤길을 달린다. 페트롭스키 공원의 나무들. 이제 더 어디로? 차라도 마시는 것이 어떨까? 어디에서? 여기에 무슨 레스토랑이 필요한가? 나는 잘 모르겠지만, 그녀 또한 모르는 것 같다. 그리고 나는 그녀에게 레스토랑은 가지 말자고 청하기 시작한다. 음악소리가 들리는 그곳에서 대화를 계속할 수 있을까? 그리고 그 환경 역시……. 그녀는 동의한다.

"마부, 돌아가요! ……"

이어서 어떤 종잡을 수 없는 얘기가 계속됩니다. 코미사르젭스카야와 벨르이는 서로의 집까지 바래다주었습니다. 그녀가 그를, 이번에는 그가 그녀를, 이런 식으로 몇 차례나. 그런데 이보다 더 중요한 대화는?

---

5) 모피를 원통형으로 하여 손을 따뜻하게 하는 부인용구.

재현하는 것이 불가능하다. 서로 논쟁을 하면서 받은 인상 위에서 대화가 이루어졌다. 현실로 실현될 수 없는 유토피아의 광채와 이 아름다운 영혼의 우수가 그 대화 속에서 말해지고 있었다. 왜 그녀는 내게 자신의 갈망을 털어놓았을까? ……

그렇습니다, 러시아는 불가사의한 나라입니다. 예를 들어 프랑스에서 사라 베르나르[6]에게는 이런 상황이 일어날 수 없었을 겁니다. 그녀와 젊은 시인, 그리고 그 후 무슨 일이 일어났을지 추측할 필요도 없습니다. 그런데 여기서는…… 몽상들, 이야기들, 희망들로 이루어진 완전한 몽환극이 있을 뿐입니다.

벨르이는 그녀와의 만남에 대한 자신의 회상을 이렇게 끝맺고 있습니다.

내 얼굴 아래로 주저하듯이 머리를 길게 늘이고, 풍성한 망토 속에서 손을 내밀고 있는 조그마한 몸매의 형상은 거대하고 단단한 제정 러시아에서 남쪽 어딘가로 날아가는, '슬픈 울음소리'를 내는 갈매기의 형태로 남았다. 약간 화가 난 듯한 그녀의 고함소리도 기억에 남아있다.

"왜 당신은 이렇게 무심하고 우울하고 냉정한 건가요! 그래요, 당신은 푸른색이에요, 푸른색!"

6) 사라 베르나르는 프랑스의 여배우로서 본명이 Henriette-Rosine Bernard이다. 파리에서 출생했고, 국립연극학교를 졸업한 후 1862년에 '코메디 프랑세즈'에서 데뷔했으나 곧 그곳을 나와 민간극장을 돌아다녔으며 나중에는 스스로 극단을 조직하여 외국에서 순회공연을 하다가 1898년부터 '테아트르 드 나시옹'(지금의 '사라 베르나르 극장')을 본거지로 하여 활약하였다. 사라 베르나르는 아름다운 '황금의 목소리'와 살로메나 시바의 여왕을 연상시키는 요염한 분위기를 조성하는 매력이 있었고, 또 〈햄릿〉 등의 작품에서는 남자역을 맡아서 연기하기도 했으며 자유분방한 생활태도로도 평판이 높았다. 1914년 한쪽 다리를 절단한 후에도 무대를 버리지 않았으며 레잔, 무네쉴리와 함께 프랑스의 19세기 후반을 장식한 대표적 여배우로 흔히 이탈리아의 명 여배우 두세와 비교된다.

왜 푸른색일까요? 푸른색은 곧 가을을 의미합니다. 서늘합니다. 빗방울이 뚝뚝 떨어지고 있었습니다. 화려한 계획들에서 왠지 실현 불가능의 어떤 애수가 배어 나오고 있었습니다. ……

베라 코미사르젭스카야와 안드레이 벨르이의 길은 몇 시간 동안 교차했습니다. 그 이상은 아니었습니다. 배우인 니꼴라이 호도토프와의 관계는 몇 년 동안이나 이어졌습니다. 그는 베라 코미사르젭스카야보다 열네 살이나 어렸고, 그에게서 그녀는 순종적인 연인의 모습과 그녀의 말 한마디에도 주의를 기울이는 열정적인 제자의 모습을 발견했습니다. 호도토프의 집을 자주 방문했던 시절의 한동안에 대해 그의 집에서 살았던 작가 스키탈레쯔는 다음과 같이 회상합니다.

호도토프의 인생에서 큰 역할을 한 것은 유명한 여배우 코미사르젭스카야였다. 호도토프는 그녀의 비극적인 죽음 이후에도 그녀에 대한 기억을 거룩하게 숭배했고, 그녀가 그에게 보낸 가장 흥미로운 수많은 편지들을 모두 다시 옮겨 적어 커다란 책으로 제본하여 자신의 서재에 경건하게 보관했는데, 그 속의 내밀한 내용들은 소수의 가장 가까운 친구들만이 알고 있었다.

호도토프가 읽어주었던 몇 개의 편지 내용들을 들어본 바에 의하면, 이 불꽃같은 편지들에서는 대단한 감정의 정열이 넘치고 있었다. 이는 어쩌면 뛰어난 러시아 여성이자 위대한 여배우의 지혜와 영혼의 깊이를 증명해 주는 심리적인 문서일 수도 있다. 바로 그녀, 코미사르젭스카야가 호도토프를 '고상한 평판'의 배우로 만들었기 때문이다. 호도토프가 뒤늦게 문학과 공부에 열중했던 것은 부단히 탐구하는 모범을 보여준 그녀의 영향에 의한 것으로 설명할 수 있다.

호도토프는《멀리 있는, 그러나 가까운》이라는 제목의 코미사르젭스카야에 대한 회고록을 남겼습니다. 회고록에서 그는 알렉산드린스키 극장의 1899년과 1900년의 겨울 시즌 끝 무렵에 어떻게 그가 베라 표도로브나 코미사르젭스카야의 첫 지방공연에 초대되었는지를 이야기하고 있습니다. 호도토프는 여러 작품에서 그녀의 연극 파트너였는데, 호도토프가 카란드이쉐프를, 코미사르젭스카야가 라리사를 연기했던 오스트롭스키의 〈지참금이 없는 처녀〉도 그 속에 포함되었습니다. 호도토프는 회상합니다.

이 여행 후에 나와 만날 때면 사비나는 자신의 눈길로 나를 관통했고, 이런 말들로 나를 달아오르게 했다.

그렇게 어린 아이들은 파멸하네,
뜨거운 시기에서 헤어 나오지 못하며!

하지만 나는 파멸하지 않았다. 나는 그때 예술이라는 새로운 세계에 고무되어 있었다. V. F.[7]와의 대화들은 내게 있어 없어서는 안 되는, 꼭 필요한 것이었다. 우리는 예술에 관해서, 철학에 관해서, 영혼의 시초에 관해서, 영원함에 관해서 이야기했다. 우리 대화의 변함없는 동반자들은 푸슈킨, 쮸체프, 쉘리, 단테, 미쯔케비치, 바이런, 도스토예프스키, 톨스토이, 투르게네프, 게르쩬, 메테르린크, 체호프, 레오나르도 다 빈치, 레핀, 레비탄, 브루벨, 베토벤, 모차르트, 슈만, 바그너, 니체, 그리고 코미사르젭스카야가 특히 좋아했던 철학자 존 러스킨 등이 있었다. 내 눈앞에 시의 새로운 세계가 열렸고, 나는 그 세계로 빠져들었다. 내게 있어서의 모든 것이 정신과 영감의 황홀함으로 이루어진 세계에서 놀랍고도 훌륭한 V. F. 코미사

7) 베라 표도로브나.

르젭스카야가 그 상징이 되었다. ……

그녀는 시인들 중에서 푸슈킨, 쮸체프, 쉘리를 다른 누구보다 더 좋아했다. 종종 연극이 없는 저녁이면 그녀는 내게서 책을 빌리기 위해 사람을 보내곤 했다. 대부분의 다른 사람들에게 책을 빌려주지 않는 나의 습관에도 불구하고 나는 즐거운 마음으로 그녀의 부탁을 들어주었다. 그녀는 책들의 이곳저곳에 연필로 밑줄을 친 채 돌려주었는데, 이 '악필들' 은—V. F. 자신이 이렇게 불렀다—지금 이 순간에도 나에게 있어 그녀의 귀중한 유물의 역할을 하고 있다. 그녀는 쉘리를 날개를 단 시인이라고, 푸슈킨은 삶의 영약이라고 불렀다. 쮸체프의《봄》을 그녀는 전부 다 외우고 있었다.

게르쩬에게서 그녀는 고귀하고 맑은 영혼으로 보완되는 무서운 두뇌를 보았다. 내게 선물한 초상화에 그려진 도스토예프스키에 관해서 그녀는 재미있는 성격묘사를 했다.

"이 초상화의 도스토예프스키는 정말로 살아있는 것 같아요. 그의 전부가 여기 있어요. 심지어 그의 결함과 모든 결점을 보상해 주는 수척함까지……. 이 손들을 봤어요? 나는 이 손에 입 맞추고 싶어요. 자신 안에 이만큼의 고통과 이만큼의 참회, 이만큼의 도덕적인 투쟁을 수용했던 사람이 누가 있겠어요! ……"

호도토프의 회상을 잠시 중단합니다. 이와 같은 단편斷片들만으로도 이것이 단순히 애정관계가 아니라 문학 · 애정의 연애관계였다는 결론을 내릴 수 있습니다. 호도토프에게 보낸 자신의 편지에서 베라 코미사르젭스카야가 루빈슈타인의 로망스에서 가져온 이름들인 아즈라와 마호메트("나의 소중한 아즈라, 나의 다정한 마호메트")를 이용해서 그를 호칭했고, 스스로는 스베트[8]라는 이름으로 서명했다는 사

8) 러시아 어로 '스베트' 는 '빛' 이라는 뜻을 지님.

실은 매우 특징적입니다.

코미사르젭스카야가 호도토프에게 보낸 편지들은 이런저런 지도와 충고로 가득합니다. "분장실에는 가능하면 오래 머무르지 마세요. ……", "편지를 '작문할' 필요는 없어요. 그냥 두서없이 모든 것을—지금 마음에 있는 모든 것을—쓰면 돼요" 등등.

이성적인 사랑은 감정적인 사랑보다 더 오래 지속되어야만 할 것 같았습니다. 그러나…… 1903년 5월에 베라 코미사르젭스카야는 니콜라이 호도토프에게 다음과 같이 썼습니다.

아즈라, 사실 나는 당신에게 아무런 말도 할 필요가 없어요. 내가 말하지 않아도 당신은 내가 당신 곁을 떠났다는 것을 이미 알고 있겠죠. 이 편지를 쓰면서 느끼고 있는 이 비참함을 뒤로 미루기 위해서 내가 침묵했다고 생각하지는 말아요. 아니오, 나는 끝까지 나 자신을 이해해야만 했어요. 이것은 당신에 대한 내 감정이 무언가 다른 것으로 교체된 것이 아니기에 더욱 더 힘들었어요. 아니, 그랬다면 모든 것이 확실해졌겠죠. 아니오, 난 또 다른 누군가를 사랑할 수는 없을 거예요. 그러기에는 당신에게 너무 많은 것을 줘버렸으니까요. 사랑하도록 운명지어졌던 내 마음의 한 구석이 마지막으로 두근거렸다는 것 또한 느끼고 있어요. ……

"마지막 두근거림"—아름답고 정확하게 표현했습니다.

니콜라이 호도토프가 자신의 회고록에서 적고 있습니다.

V. F.와 헤어진 후 처음 한동안이 내게 악몽 같았다. 가능한 모든 공포와 의심들이, 점차 더 어리석은 생각들이 마음 속에 스며들었다. 왜 그녀는 내가 알렉산드린스키 극장에서 나오지 못하게 했고, 지방을 돌아다니는 그녀의 길을 같이 나누지 못하게끔 고집했을까? 자기 자신의 극장을 만들

기 위해 자신을 희생시키면서도 왜 그녀는 나를 데려가는 것이 가능하고 또한 필요하다고 여기지 않았을까? ……

호도토프에게는 "영원하고 무너지지 않을" 것 같았던 "정신적인 결합"이 와해되었습니다.

그리고 되풀이 될 수 없는 아름다움에 대한 꿈을 간직하기 위해서 과거를 되돌리거나 부활시키려고 하지 않겠다는 맹세를 서로에게 한 후 우리는 헤어졌다. 이때부터 우리는 심지어 서로를 피했다. 가끔 우연히 마주치거나 또는 극장과 사회문제에 관해 편지를 주고받았을 뿐이었다. V. F. 자신과 관련되었던 모든 일들을 나 홀로 외로이 견뎌내야만 했다. ……

불쌍한 마호메트!
제 삼자의 입장에서 본 또 하나의 증언을 인용하겠습니다. 여배우이자 감독이었던 조야 프리브이트코바의 증언입니다.

호도토프는 오래 전 상트 페테르부르크의 총아였다. 부드럽고, 매우 감정적이며, 놀라울 정도로 호감을 갖게 하는 배우였다. 아름다우면서도 약간 우유부단한 얼굴, 황홀하면서도 노래하는 듯한 목소리. 그는 언제나 '긍정적인 주인공'을 연기했는데, 매우 훌륭한 연기였지만 조금 단조로운 편이었다.

베라 표도로브나는 그를 인간으로서 그리고 배우로서 사랑했다. 그러나 섬세하고 생각이 많은 여성이었던 그녀는 대체로 호도토프의 단점들을 보고 있었는데, 특히 그의 가장 큰 단점은 배역에 대해 연구할 때 가장 저항이 적은 노선을, 손쉽게 성공할 수 있는 노선을 추구했다는 점이다. 이 모든 것이 그녀를 불안하게 했다. 베라 표도로브나는 그를 자신의 수준까지 끌어올리고 싶어 했다. 이는 그 자신의 중요한 지주였던 무대에서 발산하는 매력 덕분에 호도토프가 머무르고 있었던 그 무사태평한 배우로서의 행복보다 더 높은 상태에 그가 도달할 수 있도록 돕고자 했던 것이다. 매력이 있던 동안은……. 그런데 해가 가면서 이 매력이 관객들에게 힘을 잃게 되었고－호도토프는 점차 그녀의 눈에서 사라져 갔다.

호도토프와의 사연은 이처럼 명백합니다. 이제는 바로 극장이란 주제로 넘어가야 할 때입니다.

III

베라 코미사르젭스카야의 인생에서 사생활이란 그녀의 운명을 지배할 만큼 중요한 것이 아니었다는 점을 바로 지적하겠습니다. 모든 개인적인 삶은 곁에서, 급히, 잠깐, 어떤 에피소드－단편처럼 지나갔습니다. 그녀에게 중요한 것은 연극이었습니다. 그녀는 연극을 열렬히 믿었고, 연극을 뜨겁게 그리고 자신을 잊을 정도로 사랑했습니다. 연극도 가만히 있지는 않았는데, 바로 연극이 그녀를 베라 코미사르젭스카야로 만들어 주었는데 더해 전설적인 여성으로 창조했기 때문입니다.

코미사르젭스카야는 뒤늦게 무대에 섰습니다. 아마추어 극단에서 출연한 후에 마침내 노브체르카스크에 위치한 시넬리니코프 극단에서 "보드빌[9]의 노래를 부르는 두 번째의 순진한 처녀 역에" 초대되었던 것이지요. 급료는 월 150루블이었습니다.

29세의 베라 코미사르젭스카야는 (얼마나 늦은 데뷔입니까!) 1893년 9월 19일에 노보체르카스크의 전문적인 극장 무대에 처음으로 등장

9) 간간이 노래가 섞인 통속적인 소극笑劇.

했고, 데뷔작은 주제르만의 희극 〈명예〉였습니다. 그 다음에는 배역들이 완두콩처럼 쏟아졌지요. 〈만약 여자가 결정했다면, 그렇게 자기 주장대로 한다〉, 〈카프카스 산맥에서〉, 〈예쁜 여인의 규방 비밀〉, 〈사랑 놀음〉, 〈하나님 감사합니다.-상이 차려져 있어요〉, 〈죄 많은 여인〉, 〈잡아요, 사랑의 시간들을 잡아요〉 등등의 보드빌에서의 역들이 주어졌습니다.

노보체르카스크의 극단은 우수했고, 보드빌들이 그리 성공적이지 않았음에도 불구하고 코미사르젭스카야는 곧 주목을 받았습니다. 그녀의 첫 시즌에 대해 한 연극 평론가는 "어쩌면 머지않아 노보체르카스크 극장이 연극계의 더 없이 아름다운 꽃에게 처음으로 자신의 무대를 피난처로 제공했다는 사실에 자부심을 갖게 될지 누가 알겠는가"라고 썼습니다.

정말로 "꽃"은 아름답고 평범하지만은 않았습니다. 시넬리니코프 극단의 단장은 "그 당시 그녀에게는 살아온 날들의 흔적이 남아있었지만, 한편으로 그녀는 아름다운 눈동자의 빛으로 밝게 빛나는 얼굴을 가진 자그마한 여성이었고, 멋진 음색의 소유자였다. ……"라고 회상합니다.

코미사르젭스카야는 자신의 최초의 보드빌 역들을 매우 독창적으로 연기했습니다. 이 장르가 가지고 있는 통상적인 경박한 표현이나 도전적인 교태 없이 부드럽고 서정적으로 연기했지요. 그녀는 노래도 이전부터 부르던 방식대로 부르지 않았습니다. 유쾌한 풍자적인 노래들이 그녀의 입에서는 애절한 로망스의 음들을 얻게 되었습니다. 비평가 야블로놉스키는 다음과 같이 지적하고 있습니다.

> 코미사르젭스카야 여사의 연기를 '예술'이라고 불러서는 안 된다. 그것은 삶 그 자체다. 만일 여배우가 울면 그녀의 눈물이 얼굴에서 분장을 지

워버린다. 만일 여배우가 걱정하면 그녀의 말소리에 목으로 치밀어 오르는 흐느낌이 들린다. 만일 여배우가 웃으면 그녀를 따라서 극장 전체가 웃는다.

이것은 연기가 아니라 진솔함 그 자체였고, 자기 자신의 격앙된 감정의 전율을 그대로 내보여 주는 것이었습니다. 후에 키쉬뇨프에서 순회공연(〈노라〉를 공연했습니다) 도중 분장실로 사제가 찾아와서, 고위 사제가 관객석에 있는 것을 허락하지 않으니 무대 뒤에 서 있도록 허락해 달라고 요청한 것 또한 우연이 아니었습니다. 사제는 무대 뒤에 서서 보았고, 눈물을 훔치면서 막간에 "바로 이렇게 신을 섬겨야 해요. 바로 이렇게 말입니다! 하지만 우리들이 그렇게 할 수 있겠습니까, 우리에게 그럴 능력이 있을까요?"라고 말했습니다. 이 사제의 반응을 전문적인 비평가 유리 벨랴예프의 견해와 비교해 봅니다.

그것은 '배우에 의한 심적 체험'도 '배우가 맡은 역으로 변신한 것'도 아니었다. 어떤 찬란한 변모가 무대에서부터 빛났고, 이 찬란한 빛의 일부를 각자 극장에서 집으로 가져갔다. 그녀의 슬픈 눈동자, 순교자의 눈동자, 깊이 있고, 예지력 있으며 지치고 놀란 눈동자가 그때 영감으로 불타고 있었다. 목소리는 노래하는 것 같았다. 동작들은 열정적인 흥분과 충동을 나타내고 있었다. ……

이와 같은 연기는 관객들을 매혹시켰고, 반대로 관객들에게서의 성공이 여배우의 용기를 북돋은 것은 당연한 일입니다. 데뷔 후 2년이 지나서 그녀는 이미 네즐로빈 극단의 일원으로서 빌렌 극장 무대에 섰습니다. 그곳에서 그녀의 첫 배역은 〈지혜의 슬픔〉의 소피야였습니다.

1896년 5월 1일, 코미사르젭스카야는 알렉산드린스키 극장의 극단에 받아들여졌습니다. 이 무렵 그녀는 자신이 뛰어난 배우임을 깨닫고 있었고, 관객들에게도 큰 인기를 누리고 있었습니다. 코미사르젭스카야가 연기한 주인공들은 고전적인 상연 목록의 조각상 같은 여인들이 아니라 연약하고 힘없는 영혼을 가진 "나약한 꽃들", 우아하고-상냥하며 음악적인 소질이 있는 동시대의 여성들이었습니다. 어느 정도 신경쇠약이 있는, 그렇지만 동시에 비평가들 중 한 사람이 표현한 것처럼 병적이라고는 할 수 없는 "밝은" 성격을 가진 여인들이었습니다. 코미사르젭스카야의 근본적인 힘은 목소리에 있었는데, "그 목소리는 심장을 멈추게 했고, 마음에서 우러나는 깊은 감동을 주었습니다"(여배우 유레네바의 증언).

코미사르젭스카야가 새 극단에 오면서 알렉산드린스키 극장의 익숙한 평온이 흔들렸습니다. 황실皇室 직속의 알렉산드린스키 극장에, 이렇듯 모범적인 냉정함과 격식에 얽매이는 분위기 속에 그녀는 신선한 바람의 돌풍을, 새롭게 나타나고 있는 유형의 여성들의 반항적인 영혼을 가져왔던 것입니다. 연극에 관한 저술분야의 권위자였던 알렉산드르 쿠겔은 잡지 《연극과 예술》(1899년 제10호)에 이 시기의 코미사르젭스카야에 대해 다음과 같이 썼습니다.

> 코미사르젭스카야 여사에게는 무엇인가가 있다. 나는 그것을 민주적인, 어느 정도 평민적이며, 무언가 먼 곳의, 그럼에도 불구하고 간호사, 중학교 학생, 학원의 학생, 모든 다양한 종류의 공부하는 젊은이들과 완전히 명백하게 닮아있는 무언가라고 말하고 싶다. 그녀에게는 '예술' 보다는 '선함'이 더 많고, '아름다움' 보다는 '연민'이 더 많다. 그녀는 피사레프[10]가 대

10) 19세기 러시아의 비평가. 그는 러시아의 급속한 근대화를 지향하여 '사색하는 현실주의자'로서 개성의 해방을 부르짖고, 또한 예술에 있어 공리적 예술론을 전개하였다. 그의

단히 좋아했을 실용적인 예술을 위한 여배우다.

코미사르젭스카야는 오래 전부터의 여주인인 마리야 가브릴로브나 사비나(그녀는 코미사르젭스카야보다 10살 연상이었습니다)가 있는 극장에 들어갔습니다. 사비나는 사교계의 인기 있는 여성들, 냉정하고 계산적이며 떠나가는 젊음에 매달리는 여인들의 역을 훌륭하게 연기했습니다. 한 극장에 두 명의 프리마돈나(!)—이것은 언제나 충돌을 야기합니다! 이들은 나이로 보나, 연기로 보나, 인기 수준으로 보나 프리마돈나-경쟁자였습니다. 콘스탄틴 루드니쯔키가 지적한 대로 코미사르젭스카야는 사비나의 정돈된 예술의 '상식'에 균형 잡히지 않고 평정을 잃은 예술을 대치시켰습니다. 사비나의 '규율'에 대해 규율에 대항하는 자신의 항의를, 사비나의 견고함과 사회생활에 있어서의 원칙의 부동성에 대해 자신의 무질서와 불안정을 대치시켰습니다. 사비나가 연기한 여주인공들에게는 자신의 위기감을 대치시켰습니다. 바로 이 때문에 오시프 만델쉬탐에게는 "그녀 옆에서의 사비나는 시장에 다녀온 후 기진맥진한, 죽어 가는 귀부인 같았다"라고 악의적으로 말하게 된 근거들이 있었습니다.

만약 사비나의 '감정이 폭발하는 힘' 조차도 언제나 상황에 따랐고, 또한 그 힘이 "결코 넘쳐나지도, 모자라지도 않았다"면, 코미사르젭스카야에게는 다른 법칙이 있었습니다. 언제나 넘쳐나거나 또는 모자라거나 했지, 결코 '필요한' 만큼이거나, 결코 '상황에 알맞게' 혹은 '인과因果에 준하여' 란 법이 없었습니다.

사비나와 코미사르젭스카야 사이의 경쟁은 매 시즌이 지날수록 점점 더 커져만 갔고, 이는 코미사르젭스카야가 알렉산드린스키 극장

힘차고 대담하며 예민한 비평은 젊은 사상가들의 열광적인 환영을 받았다.

을 떠나는 데 적지 않은 역할을 합니다. 사비나는 모두가 듣는데서 코미사르젭스카야를 "주먹만한 얼굴을 가진, 인형극장에서 온 여배우"라고 또는 더 지독하게 "의욕에 가득 찬 재단사"라고 불렀습니다. 이에 대한 응답으로 코미사르젭스카야는 더 많은 자제심을 발휘했고, 극장에서 격노한 비난의 목소리를 높이지도 않았지만, 자신의 친구들에게는 여러 차례 사비나가 "사소한 일에 매달리는 대배우"라고 이야기했습니다.

1901년 1월 30일, 베라 표도로브나 코미사르젭스카야를 위한 후원회가 개최되었습니다. 이것을 목격했던 작가 소피야 스미르노바-사조노바는 일기에 이렇게 적었습니다.

> 코미사르젭스카야의 후원회는 떠들썩하게 그러면서도 흠잡을 데 없이 진행되었다. 청중은 그녀를 미칠 듯이 사랑한다. 그녀가 처음 등장했을 때, 맨 위층의 관람석에서는 고함소리가 터져 나왔는데 마치 짐승들의 울부짖는 소리 같았다. 그녀는 셀 수 없이 많은 꽃과 선물을 받았다. 금지되어 있었음에도 불구하고 특별석의 관객들이 무대로 꽃을 던졌다. 무대 뒤에서 바구니를 가지고 왔고 오케스트라 복스에서 건네주었다. …… 극장의 2층에서는 손수건을 흔들었다. 사비나는 경멸하듯이 그녀의 후원회에는 이런 관중들은 오지 않는다고 말했다.
>
> "내 관객들은 속옷을 흔들거나 하지 않아."

그렇습니다. 코미사르젭스카야에게는 자신만의 관객이 있었는데, 오늘날 우리는 이렇게 말할 수 있을 겁니다. "민주적인 관객"이라고.

알렉산드린스키 극장에서 코미사르젭스카야는 6년을 보냈고, 50여 개 이상의 배역을 연기했습니다. 그리고 그녀는 "위대한 예술적 욕구를 지닌, 끝없이 새로운 것을 시도하는 여성이다"라는 암피테아트로프의 견해를 확인해 주는 것처럼, 예기치 않게 황실직속의 무대를 떠나겠다는 결심을 합니다. 그녀는 새로운 것을 원했습니다. 스타니슬랍스키와 네미로비치-단첸코는 코미사르젭스카야를 예술극장으로 불렀지만, 그녀는 이 제안을 받아들이지 않았습니다. 감독의 전제군주 같은 스타일 때문이었을까요? 가능합니다. 그녀는 자신의 극장을, '여배우 코미사르젭스카야의 극장'을 열기로 결심했습니다. 물론 이를 위한 돈이 없었기에, 베라 표도로브나는 그녀가 표현한 것처럼 지방을 따라 "십자군 원정"을 떠났습니다. 그녀는 하리코프에서 알타, 로스토프-나-다누, 고멜, 오데사, 키예프, 크라스노다르, 옴스크, 톰스크에서 연기했습니다. 그리고 이 모든 곳에서 승리감에 도취할 만한 성공을 거두었습니다.

러시아는 혁명의 격동 전야에 있었습니다. 막심 고리키는 "폭풍우가 더 거세게 일어나도록 합시다!"라고 호소했습니다. 그 당시 지식인들, 대학생들, 교수들, 젊은 노동자들, 그밖에 사비나가 싫어했던 모든 "재단사들"이, 다시 말해 알렉산드르 블록이 말했던 것처럼 "바람에 휘날리는 깃발"인 코미사르젭스카야를 위해 존재했던 그녀의 관객들이 이 폭풍우를 갈망했습니다. "깃발"과 그 세대의 "사고思考의 군주"가 말입니다. 그녀가 연기했던 모든 역들과 그녀 자신은 삶을 좋은 방향으로 근본적으로 바꿔줄 변화들을 기다리는 어떤 전율 속에 빠져있었습니다. 그녀의 맑은 눈망울, 마법을 거는 듯한 목소리, 무대 위에서 그녀가 건네는 대사들의 숨은 의미 등이 관객들을 어떤 '매혹적인 먼 곳'으로 초대했습니다. 그녀가 물론 알지 못했고, 이해하지 못했던 혁명 속으로 말이지요. 알렉산드라 콜론타이가 정의한 것처럼 "코미사르젭스카야는 무대 위에서 혁명적인 욕구의 상징"이었습니다.

그녀가 행한 일들은 기이하게도 훗날에 그리고 한 여배우가 아닌 단원 전체(유리 류비모프를 중심으로 한 타간카 극장의 전성기)를 연상시킵니다. 텍스트에 숨겨진 유사한 암시들, 어정쩡한 요청들, 어떤 새로운, 알려지지 않은 삶을 지향하는 충동들. 어떤 삶인지는 확실하지 않지만, 중요한 것은 모든 낡은 것들을 던져 버리고 부정하는 것입니다.

볼셰비키들은 유명한 여배우 중 하나인 마리야 안드레예바를 포섭하여 새로운 삶에 대한 자신들의 이상으로 속박하는데 성공했습니다. 그들은 베라 코미사르젭스카야에게도 똑같은 일을 하려고 시도했는데, 당의 주요 재정 담당자였던 레오니드 보리소비치 크라신이 그녀 곁을 오랫동안 맴돌았던 것은 바로 이런 목적이 있었기 때문이었습니다.

알렉산드르 세레브로프(티호노프)는 크라신이 어떻게 베라 코미사르젭스카야를 감쪽같이 속였는지에 대하여 그녀가 두서없이 이야기한 것을 기록했습니다.

내게 찾아와서—나는 전에 그를 본적이 없었다—말한 첫마디가 "당신은 혁명가입니까?" 였다. 나는 당황했고, 아무런 대답도 할 수가 없어서 고개만 끄덕였다.

"그렇다면 이것을 행하시오."

그리고는 내가 마치 그의 부하라도 되는 듯한 말투로 바꾸어서는 사람들이 나를 사랑한다고 말했다. 헌병대 대장이 나의 흠모자라고도 했다. 그의 아파트에서 우리는 콘서트를 열었다. 부자들만을 위한 비공개의 콘서트를. 가장 싼 표가 50루블 이상이었다. 나는 노래했고, 낭독했고, 타란텔라[11]를 추기까지 했다. 완벽한 성공이었다. 막간에 내게 꽃다발을 가져왔는데 100루블짜리 지폐로 만든 것이었다. 연미복을 멋있게 차려입은 레오

11) 이탈리아 춤.

니드 보리소비치는 꽃다발의 냄새를 맡고는 웃었다. "향이 좋군요." 그러고 나서 내 귀에 대고 "인쇄소 기름 냄새가 나는군요!"라고 말했다. 콘서트에서 모은 돈은 지하 인쇄소로 건네지기 때문이었다.

콘서트가 끝난 후 내 분장실에서 모든 지역 유지들이 감사의 말을 하면서 내 손에 입을 맞췄다. 레오니드 보리소비치는 한 옆에 서서 득의의 미소를 지었다. 파티 운영자가 내게 콘서트에서 나온 대금을 쟁반에 담아 가져왔다. 몇 천 루블이나 되었다. 돈 다발은 빨간 리본으로 묶여있었다. 며칠이 지나서 레오니드 보리소비치는 인쇄소를 구입하기 위해 외국으로 떠났다.

나는 그에게 "내게 기념으로 빨간 리본이라도 남겨주세요!"라고 말했다. 그는 소리 내어 웃으며 "이대로도 잊지 못할 거요!"라고 말했다. 미친 사람 같으니! ……

아니오, 크라신은 정신병자가 아니었습니다. 그는 계산적이고 실용적인 사람이었습니다. 일종의 미소 짓는 볼셰비키의 볼란드[12]였습니다.

하지만 볼셰비키가 집요하게 끌어들이려고 노력했음에도 불구하고, 베라 코미사르젭스카야는 혁명 속으로 들어가지 않았습니다. 그녀는 자신의 사랑하는 극장을, 자신이 숭배해 마지않는 예술을 배신할 수 없었습니다(여기에서도 그녀는 본질적으로 마리야 안드레예바와 구별되는데, 이것은 충분히 이해가 됩니다. 마리야 안드레예바의 재능은 그녀와 비교했을 때 변변치 않은 것이었습니다).

1904년 11월 10일, 상트 페테르부르크의 오피쩨르스카야 거리에 베라 표도로브나 코미사르젭스카야의 극장이 문을 열었습니다. 12일

12) 검은 마술을 부리는 악마.

동안 차례로 새로운 연극이 공연되었습니다. 입센의 〈헤더 가블레르〉, 유쉬케비치의 〈도시에서〉, 메테르린크의 〈베아트리스 수녀〉……. 코미사르젭스카야는 극장의 총감독이자 주연 여배우였습니다. 그녀가 자신의 극장으로 초청한 감독들 중에는 프세볼로드 메이에르홀드가 있었습니다. 이 두 명의 위대한 인물들의 예술에 대한 두 가지 상이한 접근방식이 충돌했고, 게다가 코미사르젭스카야도, 메이에르홀드도 모두 신경질적이며 자부심이 강했는데다, 양쪽 다 일인자가 되기를, 즉 다른 쪽을 눌러버리고 명령하기를 원했습니다. 짧게 말해서 창조적인 연합은 곧 해체되었고, 메이에르홀드는 코미사르젭스카야의 극장을 떠났습니다.

그 다음에는 무슨 일이 있었을까요? 미국에서의 순회공연, 또다시 지방공연. 만약 미국에서의 성공이 적당한 것이었다면, 지방에서의 성공은 엄청난 것이었습니다. 그러나 뭔가가 계속해서 베라 코미사르젭스카야를 비난했고, 또한 뭔가가 그녀를 만족시키지 않았습니다. 1909년 2월 초에 그녀는 상트 페테르부르크와 작별한 뒤, 길고 긴 순회공연의 길에 오릅니다(이르쿠츠크, 하얼빈, 블라디보스토크, 그리고 극동과 시베리아의 다른 도시들). 그 해 11월 16일에 그녀는 단원들에게 보낸 편지에서 극단에서 탈퇴할 것이라고 통보합니다. 자신의 극장을 떠나겠다고 말한 것이지요.

어찌된 영문일까요, 인생의 새로운 전환점이었을까요? 그렇습니다. 여동생 올가에게 보낸 편지에서 베라 코미사르젭스카야는 다음과 같이 쓰고 있습니다.

나는 커다란 결심을 했어. 언제나처럼 나 자신 안의 예술가로서의 시각에 충실하기에, 나는 이 결정을 기꺼이 따를 거야. 나는 학교를 열려고 하는데, 이 학교는 단순한 학교가 되지는 않을 거야. 그것은 사람들이, 젊은 영혼들이 진정으로 아름다운 것을 배우고 이해하는 법과 신에게 귀의하는 법을 가르치게 될 거야. 이것은 아주 엄청난 과제이지만, 나는 온몸으로 신이 이것을 바라며, 이것이 인생에 있어 나의 진정한 임무라는 것을 깨달았기 때문에, 그리고 이를 위해서 항상 젊은 영혼들이 추구하는 바로 그것이 내게 주어졌다는 점을 확신하기 때문에 이 임무를 받아들이기로 결심한 거야.

이것을 위해 내 안에는 지금까지도 젊고 낙천적인 정신이 남겨져 있고, 이것을 위해서 나는 모든 시련들을 거쳐야 했던 것이며, 이것을 위해 신을 통해서 내 안에 자신에 대한 믿음을 단련시키고 강화시켰던 거야. 분별력 있는 사람들은 돈을 모으기 위해서 내가 아직도 일 년 정도 더 무대에 서야 한다고 말하지만, 나는 그렇게는 하고 싶지 않아. 나는 꺼지지 않은 불꽃을 가지고 사람들에게로 가야만 해. 만약 내가 믿지 않는 것을 위해 일한다면, 나에게 있는 성스러운 것에 내가 강압적인 수단을 동원한다면, 그 불꽃은 꺼지고 말 거야.

여기서 모든 것이 동시에 일어났습니다. 극장에 대한, 공연 정책에 대한, 배우들에 대한 일련의 실망들, 그리고 육체적인 쇠약함과 피로감(잦아진 히스테리 발작과 졸도), 혁명적인 기운의 감소, 개인적인 삶이 안정되지 못한 것(유일하게 충실한 사람은 하녀 야드비가) 등이 있었습니다. 이 모든 것 위에 새로운 열망, 즉 자신의 학교를 여는 것이 더해졌습니다. 그러나 이 계획은 실현되지 않았습니다. 죽음이 방해했지요.

1910년 1월 26일, 베라 코미사르젭스카야는 타쉬켄트에서 자신의 마지막 연극을 공연했습니다(주제르만의 희극 〈나비들의 격투〉에서 로자 역). 이 순회공연 도중 몇몇 단원들이 천연두를 앓았습니다. 코미사르젭스카야는 천연두를 믿지 않았기에 병을 앓고 있는 배우 파드

알렉산드르 블록

고르느이에게 고골의 작은 책을 갖다 주었습니다. 이것이 그녀의 마지막 선물이었습니다. 1월 27일에 그녀의 상태가 나빠지더니 그녀는 이제 병석에 눕게 됐습니다. 코미사르젭스카야는 천연두가 그녀의 얼굴을 흉하게 만드는 것은 아닌지 몹시 두려워했습니다. 모두들 위대한 여배우가 병을 이겨내기를 기대했습니다. 그러나 아니었습니다. 이겨내지 못했지요. 목숨을 구하지 못했습니다. 상태는 더 악화되었고 그녀는 의식을 잃었는데, 헛소리를 하는 가운데 뜻하지 않게 "충분해, 충분해, 충분해!"라고 말했습니다. 그리고 이것이 전부였습니다. 베라 코미사르젭스카야는 45세의 나이에 심장마비로 숨을 거두었습니다.

러시아 전체가 여배우의 죽음을 애도했습니다. 1910년 3월 7일, 상트 페테르부르크 시의회 홀에서 진행된 그녀의 추모식에서 알렉산드르 블록은 다음과 같이 연설했습니다.

> 그녀의 마음은 가장 상냥한 바이올린 같았습니다. 그녀는 불평하지도 간청하지도 않았지만, 그녀는 울거나 요구하지 않을 수 없는 시대를 살았기에 울었습니다. 그리고 요구했습니다. 그녀가 다른 사람들 사이에서, 다른 시대에서, 죽음의 극단 속이 아닌 다른 곳에서 살았다면 그녀는 아마도 즐거움의 질풍이 되었을 것입니다. 그녀는 지금 장엄한 눈물로 우리를 전염시켰던 것처럼, 우리 모두를 장엄한 웃음으로 전염시켰을 것입니다.

블록은 코미사르젭스카야에게 헌정한 시를 읽었습니다. 중요한 행을 적어보지요.

무엇이 그녀 안에서 울고 있나요? 무엇이 투쟁하고 있었나요?
무엇을 그녀는 기대했나요, 우리들에게서?
알지 못합니다. 봄의 목소리는 죽었습니다.
푸른 눈망울의 별들이 스러졌습니다.

그리고 시의 끝 부분입니다.

하늘나라에서라도 베라가 우리와 함께 하게 해 주세요.
먹구름 너머를 보세요. 그곳에 그녀가 있네요.
바람에 휘날리는 깃발,
약속의 땅의 봄.

코미사르젭스카야에게 처음으로 연기를 지도했던 배우 다비도프는《상트 페테르부르크 신문》의 통신원과 나눈 대화에서 "베라 표도로브나가 천연두 때문에 목숨을 잃었다고 쓰고 있습니다. 하지만 제 생각에는 그녀가 천연두 때문만이 아니라, 마지막 몇 년 동안 견뎌내야만 했던 그 도덕적인 충격 때문에, 그 모욕적인 실패와 박해 때문에 목숨을 잃었다고 생각합니다. 우리 상트 페테르부르크에서는 코미사르젭스카야와 같은 이들에게 길을 내주지 않습니다! 우리들은 진정한 재능을 가진 이들을 평가해 주지도 않은 채 그들이 지방으로 달아나게끔 만듭니다. 바로 이것이 너무나도 일찍 찾아온 이 고통스러운 상실의 근본적인 원인입니다"라고 말했습니다.

러시아에서 '재능 있는 사람들의 운명'이란 또 다른 주제이기에 이것에 대해 언급하지는 않겠습니다. 그보다는 다시 한 번 바실리 로자노프의 저서 《예술가들 사이에서》에 나타난 그의 말을 인용하는 것이 좋겠습니다.

그녀는 지독하게 그리고 아름답게 죽었다. 은퇴한 뒤 다 늙어서 이빨이 빠진 채 죽는 것보다는 나을지도 모른다. 오로지 극장에만이 아니라 삶 자체에도 조금이라도 아름다운 것을 주었더라면 좋았을 텐데. 삶 뿐만 아니라, 역사의 어두운 숙명조차도 희극이나 보드빌만이 아니라 비극까지 원한다. 숙명은 "당신은 생활만으로 살아갑니다. 하지만 우연도 필요합니다"라고 말한다. 코미사르젭스카야는 숙명이라는 검은 항아리 속에서 가장 끔찍하지만 동시에 아름다운 '우연'을 꺼냈다. 바로 사마르칸트에서, 그녀를 알고 사랑했던 모든 이들에게서 멀리 멀리 떨어졌다. 불행한 천연두에 감염되어. 그녀는 존재했었다. 그리고 이제 없다. 그녀를 사랑했다. 그리고 아무것도 남아있지 않다. 이렇게 우리의 지상의 대기를 가로질렀던 그녀라는 '매혹적인 별'은 빛을 잃었다. 어디에서 그녀가 왔는지, 그녀가 어디로 갔는지, 우리는 모른다. ……

만약 당신의 눈에 눈물이 반짝이고 있다면, 당신의 심장은 아직 무감각해지지 않았고, 다른 사람들을 동정할 수 있다는 것을 의미합니다. 이것은 대단한 일입니다! 그리고 이것을 부끄러워할 필요는 없습니다.

물론 로자노프의 "그녀는 존재했었다. 그리고 이제 없다", "그녀를 사랑했다. 그리고 아무것도 남아있지 않다"라는 표현은 흥분한 상태에서 했던 말입니다. 만일 우리가 베라 코미사르젭스카야를 기억한다면, 곧 그녀는 존재했던 것입니다. 그리고 우리는 다시 그녀를 사랑합니다. 그리고 그녀는 혜성처럼 지평선 너머로 빠르게 지나간 것이 아니었습니다. 베라 코미사르젭스카야는 러시아 연극사에, 러시아의 사회 · 정치적, 그리고 문화적인 삶의 역사에서 자신의 자취를 남겼습니다. 이것은 아무에게나 주어지는 것이 아닙니다.

10장 마리야 안드레예바

혁명에 대한 사랑

마리야 안드레예바……. 오늘날 이 이름은 잘 알려져 있지 않습니다. 하지만 언제였던가, 그 이름이 울려 퍼졌었지요. 예술 극장의 유명한 배우 중 하나였으니까요. 무대에서 그녀의 파트너는 '스타니슬랍스키'[1]였습니다. 안드레예바는 '막심 고리키'[2]의 아내이기도 했습니다. 겁 없는 여성 혁명가였지요. 레닌은 그녀를 '보기 드문 동지'라

---

1) 러시아의 연출가, 배우, 연극 이론가인 스타니슬랍스키(1863~1938)의 본명은 알렉세예프이며, 모스크바에서 출생했다. 유복한 공장주의 집안에서 태어나, 3세 때 이미 가정연극에 출연했고, 1877~87년에 형제자매를 중심으로 결성한 아마추어 가정극단 '알렉세예프 서클' 무대에서 연출가로서의 경험을 쌓았다. 당시 유행하던 판에 박힌 연극을 배격하고, 진정으로 예술적이고 혁신적인 연극을 생산하기 위해 1898년 극작가이며 연출가인 네미로비치 단첸꼬와 공동으로 모스크바 예술극장을 창립, 평생 지도를 맡았다.

2) 소비에트 작가인 막심 고리키(1868~1936)는 니즈이니 노브고로드에서 출생했으며, 일찍이 양친을 여의고 가난하게 살면서 각지를 방랑, 독학으로 문학에 뜻을 두었으나 때로는 절망하여 자살을 기도한 적도 있었다. 그의 생활은 자전적 3부작인 〈유년시대〉(1914), 〈사람들 속에서〉(1916), 〈나의 대학〉(1923)에 나타나 있다. 1892년 처녀작 〈마카르 추드라〉로 인정을 받았고 이어 〈첼카슈〉(1895)로 주목을 끌어 코롤렝코 및 체호프 등과 사귀게 되었으며, 제정 러시아의 밑바닥에서 허덕이는 사람들의 생활을 묘사하여 프롤레타리아 문학의 선구자가 되었다. 희곡 〈밤 주막〉(1902)이 특히 유명하며, 한때 볼셰비키 당에 들어가 소설 〈어머니〉(1907)에서 혁명가의 전형을 창조하기도 했다.

고 불렀습니다. 소비에트 정부 시대에 여러 가지 왕성한 활동을 했던 그녀에 대해 상세히 알아보려 합니다. 다음과 같은 수식어들과 함께 말이지요. 미인, 배우, 혁명가.

정확한 출생일은 알려지지 않습니다. 단지 1868년에 태어났다는 것만 알려져 있지요. 그녀의 아버지는 하리코프 현 궁정귀족 출신인 표도르 표도로프 유르콥스키였습니다. 해군 중등학교를 마친 후 배우가 되었고, 그 이후에는 감독이 되었습니다. 어머니인 마리야 릴리엔펠드(무대 이름은 '렐레바')는 리가, 발트 연안의 궁정 귀족 가문에서 태어났습니다. 발레 학교를 졸업하고 여배우가 되었지요. 마리야 안드레예바('안드레예바'는 무대에서의 예명입니다)의 혈통은 바로 그러했습니다. 아버지는 자녀들을 '참된 사람'으로 교육하길 원했고, 그 첫 실행으로 하녀들의 도움을 받지 않고 아이들 스스로 옷을 입고 잠자리를 정리하게끔 했습니다. 사소한 것이지요. 그러나 이러한 자립심이 시간이 지나면서 안드레예바의 특별히 활동적인 본성에 있어 그 밑거름 중 하나가 되었습니다.

유년 시절부터 마쉔카 표도로브나 유르콥스카야(마리야 안드레예바)는 매우 예뻤고 거리에서 다른 사람들의 주의를 끌었으며 남성들이 유심히 바라보았습니다. 엄격한 아버지는 그녀에게 가장 허름한 옷을 입게 했으며, 심지어 진주 단추들을 평범한 뼈 조각들로 바꾸게까지 했습니다. 그러나 이 같은 것은 별로 효과를 보지 못했고, 이미 처녀가 되어 그녀의 아름다움이 빛을 발할 때 그 아름다움을 감추는 것은 불가능했지요. 오히려 점점 더 밝게 빛나고 화려해졌습니다. 12세의 소년시절에 예술극장에서 공연된 연극 〈황제 표도르 이오안노비치〉에 출연했던 블라지슬라프 호다세비치는 회상록에서 다음과 같이 회상합니다.

밀로슬랍스카야 공녀公女역을 맡은 M. F. 안드레예바가 나타났을 때, 모든 이들이 주위에서 속삭였다. 정말 아름답구나! 볼에 보조개가 들어가네! 참으로 매혹적이다!

물론 나름대로의 이유를 들어 안드레예바의 아름다움을 낮추고 비꼬았던 시인도 있었습니다만, 여배우 올가 그좁스카야의 의견에 따르면, “안드레예바의 아름다움은 대단하고 진정한 아름다움이었으며, 단지 자연의 신만이 그 같이 조화로운 통일체를 만들 수 있었다”라는 평이 맞았습니다. 삶 속에서 화장과 의상의 도움을 받으며, 무대에서의 역할들 속에 그 같은 아름다움이 베여있었음은 더 말할 나위 없습니다. 동시대인들의 회고에 따르면, 안드레예바는 맥베드 부인 역에서 눈이 부시게 아름다웠다고 합니다.

그런데 이야기를 하다보니 우리들이 짚고 넘어가야 할 것들이 있군요. 그녀가 어떻게 무대에 서게 되었을까요? 모든 것은 간단합니다. 연극적 분위기(아버지는 알렉산드린스키 극장의 주감독이었고 어머니는 여배우였으니까요) 속에서 살면서 마리야는 그녀의 운명이 ‘연극’이라고 결심했지요. 일찍 중학교를 졸업하고 나서 그녀는 드라마 학교에 입학했고, 18세에 카잔으로 가서 메드베제프의 극단 무대에 처음으로 출연했습니다.

2년 뒤에 그녀는 자신보다 18살이 위인 고위 철도관리 안드레이 젤랴부즈스키와 결혼했습니다. 공식적으로 쿠르스카야 철도와 니줴고로드스카야 철도의 주요 감독관 위치에 있었던 그는 예술에 대한 문외한이기는커녕 오히려 열렬한 숭배자였습니다. 그는 예술·문학 협회 회원이었으며 러시아 연극협회의 운영위원이었습니다. 처음에는 예술과 연극이 그들을 가깝게 했지만, 그러나 오래가지는 못했습니다. 1888년에 아들 유리가 태어났고, 1894년에 딸 예카테리나가 태어났습니다. 그런데 가정에 대해서는 나중에 얘기하기로 하지요. 우선 먼저 연극에 대해 얘기합시다.

젤랴부즈스키가 티플리스에서 새로운 일을 맡았을 때, 그의 아내도 그곳으로 거처를 옮겼습니다. 티플리스에서 마리야 젤랴부즈스카야는 예술 협회에 가입했고 대단한 열정을 갖고 무대에서 공연했습니다. 협회는 티플리스의 모든 재능 있는 예술가들을 한데 뭉치게 했습니다. 가장 주목을 끈 것은 협회의 연극들에 젤랴부즈스키 부부가 동시에 출연한 것인데 여기에서 마리야 젤랴부즈스카야는 '안드레예바'라는 예명을 사용했고 그리하여 '마리야 안드레예바'가 되었던 것입니다. 티플리스 무대에서 안드레예바는 드라마 뿐 아니라 오페라에도 출연했으며, 자루드나야가 그녀에게 노래를 가르쳤습니다.

티플리스 전체가 아름다운 젊은 예술가에게 매혹됐습니다. 향연들 중 하나에서 그녀에게 반한 젊은 그루지야 인이 안드레예바의 아름다움을 칭송하기 위해 축배의 찬가를 읊조린 뒤 잠시 끊었다가 다음과 같이 덧붙였습니다. "이렇게 훌륭한 여성을 칭송하는 축배 후에 아무도 감히 더 이상 이 잔으로 마시지 못한다." 그리고 참석한 모든 사람들이 보는 앞에서 그 잔을 단숨에 깨물었습니다.

오랜 세월이 지난 후에 안드레예바는 숨을 들이쉬며 이 에피소드를 회상했습니다. "그래요, 다 지난 일이지요. 이제는 어느 누구도 나를 위해 샴페인 잔을 물어뜯지는 않을 거예요. 맞아요, 그 같은 그루지야 인은 더 이상 없지요." 이에 합석하고 있던 배우이며 감독인 콘스탄틴 마르좌노프는 격앙되어 그녀에게 말했습니다. "틀렸습니다, 마리야 표도로브나. 샴페인 잔을 물어뜯는 것은 우리에겐 일상적인 것이지요. 비록 제가 그 젊은 그루지야 인이 절대 아니더라도 제가 당신에게 이를 증명해 보이지요. 바로 지금 당신의 건강을 위해 마신 뒤 이 샴페인 잔을 물어뜯겠습니다." 그는 샴페인 잔을 들이키고는 다시 그것을 입에 갖다 댔습니다. 로제넬-루나차르스카야가 무의식적으로 비명을 질렀습니다. 마르좌노프는 죄 지은 표정으로 말했습니다. "미안합니다, 나탈리야 알렉산드로브나. 당신이 그러한 행동을 유감스러워 한다는 것을 이해합니다. 술잔을 조각내서는 안 되지요." 그러고 나서 잔을 제 자리에 갖다 놓았습니다. 마리야 안드레예바는 눈물이 날 정도로 웃었습니다.

연극에 대한 얘기로 돌아갑시다. 티플리스에서의 첫 시도들은 모스크바에서의 활동에 영향을 미쳤지요. 젤랴부즈스키 가족은 모스크바로 이사했고, 안드레예바는 콘스탄틴 스타니슬랍스키가 이끄는 예술 · 문학 협회에 가입했습니다. 1894년 12월 15일, A. 오스트롭스키와 N. 솔로비요프의 희곡 〈빛나네, 그러나 데워지지는 않네〉에 데뷔했습니다. 스타니슬랍스키가 보리스 라바체프를, 안드레예바가 올랴 바실코바를 연기했지요. 언론은 그녀의 첫 공연 이후에 이미 안드레예바의 재능에 주목했고, 두 번째 극 〈우리엘 아코스타〉 출연이후 그녀는 유명해졌습니다. 그리고 다시 스타니슬랍스키와 한 조가 되었는데 그가 우리엘 아코스타 역을, 안드레예바가 유디프 역을 연기했습니다.

《모스크바 통신》의 평론가는 다음과 같이 썼습니다.

> 그녀는 의심의 여지가 없을 정도로 커다란 재능을 가졌다. 매우 독창적으로 유디프 역을 연기함으로써(그녀는 우리가 거장들의 초상화와 그림들에서 보았던 그 시대의 부유한 유태인 아가씨를 실제로 생각나게끔 연기했다), 우리 러시아 여배우들이 대부분 도달하지 못하는 질 높고 단순한 예술을 보여주었다. 그녀는 올랴를 매우 감동적이고 단순하며 멋지게 연기했다.

모스크바에서의 첫 세 시즌 동안 안드레예바는 11가지 역을 연기했습니다. 병행하여 그녀는 모스크바 음악원에서 공부도 했습니다. 또한 수많은 일들로 분주했지요. 안드레예바는 스타니슬랍스키와 네미로비치-단첸코와 함께 예술 극장 설립에 관여했고, 산닌과 부르잘로프와 함께 극장의 규약을 만드는 위원회에도 들어갔습니다.

예술 극장의 초기에 안드레예바는 많은 중요한 역할들을 연기했습니다. 입센의 동명 드라마 〈헤다 가블레르〉에서의 헤다 가블레르, 체호프의 희곡 〈세 자매〉에서의 이리나, 고리키의 희곡 〈밑바닥에서〉의 나타샤 등등. 하우프트만의 희곡 〈가라앉은 종〉의 초연 후에 평론가 세르게이 글라골은 다음과 같이 지적했습니다.

> 안드레예바 부인은 때로는 새장 안으로 짐승을 잡아넣는 것처럼 잔인한, 때로는 믿기 어려운 환상처럼 시적이고 가볍고 황홀한 금발의 곱슬머리 요정이다.

간단히 말해, 언론의 극찬과 대중의 사랑과 성공이 있었습니다. 대공녀大公女인 엘리자베타 표도로브나가 친히 그녀의 초상화를 그렸습니다. 그러나 모든 것이 더 이상 확대되지 않은 채 어떤 굴곡이 있었습니다. 그것은 마리야 안드레예바의 마음이 갈라졌기 때문이었지요. 그녀는 자신의 아들 유리의 가정교사인 대학생 드미트리 루키야노프를 통해서 볼셰비키들과 친하게 되었습니다. 안드레예바는 《자본론》을 비롯한 심오한 마르크스 문학에 심취하여 조직을 적극적으로 도와주기 시작했고, '러시아 사회주의 노동당'의 대열에도 합류했습니다. 이 모든 것은 당연히 남편으로부터, 극장으로부터, 친구나 아는 이들로부터 비밀로 유지되었습니다. 이 시기에 남편과의 관계도 완전히 냉담해졌습니다. 사바 모로조프의 소설이 유행하던

막심 고리키

때, 바로 그 시점에 한 호감 가는 남자가 그녀 앞에 나타났는데 그가 바로 막심 고리키였습니다. 그리고 이러한 일들의 결과, 그렇게 훌륭하게 시작했던 그녀의 배우로서의 성공은 본질적으로 와르르 무너졌습니다.

"뮤즈 여신의 봉사는 허무한 것들을 참지 않는다"라고 평론가가 공정하게 지적했습니다. 만일 예술이 불법적인 만남들, 금서의 유포, 모반 등등에 의해서 중지된다면, 예술에 대한 성스런 봉사가 어떻게 가능하겠습니까? 이 모든 것은 안드레예바의 입장에서만 말해질 수 있겠고, 우리는 이제 그녀의 첫 번째 예술 인생에서 두 번째 인생으로 넘어가지요.

대감독은 사람들이 극장으로 완전히 되돌아와 빈자리가 없기를 요구했고, 그렇지 못한 경우에는 가차 없이 엄격했습니다. 한 번은 스타니슬랍스키가 "안드레예바는 '쓸모 있는' 배우이고 크니페르는 '매우 필요한' 배우"라는 견해를 피력했습니다. 올가 레오나르도브나 크니페르는 예술극장의 신비스런 여왕이었지요. 이것이 안드레예바를 분개하게 했으나, 여왕 자리를 차지하기 위한 그녀의 모든 시도들은 헛수고가 되었습니다. 재능이 부족했지요. 연극 〈백설 공주〉에서 렐리 역할에 대해 썼던 고리키조차도 그것을 간파했다는 것이 흥미롭습니다. "이 역할을 안드레예바가 했다면 괜찮은 정도였겠지만, 올가 레오나르도브나는 열광적이다!"

만일 그녀의 뒤에 예술 극장의 문예 보호자이며 그녀를 경애하는 운영 위원장 사바 티모페예비치 모로조프가 없었더라면, 스타니슬랍스키와 네미로비치-단첸코와 그녀의 관계가 어떻게 되었을지 누가 알겠습니까?

1902년 2월에 스타니슬랍스키는 안드레예바에게 다음과 같은 편지를 썼습니다.

사바 티모페예비치와 당신의 관계는 예외적이오. 이러한 관계는 삶을 망치고 자신의 희생을 가져올 것이오. 당신은 이것을 알고서도 그와 조심스럽고 정중하게 관계하고 있소. 그러나 그것이 모종의 신성모독이라는 것을 당신은 아시오? 지나이다 그리고리예브나[3]는 자기 남편에 대한 당신의 영향력을 알고 당신을 질투하며 괴로워하고 있는데, 당신은 그런 일들에 대해 너무 경솔했소. 당신은 배우로서의 허영을 이유로 사바 티모페예비치가 당신 영향 하에 있다는 둥, 그가 누군가를 구원하기 위해 기부금을 가져온다는 둥 하며 여기저기에서 떠들고 있소. 만일 당신이 이 순간에 제삼자의 입장에서 자신을 바라본다면 내 말에 동의할거요. ……

이러한 편지는 안드레예바의 마음에 들지 않았을 뿐더러 극장에서의 자신의 위치에 대한 불만족에 기름을 부은 격이 되었습니다. 1902년 4월 12일에 안드레예바는 스타니슬랍스키에게 항의 편지를 보냈습니다.

최근의 지적 때문에 저는 사바 티모페예비치와 대화를 나누었어요. 당신은 제가 배역에 대한 연구도 하지 않고 노력도 하지 않은 채 연극에 임하며 종내 평이한 어조로 연기한다고 지적하셨지요. 그 같은 것은—제 생각으로는—제가 저속한 배우라는 식의 지적입니다만…… 제가 저속한

3) 사바 티모페예비치 모로조프의 아내.

배우인지 아닌지에 대하여 판단하는 것은 제 일이 아닙니다. 아마도 저에 대해 어떠한 '자존심을 무너뜨리는 모욕'이라는 것을 염두에 두지도 않고서 그렇게 생각하는 사람들이 매우 단순하다고 말하는 것이 완전히 옳을 겁니다. 그러나 저는 제가 아직도 유용하다고 생각하며 때때로 연기도 잘 할 수 있다고 생각합니다. 특히 당신이 제가 연기를 잘 했으면 하길 원해서 저를 도와주신다면 말입니다. 4년 동안 저는 일을 했고, 8년이나 당신 옆에서 연기하고 있습니다. 정말이지 당신은 확신이 없고, 제 자존심은 여러 번 희생당했는데 당신이 이렇게 할 필요가 있으셨나요? 제가 비록 어느 정도의 음모자라는 것이 사실일지라도 그것은 전혀 확실하지 않은데, 제가 당신에게 이런 편지까지 써야만 하는지요? ……

편지 논쟁은 좀 더 계속되었습니다. 마지막 편지가 써진 1904년 2월 19일에 스타니슬랍스키가 안드레예바에게 보낸 편지의 일부는 다음과 같습니다.

친애하는 마리야 표도로브나! 저는 당신이 자신의 극장을 떠나기로 했다는 당신의 결정에 큰 슬픔을 느낍니다. 저의 확신과 충고들이 이제는 적절하지 못할 뿐만 아니라 무기력하다는 것에 대해서도 적지 않은 슬픔과 함께 깨달은 바입니다. 저에게는 유감스럽다는 것과 침묵하는 것 외에 그 어느 것도 남아있지 않습니다. ……

편지글 속에서 만들어진 이별의 냉랭함이 느껴집니다. 결국 그들은 갈라섰습니다. 이렇게 되자 안드레예바가 문을 꽝 닫는 시도를 했습니다. 그녀가 스타니슬랍스키에게 보낸 2월 26일자 편지입니다.

저는 예술극장의 일을 존중하는 것을 그만두었습니다. 저는 예술극장이 평범하지 않고 좀 더 훌륭하게 세워진 극장이며 그 극장의 유일한 재산은 거의 천재적이고 독창적인 감독이라고 생각했습니다. 저는 이것을 감추지 않을 뿐만 아니라, 이것에 대해 크게 말했습니다. 당신은 그러한 저의 환멸에 놀라셨나요? ……

여기에는 그 어떤 외교적 언급도 없습니다. "만약 제가 저속한 배우라면, 당신의 극장이 평범하다면……, 하지만 당신, 스타니슬랍스키는 천재적인 감독입니다만, 그러나 '사람을 보는 안목'은 전혀 그렇지 않지요"라고 편지에는 이어져있습니다. 그리고 또 덧붙이기를 "저는 당신의 재능은 믿습니다. 하지만 인간으로서의 당신은 믿지 않지요. 당신은 예전의 당신이 아닙니다. ……" 이 비난에는 뼈로 만든 단추가 달린 옷을 입은 다 자란 소녀의 형식을 갖춘 결의가 들어 있었습니다.

예술극장을 포기한 후 안드레예바는 시골로 떠났습니다. 고리키와 함께 새로운 현대식 극장 설립(이것을 위해 그녀에게 반한 사바 모로조프가 준 모든 돈을 사용했습니다)을 꿈꾸었고, 네즐로빈 극단의 스타라야 루시 무대에서 몇 번 연기했으며, 이후 메르좌노프의 리가 무대에서도 공연했습니다. 그곳에서 때마침 〈지참금이 없는 처녀〉에서 라리사 오구달로바 역을 훌륭하게 연기했고, 극장 일을 보며 그녀가 이미 할 수 없었던 무대 역할들을 창조해 냈습니다. 그러나 안드레예바는 혁명과 관련되었습니다. 그녀는 바로 자신의 모든 에너지, 자신의 모든 기질, 자신의 모든 조직적 재능을 연극이 아닌 혁명에 쏟아 부었습니다.

1904년에 그녀는 '러시아 사회주의 노동당'에 가입했습니다. 당에서의 그녀의 별명은 '스트렐라'[4]였습니다. 매우 상징적이지요. 팽팽한 줄로부터 튕겨져 나간 그녀는 혁명 사업을 향해, 투쟁을 향해 돌진

했습니다. 그리고 새로운 투쟁 동지들은 그녀를 여배우 안드레예바가 아니라 단지 '뛰어난 볼셰비키'로 기억했습니다.

그녀는 결혼한 상류사회의 여성이었으며 유명한 여배우였습니다. 그리고 이것은 그녀를 위한 호화로운 병풍이 되어 혁명적 테러리스트로서의 명성을 쌓도록 도왔습니다. 타간스키 감옥에서 볼셰비키 당원들의 탈옥 준비를 돕는 일부터 고리키 책상에 놓여진 탄띠의 보관까지 당 활동은 늘어났습니다. 고리키와 안드레예바의 아파트에는 전투 장비가 보관되어 있었고, 찬장에는 덮개가 씌어진 폭탄, 도화선, 수은피막 등이 가득 채워져 있었습니다. 이는 인생이라는 연극에서의 새로운 역을 맡은 안드레예바였을까요? 아니면 맥베드 부인의 현대적 해석이었을까요? ……

그러나 중요한 것은 돈이었습니다. 혁명을 위해 돈이 필요했지요. 여기에서 자본가 사바 모로조프와의 특별한 관계가 필요했습니다. 여기에 부정이 있었는지는 분명하지 않고, 또한 안드레예바가 볼셰비키 예술학교에 무슨 까닭으로 갔었는지도 알려지지 않은 채 어둠에 묻혀있습니다만, 어찌된 일인지 사바 티모페예비치 모로조프가 마리야 안드레예브나에게 십만 루블짜리 보험 증서를 주었습니다. 지금이 아닌 제정 시대였으니 이는 엄청난 돈이었지요. 이 투기적인 사업 뒤에 스타니슬랍스키가 있었습니다. 그는 모든 것에 관련되어 있었지요. 사바 모로조프의 수수께끼 같은 자살 이후에 받은 총액의 십분의 일만이 당의 자금으로 들어갔고, 안드레예바는 그녀에게 맡겨진 아이들에 대한 교육 문제로 자신의 언니에게 향했습니다.

고리키와 함께 미국으로 떠나면서 안드레예바는 언니인 엘리자베타 크리트에게 다음과 같이 썼습니다.

---

4) '화살'이라는 뜻을 지님.

알료샤와 함께 가지 않아. 나는 그럴 수가 없어. 과업은 역사적인 거야. 나의 좋은 친구이며 사랑하는 친구인 언니가 비록 내 혈육이고 내게 가까운 사람이라 할지라도 언니에게 모든 짐을 지웠다는 것을 난 알아. 아이들이 없으면 나는 종종 힘들고 슬퍼지는데다 그 애들도 보고 싶어. 종종 밤에 나는 눈을 뜨고 누워서 언니를 생각하고, 내 앞에 있는 언니를 보곤 해. ……

— 1906년 1월 31일 —

아닙니다. 안드레예바는 자신의 삶을 아이들이 아니라 볼셰비키당에 바치기로 결정했지요. 그녀는 실제로 혁명을 위해 적지 않은 것들을 했고 그 덕에 혁명사 연감에서 공적을 인정받고 있습니다. 나이 든 볼셰비키 그리고리 페트롭스키는 다음과 같이 썼습니다.

여성들 중에 가장 아름답고 커다란 지혜를 가진 그녀는 지주, 자본가, 그리고 황제 니콜라이 2세가 통치하던 부패하고 무능한 사회에 굴복하지 않고 프롤레타리아 혁명을 도왔다.

페도시야 드라브키나는 안드레예바에 대해 "항상 확고한 레닌주의자였다"라고 얘기했습니다.

그러나 그녀는 단순한 레닌주의자가 아니라 블라디미르 일리치 울리야노프, 즉 레닌과 개인적으로 알았던 데다 친한 사이이기까지 했습니다. 그는 그녀를 매우 가치 있게 여겼습니다. 아름다움 때문이 아니라 (혹시 그것도 가능했겠지만), 무엇보다도 사업적 능력, 즉 무엇인가를 얻고, 부수고, 다듬는 능력 때문이었지요. 지도자는 자신의 모든 혁명적 희열을 담아서 마리야 안드레예바를 "보기 드문 동지"라고 불렀습니다.

레닌과의 마지막 만남은 1921년 11월 말에 있었습니다. 안드레예

레닌

바는 당 과업 때문에 오랜 여행을 준비했습니다. 어떤 공개도 허락되지 않는 지도자와 그녀 사이의 대화는 작별 부분에서 이야기가 흩어졌습니다. 그들은 영사기에 대해 얘기했습니다. 안드레예바가 1924년 1월 29일에 고리키에게 보낸 편지에서 이것을 회상했습니다.

> 나는 여느 때처럼 흥분하고 격앙되어 있었지요. 그는 오랫동안 무엇인가를 듣다가 갑자기 말했어요. "당신은 여전히 젊군요, 마리야 페도로브나! 심지어 볼 전체가 흥분으로 홍조를 띠고 빨개지는군요. 바로 이 때문에 나는 지치게 됐지요. 매우 지칩니다." 그리고 그런 식으로 제게 유감을 표시하면서 두렵게 했지요. 우리는 힘차게 얼싸안았습니다. 갑자기 어쩐 일인지 제 눈에서 눈물이 흐르기 시작했는데, 그도 역시 눈물을 닦으며 저를 꾸짖고 이것이 매우 나쁘다고 설득했어요.

문제를 잘 짚어봅시다. 레닌이 많은 여성들과 그렇게 감동적으로 포옹했을까요? 그런 그가 바로 마리야 안드레예바와 포옹했고, 그녀에게 찬사를 건네기까지 한 것입니다(안드레예바가 레닌보다 2살 위였습니다). 결론을 내는 것은 쉽습니다. 존경했고 사랑했던 것이지요. 그리고 그녀는 그를 세상의 혁명적인 개혁의 화신으로서, 상징으로서 사랑했습니다. 아마 스타니슬랍스키는 자신을 아무런 거리낌이 없도록 대하는 것을 허용하지도 않았고, 물론 마리야 안드레예바를 포옹하지도 않았을 것입니다. 그러나 결국에 스타니슬랍스키는 어떻게 되었지요? 그는 예술 극장의 신에 불과할 뿐이지요. 하지만 여기에 러시아 전체의 신, 아마도 세상의 신이 있습니다. 기준이 전혀 다르지요. 그의 포옹 때문에 감동의 눈물이 있었습니다. 여성은 역시…….

좀 더 살펴봅시다. 이 혁명은 도대체 무엇으로 상류사회 부인이자 여배우인 안드레예바를 포로로 만들었을까요? 자, 첫째는 혁명 자체가 그 속에 힘이 있고 폭을 넓힐 수 있는, 맹렬히 잡아끄는 흥미로운 사업이었던 것입니다. 둘째는 영혼을 휘어잡는 인도적인 전망이었습니다. 마리야 페도로브나 안드레예바는 이 찬란한 미래를 성스럽게 믿었습니다. 많은 다른 나이 든 낭만적 볼셰비키들처럼 단지 전제주의를 무너뜨리기만 하면 지상낙원이 곧 도래할 것으로 믿었습니다.

1906년 5월 4일, 뉴욕에서의 연설에서 안드레예바는 확신에 차서 말했습니다.

> 러시아의 박해받는 민중이 그들의 나라를 지배할 때가 오고 있습니다. 여성들도 남성들처럼 자유를 위해 투쟁할 것입니다. 만약 우리가 승리할 것이라는 강한 결의를 갖고 이 투쟁에 온 마음을 쏟으면, 우리의 사업은 승리할 것입니다. ……

중요한 것은 목표를 갖는 것이고, 중요한 것은 선택한 방향으로 나아가는 것입니다. 이것은 목적이 달성되었을 때 무엇이 발생할 지에 대해 특별히 심사숙고하지 않고 앞으로 나아가도록 독려합니다.

이 궁극적인 목적, '선과 공평의 왕국'을 또한 그렇게 믿었던 이가 나이 든 낭만주의 작가 막심 고리키였습니다. 마리야 안드레예바의 얼굴에서 그는 용감한 조력자와 필사적인 몽상가의 모습을 보았지요. 그들은 자신들의 운명을 하나로 이었습니다.

어떻게 그리고 어디에서 이것이 일어났을까요? 안드레예바는 오래 전에 자신의 결혼생활을 깨뜨렸고, 젤랴부즈스키는 그녀를 전혀 흥미롭게 하지 못했습니다. 아이들은 언니네 집에서 양육되었지요. 그녀는 새처럼 자유로웠고, 바로 제때에 '바다제비'와의 만남이 이루어졌습니다.

안드레예바가 자신의 회고록에서 다음과 같이 썼습니다.

그 시절에 나는 평범한 부인으로서, 비슷한 지위의 모든 목표들에 익숙해진 고관의 아내로서 커다란 정신적 혼란을 겪어내야만 했다. 나는 조금씩 사람 그리고 배우가 되었다. 이렇게 되기까지에는 어느 정도 연극 예술 애호가들의 힘이 작용했는데, 나는 문학 · 예술 협회의 다른 동지들과 함께 진정한 배우가 되었고, 진지하고 책임감 있게 일했다. 그리고 그것은 어느 정도 내가 진정 확신 있는 사람들, 즉 젊은 마르크스주의자들과 처음 만나기 얼마 전에 거둔 성공이기도 했다. 젊은 마르크스주의자들과 그들의 도움 덕에 나는 많은 것을 배웠고 또한 나 자신을 위한 완전히 새로운 세상을 보게 되었다. 나의 이 훌륭한 친구들이 고리키를 알고 있었고, 그를 가치 있게 여기고 있었으며, 또한 그들이 나에게 그에 관해 얘기하면서 기대 이상으로 추켜세웠다.

간단히 말해서, 만남의 토양이 이미 준비되었던 것이지요. 만남 자체는 1900년에 세바스토폴에서 예술극장 순회공연 때 이루어졌습니다. 순회공연은 어떤 여름 극장에서 이루어졌지요. 연극 〈헤다 가블레르〉의 막간 휴식시간에 얇고 널빤지로 짜 맞춘 배우 분장실의 문을 노크하는 소리가 났습니다. 체호프의 목소리가 들렸습니다.

"들어가도 될까요, 마리야 페도로브나? 나는 혼자가 아니고 고리키와 함께 왔어요."

체호프와 고리키

심장이 두근거렸다.

"어머나! 체호프와 고리키라니!"

맞이하기 위해 일어났다. 안톤 파블로비치 체호프가 들어왔다. 나는 배우가 되기 이전부터 그를 알고 있었다. 그의 뒤에 여름용 러시아 셔츠를 입은 키가 크고 마른 사람이 서 있었다. 길고 곧은 머리에 커다란 적황색의 콧수염.

'정말 이 사람이 고리키일까? ……'

"인사 나누시지요. 알렉세이 막시모비치 고리키 씨입니다. 당신에게 찬사를 보내고 싶어 하십니다." 안톤 파블로비치가 말했다. "그러면 저는 정원으로 나갈 테니 두 분이 여기서 말씀을 나누세요."

"빌어먹을! 당신이 그렇게 훌륭하게 연기하는 것을 빌어먹을 그 누가 알겠어요!"

알렉세이 막시모비치는 말하며 내 손을 힘주어 잡고 흔들었다. 나는 그가 상당한 기쁨으로 심하게 동요된 것과 매우 마음에 들어 했다는 것을 알았지만, 나에게는 그가 '빌어먹을'이라고 말한 것과 그의 이상한 외투, 높은 장화, 망토, 길고 곧은 머리, 거칠고 검은 얼굴, 적황색의 콧수염들이 기이하게 여겨졌다. 나는 그에게 나에 대해 아무런 말도 하지 않았다. 그리고 갑자기 긴 속눈썹 뒤에서 푸른 눈이 보였고, 입술은 천진한 어린 아이의 미소를 만들어냈으며, 나에게 그의 얼굴이 점점 더 아름답게 보이고 가슴은 기쁨으로 두근거렸다.

'아니야! 그는 바로 좀 전의 그 사람이야, 하나님 맙소사! ……'

가슴이 두근거렸다고 했나요. 바로 사랑이군요! …… 그러나 안드레예바의 회상록에는 사랑에 대한 말은 한 마디도 없습니다. 대신 다른 말이 있지요.

우리의 우정은 그 무엇보다도 확고했으며, 견해, 신념, 흥미에 있어서도 공통점이 우리를 연결시켰다. 나는 서서히 그의 모든 사업에 관여했고 그에게 다소간 가까이 있는 많은 이들을 알게 되었다. 그는 나에게 이런 저런 일들을 계획하거나 실행하라는 부탁을 전하는 사람들을 니즈느이로부터 보냈다. 나는 신기하게도 그의 우정이 자랑스러웠으며 그에게 한없이 빠져들었다. ……

우정은 우정이고, 그런데 잠자리는…… 마리야 안드레예바는 1903년 말에 고리키의 법적인 아내가 되었습니다(그들은 35살로 동갑이었습니다). 막심 고리키는 자신의 아내 예카테리나 페슈코바와 헤어졌으나, 그렇다고 해서 끝까지 그녀와 완전히 갈라선 것은 아니고 일생 동안 좋고 우호적인 관계를 지속했습니다.

고리키가 아내와 헤어진 것에 대해 어느 누구도 실제적으로 프롤레타리아 작가를 비난하지 않았지만, 안드레예바는 더 힘들어해야만 했습니다. 남편과 갈라지고 고리키와 관계 맺은 것에 대해 사회가 비난을 했던 것이지요. 비난하고 험담하고 질책했습니다. 1904년 5

월 10일에 고리키에게 보내는 편지에 그녀는 다음과 같이 적고 있습니다.

바로 이게 나의 어리석은 행실에 대한 보복이지요! 오, 오, 오! 내가 얼마나 명랑했고 우스웠는지요. 내가 이 지루하고 불필요한 사람들과 가식으로부터 벗어날 수 있어 기뻐요. 그리고 만일 미래에 내가 완전히 혼자가 될 지라도, 내가 배우를 관둘지라도, 나는 완전히 자유롭기 위해 이렇게 살 겁니다. 단지 지금 나는 내가 얼마나 모든 삶을 단단히 연관지었고 얼마나 밀접했었는지를 느낍니다. ……

고리키와 함께 하는 새로운 삶이 흘러갔습니다. 아닙니다, 흐른 것이 아니라 끓어올랐습니다. 광기 어린 혁명 활동과 출판 활동, 고리키의 체포, 안드레예바의 병, 잦은 이별. 서신 교환에서 그는 '알료샤'였고, 그녀는 '당신의 마루샤' 였습니다.

떠들썩한 선전 여행을 위해 둘이서 미국으로 떠났습니다. 그곳에서 1906년에 안드레예바가 언니인 엘리자베타 크리트에게 편지를 썼습니다.

많은 일을 기계가 하고 또 인쇄도 해. 알료샤는 내가 간신히 따라갈 수 있을 만큼 많은 것을 쓰고 있어. 나는 우리의 외국 체류 일기를 쓰고 있고, 프랑스 책 하나를 번역하고 있고, 약간의 뜨개질을 하고 있는데, 말하자면 저녁에 피곤해서 잠이 들면 더 이상 좋은 것들을 보지 않기 때문에 다시 눈뜨지 않을 만큼 하루를 바쁘게 채우고 있어. ……

미국의 청교도들은 고리키를 "재혼자"라고 부르며 험담하고 안드레예바의 이름을 더럽게 여겼습니다. 그래서 그녀는 내내 "이 저주받은 나라"로부터 떠나기를 고대했습니다.

프랑스 어 외에도 그녀는 독일어와 이탈리아 어를 알았습니다. 고리키의 모든 서신을 관리했지요. 번역도 했습니다. 예술적인 번역이었지요. 참으로 그녀는 온통 일 속에 빠져있었고 일 앞에 있었습니다. 고리키 작품의 출판에 대한 걱정, 지출에 대한 걱정, 거듭 새롭고 새로운 당의 위임들. 게다가 경찰이 그녀에게 한 건의 서류를 보냈는데 거기에는 "작가 막심 고리키의 동거녀"라고 적혀있었습니다. 하지만 경찰은 그녀를 체포하지는 않았습니다.

1913년에 안드레예바가 러시아로 돌아오자 잡지 《연극》의 통신원이 인생에 대한 그녀의 태도를 물었습니다. 그녀는 다음과 같이 대답했지요.

> 삶은 황홀하게 아름답고 놀랍도록 흥미로운데, 사람들은 이것을 알지 못하고, 알려고 하지도 않지요.

사람들은 혁명에 임하는 것을 원치 않았던 게 아닐까요?

러시아로 돌아온 뒤 그녀는 다시 무대로 돌아가려고 시도했으나 그다지 성공적인 시도는 아니었습니다. 여기에서 이야기를 바꾸어보지요.

1906년 10월에 고리키와 안드레예바, 그리고 그들의 수행원인 '독일 동지' 당원(니콜라이 부레닌)은 미국을 떠나 이탈리아로 향했습니다. 그렇게 해서 카프리에서의 생활이 시작되었지요. 삶은 다시 문학적으로 휘몰아쳤고 사회적으로 끓어올랐습니다. 카프리의 빌라는 많은 러시아 이민자들의 도피처가 되었습니다. 안드레예바는 그들 모두를 받아들이고 보살폈으며 안식을 주었습니다. 여기에서 보그다노프, 바자로프, 루나차르스키와의 사상적인 경계가 발생했습니다. 격렬한 논쟁에서 루나차르스키는 안드레예바를 "해로운 요소", "혐오스러운 여자"라고 불렀으나, 후에 그들은 레닌 밑에 함께 서서 화해했습니다. 안드레예바가 자신의 여자 친구 무라토바에게 카프리에서 보낸 1910년 9월 11일자 편지에는 "우리는 잘 살고 있고 매우 좋기도 하고 가끔 나쁘기도 하지만, 항상 재미있고 다양해. ……"라고 써있습니다.

이탈리아에서 안드레예바는 민속에 흥미를 가졌고, 그녀가 전해주는 구비口碑 전설을 토대로 고리키는 〈이탈리아에 대한 이야기들〉을 썼습니다. 그것들은 저자가 '마리야 페도로브나 안드레예바' 에게 헌정하는 형식을 갖춰 출판되었습니다.

앞서 러시아에 대한 이야기들이 있었지요. 조국으로 돌아온 안드레예바는 당의 재정 요원이 되어 혁명 활동을 위한 자금을 도처에서 조달했습니다. 거의 매일 카프리로 편지를 써서 정치적 사건들에 대해 고리키에게 알렸습니다. 다시 극장에서 연기하려고 시도도 했습니다. 1917년 여름, 유명한 배우 막시모브이와 함께 러시아 남부에서 순회공연을 했습니다. 1917년 10월[5]에는 과거의 삶을 포기했습니다. 새로운 시절이 시작되었던 것입니다. 혁명에 자신의 정력, 건강, 돈을 쏟아 부었던 이들이 순식간에 보상받기를 기대했습니다. 안드레예바도 잊혀지지 않았지요. 그녀는 새로운 연방의 북부지역과 페트로그라드[6] 그리고 그 근방의 모든 극장과 흥행물의 대표자가 되었습니다.

1919년 4월 18일, 코르네이 추콥스키의 일기에 다음과 같은 글이 적혀 있습니다.

> 여성 대표 마리야 페도로브나 안드레예바는 멋진 모자를 쓰고 들어오면서 말했다.

---

5) 레닌의 사회주의 붉은 혁명이 성공한 때.

6) 상트 페테르부르크의 제1차 세계대전 당시의 이름.

“그래, 내가 당신에게 지금 제출하라고 지시했어요. ……”

지시하고, 분배하고, 처벌하고, 용서하는 것이 안드레예바에게는 참으로 자연스런 것이었다. 그러나 ‘10월 혁명’ 이후에는 모든 것이 순조롭지만은 않았다. 혁명은 사람들 사이의 경쟁을 부추겼다. 무대의 전면에 새로운 인물들이 나섰다. 극장 일에 있어서 안드레예바의 경쟁자는 트로츠키의 누이이며 카메네프의 아내인 올가 다비도브나 카메네바였다. 블라지슬라프 호다세비치가 지적했듯이, 카메네바의 임명은 고리키의 아내인 마리야 페도로브나 안드레예바에게 심한 정신적 고통을 주었다. 그녀는 진실로 TEO[7]의 지도자는 자신이 되어야만 한다고 생각했다(어느 정도 이것은 옳다. 왜냐하면 그녀는 여하튼 예전에 배우였고, 카메네바는 산부인과 의사도 아니고 치과 의사도 아니었다). 고위직 부인들 사이의 불화는 잠잠해지지 않았다. 마리야 페도로브나는 카메네바 밑에서 계략을 꾸몄으나 그녀를 도왔던 메이에르홀드 덕에 단단히 보호받았다. 한 번은 상트 페테르부르크의 고리키 아파트에서 나는 이 주제로 영웅 서사시를 즉흥적으로 지었는데 그 중 단지 몇 줄만이 기억난다.

속세의 여제女帝가 되받네
속세의 여제 올가 다비도브나
그대, 오, 마라홀 마라홀로비치
우리의 영광스런 귀족이여, 익살꾼이여
그대 자신의 보르조이 산産 말에 안장을 얹으라
그대 모스크바 강으로 내게로 질주하라
안드레예바, 잔인한 마법사는
나를 괴롭힐 것을 약속했구나

---

7) 극장분과위원회.

TEO로부터 나를 쫓아내기를 원하도다
크렘린으로부터 나를 떨어뜨리기를 원하도다
포로의 몸인 작은 아이들을 빼앗도다! ……

극장분과위원회, 즉 TEO에 대한 다툼에서 루나차르스키가 카메네바를 도왔습니다. 이에 안드레예바는 레닌에게 호소했습니다. "저는 불평하는 것을 좋아하지는 않지만 고려해 주셨으면 합니다." 다른 편지에는 "…… 유력한 부인들이 나타났습니다(유력한 부인들이란 카메네바와 멘퀸스카야를 말함). …… 그리고 모든 것이 한계에 달할 준비가 되어있습니다"라고 써있습니다. "오, 공산주의자 여러분, 빈곤한 러시아의 예술, 기적같이 살아남은 빈곤한 러시아의 극장이여!" 그녀는 레닌에게 연이어 보낸 서신에서 강도 높게 외칩니다. 안드레예바는 러시아 극장을 단지 자신만이 구할 수 있다고 확신했지요. 어떤 방법으로요? 명령과 지시로 말입니다. 예를 들면 그녀는 볼쇼이 드라마 극장을 이끌어달라는 것을 사려 깊게 거절한 알렉산드르 블록을 '노골적이고 거침없이' 대했습니다.

안드레예바의 노력은 어느 정도의 성과가 있었을까요? 작가 알렉세이 레미조프는 다음과 같이 회상합니다.

나는 마리야 페도로브나 안드레예바의 부서에 속해 있었고, 일주일에 두 번씩 연극관련 동지들의 헛된 회담에 갔었다.

안드레예바가 부득이하게 연극 무대를 떠나야만 되었을 때, 다른 문학가인 시인 미하일 쿠즈민이 "마리야 페도로브나 밑에서의 생활은 따뜻했고, 단아했으며, 완벽했다"라고 탄식했습니다. 그는 배부른 것을, 때로는 배고팠던 것을 덧붙이는 것을 잊었습니다.

알렉산드르 블록

안드레예바는 자신의 모든 결함들(냉혹함, 자기 과시, 단호함)에도 불구하고, 선량한 여성이었으며, 많은 이들을 도왔고, 항상은 아니어도 진실되고 청결했습니다. 바로 여기 지나이다 기피우스의《초고》중 1918년 10월 22일에 쓴 기록이 있습니다.

법령, 세금, 금지령은 대단히 많다. 법에 따라 잡고, 수색해서 잡고, 단순하게도 잡았다. 가브리일의 아내가 안드레예바에게 비싼 귀고리를 주어 가브리일 대공이 핀란드로 떠나도록 안드레예바가 동조했다는 이유로 고리키의 아내인 안드레예바마저 잡혔다.

늙은 사교계의 암사자이며 재능 있는 문학가인 지나이다 니콜라예브나 기피우스가 안드레예바를 좋아하지 않았다는 것을 지적해야겠군요. 일찍이 그녀의 일기에는 〈고리키의 아내〉라는 회상이 있는데, "유명한 마리야 페도로브나 안드레예바는 모든 것에 있어서 루나차르스키와 친교를 맺고 함께 일한다(1917년 12월 4일)"라고 적혀있습니다.

그러나 로제넬－루나차르스카야는 안드레예바 부인과 기피우스가 언급한 것과는 다르게 관계를 맺고 있었는데, 그녀는 1925년에 베를린에서 잠시 만났었을 때의 그녀의 모습을 다음과 같이 그리고 있습니다.

중간보다 조금 큰 키에 불그스레한 짧은 단발머리를 하고 우아하고 검소한 밝은 회색 옷을 입고 있었다. ……

요컨대 안드레예바에 대한 평가는 항상 상반되고 대조적이어서 그녀를 비난하거나 찬양하였고 좋아하거나 싫어했습니다. 그러나 고리키는 마리야 페도로브나 안드레예바와 결별한 뒤에도 그녀에게 변함없는 태도를 유지했습니다. 편지들 중 하나에서 그는 그녀에게 자기식대로 "건강과 발전을 빌며(1923년 10월 17일)"라고 적었습니다. 그녀는 답신에서 "저는 좋은 것 말고는 아무것도 기억하길 원치 않아요(1924년 4월 24일)"라고 적었습니다. 하지만 물론 모욕이 그녀의 가슴에 깊게 자리 잡았지요. 1928년 4월 5일자로 베를린에서 보낸 편지에서 그녀는 고리키에게 다음과 같이 고백합니다.

쓰는 것이요? 아니에요, 사랑하는 이여. 늦었어요. 그것은 매우 잔인한 말이에요. 특히 여자에게는 말이지요. 그러나 나는 다른 이들로부터 듣기보다는 자기 스스로 그것을 얘기하는 게 낫겠어요. ……

아, 가차 없는 삶이여! 만남과 이별. 사랑과 헤어짐. 젊음과 성숙. 번성과 쇠퇴…….

소비에트 시대의 잘 알려진 인물들 중 한 사람인 알렉산드라 콜론타이[8]는 안드레예바에게 "지금 무엇으로 살고 있지요? 당신의 삶에 어떤 기쁨의 등불이 있나요? 어떤 걱정거리가 있어요? ……"라고 물었습니다.

등불이 적을수록 걱정은 많겠지요. 사아로베(베를린에서 멀지 않은 곳)에서의 고리키의 해외체류 생활에 대해 니나 베르베로바는《나의

8) 국제 여성운동 활동가로 최초의 여성 대사.

콜론타이

사체》라는 책에서 다음과 같이 회상합니다.

1922년, 매우 자주 들렀던 그의 두 번째 부인인 마리야 페도로브나 안드레예바에게 있어 집 안의 모든 것이 좋아 보이지 않았다.

"여기에서 대체 무엇을 먹는 거예요?" 그에게 준 커틀릿을 결벽스럽게 쳐다보면서 그녀가 말했다. "그리고 당신은 무엇을 입은 거지요? 도대체 더 나은 집을 구하는 건 불가능했나요?"

나이에도 불구하고, 그녀는 여전히 아름다웠으며 붉은 머릿결을 자랑스럽게 지니고 있었고, 반지가 빛났으며 작은 슬리퍼를 흔들었다. 첫 결혼에서 얻은 그녀의 아들(영화감독)은 외견상 한 40세쯤 되어 보이는 신사였는데 자신의 아내와 가끔씩 그녀를 방문했다. 하지만 그녀는 모든 이들에게 그러하듯이 그들에게도 경멸적인 관용으로 대했다. 나는 결코 그녀의 얼굴에서나 그녀의 목소리에서 어떠한 매력도 보고 듣지 못했다. 그녀는 필시 전성기에 아름다웠을 것임에도 매력은 없었을 것이다.

마리야 페도로브나는 고리키의 첫 번째 아내이자 고리키 아들의 엄마인 예카테리나 파블로브나가 찾아오는 날에는 오지 않았다. 마리야 페도로브나와 함께 고리키의 대리인이며 중개인과 비슷한 크류초프가 왔다. ……

여기서 잠깐 멈춥시다. 표트르 크류초프. 처음에 그는 안드레예바의 비서였으나 나중에 고리키의 비서 역할을 했습니다. 어두운 인물일 뿐만 아니라 '기관'에서 일했지요. 이 때문에 나중에 '인민의 적'으로 판결받아 총살당했습니다.

20년대 초에 고리키의 주변에 변화가 생겼습니다. 마리야 안드레예바의 자리를 다른 사람이 차지하게 되었던 것이지요. 별로 중요하지 않은 비서였으며 작가의 친한 친구였던 그녀는 마리야 이그나티예브나 부드베르그였는데 별명이 '철의 여인'이었습니다. 그녀에 대해 베르베로바는 책 한 권을 쓰기도 했지요. 그녀는 막심 고리키의 책상에서 지휘했습니다.

고리키가 죽었을 때, 장례식장에는 모두 세 여자가 참석했습니다. 이에 대해서는 《다른 이들에 관해서와 자신에 관해서》라는 갈리나 세레브랴코바의 책에 다음과 같이 나타나 있습니다.

> 어스름 속에서 상복을 입은 고리키의 변함없는 친구인 예카테리나 파블로브나가 분명하고 또렷하게 나타났다. 그녀는 며느리의 팔에 힘겹게 기대고 있었다. 그녀의 뒤에서 마리야 페도로브나 안드레예바가 아들인 영화감독 젤랴부즈스키와 걸어왔다. 그리고 마리야 이그나티예브나 부드베르그가 혼자서 조금 떨어져 있었다. 이 세 여자 모두는 서로 무엇인가가 닮아있었다. 날씬함, 미모, 나이, 감성…….

참으로 고리키의 취향을 인정할 만 하군요.

시인인 뱌체슬라프 이바노프는 1925년에 소렌토에서 고리키와 만났을 때 고리키가 한 말을 자신의 일기에 적었습니다. 첫 번째 부인인 예카테리나 파블로브나에 대해 고리키는 다음과 같이 말했습니다.

> 나는 내가 10년을 함께 산 마리야 페도로브나 안드레예바처럼 예카테리나 파블로브나와도 매우 친밀한 관계를 유지합니다. 이렇게 함으로써 나는 가까운 여인들로 인한 소동을 피할 수 있었지요. ……

그러나 버려진 여인들의 가슴 속에는 분명 무엇인가가 있었겠지요. 특히 마리야 페도로브나 안드레예바에게는 말입니다. 이는 그녀가 마지막까지 마음의 상처를 일과 적극적인 활동으로 달랬던 것과는 별개의 일이지요.

1921년 4월에 그녀는 예술산업 수출을 위한 선별작업을 하기 위해 위원회 전문가 대표의 자격으로 외국에 파견되었습니다. 독일, 덴마크, 스웨덴……. 그녀는 러시아의 가치를 팔고 외화를 벌어들였지요. 그녀는 현명하고 총명하게 처신했고 '붉은 상인'이라는 별명을 얻었습니다. 다시 영화 관련 일에 종사했고 동시에 몇 편의 영화를 찍었습니다. 그녀는 사진영화부를 지휘했습니다. 그녀에 대한 레닌의 말을 상기해 보지 않을 수 없군요.

> 마리야 페도로브나는 매우 에너지가 넘치는 여성이며 완전한 우리 사람입니다. 당신들은 그녀를 여배우로 보지 않을 겁니다. 그녀와 좀 더 가까워지면 그녀가 일 잘하는 여성이라는 것을 확신할 겁니다.

더 있지요! '보기 드문 동지' 말입니다.

1930년에 안드레예바는 소련에 돌아왔습니다. 그녀는 이미 60세였으나 열 살 정도 더 젊어 보였습니다. "놀랍게도 그녀는 활기 있고 젊었으며 조화로웠다. ……"라고 여러 해가 지난 후인 1944년에 추콥스키가 안드레예바에 대해 쓰고 있습니다.

1931년 겨울에 안드레예바는 마지막 직책인 모스크바 학술원의 원장을 맡았습니다. 자신의 모든 열정과 에너지를 다하여 그녀는 새로운 일에 힘을 쏟았습니다. 학술원은 여러 해 동안 수도의 지식인들이 교제하는 인기 있는 장소 중 하나가 되었습니다. 마리야 페도로브나는 그곳으로 많은 지식인들을 초대하였고 종종 자신의 회고담들을 발표하기도 했습니다. 그녀의 기본적인 주제는 레닌과 고리키였습니다. 그 당시로서는 가장 인기 있고 유리한 주제였지요. 지나치게 겸손한 말이 끝나면 "만세"가 나왔습니다.

그래도 때때로 그녀는 슬프고 고독했습니다. 소란스러운 삶은 뒤에 남겨졌지요. 그녀와 함께 학술원에서 일했던 볼셰비키 당원인 수리모바는 어느 날 안드레예바가 자신의 서명이 있는 서류를 들고 그녀의 사무실을 찾았던 것을 회상했습니다. 서류에는 많은 것들이 수정되어 있었습니다. 수리모바의 얼굴에 나타난 당황한 모습을 보고는 그녀가 "당황하지 마요, 마리야 레모티예브나. 나는 단지 알렉세이 막시모비치(고리키)를 교정했을 뿐이에요. ……"라고 말했습니다.

다음 번에는 안드레예바가 의외로 수리모바가 한 모든 것을 인정했습니다.

"내가 고리키를 버렸다는 것은 옳지 않아요. 나는 여자로서 행동했지만, 다르게 행동했었어야 했지요. 고리키는 역시 고리키였으니까요. ……"

1953년 12월 8일에 마리야 페도로브나 안드레예바는 85세로 숨을 거두었습니다. 모든 면에서 그녀는 볼셰비키의 전형으로 여겨질 지도 모르겠습니다. 그녀는 대단한 삶을 살았고, 혁명 사업에 큰 이익을 가져왔으며, 레닌과 고리키라는 두 거장의 전우였습니다. 그녀의 이름은 예술극장 역사에 남았으며, 그녀는 사랑했고 또한 사랑 받았습니다. 이 모두는 그렇게 여겨질 지도 모르겠습니다만, 그러나 로제넬-루나차르스카야는 그녀가 관 속에 누워있었을 때 그녀의 얼굴에는 고통의 그림자가 있었다고 지적했습니다. 즉, 그 어떤 중재와 평온도 없었던 것이지요.

1961년에 《서신. 회고. 논문. 서류. M. F. 안드레예바에 대한 회상》이라는 두꺼운 책이 나왔고, 2년 후에는 전기가 추가되어 재출간되었습니다. 이것은 700페이지가 넘었고 세련되며 매끈하고 장식적인 문체로 이루어졌었습니다. 삶이 아니라 '생애'에 대해서 말입니다. 마리야 페도로브나, 그녀 자체는 거룩한 사람이었지요. 믿을 수 없을 정도로 순결했습니다. 가치 있는 존재였지요. 그리고 말할 것도 없이 그녀에게 주어진 삶을 눈물과 고통 없이, 영혼의 고통과 내면의 갈등 없이 살았습니다. 그 책에 그렇게 나와 있지요. 그러나 바로 단지 삶이라는 측면에서 아마도 모든 것은 달랐었겠지요. 이 '다른 것'에 대해서 저는 여러분들에게 말하고자 했던 것입니다.

11장 지나이다 기피우스

녹색 눈동자의 나이애드[1)]

마치 다른 행성에서 온 듯한 이상한 존재였다. 때때로 그녀는 비현실적인 존재 같았는데, 이는 아주 뛰어난 미모를 보거나 혹은 지나칠 정도로 추한 외모를 보게 될 경우 종종 있는 일이다.

블라지미르 즐로빈.《무거운 마음》, 워싱턴, 1970.

남성 우월주의가 존재하지요. 이것은 강한 성性의 약한 성에 대한 일종의 우월적 감정입니다. 오스카 와일드는 여성에 대해 누구보다 더 독창적인 견해를 갖고 있었습니다. "장식적인 성"—지성이 없는 아름다움, 그 외에는 아무것도 없다는 의미였지요. 알렉산드르 베르틴스키도 "아름다운 멍청함이 있는 곳에 두뇌는 없다"라고 읊었습니

1) 신화에서 나이애드는 '하천의 요정'을 뜻합니다. 러시아 은세기의 시인인 알렉산드르 블록이 지나이다 기피우스에게 헌정한 시에서 그녀를 "녹색 눈동자의 나이애드"로 불렀습니다.

다. 그리고 많은 남성들이 이것을 확고하게 믿고 있습니다. 그러나 어떤 여성 안에서 아름다움이 두뇌와 결합하게 되면, 그것은 강렬한 효과를 내게 됩니다. 시인, 문학 비평가 그리고 은세기의 작가였던 지나이다 니콜라예브나 기피우스가 주변 사람들에게 바로 이러한 충격을 주었던 것이지요.

1964년에 출판된 문학 백과사전은 그녀에게 전부 23행만을 할애하고 있는데, 중요 내용은 다음과 같습니다.

> 기피우스는 '10월 혁명'을 극히 적대적으로 맞이했다. 망명 상태에서 (1920년부터) 소비에트 체제에 대해 격렬하게 비난하는 논문과 시들을 발표했다.

그렇습니다. 기피우스는 이 '소비에트 체제'를 증오했고, 바로 그 체제에 대한 자신의 증오 때문에 러시아 문학에서 지워졌습니다. 그녀의 작품들은 오랜 세월동안 출판되지 않았고, 기피우스 자신은 단지 잠깐 언급되거나 혹은 눈에 띄는 반소 활동가로서 부정적인 의미에서 언급되었습니다. 그러나 이제 시대는 바뀌었고, 지나이다 기피우스도 자신의 시, 저서, 생각, 망설임, 의심과 함께 다시 우리 곁으로 돌아왔습니다. 블록이 표현했던 것처럼 이 "터무니없이 오만한 여자"가, 드물게 지적이고 독특한 아름다움을 지녔던 이 놀라운 여성이 이미 세상을 떠났다는 것이 유감일 따름입니다. 그러나 수많은 회상들, 편지들, 일기들이 남아있고, 그것으로부터 우리는 그녀의 역사적 · 문학적 · 심리적인 초상을 재현할 것입니다. 만일 최종적인 초상이 아니라면, 적어도 초상화를 위한 스케치 중 하나를 말입니다.

I

지나이다 기피우스는 1869년 11월 8일에 그녀의 아버지가 모스크바 대학 법학부 졸업 후 정착하게 되었던 툴스크 현의 옛 군청 소재지 벨료프 시에서 태어났습니다. 아버지는 모스크바의 오래된 독일 이민자 집안 출신이었습니다. 그의 조상 중 한 명이 1534년에 모스크바 교외의 외국인 거주지에서 최초의 서점을 열었다는 사실은 주목할 만합니다. 바로 여기에서 지나이다 니콜라예브나(앞으로 간략하게 그녀의 이니셜 Z. N.을 이용하겠습니다)의 책에 대한 집착이 유래한 것입니다. 미래의 여류시인의 어머니는 시베리아 출신의 지방 경시 총감(탄압 시기에는 숙청대상이 되는데, 어차피 이 한 마디면 충분했습니다)의 딸인 스테파노바였습니다.

지나이다는 어린시절을 우크라이나의 '하얀 라일락의 네쥔'에서 보냈습니다. 한동안 기피우스의 가족은 모스크바에서 살게 되었고, 지나이다는 오스토젠카 거리에 있는 휘셔 고전 중학교에서 공부했습니다. 그 후 그녀에게서 결핵이 발견되었는데, 그로 인해 모두 크림으로 이사를 가야만 했습니다. 새로운 거주지는 티플리스였습니다. 카프카즈의 자연, 그 자유로운 영혼은 Z. N.에게 좋은 영향을 주었습니다. 기피우스 집안이 여름휴가를 보냈던 보르조미에서 젊은이들은 에메랄드 색의 눈동자와 금발의 키 크고 날씬한 아가씨에게 넋을 잃었습니다. 그 당시 지나이다는 춤추는 것을 좋아했고, 음악과 미술, 특히 승마에 빠져있었습니다. 그리고 물론 창작활동이 있었지요. 일기를 썼고 시를 지었습니다. 그녀는 어렸을 때부터 독학과 자기 수양의 경향을 보였습니다(독일 핏줄이 작용했던 것이었을까요?).

그곳, 보르조미에서 그녀는 '재미있는 것에 대해 재미있게' 말할 줄 알았고, 폭넓은 백과사전적 지식의 소유자였던 진지한 청년 드미트리 세르게예비치 메레주코프스키와 만났습니다.

메레주코프스키

1888년 7월 22일 '올가 성녀의 날'에 그들은 결정적으로 가까워졌습니다. 무도회가 열렸습니다. 홀 안은 후덥지근하고 답답했습니다. 하지만 Z. N.은 "아주 멋지고, 환하고, 서늘한 밤이었고, 공원의 나무들은 달빛으로 은색이 되어 서 있었다. D. S.(드미트리 세르게예비치 — 기피우스는 언제나 메레주코프스키를 이렇듯 부칭副稱으로 불렀습니다)와 함께 걸었는데, 어쩌다 보니 공원의 산책로에 둘만 남게 되었다. 소란스럽고 좁은 해안을 따라, 멀리 좁은 계곡을 따라 시냇물—작은 강 보르조미가 감돌고 있었다. 그리고 눈에 띄지 않게 우리는 더 멀리 걷고 있었다. ……"라고 회상합니다.

이 산책 중에 솔직한 대화가 있었습니다. "사랑의 고백"도 아니었고, "청혼"도 아니었지만, 기피우스는 "둘 다 갑자기 이미 오래 전에 우리의 결혼이 결정된 것처럼, 그리고 모든 일이 잘 될 것이라는 사실을 알고 있는 것처럼 이야기하기 시작했다"라고 쓰고 있습니다. 아마도 두 개의 닮은 영혼이, 두 개의 분신들이 서로 만났다는 바로 그 경우가 발생한 것이죠. 그래서 그들은 함께 결합하기를 열렬히 원했던 것인지도 모릅니다. 하지만 이는 결코 육체의 초대가 아닌, 바로 영혼의 끌림이었습니다.

6개월 후인 1889년 1월 8일에 티플리스에 있는 대천사 미하일 교회에서 결혼식이 거행됐습니다. 지나이다 기피우스는 19세였고, 메레주코프스키는 23세였습니다. 예식은 짧고 금욕적이었습니다. 자신의 회고록에서 Z. N.은 "이 결혼식은 톨스토이가 〈안나 카레니나〉에서 묘사했던 톨스토이 식의 결혼식, 즉 '키티의 결혼식'과 전혀 비슷하지 않았다!"라고 지적하고 있습니다.

그런데 이들은 갈수록 점점 더 톨스토이의 등장인물들과 급격한 차이를 보입니다. 결혼식 첫날밤에 신혼부부는 중단된 낭독을 계속했고, 그 후 메레주코프스키는 호텔의 자신의 방으로 돌아갔으며, 지나이다는 잠자리에 누웠지요. 즉 "결혼했다는 사실을 잊어버린 겁니다."

아침에 어머니가 방문 너머에서 소리쳤습니다.

"너 아직도 자는 거니? 남편이 벌써 왔어. 일어나거라!"

"남편이라고? 이게 무슨 소리야!"라고 그 오래 전의, 지나간 시간을 회상하며 Z. N.은 쓰고 있습니다.

바로 그렇게 그들의 이상한 결혼－연합－동료관계가 시작되었습니다.

자신의 최초의 아파트를 Z. N.은 이렇게 묘사했습니다.

> 아파트는 매우 좋았다. 온통 새롭고 깨끗하고 빛나는 물건들 속에 갑자기 자리하게 되면 언제나 그렇듯 기분이 좋다. 좀 더 큰 내 서재(또는 살롱)로 난 문이 유일한 출구였던 내 침실은 매우 좁았고, 그 다음 반대편에는 식당이 있었으며, 복도를 따라가면 D. S.의 방이 있었는데, 이것이 전부였다. 욕실은 없었지만, 부엌에 커튼을 치고 사용하는 욕조가 있었다. 나는 넓은 창들의 통유리가 마음에 들었다. 내 방에는 양탄자와 터키 풍의 소파가 있었다. 책상 위에 있던 노란 눈을 가진 부엉이 모양의 램프가 기억난다.
>
> 각 방의 페치카(벽난로)에서는 장작들이 탁탁 소리를 내고 있었고, 전체적으로 따뜻하고 편안했다. 마르파가 문을 활짝 열고 찻주전자를 가져왔다. 여기에서는 모든 것이 새롭고 낯설고 유쾌했다. 나는 차를 따랐다. ……

가정생활이, 더 정확하게는 문학적-가정생활이 시작되었습니다. 왜냐하면 중요한 것은 둥지를 트는 것도 아니었고, 소시민적으로 아이들을 낳는 것도 아니었기 때문이었습니다. 옐레나 단코의 회고록에는 표도르 솔로구프의 말이 인용되어 있습니다. 아이들에 대한 이야기가 나오자 이 존경받는 시인은 "자, 예를 들어 메레주코프스키와 기피우스-이 사람들은 자신들에게는 자식들이 필요 없고, 그 자신들 둘만으로도 충분하다고 털어놓더군요"라고 지적했습니다.

다음 세대를 통해 자신을 기계적으로 반복하는 것이 아니라 바로 자기 자신을 최고로 표현하고, 그 자신의 내적인 '나'를 밝혀내는 것입니다. 게오르기 아다모비치는 자신의 회고록에서 그녀에 대해 다음과 같이 썼습니다.

> 마치 공장에서 기계로 만들어낸 것 같은, 신의 세계에서 완전히 동일한 시리즈로서 찍어낸 것 같은 사람들이 있고, 다른 한쪽에는 '수제품' 같은 사람들이 있다. 기피우스는 바로 후자에 속하는 사람이었다. 그녀는 내 일생을 통해 내가 알아야만 했던 가장 뛰어난 여성이었다. 작가도, 시인도 아닌, 어쩌면 내가 만났던 보다 재능 있는 여류시인들 중에서 바로 하나의 여성이자 인간이었다.

아이들에 둘러싸인 어머니로서의 지나이다 기피우스를 상상하는 것은 어려운데, 만약 그랬다면 "오페라 안경을 든 귀부인", 즉 문학 살롱의 여주인으로서의 기피우스는 없었을 것입니다. 소피야 안드레예브나 톨스타야[2]와 자연히 비교하게 되는군요. 그녀 역시 똑똑하고 문학적인 재능이 있었지만, 하나의 인물로서 자리 잡지는 못했습니

2) 러시아의 대문호 톨스토이의 아내.

다. 레프 니콜라예비치 톨스토이와의 지나치게 육욕적인 관계와 많은 아이들 — 여기에 무슨 문학이 있겠습니까! 지나이다 니콜라예브나 기피우스는 다른 길을 선택했고, 이렇게 함으로써 러시아 문학과 역사에서 독특한 인물로서 훌륭하게 자리매김 했습니다.

그러나 비교는 여기서 그만두고(이것은 언제나 위험을 내포합니다!), Z. N.의 초기 상트 페테르부르크 시절로 돌아갑시다. 하루는 메레주코프스키가 기피우스를 《북방 통보》의 편집실로 데려갔습니다. 그 후 '생생한 평론'과 가능한 한 모든 문학의 밤, 중요한 작가들과 시인들과의 교우 등이 뒤따랐습니다. 정신적인 삶이 돌아가기 시작했습니다!

메레주코프스키 부부는 곧 아파트를 바꿨는데, 리테인느이와 판텔레이모놉스카야 거리 모퉁이의 '무루지의 집'으로 유명한 큰 건물로 이사했습니다. 아파트는 5층에 있었습니다. 두 수도(상트 페테르부르크와 모스크바)의 작가 · 화가 그룹의 유명인사들 중 이 아파트에 와 보지 않은 사람이 없었습니다! 아파트가 아니라 주지설主知說의 오아시스였습니다.

메레주코프스키는 기피우스의 첫 발표작인 〈나드손의 영향을 받아 쓴 시들〉이 나오도록 도왔습니다. 그 후 Z. N.은 점차 자기 자신만의 목소리를 갖게 되었고, 이 목소리는 이미 다른 누구의 것과도 혼동할 수 없었습니다. 기피우스의 시들은 내면의 투쟁, 어느 정도 악마적인 것, '차갑고 열정적인 절제'라는 특징을 가지고 있었습니다. 그녀가 쓴 시의 행들에서 그녀 자신의 아주 투쟁적인 기원이 선명하게 표현되고 있습니다.

오, 존재하게 하라, 존재할 수 없는 것을,
결코 존재할 수 없는 것을.

창백한 기적의 하늘이 내게 약속하듯,
하늘이 약속하듯.
그러나 눈물 없이 울고 있네, 그릇된 맹세에 대해,
그릇된 맹세에 대해…….
나에겐 필요 하네, 세상에 없는 것이,
세상에 없는 것이.

눈물도 없고 새침 떨지도 않는 이 시는 여성의 시가 아니라는 점에 동의하시겠죠. 하지만 잘 쓴 시임에도 불구하고 매력은 없습니다. 부닌은 "전기電氣의 시"라고 말했습니다. 아다모비치는 "시의 행들이 마치 딱딱 소리를 내고 푸르스름한 섬광들로 빛나는 것 같다"라고 부언했습니다. 그런데 이 모든 것이 아마도 영혼의 긴장에 있어 Z. N.이 가지고 있었던 에너지의 충전에서 비롯된 것 같습니다.

나는 두려워하지 않네, 내 안에서, 나에게서 아무것도,
망각도, 열정도.
두려워하지 않네, 권태도, 나의 꿈도 —
모든 것이 내 권력 안에 있기에.
두려워하지 않네, 다른 이 안에서, 다른 이에게서 아무것도,
그들에게서 보상받으려 하지 않기에.
사람들 속에서 내가 사랑하는 것은 자신이 아니기에……
그리고 그들에게서 아무것도 난 필요치 않네.
그리고 내 진실을 결코 두려워하지 않네,
원하는 것을 믿기에,
그리고 두려워하지 않네, 죄도, 모욕도, 어려움도……
죄에는 용서가 있네. ……

이것은 시 〈공포와 죽음〉의 첫 부분입니다. 하지만 인용은 여기서 그만두고 기피우스와 메레주코프스키의 관계로 돌아갑시다.

II

수백만 쌍의 부부가 세상에 존재했었고 현재도 존재하지만, 이 부부는 독특한 부부였습니다. Z. N.이 고백한 것처럼, 그녀는 메레주코프스키와 "티플리스에서 결혼한 이래 한 번도, 단 하루도 떨어지지 않고 52년을 살았습니다."

이것은 무엇이었을까요? 사랑? 창조적인 결합? 상호 이해의 얽힘? 정신적인 공통점? 이 모든 것과 그 이외에도 다른 많은 것이 있었던 것이 확실합니다. 《메레주코프스키》란 책에서 Z. N.은 "우리의 삶의 결합"이라고 간단하게 썼습니다. 그런데 이에 대해서 지금 제 삼자들의 증언을 살펴보겠습니다. 발레리 브류소프의 처제 브로니슬라바 포고렐로바는 이렇게 회상합니다.

이 부부는 이상한 인상을 주었다. 겉으로 보기에 그들은 서로에게 전혀 어울리지 않았다. 그는 작은 키에 좁고 움푹 꺼진 가슴을 가지고 있었고, 유행에 뒤떨어진 프록코트를 입고 있었다. 검은 색의 깊이 들어간 눈동자는 성서에 등장하는 예언자의 불안한 열정으로 타오르고 있었다. 이 유사점은 D. S.의 얼굴에 자유롭게 자란 반백의 턱수염과 그가 흥분해서 말을 쏟아낼 때의 가벼운 쇳소리로 강조되었다. 그는 논쟁의 여지가 없는 우월감을 가지고 행동했으며, 성서에서 또는 이교도의 철학자들에게서 인용을 하곤 했다.

그런데 그의 옆에 지나이다 기피우스가 있었다. 매혹적이고 화려하며 특별한 여인. 그녀는 지나치게 말라서 키가 커 보였다. 그러나 신비스럽고도 아름다운 얼굴은 어떤 병의 흔적도 나타내지 않았다. 숱 많고 어두운 금발의 머리카락은 부드럽고 하얀 이마 위로 내려왔고, 주의 깊은 지성이 빛나는 놀라운 눈동자의 깊이를 돋보이게 했다. 솜씨 있는 선명한 화장, 강하고 매우 좋은 향수의 현기증이 나게 하는 향기, 오히려 여자 옷으로 갈아입은 젊은이를 연상시키는 순진무구한 몸매에도 불구하고, Z. N.의 얼굴은 어떤 죄를 지은 듯한, 그러면서도 모든 것을 이해하는 듯한 인상을 풍겼다. 그녀는 모든 사람들이 인정한 미인처럼 행동했다. 게다가 여류시인이었다. 메레주코프스키와 가까운 사람들에게서 가정의 평안(다시 말해서 선금이나 사례금)에 대한 일은 거의 전적으로 Z. N.이 맡고 있고, 이 분야에서 그녀가 믿을 수 없는 성공을 거두었다는 말을 여러 번 들었다.

많은 동시대인들이 문학 영역에서 메레주코프스키 부부가 얼마나 완벽하게 협조했는가를 언급하고 있습니다. 메레주코프스키는 당황스러운 진실들을 말하면서 '맹신자'처럼 일했고, 기피우스는 매혹시키고 유혹하면서 '마녀'처럼 일했습니다. 계속해서 브로니슬라바 포고렐로바의 회고록을 읽어보지요.

메레주코프스키 부부에 대해서는 여러 이상한 소문들이 있었다. 특히 기피우스에 관해서. Z. N.은 정말로 어떤 영적인 특성을, 그리고 이보다 더 주목해야 할 점으로 그녀를 자신의 동시대 여성들과 구별시켜주는 육체적인 특성을 가지고 있었다. 블라지미르 솔로비요프가 다음과 같이 시작되는 유명한 풍자시를 썼을 때, 그가 염두에 두었던 것이 Z. N.이라는 사실에 대해 모든 시인들이 동의했다.

나는 젊고 음탕한 여자,
나는 악귀.
나는 온통 재미를 위해 살지

뚱뚱한 몸의.
치마 밑에서 나는 말발굽에 녹아내리지
그리고 끌리는 치맛자락……
누군가 그들을 화가 나서 보고 있군—
병신 같은 놈!

지나이다 니콜라예브나의 악마적이고 폭발적인 기원은 특히 남성들을 놀라게 하고 매혹시켰다. 그러나 무엇보다 브류소프가 그녀를 불렀던 대로 "아름다운 지나이다"의 아름다움이 사람들을 끌어당겼다. 비평가이자 사회 평론가였던 표트르 페르쪼프는 Z. N.을 이렇게 묘사했다. "긴 금빛 머리카락과 물의 요정의 에메랄드 빛 눈동자를 가진 키 크고 날씬한 금발 미녀는 그녀에게 매우 잘 어울리는 파란 드레스를 입고 있었다. 그녀는 자신의 외모로 인해 눈에 띄었다. 이 외모를 나는 '보티첼리 풍의' 외모라고 부르고 싶다. ……"

저명한 화가 레프 박스트는 자신이 그린 초상화에서 의자에 비스듬히 누워있는 기피우스를 묘사했습니다. 그녀는 타이즈와 자켓을 입고 있는데, 포개 놓은 긴 다리는 캔버스에 대각선으로 길게 늘어져 있어서 이로 인해 전체 몸매가 더 길어 보입니다. 하얀 레이스 장식으로 감싼 창백한 얼굴에, 가늘게 그리고 크게 윤곽을 그린 눈썹 밑에는 약간 조소하는 듯이 그리고 경멸하는 듯이 바라보는 눈동자와 얇고 악의를 품은 듯한 입술이 있습니다. 기피우스에 대해서 화가 골로빈은 "그녀에게는 오른쪽 눈을 가늘게 뜨면서 담배를 피우는 독특한 습관이 있었고, 말하는 법도 특별했다. ……"라고 회상했습니다. 박스트는 모델의 외모에 효과적인 예리함과 가시 돋친 날카로움을 부여하면서, 이 특성들을 강조했습니다. "너의 영혼은 부드러움이 없고,

심장은 가시처럼…….”—Z. N.의 이 말은 자신의 초상화에 대한 제목으로 적합할 것 같습니다.

또 다른 증언은 회고록 작가인 아리아드나 트이르코바-윌리엄스가 쓴 것으로, 19세기 말 메레주코프스키 부부가 초대된 리디야 투간-바라놉스카야의 집에서 있었던 막심 고리키와의 만남에 관한 것입니다.

아름답지도 않고, 머리도 대충 빗고, 옷도 신경 써서 입지 않은 리다가—도전적인 하얀 분홍색의 화장을 포함해서—자신의 모든 책략들을 가지고 있는 예쁜 여류시인보다 비교할 수 없이 더 여성스러웠다는 것은 정말 이상한 일이다. 리다의 얼굴은 반박할 수 없고, 꾸밈이 없으며, 모든 것을 이해하는 그런 상냥함으로 빛나고 있었다. 그녀 곁에서는 각자가 더 따뜻해지는 것을 느꼈다. 그런데 빛나는 지나이다로부터는 차가운 바람이 불어오고 있었다.

그리고트이르코바-윌리엄스는 계속해서 쓰고 있습니다.

아는 사람들이나 모르는 사람들이나 눈동자 때문에 그녀를 '지나이다'라고 불렀다. 그녀는 매우 아름다웠다. 키가 컸으며 젊은 사람 같이 가냘프고 유연했다. 금발의 땋은 머리는 작고 훌륭하게 자리 잡은 머리 옆에 두 번 감겨 있었다. 눈동자는 크고 녹색이며 물의 요정의 것 같았고, 근심이 있는 듯이 계속 움직이고 있었다. 미소가 그녀의 얼굴에서 거의 떠나지 않았지만, 그것은 그녀에게 어울리지 않았다. 선명하게 칠한 얇은 입술에서는 이제 막 가시 돋친, 적의를 품은 말이 터져 나올 것만 같았다. 그녀는 몹시도 사람들을 놀라게 하고, 끌어당기고, 매혹시키고, 복종시키고 싶어 했다.

19세기 말, 그 당시에는 제1차 세계 대전 후 전 세계 모든 나라들의 모든 계층의 여성들이 하기 시작했던 것처럼 그렇게 진하게 화장하지 않았다. 그런데 지나이다는 무대에서 여배우들이 하는 것처럼 공공연하게 얼굴을 진하게 그리고 하얗게 바르고 볼은 붉게 칠했다. 이것은 그녀의 얼굴에 가면 같은 형상을 부여했고, 그녀의 기이한 행동과 부자연스러움을 강조했다. 그녀의 동작들도 이상하고 딱딱했다. 그녀는 제스처를 쓰지 않았고, 자신의 말들을 손짓으로 보충하지도 않았다. 하지만 그녀가 움직일 때면 그녀의 긴 팔과 다리는 그녀가 말하고 있는 것과 전혀 관련이 없는, 기하학적인 도형들을 그리고 있었다.

뾰족한 팔꿈치를 높이 뒤로 젖힌 채 그녀는 끊임없이 금으로 만든 오페라 안경을 그녀의 근시인 눈으로 가져가서 얼굴을 찡그리면서 안경을 통해 사람들을 곤충 보듯이 바라보았다. 이러한 행동이 사람들에게 유쾌하게 받아들여지는지 또는 불쾌감을 느끼게 하는지에 대해서는 신경을 쓰지 않았다. 그녀는 생동감 있게 옷을 입었지만, 역시 기이한 차림이었다. 투간의 저택에는 금빛 끈으로 동여맨 길고 하얀 실크 튜닉을 입고 왔다. 뒤로 젖혀진 넓은 소매는 그녀의 등 뒤에서 날개처럼 움직이고 있었다. ……

그러나 회고록 작가는 Z. N.이 매우 효과적으로 보여졌다는 사실을 인정해야만 했습니다. 트이르코바-윌리엄스는 "그녀는 바로 이것을 원했다. 고리키를 놀라게 해서 그에게 접근하고자 했다. 그녀는 금으로 만든 오페라 안경을 그에게로 향하게 했고, 그가 자루처럼 앉아 있었던 바로 그 구석 쪽으로 자신의 금발머리를 돌리곤 했다. ……" 라고 지적하고 있습니다.

기피우스의 모든 계략에 대한 고리키의 반응은 그것을 '단지 농담' 으로 받아들이는 것이었습니다. 아니오, 그것은 '농담' 이 아니었습니다. 그것은 말하자면 구체화된 삶과 행동, 습관의 독특한 방식이

막심 고리키

었습니다.

> 나를 비난하지 마세요, 이해해 줘요.
> 나는 당신을 화나게 하고 싶지 않아요,
> 증오한다는 것은 너무도 고통스럽지요
> 나는 사람들과 어울려 살 줄 몰라요

이것은 기피우스가 썼던 그녀의 초기 시 중 하나입니다.

또 하나의 평가는 화가였던 안나 오스트로우모바야-레베제바야의 것입니다.

> 누구보다 더 나를 당황스럽게 했던 것은 메레주코프스키와 지나이다 기피우스 부부였다. 특히 기피우스가. 그녀는 냉정하고 무시하는 것처럼 나를 대했는데, 우리가 몇 번을 만났던 간에 나를 처음 본다는 듯이 행동했다. 보통 키에 날씬한 지나이다 기피우스는 자신의 아름다움으로 유명했다. 선명한 녹색의 눈동자는 얼굴을 빛나게 했고, 금과 동의 빛깔을 띤 매우 아름다운 머릿결은 그녀의 얼굴을 에워싸고 있었다. 그녀는 자신의 외모에, 특히 놀랄만한 헤어스타일에 많은 시간을 허비했다. 베누아 저택에서 보았던 그녀를 나는 마치 지금 보고 있는 것처럼 기억하고 있다. 드레스를 조금 들어올리고 날씬한 다리를 늘어뜨린 채 그녀는 테이블 위(그녀가 좋아하는 자리)에 앉아있다. 담배를 피우면서 대담하게 신랄한, 그리고 종종 악의적인 빈정대는 말과 궤변을 늘어놓는다. ……
>
> —《자서전적인 기록들》에서 —

수필 〈공기의 요정〉에서 예술 평론가 아킴 볼르인스키는 젊은 기피우스의 형상을 재현했습니다.

섬세하고 키가 큰 편이며, 유연하고 나뭇가지처럼 마른, 금발의 머리카락을 폭포처럼 길게 늘어뜨린 여성이 내 앞에 있었다. 특히 그녀의 걸음걸이가 기억에 남는다. 보폭은 작고, 걸음걸이는 확신에 차 있었으며, 동작은 빨라서 미끄러지는 듯한 질주가 되곤 했다. 회색 눈동자는 장난치는 듯한 빛의 밝은 반점을 가지고 있었다. 만나서 인사하거나 헤어질 때면 그녀는 아이처럼 부드럽고, 마르고 긴 손가락을 가진 떨리는 손을 상대방의 손에 놓곤 했다. 눈에 띌 정도로 거의 소년 같은 가슴을 가지고 있으면서 동시에 완벽한 여성스러움의 순수한 인상을 가진 이 인물의 전반적인 외형은 이와 같았다.

그것은 변덕과 눈물, 웃음과 짓궂은 장난, 갑작스러운 상냥한 관심의 집중과 그처럼 갑작스러운 냉담함을 수반하는, 본질적으로 처녀들이 가지는 여성스러움이었다. 그녀의 애교는 예술성의 높은 경지에 도달했다. 이상한 점은 이 어린 여자 안에 이미 그 당시에도 논의의 대상들을 그에 적합한 어휘의 틀에 집어넣을 줄 알았던 엄격한 사상가가 숨어있었으며, 다른 이들은 그렇게 하지 못했다는 사실이다.

기피우스는 특히 비판과 평가의 섬세함으로 구별되어지는 문체적인 성격의 해설을 했다. 기피우스는 결코 직업적인 시인만이 아니었다. 그녀 자신이 온통 시적이었다. 그녀는 어느 정도 도전적으로, 그리고 때로는 남의 이목을 집중시킬 정도로 옷을 입었다. 하지만 그럼에도 불구하고 그녀의 의상에는 커다랗고 환상적인 매력이 있었다. 미의 숭배는 이상에서나, 삶에서나 결코 그녀를 떠나지 않았다. ……

다양한 의견들과 다양한 견해들, 심지어 눈동자의 색깔도 다르게

안드레이 벨르이

받아들여지고 있지만, 이러한 회상들에는 공통점이 하나 있습니다. 그것은 Z. N.이 평범한 여성이 아니었다는 점이지요.

III

1890년대에 메레주코프스키 부부가 교제했던 그룹에는 기성세대의 작가들이 주를 이루었습니다. 폴론스키, 플레쉐예프, 슬루첩스키, 수보린 등등. 슬로님스키의 회상에 따르면, 기피우스는《유럽 통보》에 기고하기 시작하면서 "녹색 눈동자를 가진 뛰어난 미인이었으며, 늙은이들에게 교태를 부렸다. 아주 활발했기 때문에 그들을 매혹시켰다"라고 합니다.

메레주코프스키의 문학적 재능과 기피우스의 여성적인 매력은 점차 새로운 지지자들의 수를 증가시켰습니다. 1901년 12월 6일에 안드레이 벨르이와 알게 되었습니다. 벨르이는 자신이 러시아의 루터라고 여겼던 메레주코프스키가 진행 중이던 레프 톨스토이와 도스토예프스키의 형상들의 분석에 대단한 흥미를 느꼈지요.

> 기피우스는 – 나는 그녀의 시들을 알고 있었다 – 모슬린으로 된 날개를 달고 참석했던 파티에서 "나에겐 필요하네, 세상에 없는 것이" 라고 크게 외치며 역시 대단한 흥밋거리가 되었다.

Z. N.과의 만남에서 받은 첫 인상을 안드레이 벨르이는 자서전《세기의 시작》에서 다분히 독설적으로 묘사하고 있습니다.

그때 눈을 감았다. 흔들의자에서 번쩍이는 것이 있었다. Z. 기피우스, 정확히 인간의 키를 가진 땅벌……. 부풀린 빨간 머리 뭉치(만약 머리를 내린다면 뒤꿈치까지 닿았을 것이다)는 굉장히 작고 기울어진 듯한 얼굴을 덮고 있었다. 화장분과 녹색 빛이 나는 눈에 끼워 넣은 손잡이가 달린 안경의 광채, 입술의 불길을 후퇴시키면서, 분을 뿌리면서, 나를 응시하며 유리구슬로 만든 목걸이를 손끝으로 만지작거렸다. 이마에서부터 빛나는 눈동자와 같은 보석이 늘어져 있었다. 검은 장식물 위의 납작한 가슴에서 검은 십자가가 소리를 내고 있었다. 그리고 구두의 죔쇠가 광채를 발했다. 다리를 꼬고 앉아서 몸에 꼭 끼는 흰 드레스의 긴 치맛자락을 걷어 올렸다. 그녀의 뼈만 남은, 한쪽이 찌부러진 골격의 매력은 능숙하게 사탄을 사로잡는 성찬聖餐을 받는 사람을 연상시켰다. ……

어떤 그림이 그려지십니까? 그리고 벨르이는 계속해서 쓰고 있습니다.

…… 나 역시 '아름다운' 지나이다의 손잡이가 달린 안경의 광채에 몸을 숙였고, 감춰진 눈동자의 푸른 반짝임 아래에서 수선화 향을 풍기는 손을 잡았다. ……

한 마디로 말해서 벨르이는 처음에 Z. N.을 받아들이지 않았을 뿐만 아니라, 그녀 안의 모든 것이 그를 화나게 했습니다. "긴 얼굴"도, "바르지 못한 코"도, 당황스러운 자세와 몸짓들도. 비록 그 자신이 조금 지나서 자신의 회고록에서 인정했던 것처럼, Z. N.에게는 다른 외모(성격)도 있었지만 말입니다. 전혀 사교계의 암사자가 아닌, 겁을 내는 여학생의 외모 말이지요. 그녀의 초기의 일기에는 다음과 같은 기록이 있습니다.

나는 내가 오래 살지는 못할 거라고 생각한다. 왜냐하면 나의 모든 의지의 노력에도 불구하고, 삶은 역시 나를 참을 수 없을 정도로 모욕하고 있기 때문이다. 나는 일정한 사실들 없이 말한다. 실제 그런 사실들은 존재하지 않는다. 모욕의 고통이 깊을수록 더 혐오스럽고, 그것은 지옥에 있어야만 할 구역질(혐오)과 비슷하다. 보호받지 못하는 내 영혼, 그 위에 먼지가 앉아있다. 먼지의 티끌, 영혼을 아주 작고 보이지 않는 것으로 할퀸다. 그런데 나는 세진細塵을 벗어 버리려다 상처를 넓히고 죽는다. 나는 (아직까지) 고통 받지 않는 법을 모르기 때문에.

여기서 기피우스의 어머니와 친척들이 폐결핵으로 죽었고, 그녀도 언제나 치명적인 병의 위험에 처해 있었다는 상황을 염두에 두어야 할 것입니다. 상트 페테르부르크에서 그녀는 끊임없이 열이 났습니다. 생명에 대한 공포, 때 이른 죽음의 위협이 Z. N.의 존재에 달콤하고 씁쓸한 맛을 보탰습니다. 이것은 그녀의 시에서도, 산문에서도 느껴집니다. 기피우스의 선집《새로운 사람들》(1896)의 여주인공 중 한 명인 미스 마이는 "…… 그렇지만 병은 좋아요, 빠르니까요. 어차피 무슨 이유로든 죽어야 하잖아요"라고 말합니다.

이 사실을 고려하면서 다시 한 번 안드레이 벨르이의 회고록으로 돌아갑니다.

우리는 Z. N.에게 시를 낭독해줄 것을 청했다. 그리고 그녀는 낭독했다:

단 한 번 거품으로 끓어오른다
그리고 파도는 부서져버린다.
가슴은 배신으로는 살지 못한다,
사랑은 하나이다, 삶이 하나인 것처럼!

> 그녀의 낭독에서는 내밀함이 느껴졌다. 작게, 거의 노래를 부르듯이, 속눈썹을 내리깔고, 브류소프처럼 우리에게 비유를 보여주지 않으면서, 반대로, 마치 우울하고 엄격한 자신의 조용한 방으로 따라가도록 강요하는 것처럼, 비유들을 가슴 속 깊이 가져가면서 낭독했다. 이 모든 것들이 나를 경이롭게 했다. 나는 기피우스를 마치 내 여동생처럼 현관으로 배웅했다. 하지만 자신의 '원칙들'을 배신하지 않기 위해서 스스로 그 사실을 인정할 수 없었다. 그리고 모피 외투를 잡아 주면서 나는 생각했다. 그녀는 알려지지 않은 어둠 속으로 사라진다. 거기서부터 '여자 악마'에 대한 어리석은 소문들이 넘쳐날 것이지만, 그녀는, 아니, 유혹하지 않았다. 얼굴을 붉히고 겁을 내고 있는 '소녀'가 있었을 뿐이다.

바로 여기에서 안드레이 벨르이의 Z. N.에 대한 태도가 180도 바뀝니다.

그렇다면 지나이다 기피우스라는 이 여자는 대체 어떤 사람이었을까요? "여자 악마"일까요(역사가 세르게이 솔로비요프의 딸인 올가 솔로비요바는 "기피우스는 악마다"라고 확신했습니다)? 아니면 "소녀", "여동생"? 그밖에도 사람들은 그녀를 "여자 사탄", "공기의 요정"이라고도 불렀습니다. 잘 알려진 사실이 있지요. 개성이 강한 사람일수록 더 많은 측면을 갖게 되고, 따라서 유일한 하나의 견해나 하나의 평가가 있을 수 없는 법입니다.

이렇듯 Z. N.은 단지 다양한 면을 가지고 있었고, 상황에 따라서 다른 형상을 택했을 뿐입니다. 여성들에게는 보통 오만하고 업신여기는 듯한 태도를 취했습니다. 남성들과 있을 때는 여성스럽고 애교가 넘쳤으며, 아킴 볼르인스키가 표현했던 것처럼 "연애 놀음"에 온 정성을 쏟았습니다. 그러나 다시 강조하지만 모든 남성들과 그랬던 것이 아니라, 그녀가 자신의 올가미로 유인하고 정복하기를 원했던 이들과만 그랬던 것입니다.

다시 한 번 안드레이 벨르이가 Z. N.에 관해 쓰고 있는 《세기의 시작》으로 돌아갑시다.

> 그녀와의 교류는 마치 가뭄에 건초가 타오르는 것처럼 이루어졌다. 벽난로용 목탄에 격언들을 집어던지는 셈이다. 때로는 뒤꿈치까지 내려오는, 붉은 빛 도는 멋진 금발을 늘어뜨리고, 그녀는 머리를 빗었다. 이빨로 머리핀들을 물고 있고, 나에게 선명한 감람석 빛의 큰 눈망울의 열정과 화려한 미사여구들을 던지곤 했다. 볼, 코, 이마 대신에 머릿결, 약간 삐뚤어진 입술, 그리고 두 개의 바퀴, 두 개의 눈동자가 아니라…….
>
> 무책임한 대화에 있어 그녀는 흥미로운 상대였다. 그녀와의 책임질 일이 없는 대화 속에서 나는 휴식을 취하곤 했다. 메레주코프스키와의 설전이라는 힘든 작업으로부터. '밤의 주민' 이었던 그녀는 블록에게서 돌아올 때마다(밤 12시경) 응접실로 오라고 조르면서 나를 이용했다. 우리는 잡담을 했다. 그녀는 나를 느슨하게 했다. 그녀는 자신과 나의 지인들을 선별해서 농담조의 비약들을 썼다. 새벽 3,4시까지 자신 곁에 붙잡아 두었다. 궐련의 사파이어 빛 연기 아래서 우리는 빛깔의 자각에 대해 말하곤 했다. '붉다는 것' 은 무엇인지, 무엇이 '진홍색' 인지! 그녀는 때로 숫자의 신비에 몰두한다. 1, 2, 3, 4는 무엇일까? 육체의 죄는 무엇인가? 육체의 신성함은 무엇인가? ……

인용을 중단하고 문학의 권위자였던 Z. N.의 남편 드미트리 메레주코프스키가 이 시간에 무엇을 하고 있었을까라는 질문을 해봅시다. 이따금씩 그는 기피우스의 살롱 입구에 나타났는데, 잠이 덜 깬 모습으로 맨발에 구두를 신고서 "못 참겠어. …… 조용히 좀 해요. ……" 라고 간청했습니다. 그리고 다시 "어둠 속으로 자취를 감췄습니다."

이 시기에 안드레이 벨르이는 알렉산드르 블록의 아내와의 불같은 로맨스를 진행시키고 있었습니다. 그래서 벨르이는 항상 기피우스와 메레주코프스키에게서 충고를 받았습니다. 메레주코프스키 부부는 모든 비밀을 들어주는 사람의 역할과 안드레이 벨르이의 정신적 삶의 스승 역할을 했습니다. 그는 몇 년 동안 상트 페테르부르크를 방문할 때마다 '기피우스와 메레주코프스키의 집'에 머물렀고, 모스크바로 돌아가서는 새로운 대사원에 대한, 종교적인 공동체에 관한, 육체의 비밀을 밝혀주는 성령의 교회에 대한 논의를 담은 Z. N.의 편지를 성급하게 기다렸습니다.

알렉산드르 블록

"친애하는, 사랑스런, 사랑스런 지나……"라고 안드레이 벨르이는 일련의 편지를 시작하고 있으며 이 편지에서 자신과 류보피 드미트리예브나 멘젤레예바와의 관계의 복잡한 실타래를 풀려고 노력합니다. 편지는(더 정확히는 편지들 중 하나는) 이렇게 끝맺습니다.

> …… 당신에게 미소를 보내며, 당신에게 기도하며, 당신들 모두—지마[3], 드미트리 세르게예비치를 사랑합니다. 답장을 써 주시오. ……

IV

메레주코프스키 부부는 결국 안드레이 벨르이를 자신들의 '콤뮨'[4]

---

3) 드미트리 필로소포프.

에 끌어들이는데 실패했습니다. 그런데 바로 '지마', 즉 문학 평론가이자 사회 평론가였던 드미트리 필로소포프(1872~1940)가 콤뮨에 걸려들었습니다.

메레주코프스키 부부의 철학적, 종교적인 탐구라는 주제(이것은 특별한 주제입니다)에 빠지지 않기 위해서, 메레주코프스키와 기피우스가 역사적인 기독교 대신에 도래하게 되는 제3의 성서의 왕국[5], "세상의 3국 체제" 사상을 열심히 발전시켰고, 좀더 실제적 · 현세적인 수준에서는 크지 않은 정신적인 공동체를 창조하기 위해, 즉 근접한 문학적 경향과 구성원들의 비밀스런 친밀 관계가 결합될 수 있는 일종의 동지들의 동아리를 만들려고 노력했다는 사실을 언급해야겠습니다. 즉, 독특하고 지적인 미니-꼼뮨을 만드는 것 말입니다. 이 미니콤뮨이 만들어진 뒤 "삼자三者 결합"이라는 명칭을 얻었습니다. 메레주코프스키-기피우스-필로소포프. 그 중에서 가장 급진적인 입장을 취한 것은 필로소포프였습니다. 메레주코프스키는 보수적인 입장에 서 있었지요. 기피우스는—두 명의 드미트리 사이에서—중간적 위치를 점했습니다.

이 3인의, 혹은 사람들이 불렀던 대로 "신성한 삼위일체"의 형성은 사회와 문학 · 예술 그룹에 대한 일종의 도전이었습니다. 정신적인 공통성을 사람들은 쉽게 받아들였지만, 세 사람의 공동생활은…… 이것은 이미 공개적인 파격(세간의 습관에 어긋나는 행위)이었습니다.

---

4) 재산과 노력의 공유를 원칙으로 공동생활을 하는 사람들의 단체.

5) 제3성서는 《보병궁 복음서》를 뜻한다. 기독교의 기본 경전은 《구 · 신약성서》인데 이 두경전 외에 기독교 진리의 정수를 전하고 있는 제3의 경전이 《보병궁 복음서》다. '보병궁' 이라는 말은 고대 점성술에서 유래한다. 《구 · 신약성서》가 과거시대의 복음서인 반면, 《보병궁 복음서》는 미래 시대의 복음이라는 뜻이다. 《신약성서》에 빠져있는 예수님의 12세부터 30세까지의 성장과정과 구도과정이 기록되어 있어 예수가 가르친 '가르침의 진수' 를 알 수 있다는 것이 이 복음서의 특징이다.

"삼자 결합"의 강화는 파리에서의 순례와 동시에 일어났습니다. 출발 전날, 안드레이 벨르이의 기록입니다.

우리는 넵스키 거리를 따라 산책한다. 지나이다 기피우스와 함께. 그녀는 위에 모피를 덧댄 짧은 털 코트를 입고 있다. 그녀는 손잡이가 달린 안경(오페라 안경)으로 쇼윈도에 진열된 여성용 모자와 향수들을 본다. 우리는 제비꽃을 산 뒤, 열어 놓은 트렁크에 짐을 싸기 위해 아름다운 방으로 돌아온다. 그녀는 트렁크에 제본된 책들, 일기들, 시집들, 긴 양말들, 향수, 리본들을 던져 넣는다. 나는 옆에 앉아있다. 메레주코프스키 부부는 논쟁들로부터 숨을 돌리기 위해 파리로 떠난다. ……

출발은 1906년 2월 25일에 있었습니다. 일 년 후인 1907년 5월 11일에 Z. N.은 브류소프에게 다음과 같이 쓰고 있습니다.

지금 우리는 파리에 있고, 아직까지는 파리와 우리의 독창적인 새로운 가정(아파트는 크고 고급인데, 가구라고는 3개의 침대, 부엌용 식탁 몇 개 그리고 세 개의 망가진 안락의자가 전부입니다)에 기뻐하고 있어요. 상황으로 보면 우리는 신혼부부와 비슷해요. 세 명이 결혼하는 새로운 방법. ……

세 명이 하는 결혼—이것은 범속한 악평의 모닥불에 던져진 마른 장작이었습니다. 실제로 무슨 일이 있었는지는 지금 그 누구도 재구성할 수 없습니다. 그러나 여기 1898년 4월 7일, 필로소포프가 Z. N.에게 보낸 편지에 주목할 만한 부분이 있습니다.

나는 언제나 당신과 사이가 좋았지만, 결단코 당신을 사랑하지 않았으며(화내지 마세요), 당신에 대한 나의 태도에는 전혀 감각적인 음조가 섞여 있지 않았습니다. 모르겠습니다, 당신쪽에서는 어땠었는지…….

알려진 대로 어떤 여성이든지 남성쪽의 무관심을 참지 못합니다. 그런데 여기 있는 사람은 모두를 정복한 미녀입니다. 십중팔구 이것은 Z. N.을 불쾌하게 만들었고, 그녀는 드미트리 필로소포프를 완전히 정복하기 위해 일련의 여성적인 매력을 이용했던 것이 확실합니다. 1902년 3월 7일에 보낸 편지에서 그는 자신의 가까운 여자 친척에게 "나는 메레주코프스키 부부와 어떻게 행동해야 할지 모르겠어. 게다가 슬프게도 Z. N.이 나에게 완전히 빠졌다는 강한 의심이 지금 내 안에서 자라나고 있어"라고 무심코 특이한 고백을 했습니다.

충분히 가능한 일입니다. 적어도 필로소포프는 메레주코프스키보다 외적으로 더 매력적이었습니다. 턱을 깔끔하게 면도한 그는 작고 짧은 콧수염에 단정한 아마 빛 머리의 가리마로 빛나고 있었습니다. 안드레이 벨르이는 회고록에서 그를 반쯤은 사치스런 멋쟁이로 소개하고 있습니다.

"기피우스와 필로소포프의 관계에서 섹스가 존재했을까요?"라고 대략적인 정의를 참지 못하는 현대의 독자는 직설적으로 물을 것입니다. '자유로운 사랑'이라는 주제에 대한 전문가인 미국인 교수 사이몬 카를린스키는 필로소포프는 동성애자였으며 "그래서 대체로 그들 사이에는 아무것도 없었다"라고 주장합니다.

그렇다면 무엇이 있었을까요? 나머지 모든 부분에서의 3자 결합입니다. 필로소포프는 메레주코프스키 부부의 종교적 · 사회적인 계획에, 그리고 그 밖의 계획에 적극적으로 참여했습니다. 안드레이 벨르이의 견해에 따르면, 필로소포프는 "메레주코프스키 부부의 이상적인 자산 관리인이자 숙모"의 기능을 수행했고, "궁정의 재상"이었습니다.

어떤 결합도 오래 계속되지 않듯이 "신성한 삼위일체"에도 끝이 왔습니다. 알렉산드르 암피테아트르는 1924년 3월 22일에 보리스 사빈코프에게 보낸 편지에서 필로소포프가 "지나이다와 드미트리의 품에서 자신의 탯줄을 분리시켰고" 이것은 "그에게 커다란 기회다"라는 말로써 만족감을 표현하고 있습니다.

V

그렇다면 지나이다 기피우스의 인생에 뜨거운 고백과 맹세, 입맞춤과 눈물을 동반하는 진실한 여자로서의 사랑이 있었을까요? 그녀가 종종 연기했던 것은 '사랑의 희극'이 아니었을까요? 어느 정도 억지가 있기는 하지만, 아킴 볼르인스키(1861~1926)와 그녀의 로맨스가 '사랑'이라는 범주에 근접하고 있습니다. 그의 본명은 하임 플렉세르입니다. 그는 잡지《북방 통보》의 주요 작가였습니다. 그와 기피우스는 그녀가 상트 페테르부르크에 도착하던 날 알게 되었습니다. 그들의 만남과 서신 교환은 여러 해 동안 계속되었는데, 장난이 아닌(진정한) 애정의, 인간적인 그리고 문학적인 갈등으로 나타났고, 모든 것이 단숨에 뒤얽혔습니다.

Z. N.이 아킴 볼르인스키에게 보낸 서한들 중 몇 개의 단편들을 인용해 봅니다.

1891년 5월, 카프리 :

당신에게 오랫동안 그리고 심각하게 화를 낼 수 없다는 것은 아마도 제가 당신을 정말 잘, 필요 이상으로 훨씬 더 잘 대하고 있다는 의미일 것입니다. ……

1891년 7월 :

나에 대한 당신의 비평을 읽었어요. 진실한 어조와 당신이 나의 가련한 '고독한 사람'에 대해 했던 모든 좋은 말들에 감사해요. 저 개인적으로는 이것을 매우 평범한 농담이라고 생각해요. ……

1894년 1월 15일, 크론슈타트[6] :

그대 없이 나는 살아갈 줄 몰라요.……
우리는 서로에게 너무 많은 것을 주었어요.
그리고 나는 신에게 자비 같은 것을 구합니다,
신이 우리의 가슴에 사랑하지 않는 법을 가르쳐 주시길!
그러나 때때로 사랑을 저주하는 한이 있더라도, —
삶도, 죽음도 그대와 나누겠어요.
그대는 모릅니다, 내가 얼마나 그대를 사랑하는지,
어쩌면 — 나 자신도 아직 모르고 있어요!

1895년 2월 27일 :

아, 모든 사람들이 당신을 사랑하기를 나는 얼마나 원했는지! 나와 관련된 모든 사람들이……. 나는 나 자신의 영혼을 당신과 엮었고, 당신에 대한 칭찬들과 비난은 마치 내 자신에게 향한 것처럼 내게 작용해요. 나는 모든 것이 어떻게 변했는지 알아차리지 못했어요. 지금은 나를 사랑하는 중요한 사람을 모두가 인정하기를 원해요. 내가 그의 사랑에 관해 말할 수 없다는 점이 유감이군요. 아마도 이것으로는 충분하지 못했을 거예요. 하지만 사랑은 말로 설명할 수 있는 것이 아니에요. 사랑은 느끼고 이해할 수 있을 뿐이죠,—내가 느끼고 이해하고 있는 것처럼…….

6) 레닌그라드 지역의 항구 도시.

1895년 2월 28일(겨우 하루가 지났을 뿐인데, 기분에서 그리고 편지의 어조에서 큰 차이가 납니다) :

…… 정말로 언젠가 당신이 그렇게 상냥하고, 그렇게 부드럽고, 그렇게 친절하고, 그렇게 세심하며, 그렇게 사랑스럽고, 특히 무한함에 대한 비밀스런 희망을 내게 주었을 정도로 그렇게 사랑스러웠던 것이 사실인가요?

나는 탄식할 따름입니다!

이제 당신은 부부 생활을 한지 일 년이 지난 것처럼 까다롭고 허물이 없습니다. 당신은 나를 사랑합니다. 오, 물론이지요! 그러나 충동이나 두려움 없이 사랑하고 있고, 모든 것이 제자리에 있는데도 그 사랑은 도덕성의 해안을 넘지 않으면서 윤리의 물결을 따라 흘러가야만 합니다. 당신은 나를 사랑합니다. 그러나 당신은 나도 당신을 사랑하며, 당신이 내 사랑에 대한 권리를 가지고 있다고 깊이 확신하고 있습니다. 그렇고말고요! 만일 그렇지 않았다면 당신의 사랑도 없었을 테니까요. 무슨 일이 있자마자 안녕이지요. 나에게는 바쁘다고, 당신과 이야기할 시간이 없다고 말하면서요. 그런데 나는 감수성이 예민한 사람이기 때문에(그것은 맞는 말이에요. 당신은 틀리지 않았어요. 단지 내 감수성은 독특한 측면을 가지고 있지요), 자신의 사랑을 북돋아 주기에 매우 편리해요. 이것이야말로 중요한 증거니까요.

당신은 나를 박해할 수도 있고, 나와 싸울 수도, 나를 욕하거나 가르칠 수도 있어요. 당신이 옳을 거예요. 나는 불가능한 것을, 태양이 풀을 태워버리는 7월의 수선화를 원해요. 당신이 나에게 익숙해지지 않기를, 그리고 …… 존재하지 않는 것이, 맹목적인, 헌신적인 믿음이…… 아니, 나에 대한 신뢰가 존재하기를 원해요. ……

더 계속해서 편지의 일부분들을 인용하기 전에 감탄부터 해야겠군요. 기피우스에게는 이렇게까지 최대한으로 요구하는 사랑의 프로그

램이 있었던 것에 대해서 말입니다! ……

1895년 3월 1일 :
당신은 내게 필요하고, 당신은 나의 일부이며, 내 전부가, 내 몸의 모든 세포와 나의 영혼 전부가 당신에게 달려 있어요. 나는 완전한 진실을 말하고 있어요. ……

그리고 더 이어집니다.

내 영혼과 육체 사이에 조화가 필요해요. 부조화가 나를 너무나 고통스럽게 만들어요. ……

3월 1일, 같은 날짜의 또 다른 편지 :
정말이에요, 당신이 그렇듯 불공평하게 슬퍼할 때면 내 안의 무엇인가가 찢어져요. 정말 사랑해요. 당신을 사랑해요. 이것으로는 부족한가요? 정말로 이 사랑 때문에라도 3일 동안 나를 떠나지 않고, 그렇게 당신의 지나를, 완전히 당신 것인 지나를 괴롭히지 않고서 내 곁에 있어줄 수 없나요?

1895년 3월 4일 :
…… 나는 삶의 끝을 연결해서 완전한 원을 만들고 싶어요. 흔한 사랑이 아니라 이상적인 사랑을, 그리고 당신과 내게 어울리는 단 하나의 사랑을 원해요. 이것은 만족도, 행복도 아니에요. 이것은 커다란 노력이고, 모든 사람이 이것을 해낼 수 있는 것도 아니에요. 그러나 당신은 능력이 있어요. 신이 주신 그 재능을 무엇인가 유쾌하고 필요 없는 것으로 바꿔버린다면, 이는 창피한 일이자 죄를 짓는 거예요. ……

그렇다면 만족스런 사랑과 기쁨 대신 '노력하는 사랑'인가요? 아킴 볼르인스키가 사랑의 새로운 공식에 따른 시험을 통과하지 못했다는 사실을 예측하기는 쉬운 일입니다.

1895년 10월 15일에 기피우스는 자신의 일기에 다음과 같이 적고 있습니다.

그는 '사랑의 기적'을 맛볼만한 능력이 없고, 나는 뛰어난 위력을 행사하고 있다. 돌에 떨어지는 물방울처럼 행동하는 것은 내 성격에 맞지 않는다. 나는 무엇이든지 빠르고 번쩍이는 것을, 하지만 일정한 믿음과 확고함을 가진 모든 것을 사랑한다. 그는 모든 면에서 나에게 양보했다. 그렇지만 시간이 지나면서 나는 피곤해지기 시작했고, 그를 떠났다. 나는 그를 잊을 것이며, 그에게 양보하는 것을 그만 둘 것이다. 나는 교활하지는 않지만, 그와 있으면 교활함은 의무적이고 필수 불가결한 것이 된다. 이외에도 그는 반反탐미적이고, 모든 면에 있어서 내게 대립하며, 모든 아름다운 현상들과 나의 신을 모르고 있다! ……

반反탐미적이다.—이것은 이미 Z. N.이 말로 표현할 수 있는 최종 선고입니다. 반反탐미적인 것은 이미 그녀가 따르고 있는 미의 숭배에 대한 거친 파괴행위입니다. 그렇기 때문에 오랜 세월이 흐른 후, 자신의 후기의 회상에서 Z. N.이 아킴 볼르인스키에 관하여 "그는 작은 유태인으로 코는 뾰족하고 면도를 했으며, 뺨에는 긴 주름이 있고 강한 억양을 가지고 말하는 매우 자신만만한 사람이었다"라고 적고 있는 것이 이해가 됩니다. 한 마디로 말해서, 일련의 '사랑의 희극'의 끝이었습니다.

그런데 메레주코프스키에게는 연인이 있었을까요? 책에 빠져 사는, 그러니까 "서재에 틀어박혀 있는" 그는 열렬한 유혹자나 낭만적인 모험의 애호가와는 거리가 완전히 멀었습니다. 본질적으로 그는 추상적인 사상의 세계에 빠져 있었지요. 하지만 이런 사람조차 언젠가 1916년 여름 키슬로보스크에서 "사랑에 빠지는 천상의 소리"를 듣게 됩니다. 이 소리는 젊은 귀족 처녀인 올가 코스테쯔카야에게서 나는 소리였습니다. 연정은 짧지만 강렬한 것이었습니다. 메레주코프스키는 간절히 밀회를 원했고, 코스테쯔카야에게 산더미 같은 편지 공세를 퍼부었습니다. 하지만 그녀는 흔들리지 않았습니다. 이렇게 올가 레오니도브나는 끝내 기피우스의 경쟁자가 되지 않았지만, 만약 메레주코프스키의 사랑이 보답을 받는 열정적인 상황이 전개되었다면 Z. N.이 어떻게 행동했었을 지 몹시 호기심이 생깁니다. 비록…… 아마도 모든 것이 단지 오페라 안경으로 경쟁자를 눈여겨보는 것으로 끝나지 않았을까요? ……

아닙니다. 남편 쪽에서는 기피우스의 잘 조직된 삶의 방식중 그 어느 것도 흔들어 놓지 못했습니다. 그녀의 연인들은 단지 그녀의 연인들일 뿐이었지요. 드미트리 세르게예비치 메레주코프스키에 대하여 그녀는 완전히 안심하고 있었습니다. 바위처럼 굳건한 사람이었습니다. 그 외에도 그녀는 생활면에서도, 문학적인 면에서도 그를 좌지우지했습니다(그는 Z. N.이 사전에 비평을 해주지 않을 경우 출판하지 않았습니다). 안드레이 벨르이가 주장했던 것처럼, 그녀는 메레주코프스키를 "장미빛 리본에 묶어서" 데리고 다녔던 것입니다.

젊은 시절과 원숙한 시기에 지나이다 기피우스는 "성性의 신비"나 "사랑의 형이상학"(이것은 볼른스키에게 보낸 편지의 단편들에서조차 나타나고 있습니다)에 심취했지만, 결국 그녀는 "여성적 본성"에 대한 문제를 끝까지 풀 수 없었습니다. 동시대인들은 그녀에게서 악마적인 점도, 훌륭한 점도 발견했지만, 순수하게 여성적 본성이라는 문제에 이를 때면, 바로 모든 것이 모호한 수수께끼 영역으로 들어갔습니다. 기피우스의 성적인 이중성은 특히 Z. N.을 잘 알고 있었던 니나

베르베로바를 당황하게 했습니다.

…… 그녀는 의심의 여지없이 자기 자신 안에 인위적으로 두 개의 외적인 특성을 만들었다. 침착함과 여성스러움. 내적으로 그녀는 침착하지 않았다. 그리고 그녀는 여성스럽지도 않았다.

—《나의 이탤릭체》에서 —

아마도 Z. N.의 행동은 종종 일상적인 궤도를 벗어나서 사람들을 놀라게 했으며, 또한 그녀가 가장 다양한 평가를 받게 한 원인이 되었을 것입니다. 이와 관련하여 상트 페테르부르크 종교 · 철학회의 간사였던 세르게이 카블루코프의 일기에 적힌 기록이 주의를 끕니다.

뱌체슬라프 이바노프가 Z. N. 메레쥬콥스카야에 관해 이야기한 것 또한 기록해야만 한다. 그녀는 굉장히 서서히 진행되는 폐결핵을 앓고 있었던 것으로 밝혀졌다. 그녀는 이 사실을 알고 있고, 따라서 항상 죽음을 기다리며 살고 있다. 두 번째로 그녀는 외형상 D. S.[7]의 '합법적인' 아내였지만 실제로는 처녀였다. 왜냐하면 그녀가 아무리 남자를 사랑하더라도 결코 남자에게 몸을 허락할 수 없었기 때문이었다. 그녀의 인생에 연인들이 있었는데, 예를 들면 그녀가 한동안 '팔레-로얄'(상트 페테르부르크의 호텔)에서 함께 살았던 플렉세르(아킴 볼르인스키)가 알려져 있지만, 이러한 열정이 '추락'까지 가지는 않았다. 그리고 이 점에서 그녀에게는 드라마가 되는데, 그녀는 부드럽고 정열적이며, 타고난 어머니였기 때문이었다. D. 필로소포프와 그랬던 것처럼, 메레주코프스키와 그녀의 결합은 이제 순전히 정신적인 것이다. 그들 세 명 전부 다 금욕주의자처럼 살고 있

7) 메레주코프스키.

고, menage a trios(세 사람으로 이루어진 결혼)에 대한 모든 암시는 추악하게 꾸며낸 이야기일 뿐이다.

뱌체슬라프 이바노프의 견해에 따르면, Z. N.은 여류 시인이자 예술적 산문의 작가로서 메레주코프스키보다 훨씬 더 재능이 있다고 한다. 그녀는 고전적인 시인의 부류에 속하는데, 예를 들면 로마의 카툴과 프로페르티, 우리나라의 바라트인스키 등과 유사하다. 그녀는 종교 · 철학회의 창립자였다. 메레주코프스키를 특징짓는 많은 사상들이 Z. N.의 머릿속에서 생겨났고, D. S.는 단지 이 사상들의 발전과 해석을 담당했을 뿐이었다.

지나이다 니콜라예브나는 그녀가 여자라는 현실을 매우 힘들어하고 있었다. 그렇기 때문에 그녀는 종종 "안톤 크라이니", "레프 푸쉰" 같은 남성형 펜네임으로 서명하고 있으며, 또한 시에서나 단편소설에서나 1인칭 시점에서는 언제나 남성형으로 서술하고 있다. 나는 이바노프에게 남성의 애무에 대한 Z. N.의 혐오가 자신 안에서 레즈비언적 성향과 결합된 것이 아닌지 물어봤다. 비록 그 자신도 그렇게 생각하기는 하지만, 확실하게는 모른다고 대답했다. 그러나 그녀는 지금 이 변칙들에 대해 혐오감을 가지고 있다고 매우 엄격하게 덧붙였다. 그녀 안의 신비적인 경험은 그녀의 남편이 경험했던 것보다 비교할 수 없을 정도로 더 많다.

— 1909년 6월 5일자 기록 —

깊이 있는 인간이자 은세기의 뛰어난 시인이었던 뱌체슬라프 이바노프의 의견도 무시할 수는 없습니다. 그를 통해 미국의 후버 대학에서 소장하고 있는 바실리 로자노프의 소위 《불손한 편지들》의 조판을 간청해서 얻었습니다.

사랑스런 지노치카[8](1907년 후반에 그녀의 오랜 지기이자 작가, 철학자인 로자노프는 기피우스를 이렇게 칭하고 있습니다), …… 소년-동지로서의 너에게 쓰고 있다. …… 비록 너는 소년이지만, 이미 치마를 입고 다닌다는 사실 하나만으로도 – '또한 혀로' 즉 '음절로 방황하도록' 유혹하고 있지. …… 음…… 음…… 특히 치마를 입고 있다는 것이 놀라워. 먼지, 주름들…… 터무니없는 말로 여겨질 수 있겠지. 하지만

그러나 고백한다. …… 테르프시호라[9]의 다리가
내게는 아무래도 보다 더 사랑스럽다.—

머리 손질보다, '깊은 눈동자'와 그 밖의 다른 보잘것없는 것보다. 그래, 위대한 비밀, 위대한 수수께끼지. ……

편지에 이어집니다.

미쨔와 디마에게도(미쨔는 메레주코프스키, 디마는 필로소포프) 키스를 보낸다. 물어뜯는 키스를? 아니, '기독교식으로', 아주 조금 입술을…… 당신들은 자유로운 사람들이기 때문에, 나는 당신들 세 명 모두를 사랑하고 있어. 자유보다 더 좋은 것은 없어. 자유보다 더 행복한 것도 없어. 자유보다 더 고결한 것도 없어. 이 모두가 하나의 자유 안에서 무한히 개성적인 것으로 자라날 수 있기 때문이지. ……

다른 편지에서(1908년 겨울) 로자노프는 그 특유의 거리낌 없고 장난스런 문체로 Z. N.에게 묻고 있습니다.

그래, 너의 젖꼭지들은 잘 지내고 있나? 젖가슴은 어떻고? 만일 아무도

8) 지나이다의 애칭.
9) 예술의 여신 뮤즈들 중 하나.

그것들을 애무해 주지 않는다면 슬픈 일이지. ……

기피우스의 자매들, 즉 타타와 나타에 관한 끝 부분은 이미 예의범절의 경계를 넘어서는 것이기 때문에 인용하지 않겠습니다. 단지 타타는 타찌야나 기피우스(1877~1957)로 화가였고, 나타는 나탈리야 기피우스(1880~1963)로 조각가였다는 사실만 언급하겠습니다. 이들 세 자매 모두 장수했습니다.

Ⅵ

'젖꼭지들', '젖가슴'—이것은 Z. N.의 사생활의 내밀한 세부 사항에 지나지 않습니다. 자신의 문학적-비평 활동에서 Z. N.은 이미 완전한 존재였습니다. 자신의 작품들과 탐구에서 그녀는 동시대인들이 볼 적에 사회에서 일어나는 사회 · 경제적 과정들에 대한 진지하고 생각이 깊은 분석가로 서 있습니다. 그녀는 문화적인 세련됨과 사고의 역설, 놀라운 에너지로 모든 사람들을 자기편으로 끌어들였습니다. 그녀는 삶에 있어서 혁신적인 사상을 제기했습니다. 예술의 도움으로 사회적 · 생활-관습적 관계들을, 가족과 성의 관계들에 대한 진부해진 역사적 형식들을, 이 모든 '삶의 죽음'을 던져 버려야 한다고 가정했습니다. 1905년 이후 그녀는 '무리의(군중의) 사회' 앞에서 종교적 혁명의 이상들을 옹호했습니다. 1905년 10월 17일, 필로소포프에게 보낸 편지에서 "미래의 강압적인 정부와 민중의 테러와 피……" 등등을 현실적으로 묘사했습니다. 그리고 자신의 입장을 이야기했습니다.

이것을 향해서는 한 발자국도 움직일 수 없다.

1917년 '2월 혁명' 과 그에 뒤따른 변화들을 기피우스는—비록 환호로 맞지는 않았더라도—적어도 커다란 희망을 가지고서 맞이했습니다. 낡고 썩은 사회를 경멸하면서, 그녀는 세계 질서의 혁명적 · 창조적 · 종교적인 혁신을 열렬히 기대했습니다. 그러나 곧 그녀의 희망들은 무너졌습니다(그녀가 자신의 일기에서 언급했던 것처럼 "어제의 노예들에게 떠맡겨진 '자유' 로부터 나온 무자비한 무거움"이 드리워졌습니다). '10월 혁명' 은 완전히 다른 얼굴을 보여주었습니다. 파괴적이고 광폭한, 피와 폭력을 동반한 얼굴을. 언젠가 Z. N.이 썼던 것이 표면으로 기어 나왔습니다.

무섭고, 거칠고, 끈적거리고, 더러운,
지독하게－우둔하고, 언제나 희미한,
천천히－잡아 찢는, 저급하고－부정한,
미끌거리고, 부끄럽고, 낮고, 좁은 ……
비굴하고, 야비하고, 고름이 흐르고, 검은,
드물게 회색인, 끊임없는 저급함 속에서 ……
시체같이－차갑고, 초라하고－하찮은,
옮길 수 없는, 거짓의, 거짓의 ……

볼셰비키들은 모든 금지와 터부를 철회했고, 대중의, 군중의, 어중이떠중이들의 가장 어두운 본능들(Z. N.이 일기에 적고 있는 "광대한 러시아의 '탈주 농노 도적단' 의 어두운 본능")을 세상으로 끄집어냈습니다. 바로 이 때문에 기피우스는 '10월 혁명' 을 "음란 행위"로, "성물聖物에 대한 불경"으로, "약탈"로 정의했습니다. 볼셰비키들에 관해서 그녀는 다음과 같이 썼습니다.

노예들, 거짓말쟁이들, 살인자들, 도적들이 아닌가—
내게는 모든 죄가 증오스럽다.
그러나 당신들, 유다들, 당신들, 배신자들을,
나는 모든 사람들 보다 더 증오한다.

새 권력에 대한 자신의 태도를 지나이다 기피우스는 경구처럼 표현했습니다.

볼셰비키에 대항하기 위해서라면 악마하고라도 함께 할 것이다.

1917년 11월에 지나이다 니콜라예브나 기피우스는 45세가 되었습니다. 느닷없이 '젊음과 아름다움, 여유와 편안함이 있었던' 이전의 매력적인 생활이 중단되고 말았습니다. 논쟁들과 진리, 선, 그리고 새로운 조화를 찾아 끓어오르던 이 모든 문학적인 생활이. 모든 것이 단숨에 무너져버렸고, 가라앉아버렸고, 사라져버렸습니다. 이전의 모든 것 대신에 고통스러운 연명, 체카[10]의 지하실로 끌려가게 될지도 모른다는 공포, 배고픔 그리고 추위가 있었습니다.

혐오스런 길거리는 얼마나 미끄러운지,
　　얼마나 수치인가!
얼마나 이 날들이 믿기 어려운지
　　치욕이다—산다는 것이!

10) 1918~22년에 러시아에 존재한 반혁명, 사보타지 및 투기 단속 비상위원회. 후일 게페우(GPU), NKVD(내무인민위원회), KGB(국가보안위원회) 등의 순으로 변신한다. 1991년 '8월 혁명' 으로 소련 공산당 정권이 붕괴된 뒤 MBR(러시아 안전부)이 되었다가 1995년 이후 FSB(러시아 연방안전국)로 개편되어 이어져 내려오고 있다.

우리는 누워 있다, 더럽혀지고 묶인 채로,
　　모든 모퉁이마다.
선원들이 뱉어낸 침들이 칠해져 있다
　　우리의 이마를 따라서……

지나이다 기피우스와 드미트리 메레주코프스키는 자신들을 대지의 소금이자 러시아의 지적인 엘리트 사회의 양심이라 여겼고, 또한 이것은 근거 없는 것이 아니었습니다. 그리고 이제 그들은 모욕당하고 삶의 가장자리로 내던져졌습니다.

혁명 지도자 중 하나인 레프 트로츠키는 〈'10월 혁명' 밖의 문학〉이라는 소논문에서 기피우스의 선집 〈마지막 시들. 1914~1918〉을 호되게 비판했고, 여류시인을 "퇴폐적 · 신비적 · 에로스 적 · 기독교적인 외모 밑에 실제로는 사리사욕만을 쫓는 마녀가 숨어있는", '상트 페테르부르크의 귀족부인' 이라고 불렀습니다. 그리고 부닌, 메레주코프스키, 지나이다 기피우스, 자이쩨프, 자먀틴 등 "거의 문호(고전파 작가)라고 할만한 사람들"에게는 미래가 없고, 그들 전부는 소비에트 권력의 "식객이자 피부양자"라고 결론을 내렸습니다. 그럼 도대체 누구에게 '녹색의 빛' 과 새로운 문학 귀족이라는 명예로운 지위가 주어지는 것일까요? 오, 후보자들이 나타났군요. 오래된 작가 집단 중에서 말입니다. 브류소프, 마야코프스키, 데미얀 베드느이, 알렉세이 톨스토이……. 특히 알렉세이 톨스토이에 대해 Z. N.은 "그는 아주 새로운 사상형태를 가진 인간으로, 재능 있는 부도덕자였다. …… 그리고 교묘하게 필요한 시기에, 거기다 필요한 곳(소련)에 나타났고, 모범이 되도록 약삭빠르게 처신했던 것이 분명하다. 그리고 크게 성공했다. — 레닌 통치 하에도, 스탈린 통치 하에도, 그리고 지금까지 자신의 재능으로 그들에게 봉사하고 있다"라고 썼습니다.

아니었습니다. Z. N.은 결코 새로운 권력에 봉사하기를 원하지 않았고, 자신의 이전의 모든 생활을 바꾸는 것도 원하지 않았습니다. 그녀는 누가 권력을 잡았는지 확실하게 보았습니다. 〈17년 12월 14일〉이라는 시에서 기피우스는 외치고 있습니다.

…… 밤의 새떼는 울면서, 이리 저리 돌아다니고,
네바 강을 따라 얼음은 피투성이 되어 취해있네……
오, 니콜라이[11]의 올가미가 더 깨끗하다네,
저급한 원숭이들의 손가락보다!

르일레예프, 트루베쯔코이, 골리쯔인!
당신들은 멀리, 다른 나라에서……
얼마나 붉어졌을까 당신들의 얼굴은
모욕당한 네바 강 앞에서!

최근에 지나이다 기피우스의 《검은 노트》라고 이름 붙여진 1817~1918년의 상트 페테르부르크 시절의 일기들이 대대적으로 출판되었습니다. 물론 이것은 기피우스의 전기에서 완전히 다른 주제이지만, 이것 없이는 그녀의 완전한 형상도 없습니다.

이 울부짖고 있는, 피로 쓰여진 시대의 역사적 문서들 중 아주 작은 부분만을 인용하겠습니다.

1917년 10월 24일 :

…… 많은 사람들이 볼셰비키들과 싸우고 싶어 하지만, 아무도 케렌스

11) 제정 러시아의 마지막 황제.

키[12]를 보호하려 하지 않는다. 그런데 헛된 일이다. — 임시 정부라……. 네바 강변에서는 총격전이 있고……, '사회적 격변'이 준비되고 있다. 역사에서 찾을 수 없을 정도로 가장 어둡고, 어리석고, 더러운 격변이. 그리고 그것을 지금 당장에라도 기다려야만 한다. ……

10월 28일 :

겨우 4일째 우리는 '어둠의 권력 하에' 있지만 마치 몇 년이 흐른 것 같다. …… 도시에서는 주택 위원회의 지시에 따라 대강 참호를 판 주민들이, 그렇다, 극단적인 반동주의자들이 있다. …… 저녁에는 어둠 속에서 무장한 불량배들과 소총을 든 소년들만이 하는 일 없이 돌아다녔다. ……

11월 6일 :

사건들의 소용돌이…… 모든 것이 파괴되고, 완전히 못쓰게 되어 — 삶이란 없다. …… 그리고 시체 냄새가 진동한다. …… 모든 일이 '아직까지는 어떻든' 사람들과 이미 사람들이 아닌 이들의 조정으로 이루어진다. 기관총이 두렵다. …… 인간과 유사한 기계. 완전히 기계를 닮은, 즉 생각도 없고, 의지도 없는 인간이 더 무서운 존재가 아닐까? ……

1918년 1월 24일 :

12) 심비르스크에서 출생하여 1904년에 상트 페테르부르크 대학을 졸업하고, 변호사가 되어 정치범으로 고발당한 혁명가들을 변호하는 정치재판을 맡아 명성을 얻었다. 1917년 '2월 혁명'에서 상트 페테르부르크 노동자 · 병사대표 협의회 부의장이 되었다. 임시정부에서 처음에는 법무장관으로 발탁되었고, 이어 육군장관 겸 해군장관, '7월 혁명' 후에는 총리 겸 러시아 군 총사령관이 되었다. 내정에서는 온건정책을, 외교에서는 연합국과 협조, 전쟁 수행정책을 취했다. 그러나 결국 코르닐로프 반란을 유발시켜 사태를 수습하지 못하고, '10월 혁명' 때 여자로 변장하여 가까스로 탈출, 전선의 카자흐 부대를 이끌고 수도 탈환을 꾀하였으나 실패한 뒤 프랑스로 망명했다. 1940년 이후 만년에는 미국에 있으면서 《회상록》을 집필했다.

감옥들이 정치범들로 심하게 넘쳐 나서 형사범들을 풀어주기로 결정했다. ……

3월 17일 :

우리는 여기서 자기 자신으로서 살고 있다. 뜻밖에 살아 있다. 지독한 배고픔…… 매일 '지역 회의'의 결정에 따라 누군가를 총살하고 있다. ……

5월 5일 :

추악한 임무 — 이것은 '문화와 자유'의 점진주의자들의 사회다. 거기에 또다시 막심 고리키가 있다. 그는 실제로 나쁜 일을 하고 있다. 그는 레닌 통치하의 수보린이다. ……

잠깐만. 또 다른 옛 인텔리겐찌아(지식인)의 고통스러운 문제들 중 하나가 나타났군요. 새로운 권력에 대한 태도 말입니다. 받아들일 것인지, 아니면 받아들이지 않을 것인지? '입장'이란 단어는 비평가인 기피우스의 소논문들에서 단서가 됩니다. Z. N.은 브류소프와 특히 알렉산드르 블록을 용서할 수 없었는데, 이는 그들이 볼셰비키들에게 봉사하는 길을 선택했기 때문입니다. 여기에 그녀가 회고록《나의 달빛 친구》(실제 그들은 친했습니다! ……)에서 블록과의 단교를 어떻게 묘사하고 있는지를 살펴봅시다.

— 안녕하세요.

이 목소리는 다른 누구와도 혼동할 수 없다. 눈을 들어 올린다. 블록이다. 웬 군모軍帽(바로 군모였다, 모자가 아니라) 밑에 보이는 얼굴은 길고, 여위고, 누르스름하고 어둡다.

— 제게 손을 주시겠습니까?

나는 그에게 손을 내밀고서 말한다.

— 사적으로는—좋아요. 단지 사적으로 만이에요. 공적으로는 아니에요.

그는 손에 입을 맞춘다. 그러고 나서 한동안 침묵을 지킨 후,

— 고맙습니다.

또다시 묵묵히 있다가,

— 당신은 떠날 거라고 말하던데요?

— 글쎄요. …… 여기에서 죽던가—아니면 떠나는 거겠죠. 만약에, 물론 당신 입장에 있지 않다면…….

전차 안에서 일어난 이 대화의 세부 사항들은 생략하겠습니다. 그런데 대화의 끝 부분은 다음과 같습니다.

나는 내려야 하기 때문에 일어선다.

— 안녕히 가세요—라고 블록이 말한다.—제게 손을 내밀어 주신 것에 감사드립니다.

— 공적으로는—우리 사이의 다리는 폭파되었어요. 당신도 알고 계시겠죠. 결코…… 하지만 개인적으로는…… 예전의 우리들처럼…….

바로 이렇게 그들은, 지나이다 기피우스와 알렉산드르 블록은 마지막 만남을 가졌습니다.

1920년 초에 메레주코프스키 부부와 드미트리 필로소포프, 그리고 후에 Z. N.의 비서가 된 대학생 볼로쟈 즐로빈은 러시아를 떠납니다.

우리는 달려간다, 새벽에, 하얀 눈의 사막으로 — 미지의 세계로…… 폴

란드 국경에서,

— 당신들은 누구입니까?

— 러시아의 피난민들이에요.

— 어디에서 온 겁니까?

— 페트로그라드에서요.

— 어디로 가는 겁니까?

— 바르샤바……

Ⅶ

기피우스에게 헌정된 〈여인이여, 지나치게 오만한 여자여!〉라는 시에서 블록은 이렇게 썼습니다.

두렵고, 달콤하고, 피할 수 없다.
나는—몸을 던져야 한다, 거품이 가득한 거센 파도에,
당신—녹색 눈을 가진 나이애드(물의 요정)는
노래해야 한다, 헤엄쳐야 한다, 아일랜드의 절벽가에서.

예언의 첫 부분은 맞았습니다. 블록은 혁명의 "거품이 가득한 파도"에 몸을 던졌고 그 속에서 숨이 막혔습니다. 그런데 기피우스와 관련된, 태평하게 "노래해야 한다, 헤엄쳐야 한다, 아일랜드의 절벽가에서"는 실현되지 않았습니다.

망명자의 추방(자발적이지만 부득이한)에서 첫 기착지는 폴란드였습니다. Z. N.의 회고록에서 다음을 읽을 수 있습니다.

봅루이스크, 작은 시골풍의 도시는 우리들의 최초의 폴란드 숙박지였다. 여기서 우리는 거지들이었다. 가방의 밑창에 간신히 숨겨둔 몇 천 루블, 오래된 드레스, 찢어진 속옷, 마지막 몇 달간의 내 일기를 적은 검은색 노트, 이것이 우리가 가지고 있었던 것 전부였다. 다행스럽게도 아직 D. 메레주코프스키의 '명성'이 있었다. 우리는 여기에 모든 희망을 걸었다. ……

바르샤바에서 메레주코프스키 부부는 폭풍과 같은 활동을 벌였고, 신문을 창간했고, 러시아를 볼셰비키들로부터 해방시키기 위한 계획들을 세웠습니다. 알려진 대로 모든 유사한 기획들은 실패했고, 메레주코프스키 부부도 혁명 전부터 아직 아파트를 소유하고 있었던 파리로 떠났습니다. "그들은 자신들의 열쇠로 문을 열었고, 모든 것이 제자리에 있는 것을 발견했다. 책들, 그릇들, 침대보. 그들에게는 부닌과 다른 사람들이 그렇게 예민하게 느꼈던 무숙자無宿者로서의 감정이 없었다"라고 베르베로바는 쓰고 있습니다.

대다수의 러시아 망명자들이 가지고 있었던 자작나무들과 들판에 대한 향수도 없었습니다. 메레주코프스키 부부는 비교적 순조롭게 파리 생활에 적응했다고 얘기할 수 있습니다. Z. N.은 자신의 사회 · 정치 평론활동을 개시했고, 당면한 정치적 주제들에 대한 자신의 신랄한 소논문들을 계속 써나갔습니다.

실제로 파리 시절 이전에, 1918년 6월에 페트로그라드에서 쓰여진 그녀의 소논문 〈바바[13]의 전염병〉 중에서 작은 부분이라도 인용하지 않을 수 없습니다.

아직까지 역사상 우리처럼, 그렇게 계집애처럼 연약해졌던 그 어떤 민족의 예도 없다. 러시아는 바바……. 우리는 위에서부터 아래까지, 종횡으로 연약해졌다. 러시아를 마음 내키는 대로 살펴보고, 어떤 그룹으로든지

13) 여자를 뜻하는 속어.

나눠 보고, 개인에 이르기까지 작게 나누어 보라. 아니면 대략 잡아 보면 — 당신은 가장 선명하고 두드러지며 열등한 종인 바비즘 이외에는 아무 것도 보지 못할 것이다. 전부 기대하고 있다. 복종 그 자체가 아닌, 그들을 복종시키기 위해서 영원히 여성적인. "아니, 아니다!" 그런데 본질적으로 — 이미 정복된 데다 만족스러우면서도 오래 지속되는 외고집으로 따르고 있다—떼어놓을 수 없다. ……

(괄호 안에 지적합니다. 러시아는 유감스럽게도 이 바비즘으로부터 아직까지 벗어나지 못하고 있습니다.)

메레주코프스키 부부에게로 돌아갑시다. 그들은 자신들의 생활양식을 바꾸지 않았습니다. 저술 활동을 하고, 글 쓰는 사람들과 교류하고, 설교하며 가르쳤습니다. 1925년부터는 상트 페테르부르크에서 그랬던 것처럼 문학적인 '일요일들(일요 모임)'이 재개되었고, 1927년부터는 '녹색의 램프'라는 협회의 정기적인 작가적 · 종교적 · 철학적인 회의가 재개되었습니다. 여기 젊은 문학적 초년병들 중 한 사람이었던 유리 펠젠은 메레주코프스키 가의 '일요일들'에 대해 다음과 같이 묘사하고 있습니다.

변함없이 문을 열어주는 이는 메레주코프스키 부부의 가장 가까운 친구인 즐로빈이다. 책들이 꽂혀져있어서 서재와 같이 편안한 응접실로 안내한다. 응접실에는 자연스런 대화와 약간의 소문. 그러나 여기 응접실에는 손에 손잡이가 달린 안경을 들고 있는 날씬하고, 호리호리하며, 등을 곧게 세우고, 놀랄 정도로 젊게 보이는 Z. N.이 등장한다.

— 당신은 왜 지난번 일요일에 참석하지 않았나요?

또는,

— 당신의 소논문을 읽었어요. 그런데 미안하지만 아무 것도 이해하지

> 못했어요. 어떤 끊임없는 반복……
>
> 호의적인 견해도 있었지만, 중요한 것은 Z. N.이 모든 것을 기억하고, 모든 것을 식별하고, 모든 것을 지켜본다는 것이다. ……

"재능은 있지만, 의지가 부족하군요"와 같은 식의 선고를 내리면서, Z. N.은 젊은 작가세대를 키웠고 엄격하게 교육시켰습니다. 기피우스는 언제나 정확하고, 재치 있고, 흥미롭게 이야기했습니다. 자신의 회고록에서 유리 테라피아노는 지적하고 있습니다.

> 메레주코프스키 가의 '일요일들'은 전쟁[14] 전의 세월 동안 가장 활기 있는 문학적 중심들 중 하나였다. 그들은 '젊은 세대'의 많은 일원들에게 큰 도움을 주었고, 일련의 중요한 문제들을 깊이 생각하고 자세히 검토하게끔 했으며, 점진적으로 자신만의 공통적인 분위기를 창조하게끔 했다. 이런 의미에서 메레주코프스키 부부의 사후에는 공허함이 남았고, '일요일들'과 유사한 그 무엇인가를 만들어 보려는 새로운 시도들은 실패로 끝났다. 다시 말하면 대화 중에 그 정도로 직접적인 흥미를 유발시키는 그들의 수완에 있어서 메레주코프스키 부부를 대신할 수 있는 사람은 이미 아무도 없었고, 이로써 '일요일들' 그룹도 점차 해체되었다.
>
> — 전집《먼 해안가》(모스크바, 1994)에서 —

다른 망명자들에 관해 이야기하면서 니나 베르베로바가 "모두가 아니라면 거의 모든 사람들이 그들의 집을 방문했다"라고 회상했습니다. 지나이다 기피우스에 대해서도 질투하듯이 덧붙였습니다.

14) 제2차 세계대전.

그런데 비나베르(또는 쩨틀린) 가의 거실 중앙에 그녀의 삐걱거리는 목소리가 다른 목소리들을 덮어 버렸을 때, 그녀는 모든 사람들을 얼마나 지배했던가. 그녀는 사람들에게 지배력을 얼마나 발휘했고, 그리고 그녀는 이것을 얼마나 사랑했던가. 아마도, 그 무엇보다 훨씬 더, 그녀는 이 '영혼에 대한 권력'을 사랑했고, 또한 그녀의 모든 기쁨과 고통은—내가 생각하기에는—바로 이 지배와 관련이 있었다. 비나베르 가의 거실에서, 쩨틀린 가의 거실에서 메레주코프스키 부부와 부닌은 중요한 장식품이었다. ……

그렇습니다. Z. N.은 외적으로도(여전히 젊어 보이는 데다 아름답고), 내적으로도(심지어 선택된 청중 가운데서도 터져 나오는 열정) 거의 변하지 않았습니다. 소비에트 러시아에 대한, 볼셰비즘에 대한, '추상적인 악'에 대한 그녀의 태도도 변하지 않았습니다. 볼셰비키들이 메레주코프스키와 기피우스를 제거하려는 계획을 세웠지만 그것을 실현시키지 못했던 것이, 더 정확히 말한다면 그들을 죽이지 못했던 것이 우연은 아니었습니다. 부부는 교활한 체카 요원들을 추월하여 자연사했습니다.

먼저 드미트리 메레주코프스키가 1941년 12월 9일, 76세의 나이로 숨을 거뒀습니다. 미망인에 대해서 유리 테라피아노는 "Z. N.은 완전히 화석이 되었다"라고 썼습니다.

지나이다 니콜라예브나 기피우스는 메레주코프스키보다 거의 4년을 더 살았습니다. 물론 그녀의 마지막 해의 음조는 다른 것이었습니다. 유리 테라피아노는 "그녀 안에는 수많은 비애와 실망이 있었고, 그녀는 갖은 방법으로 그녀에게서 본질적으로 멀어지는 새로운 세계와 새로운 사람들을 이해하려고 노력했다"라고 지적하고 있습니다.

상실과 슬픔에도 불구하고 쓰는 작업을 계속했습니다. 그녀의 마지막 서정시는 이미 철학적이며, 균형이 잡혀 있습니다만, 그러면서도 약간 불행한 맛이 납니다.

마지막 소나무가 밝아졌네.
그 밑에 검은 통나무 비벼대네.
이제 소나무도 빛이 꺼져가고
마지막 날은—반복되지 않네.

날이 저물었네. 무슨 일이 있었나?
나는 모르네, 새처럼 날아간 것을.
그것은 평범한 날이었지,
그래도 역시—반복되지 않네.

Z. N.은 또한 전기《드미트리 메레주코프스키》를 집필하기 시작했습니다.

우리의 인생을 시간에 따라 이야기한다는 것은 매우 어려운 일이고, 거의 불가능하며, 그래, 어쩌면 필요 없을 지도 모른다. ……

책은 완성되지 않았습니다. 나이가 방해했습니다. 기피우스는 농담 삼아 자신을 "러시아 퇴폐주의(데카당주의)의 할머니"라고 불렀습니다.

마지막 해에 그녀는 나제즈다 테피와 친구로 지냈습니다. 그녀가 회상합니다.

지나이다 기피우스는 예전에 아름다웠었다. 나는 이미 이 시기를 놓쳐

버렸다. 그녀는 몹시 말라서 육체가 거의 없는 것 같다. 언젠가는 붉은 빛을 띠었을 거대한 머리카락은 이상하게 꼬아져 헤어네트로 묶여져 있다. 뺨은 리트머스 종이의 선명한-분홍색으로 칠해져 있다. 사시의, 약간 녹색 빛을 띠는, 잘 보이지 않는 눈동자.

그녀는 매우 이상하게 옷을 입었다. 젊은 시절에는 독특했다. 하얀 날개가 달린 파티용 드레스, 남자 양복을 입었고, 머리를 이마 위에 브로치가 내려오는 리본으로 묶었다. 해가 가면서 이러한 괴짜 흉내는 불확실하고 무의미한 것으로 변했다. 목에는 장밋빛 리본을 착용했고, 귀에는 가는 줄을 걸쳤는데, 그 줄 끝에 바로 뺨 있는 데서 달려있는 안경이 흔들리고 있었다.

겨울에 그녀는 소매 없는 부인용 재킷 비슷한 것과 망토들을 몇 개씩 한꺼번에, 그리고 그 위에 다른 것을 걸쳤다. 그녀에게 권련을 권할 때면, 털이 많이 난 걸친 것들 속에서 빠르게, 마치 개미핥기의 혀처럼 마른 손을 뻗어서 그 권련을 꽉 붙잡고 다시 집어넣었다.

그녀는 아직까지 자신의 집에서 모임을 가졌습니다. 일요일에는 지인들의 전반적인 그룹, 수요일에는 좁은, 거의 '비밀스런' (그녀는 언제나 '놀이' 를 사랑했고, '비밀들' 을 좋아했습니다) 그룹. 그녀의 마지막 숭배자들은 나이든 외교관 로리스-멜리코프와 시인 단첸코였습니다.

그런데 Z. N.의 가장 마지막 친구는 보기 흉하고, 야생에, 난폭한 고양이였습니다. 테피가 다음과 같이 썼습니다.

우리는 고양이를 세 개의 '쉬' 음을 넣어서 그냥 '코쉬쉬쉬카' 라고 불렀다. 고양이는 언제나 Z. N.의 무릎 위에 앉아 있었고, 손님을 보면 재빨리 방에서 뛰어 나갔다. Z. N.은 고양이에 익숙해졌고, 숨을 거두면서—이미 눈을 뜨지 않은 채—반쯤 의식이 있는 상태에서 계속 그녀의 코쉬쉬쉬카가 여기에 있는지 손으로 찾고 있었다.

Z. N.은 밤마다 일했고(메레주코프스키에 관해 쓰고 있었습니다), 이것은 그녀를 매우 지치게 했습니다. 오른손이 마비되었습니다. 마지막 날들 동안 그녀는 조용히 누워 있었고, 얼굴을 벽으로 향한 채 아무도 보려고 하지 않았습니다. 고양이가 그녀 옆에 누워 있었습니다.

1945년 9월 9일 지나이다 니콜라예브나 기피우스는 76세까지 두 달을 남겨둔 채 숨을 거뒀습니다.

그리고 단지 내가 아는 하나의 진리 :

모든 잔을 비워야 한다는 것—바닥까지,—

라고 언젠가 젊은 시절에 그녀는 썼습니다. 그리고 옳았습니다. 용감하게 끝까지 잔을 비웠습니다.

나제즈다 테피는 Z. N.이 내세에 대해 남다른 태도를 가지고 있었다고 지적합니다.

그녀는 내세를 부정하지 않았다. 하지만 신께서 그녀를 심판할 용기를 갖게 되길 바란다. 그녀가 바로 안톤 크라이니[15]였고, 이것을 허용했다는 것조차 불합리했다.

그녀의 논리적으로 진지한, 데카르트 이상의 지력은 상급 재판소도, 어떠한 묵과도 허용하지 않았습니다. 잔은 비었습니다. 잔은 깨졌

15) 지나이다 기피우스의 남성형 펜네임.

습니다. 그리고 무엇에 관해 여기서 얘기할 수 있겠습니까!

> 나는 순종적이고 불행한 사람들을 참을 수가 없다. ……

이것은 1907년에 기피우스가 쓴 시들 중 하나입니다.

1918년 2월에 그녀는 강한 주문처럼 들리는 행들을 썼습니다.

> 러시아는 구원받을 것임을 알아두시오! ……

최근의 모든 대변동에도 불구하고 러시아는 정말로 죽지 않았습니다. 러시아의 문화도 파멸되지 않았습니다. 그리고 러시아 문화사에서 녹색 눈의 나이애드, 마돈나 그리고 동시에 상트 페테르부르크의 "여자 악마"인 지나이다 니콜라예브나 기피우스의 형상이 영원히 보전되기를 희망하고 싶습니다.

12장 미라 로흐비쯔카야-
러시아의 사포[1]

사랑에서는, 질투에서처럼, 끝이 보이지 않고……

M. 로흐비쯔카야

장미가 꽃들의 여왕이라는 사실을 모두 알고 있습니다. 어떤 사람들은 비밀스러운 진홍색의 장미를, 다른 이들은 여성스러운 분홍빛의 장미를, 또 다른 사람들은 오만한 흰 장미를 사랑합니다. 개인적으로 나는 '차 향기가 나는 장미' 라고 불리는 노란 장미를 사랑합니다. 왜냐고요? 이 장미들은 한때 유명한 여류 시인이었던 미라 로흐비쯔카야(Мирра Лохвицкая)에 대한 추억을 내게 주기 때문입니다.

만일 우연한 변덕스러움에
그리고 환상들에 장애물이 없다면,—

1) 고대 그리스 최고의 여류시인.

창백한 장미로, 차 향기 나는 장미로
나를 구현해 주세요, 시인이여!

이고리 세베랴닌

미라 로흐비쯔카야는 이렇게 요청했습니다. 그리고 이 호소를 이고리 세베랴닌[2]이 들었습니다. 그는 로흐비쯔카야를 숭배했고, 그녀를 자신의 종교적 · 서정시적인 경배의 대상으로 만들었으며, 그녀에게 자신의 많은 시들을 헌정했습니다.

그래서 여류시인 미라 로흐비쯔카야는……

나는 — 비밀스런 신의 계시를 전하는 여자 신관神官,
오랜 세월의 어둠 속에서 내게 날이 밝아오네.
기적적인 구현 속에 있었네
탄생의 위대한 계단에서
나는 모든 단을 기억하네……

라고 고백했습니다. 강력하게, 역동적으로 그리고 음악적으로. 에너지가 그녀 안에서 고동치고 있었습니다. 그녀의 여성적 근원은 우주가 되기를, 그리고 모든 존재하는 것들을 포옹하기를 원했습니다.

2) 미래주의 시인인 이고리 세베랴닌(1887~1941)의 본명은 로타레프다. 1912년, 상트 페테르부르크에서 일종의 미래주의 운동을 일으켰다. 그의 시는 제1차 세계대전 전과 전쟁 동안의 신흥 부르주아와 보헤미안적인 인텔리겐치아(지식인)의 기분을 반영하여 그들의 인기를 끌었다. 1917년의 '10월 혁명' 후 국외로 망명하였으며, 1940년에는 에스토니아에서 발트 해海 지역 3국(라트비아, 리투아니아, 에스토니아)의 소련연방 가입을 환영하는 시를 썼다.

나는 당신을 사랑합니다, 바다가 태양이 떠오르는 것을 사랑하듯이,
파도에 몸을 숙인 나르시스가 잠자는 바다의 반짝임과 차가움을 사랑하듯이.
나는 당신을 사랑합니다, 별들이 금빛 달을 사랑하듯이,
시인이 몽상으로 높여진 자신의 창조물을 사랑하듯이.
나는 당신을 사랑합니다, 불길이 하루살이—나비들을 사랑하듯이,
사랑에 지쳐버려서, 애수에 잠겨서.
나는 당신을 사랑합니다, 울려 퍼지는 바람이 갈대숲을 사랑하듯이,
나는 당신을 사랑합니다, 모든 의지로, 영혼의 모든 현絃으로.
나는 당신을 사랑합니다, 이해할 수 없는 꿈들을 사랑하듯이,
태양보다 더, 행복보다 더, 삶보다 더 그리고 봄보다도 더.

단 한 명의 현대 여류시인도 이렇게 쓰지 못할 것이라는 데 내기해도 좋습니다. 왜냐하면 그들은 이렇게 사고하지도, 이렇게 두근거리면서 주위 세계를 받아들이지도 못하기 때문입니다. 아아! 전혀 다른 종류의 여류시인들이 나왔지요. 그리고 두번째로 가슴 아픈 사실은 아아! 세상이 완전히 달라졌다는 점입니다. 그런데 그 당시—"오, 이것은 얼마나 오래 전 일인가!"라고 베르틴스키가 노래했던 것처럼—비록 이미 데카당(퇴폐)주의가 문학과 예술의 문을 노크하고 있었지만, 그 당시의 지각은 신선하고 예리했습니다. 마침 미라 로흐비쯔카야는 낫손 그리고 포파노프 같은 시인들과 함께 19세기 말엽 데카당주의의 선명한 대표주자들 중 하나였습니다.

그럼, 이제 몇몇 전기적인 특징들을 살펴보지요.

미라 로흐비쯔카야(그녀의 본명은 '마리야'입니다)는 1869년 11월 19일에 상트 페테르부르크의 귀족 집안에서 태어났습니다. 그녀의 아버지 알렉산드르 로흐비쯔끼는 법학 교수, 변호사, 《법정 소식지》

의 편집자였습니다. 러시아로 귀화한 프랑스 인 어머니는 시를 사랑했고, 유럽과 러시아 문학에 대해 잘 알고 있었습니다. 로흐비쯔끼 집안에는 책을 숭배하는 분위기가 지배적이었습니다. 모든 식구들이 읽고, 저술하고, 시를 낭독했습니다. 프리메이슨의 일원이자 알렉산드르 1세 시대에 상원의원이었고, 신비주의적인 시를 썼던 선조 콘드라찌 로흐비쯔키를 숭상했습니다.

로흐비쯔키 가에는 두 소녀가 자라고 있었습니다. 큰딸 마리야와 작은딸 나제즈다. 둘 다 시간이 지난 뒤 러시아 문학을 장식했습니다. '미라' 라는 이름을 갖게 된 마리야는 러시아의 사포로 유명합니다. '테피' 라는 필명을 선택한 나제즈다는 작가 · 풍자가가 되었습니다. 자매들의 성격과 경향은 달랐습니다. 미라는 서정적인 감각에 끌렸고, 삶을 낭만적인 색조 속에서 파악했습니다. 나제즈다는 반대로 모든 일에 의심을 가지고 회의적으로 대했으며, 유머 감각을 가지고 있었고, 모든 사물과 사람들을 파헤치는 뚜렷한 경향을 지녔습니다. 자신의 첫 신문 칼럼에 관하여 테피가 이렇게 평가한 것은 우연이 아닙니다.

> 나는 채찍질하는 것을(증거를 들어 꾸짖는 것을) 좋아한다.

이렇듯 여동생은 "채찍질하는 것"을 좋아했고, 언니인 미라는 공상하고 괴로워하는 것을 좋아했습니다.

> 만약 내 행복이 자유로운 독수리였다면……
> 만약 내 행복이 아름다운 꽃이었다면……
> 만약 내 행복이 당신의 가슴 속에 있다면……

오, "만약 그렇다면"! 그러나 이미 헨리 하이네가 지적했던 것처럼,

삶—이것은 언제나 우리의 희망들을 죽이는 명사수입니다.

미라가 시를 쓰기 시작한 것은—그녀의 말에 따르면—"손에 펜을 잡는 법을 배운 그때부터"였습니다. 진지한 창작에 "전념한 것은 15세 때부터"였습니다. 미라 로흐비쯔카야를 문학으로 이끈 사람은 역사학자 세르게이 솔로비요프의 아들인 프세볼로드 솔로비요프였습니다. 1889년부터 로흐비쯔카야는 잡지《북방》에서 함께 일하기 시작했고, 그 후 그녀의 시들은《예술가》,《관찰자》,《우리 시대》등의 잡지에 등장했습니다. 시집《시선》(1896)은 비평가들의 높은 평가를 받았고, 첫번째로 아카데미의 푸슈킨 상의 영예를 안게 됐습니다. 또 하나의 푸슈킨 상은 사후에 로흐비쯔카야의 전집에 주어졌습니다. 여류 시인의 많은 시들은 작곡가 글리에르, 랴푸노프, 바실렌코 등에 의해 곡이 붙여졌습니다.

로흐비쯔카야는 시에 심취하여, 감동하여, 그리고 정확하게 이해하면서 평생 동안 시를 썼습니다.

> 얼마나 공허하고, 얼마나 죽은 듯 고요한가! …… 미래에도 모든 것은 똑같고……
> 시간은 날아가고……삶은 이렇게 짧은가!
> 그래, 이것은 단지 꿈, 환상이 내게는 더 소중하네
> 살아있는 화려한 꽃의 사랑보다도……

훌륭한 가정교육을 받고 난 뒤, 미라 로흐비쯔카야는 모스크바에 있는 알렉산드르 단과대학을 졸업한 후 건축가 쥐베르와 결혼했습니다. 결혼생활의 처음 몇 해 동안 지방(야로슬라블, 찌흐빈)에서 보냈고, 아이들을 낳았습니다(그녀는 5명의 자녀를 두었습니다). 지방 생활 후 모스크바로 돌아왔으나 다시 상트 페테르부르크로 옮겼습니다.

상트 페테르부르크. 19세기 말엽의 상트 페테르부르크는 빛나고 있었습니다. 화강암이 깔린 강가, 위엄을 가진 네바 강. 귀족들의 저택들. 그리고 거의 모든 저택마다 삶이 끓어오르고 있었습니다. 리셉션, 무도회, 문학의 밤, 콘서트. 미라 로흐비쯔카야는 오만하고 격식을 따지며 음울한("메피스토펠레스는 갔다, 무덤들을 따라 걸으면서, 묘지를 따라서……", "콜롬비나의 밝은 색 양복을 입고서 죽은 그녀는 누워있었다. ……", 이런 식으로 기타 등등) 시인 콘스탄틴 슬루체프스키의 '금요 모임'의 항시적인 참가자가 되었습니다. 그러나 로흐비쯔카야가 더 자주 슬루체프스키의 '금요 모임'을 방문할수록, 그녀는 점점 더 자신만의 살롱을 만들고 싶어졌습니다. 결국 꿈은 이루어졌습니다. 남편이 부자였으니까요. 로흐비쯔카야 자신의 인기도 점차 높아졌습니다. 타인의 영광과 돈에 누군들 들러붙지 않겠습니까?!

그러나 바로 여기에 주목할 만한 일이 있습니다. 시詩 속에서 미라 로흐비쯔카야는 뜨겁고 정열적이며 음탕한 여자였습니다. "왜 상냥하고도, 타는 듯한 그대의 눈길은, 내 피를 설레게 하는지? ……" 그리고 바로 거기서 의미심장한 호소가 이어지고 있습니다. "내게 한계란 없다. 경계도 없다. ……"라는 시에서 로흐비쯔카야는 아프로디테에게 경의를 표하며 '사랑의 찬가'를 부를 준비가 되어있었습니다. 왜냐하면—그녀의 고백에 따르면—'이 행복은 쾌락'이기 때문입니다. 그런데 일상에서는…… 생활에서의 그녀는 달랐는데, 보다 덜 '아프로디테 적'이고, 보다 더 지상에 가까웠습니다. 그리고 시적인 형상과 실제적인 형상 사이의 이러한 대비는 이반 부닌을 놀라게 했습니다. 그는 다음과 같이 썼습니다.

> 그녀는 몇 명의 아이들을 가진 어머니이자, 대단할 정도로 집에 틀어박혀 있는 사람이며, 동방 스타일로 게으른 사람이다. 종종, 심지어 소파에

실내복을 입고 누워서 손님을 맞이하며, 결코 그들과 시적 괴로움을 가지고 얘기하지 않고, 반대로 매우 건강하고, 단순하게, 대단한 재치와 관찰력 그리고 뛰어난 조소적인 어조를 가지고 수다를 떤다. ……

부닌의 말에서 로흐비쯔끼 가의 자매들은 역시 서로 비슷했다는 결론을 내릴 수 있습니다. 테피에게서는 때때로 서정적인 흐름이 넘쳐났고, 미라에게서는 유머가 넘쳐났습니다. 이러한 특징이 미라 로흐비쯔카야의 가정 살롱으로 손님들을 끌어 당겼습니다. 그녀를 방문했던 사람들은 주로 변태적인 퇴폐파의 예술가들도, 모더니즘의 유행을 따르는 사이비 신사들도 아닌, 삶 자체만큼 문학에 흥미를 가진 충분히 정상적인 사람들이었습니다. 게다가 로흐비쯔카야의 집은 그들 자신의 집처럼 편안했을 뿐만 아니라, 그들은 언제나 그곳에서 맛있는 음식을 대접받았습니다.

이에 대해 아킴 볼르인스키가 다음과 같이 회고합니다.

가정생활에서 그녀는 아주 검소했고, 아마도 언제나 아이들 곁에 있어주었으며, 언제나 자신의 살림살이 때문에 걱정을 하는 순결한 여성이었다. 그녀는 자신의 손님들을 완전히 유태인 풍으로 맞이하곤 했다. 자신의 아이들을 보여주었고, 주의 깊게 잼과 온갖 종류의 단것들을 대접했다. 이 달콤하게 손님을 환대하는 특성은 동방적 · 유태인적인 반영을 가지고 있다. 로흐비쯔카야 안에서 주로 아리아 족 여성의 특성들이 단지 시 속에서만 발산되는 사랑을 갈구하는 충동과 환상적으로 결합되었다.

테피에 대해서는 "악마적인 여성"이라는 묘사가 있습니다.

악마적인 여성들은 평범한 여성들과 주로 옷 입는 방식으로 구별된다. 그녀는 검은 벨벳의 긴 옷을 입고, 이마에는 가는 사슬을, 발에는 발찌를 하고, 그녀에게 다음 화요일에 사람들이 반드시 가져올 시안 칼륨을 넣을 구멍이 있는 반지를 끼고, 옷깃 뒤에는 몸에 품는 단도를, 팔꿈치에는 구슬 그리고 왼쪽의 가터 벨트 위에는 오스카 와일드의 초상화를 지니고 있다. ……

아니오. 비록 상트 페테르부르크의 유행과 퇴폐적인 스타일에 따라서, 때로는 꾸며낸 듯이 옷을 입기는 했지만, 미라 로흐비쯔카야는 절대적으로 "악마적인 여성"에 부합하지 않았습니다. 자신에 대해 로흐비쯔카야는 다분히 객관적이고 정확하게 썼습니다.

나의 갈색 곱슬머리 속에는
많은 금빛 머리카락들이 있다.
순결하고 깨끗한 환상들이
나의 타는 듯한 공상 속에 있다.

내 안에서 낮의 반짝임이 합쳐졌다.
캄캄한 밤의 어둠과
내게는 태양의 상냥한 빛도 사랑스럽다.
그리고 비밀의 사각거리는 소리는 나를 유혹한다.

그리고 내게 끝까지 운명지어졌다,
위로 향하도록, 심연 위로 미끄러지면서……

미라 로흐비쯔카야의 창작과 삶, 이것은 고귀한 것과 낮은 것 사이에서, 낭만적인 감정과 평범한 생활 사이에서 균형을 잡는 것, 그리고 "심연 위로 미끄러지면서 위로 향하는 것"입니다.

남편, 아이들, 집, 이 모든 것이 견실하고 훌륭했지요. 하지만 영혼은 무엇인가 다른 것을, 무엇인가 다른 먼 곳으로의 돌파구를 간절히 원했습니다. 그리고 그녀는 이 "영원한 감청색", "폭풍 같은 감정의 탄식들" 그리고 "움직이는 물"을 찾습니다.

나는 모르네, 왜 나를 비난하는지,
내 작품 속의 지나치게 많은 열정이 무엇인지,
생생한 빛을 향해 내가 지향하는 것이 무엇인지,
그리고 권태로운 비방들에 귀 기울이고 싶지 않네. ……

미라 로흐비쯔카야와 권위 있는 문학 비평가들 중 한 사람인 아킴 볼르인스키와의 서신 교환은 매우 많은 것을 설명해 줍니다. 1896년 11월 27일, 로흐비쯔카야는 볼르인스키에게 다음과 같이 쓰고 있습니다.

…… 저는 당신에게 완전히 동의합니다. 시와 음악은 하나입니다. 하나의 공통적인 여신 에라토[3]만을 인정했던, 그리고 시 낭독에 수금(手琴, 하프)으로 반주를 했던 고대 그리스 인들이 옳았습니다. 저는 음악공부를 많이 했고(저는 오페라 가수가 될 준비를 했었습니다), 어쩌면 그래서인지, 저는 창작의 순간에 항상 어떤 음악적인 선율을 듣게 되고 그리고 이 선율에 충실합니다. 박자를 제대로 지키지 못하거나 운율의 중단이 없는 시들은 추할 따름입니다. 정말로 제가 언젠가 이 점에서 죄를 범했던가요? 만약 그랬다면 결코 저 자신을 용서할 수 없습니다. 아마도 당신은 제가 저 자신의 재능에 대해 지나치게 높이 평가한다고 생각하시겠지요? 만약 그

3) 그리스 어로 '사랑스런' 이라는 뜻으로, 제우스와 기억의 여신 므네모시네 사이에서 태어난 아홉 뮤즈 가운데 하나. 에라토는 서정시 또는 노래를 주관합니다.

렇다면 그것은 제 잘못입니다. 제가 아직 어린 소녀의 몸으로 문학 분야에 등장했던, 그리고 첫 걸음부터 단지 찬사만을 들었던 상트 페테르부르크에서 사람들은 저를 응석받이로 만들었습니다. 저는 신참자였고, 또한 모든 신참들이 그러하듯이 그들의 흥미를 일으켰습니다. 지금의 저는 모든 이들에게서 잊혀진 것 같습니다. 하지만 이것이 제가 죽었다는 것을 의미하지는 않습니다. 앞으로도 아직 많은 시간이 남아있습니다. 그리고 만일 제가 서른 살이 될 무렵에 저의 행복한 시절에 제게 걸었던 기대를 실현시키지 못한다면, 그때는 다만 항복한 다음 저 자신이 보잘것없는 사람임을 인정하겠습니다.

저는 당신의 의견을 높이 평가하기 때문에, 당신의 견해를 알고 싶었습니다. ……

아직 볼르인스키와 개인적으로 알지 못하는 상태에서, 로흐비쯔카야는 편지에서 "그녀가 어떤 사람인지, 그리고 그가 누구와 일을 갖게 되는지"를 그에게 보여주려고 노력하고 있습니다.

1896년 12월 1일 :

…… 저는 여자입니다.—이 단어 그 자체의 의미로서(문자 그대로)—그리고 그 뿐입니다. 저는 '학자인 체 하는 여자', 즉 여류작가 유형의 사람들과는 공통점을 가지고 있지 않습니다. 저는 지나치게 좁게, 한쪽으로 편향되게 발달했습니다. 아름다움이 아닌 모든 것(저는 고귀한 아름다움을 염두에 두고 있습니다), 시가 아닌, 예술이 아닌 모든 것이 저에게는 존재하지 않으며, 또한 그것은 제게 있어 '무가치한 일들'이라는 하나의 이름으로 정의될 뿐입니다. 저는 사람들을 두 개의 그룹으로 나눕니다. 첫번째 그룹에 저는 다음과 같은 단어들을 연관시킵니다. 도착, 외출, 커다란 투구, 주식, 채권, 등등. 다른 그룹에는 삶, 죽음, 환희, 고통, 영원함…….

이 여류시인의 창작에 대한 볼르인스키의 응답은 1898년 말에 잡지《비평과 도서 문헌》에 실렸습니다.

로흐비쯔카야 부인은 젊은 여류시인으로서, 주로 애정시 속에 자신의 감정의 불꽃을 지니고 있다. 그녀는 평범한 주제로는 쓰지 않는다. 만약 현대의 시문학에서 특이한 시인을 찾는다면 바로 로흐비쯔카야 부인에게서 멈춰야만 할 것이다. 그녀는 노골적으로 사랑을 노래한다. 그녀의 영혼 속에는 마치 (《구약성서》의) 〈아가雅歌〉의 공명들이 울리는 것 같다. 자신을 세상에서 무엇으로도 구속하지 않으면서, 그녀는 용감하게 자신의 마음 속을 열어 보인다. 동시에 마음을 사로잡으면서 놀라게 하는 정직한 충동을 가지고서…….

"그녀는 노골적으로 사랑을 노래한다." 이것은 시에서입니다. 그렇다면 삶에서는? 스캔들로 알려지게 된 미라 로흐비쯔카야와 콘스탄틴 발몬트의 로맨스는 유명한데, 이는 그도 그리고 그녀도 자신들의 관계를 감추려고 하지 않았을 뿐만 아니라, 더 나아가 서로에게 공개적으로 연애편지로 볼 수 있는 시들을 헌정했기 때문입니다. 미라 로흐비쯔카야에게 발몬트는 '라이오넬'이었습니다.

라이오넬, 달의 가수는,
사랑한다네, 환상적인 꿈들을,
소택沼澤의 불꽃의 물결을,
잎사귀들의 떨림을 그리고 나를……

라이오넬, 나의 사랑스런 사람은,
낮에는 냉정하고 침묵하고,

살아난다네, 밤의 어둠 속에서
달빛과 함께 그리고 나와 함께……

발몬트에게 있어서 미라 로흐비쯔카야는 정신적으로, 느낌으로, 심지어 시적 어휘들에 있어서도 매우 가까운 여류시인이었고, 로흐비쯔카야가 쓴 "태양이여! …… 나에게 태양을 주세요! 나는 빛을 향하고 싶어요!"라는 행들과 발몬트의 "우리는 태양처럼 될 것이다"라는 행의 교환은 우연이 아니었습니다. 기분의 흔들림도 두 시인을 가깝게 만들었습니다. 달에서 태양으로, 절망에서 환희와 기쁨으로. 그들은 1897년 가을에 알게 되었고, 만난 직후 발몬트가 주목할 만한 행들을 썼습니다.

나는 알았네, 언젠가 그대를 보고 나서,
　　나는 그대를 영원히 사랑할 것임을,
여성스러운 여자들 중 여신을 선택하고 나서
　　나는 기다리네, 나는 사랑하네, 끝없이.

자신의 회상록에서 테피는 이미 제1차 세계대전의 시기에 지하 카페 '길 잃은 개'에 발몬트가 어떻게 나타났었는지를 다음과 같이 회상하고 있습니다.

"왔어! 왔어!" 안나 아흐마토바는 환호했다. "나는 그를 보았어. 그에게 자신의 시를 읽어 주었고, 그랬더니 그가 지금까지 단지 두 명의 여류시인, 사포와 미라 로흐비쯔카야만을 인정했었다고 말하는 거야. 이제 그는 세번째의 여류시인, 바로 나, 안나 아흐마토바를 알게 됐어."

미라 로흐비쯔카야의 창작적 운명은 그 후 어떻게 이루어졌을까요? 점차 음탕한 여자 같은 문체는 좀 더 차갑고, 이성적이며 세련된 문체로 변했습니다.

나는—'죽은 장미', 차가운 수련(꽃),
살고 있다, 흔들리는 물결에 떠밀리면서,
나는 보인다, 여자처럼, 물의 거울 속에,
님프처럼, 강의 갈대숲에 숨어있다. ……

나는 '죽은 장미', 나는 깨끗한 백합……

로흐비쯔카야가 시적인 세계가 아닌, 그녀를 당연히 경악하게 만들었던 현실의 세계를 갑자기 발견했다는 것은 정말로 이상합니다.

어둠 속에서 지구는 돌고 있다,
피와 눈물로 얼룩진 채……

폭력과 죽음의 세계는 미라 로흐비쯔카야를 기쁘게 하지 못했습니다. 현대의 언어로 표현하자면 그녀는 그 세계에 상응하게 반응할 능력이 없었습니다. 그녀는 악의 세계로 떠났지만, 그 악은 공상의 그리고 문학적인 것이었습니다. 동화들과 비극적인 시들을 쓰고, 성서적인 주제들을 다듬었습니다. '미를 탐하는' 대신 '악을 미화' 시켰습니다. 이전의 인상주의적인 흔들림은 복잡한 상태의 강인함으로 바뀌었습니다. 로흐비쯔카야의 동시대인이었던 세묜 벤게로프 교수가 지적했던 것처럼 그녀는 "중세의 광신의 세계에, 마녀들과 사탄 숭배의 세계에 열중했습니다."

미라 로흐비쯔카야의 병이 이 급격한 변화에서 어떤 역할을 했을 것입니다. 그녀는 결핵의 숙명적인 악화를 깨닫지 않을 수 없었습니다. 20세기 초에는 환자들을 보호해 줄 어떤 효과적인 약품도 없었기에 폐결핵은 거의 모든 환자들에게 사망 선고를 내렸습니다.

나는 젊어서 죽고 싶다,
사랑하지 않으면서, 누구에 대해서도 애통해 하지 않으며,
금빛의 별로 지고 싶다,
시들지 않는 꽃으로서 떨어지고 싶다. ……

여류시인의 희망은 이루어졌습니다. 그녀는 젊었다고는 말할 수는 없어도, 적어도 늙어서는 아닌 나이인 35세의 나이에 숨을 거두었습니다. 푸슈킨의 '운명적인 37세' 까지 기다리지는 못했습니다.[4] 1905년 8월 27일(그레고리우스 력 9월 9일), "어두운 밤의 천사"가 그녀를 데리러 날아왔습니다. 이것은 상트 페테르부르크에서 일어났습니다.

미라 로흐비쯔카야에게 헌정된《초상이 든 목걸이》에서 이고리 세베랴닌은 다음과 같이 썼습니다.

혼례 사과나무의 꽃이 떨어지네.
유리로 된 관으로 잠자는 여인을 옮기네.
얼마나 짧은 시간 동안 머물렀던가,
여기, 아름답고도 슬픈 지상에! ……

또 다른 살아있는 영혼이 세상을 떠났습니다. 사람들 사이에서 그

4) 푸슈킨이 37세에 사망한 데 비해 미라 로흐비쯔카야는 35세에 사망.

녀는 꿈을 꾸었고, 고통스러워했고, 사랑했고 그리고 괴로워했습니다. 그녀는 자신의 모든 경험을 〈고통 받는 법을 알아라〉(1895)라는 시의 어렵지 않은 행들 속에서 전달했습니다.

너에게 여성과, 어머니라는 낙인을 찍을 때—
일순간, 행복에게서 훔쳐낸 단지 한순간,
잠자코 냉정함의 평온을 보존하라,—
침묵하는 법을 알아라!

그리고 만약 실마리가 짧은 기쁨이 된다면
그리고 너의 우상이 곧 너를 비난하리.
애수와 고통, 치욕의 억압에서
사랑하는 법을 알아라!

그리고 만약 네게 선거를 위한 봉인이 있다면,
그러나 너는 노예의 멍에를 끌어야할 운명이라면,
자신의 십자가를 여신의 위대함으로 메고 가라,—
고통 받는 법을 알아라!

그렇습니다, 충분히 실존주의적인 충고입니다. 침묵하는 법을 알고, 사랑하는 법을 알고, 고통 받는 법을 알아라! ……

차 향기가 나는 장미를 가꾸시거나 사시게 되면, 누가 이 유언을 노래했는지 기억하시기 바랍니다. 미라 로흐비쯔카야를 기억하시기 바랍니다.

옮긴이 이명자

러시아 어·문학 박사로 현재 청주대학교 유럽 어·문학부 러시아 어·문학 전공교수로 재직 중이다. 〈러시아 민중언어에 나타난 문법적 여성의 이미지〉, 〈러시아 민속의 기호언어로서의 생활속요〉를 비롯한 다수의 논문과 《러시아 어 음운론》, 《러시아 어의 구조》 등 다수의 저서, 역서 《러시아 제국의 한인들》을 집필했다. 그리고 가슴 넓은 한 남자의 아내이자 슬기로운 두 딸의 엄마로서 오늘의 대한민국에서 열심히 살아가는 현대 여성이다.

19세기 러시아의 여인들
사랑과 욕망의 해바라기

초판 1쇄 발행 — 2007년 3월 15일

지은이 베젤랸스키
옮긴이 이명자
펴낸이 윤형두
펴낸곳 범우사

교정 · 편집 | 김영석 · 장웅진 · 김지선
등록 | 1966년 8월 3일. 제406-2003-048호
주소 | (413-756) 경기도 파주시 교하읍 문발리 525-2 출판문화정보산업단지
전화 | (031)955-6900~4, 팩스 | (031)955-6905
인쇄 | 성광인쇄 (031)942-4814, 제본 | 정문제본 (031)943-4037
홈페이지 | http://www.bumwoosa.co.kr
이메일 | bumwoosa@chol.com
ISBN 978-89-08-04401-2 03920